파이썬을 이용한

퀀트 투자 포트폴리오 만들기

파이썬을 이용한
퀀트 투자 포트폴리오 만들기

1쇄 발행 2023년 2월 17일
3쇄 발행 2024년 3월 15일

지은이 이현열
펴낸이 장성두
펴낸곳 주식회사 제이펍

출판신고 2009년 11월 10일 제406-2009-000087호
주소 경기도 파주시 회동길 159 3층 / **전화** 070-8201-9010 / **팩스** 02-6280-0405
홈페이지 www.jpub.kr / **투고** submit@jpub.kr / **독자문의** help@jpub.kr / **교재문의** textbook@jpub.kr

소통기획부 김정준, 이상복, 김은미, 송영화, 권유라, 송찬수, 박재인, 배인혜
소통지원부 민지환, 이승환, 김정미, 서세원 / **디자인부** 이민숙, 최병찬

진행 김정준 / **교정·교열** 배규호 / **내지 디자인·편집** 최병찬 / **표지 디자인** 책돼지
용지 타라유통 / **인쇄** 해외정판사 / **제본** 일진제책사

ISBN 979-11-92469-82-9 (93000)
값 30,000원

제이펍은 여러분의 아이디어와 원고를 기다리고 있습니다. 책으로 펴내고자 하는 아이디어나 원고가 있는 분께서는
책의 간단한 개요와 차례, 구성과 지은이/옮긴이 약력 등을 메일(submit@jpub.kr)로 보내주세요.

파이썬을 이용한

퀀트 투자
포트폴리오
만들기

이현열 지음

파이썬 기초, 데이터 크롤링 및 분석,
퀀트 전략을 활용한 투자 종목 선정까지!

Jpub
제이펍

머리말 ······················· xi
이 책에 대하여 ···················· xii
추천사 ······················· xiv

PART I 퀀트와 프로그래밍 기초 배워 보기

CHAPTER 1 퀀트에 대해 알아보기 ···································· 3

1.1 퀀트 투자의 핵심 재료, 데이터 ······························ 4
1.2 퀀트 투자에 프로그래밍이 필요한 이유 ······················ 4
1.3 최고의 인기 언어, 파이썬 ································ 5
1.4 데이터 관리의 표준, SQL ································ 6

CHAPTER 2 파이썬 기초 배워 보기 ·································· 8

2.1 상수와 변수 ······································ 8
2.2 데이터 타입 ······································ 9
2.2.1 숫자형 · 9 2.2.2 문자열 · 11 2.2.3 리스트 · 14 2.2.4 튜플 · 19
2.2.5 딕셔너리 · 20 2.2.6 집합 · 22 2.2.7 불리언 · 23 2.2.8 날짜와 시간 · 25
2.3 제어문 ·· 30
2.3.1 if문 · 30 2.3.2 while문 · 32 2.3.3 for문 · 34
2.3.4 오류에 대한 예외 처리 · 37 2.3.5 tqdm() 함수를 이용한 진행 단계 확인하기 · 38
2.4 함수 ··· 39
2.4.1 람다 함수 · 41
2.5 패키지 사용하기 ···································· 41
2.5.1 함수와 메서드의 차이 · 46

CHAPTER 3 데이터 분석 배워 보기 ································· 48

3.1 시리즈 ·· 48
3.1.1 시리즈 만들기 · 48 3.1.2 원소 선택하기 · 50 3.1.3 시리즈 연산하기 · 51

3.2   데이터프레임 ·· 52

    3.2.1 데이터프레임 만들기와 수정하기 · 53   3.2.2 열과 행 선택하기 · 55

3.3   데이터 불러오기 및 저장하기 ··· 60

3.4   데이터 요약 정보 및 통곗값 살펴보기 ································ 62

3.5   결측치 처리하기 ·· 67

    3.5.1 결측치 삭제하기 · 68   3.5.2 결측치 대체하기 · 70

3.6   인덱스 다루기 ··· 72

3.7   필터링 ·· 74

    3.7.1 불리언 인덱싱 · 74   3.7.2 isin() 메서드 77

3.8   새로운 열 만들기 ·· 78

3.9   데이터프레임 합치기 ·· 80

    3.9.1 concat() 함수 · 80   3.9.2 merge() 함수 · 83   3.9.3 join() 메서드 · 87

3.10 데이터 재구조화 ·· 88

    3.10.1 melt() · 89   3.10.2 pivot_table() · 89   3.10.3 stack()과 unstack() · 91

3.11 데이터프레임에 함수 적용하기 ·· 93

    3.11.1 시리즈에 함수 적용하기 · 93   3.11.2 데이터프레임에 함수 적용하기 · 94

3.12 그룹 연산하기 ··· 96

    3.12.1 그룹 나누기 · 97   3.12.2 그룹별 연산하기 · 98

3.13 시계열 데이터 다루기 ·· 103

    3.13.1 시계열 데이터 만들기 · 108

CHAPTER 4   데이터 시각화 배워 보기 ·· 110

4.1   그래프의 구성 요소 ·· 110

4.2   matplotlib 패키지를 이용한 시각화 ································· 111

    4.2.1 한 번에 여러 개의 그래프 나타내기 · 114

4.3   pandas 패키지를 이용한 시각화 ···································· 117

4.4   seaborn 패키지를 이용한 시각화 ·································· 121

    4.4.1 한 번에 여러 개의 그래프 나타내기 · 123

CHAPTER 5   SQL 기초 배워 보기 ·· 128

5.1   데이터베이스와 테이블 만들기 ·· 128

    5.1.1 테이블 정의 변경하기 · 131   5.1.2 테이블에 데이터 등록하기 · 132

5.2   SQL 기초 구문 익히기 ··· 133

    5.2.1 select: 열 선택하기 · 133   5.2.2 distinct: 중복 제거하기 · 134

    5.2.3 where: 원하는 행 선택하기 · 135

5.3   연산자 ·· 135

    5.3.1 산술 연산자 · 136   5.3.2 비교 연산자 · 136   5.3.3 논리 연산자 · 137

5.4   집약 함수 ··· 137

    5.4.1 count: 행 숫자를 계산 · 137   5.4.2 sum: 합계를 계산 · 138

    5.4.3 avg: 산술평균을 계산 · 138   5.4.4 중복값 제외 후 집약 함수 사용하기 · 138

5.5   그룹화와 정렬 ··· 139

    5.5.1 그룹 나누기 · 139   5.5.2 검색 결과 정렬하기 · 140

5.6 뷰와 서브쿼리 ···················· 141

5.6.1 뷰 만들기 • 141   5.6.2 뷰 삭제하기 • 142   5.6.3 서브쿼리 • 143
5.6.4 스칼라 서브쿼리 • 143

5.7 함수, 술어와 case 식 ···················· 144

5.7.1 산술 함수 • 144   5.7.2 round: 반올림하기 • 145   5.7.3 문자열 함수 • 146
5.7.4 날짜 함수 • 147   5.7.5 술어 • 148   5.7.6 case 식 • 151

5.8 테이블의 집합과 결합 ···················· 151

5.8.1 테이블 더하기 • 151   5.8.2 테이블 결합 • 153

5.9 SQL 고급 처리 ···················· 156

5.9.1 윈도우 함수 • 157

CHAPTER 6   파이썬에서 SQL 연결하기 ···················· 161

6.1 파이썬에서 SQL DB에 접속하기 ···················· 161

6.2 pandas를 이용한 데이터 읽기 및 쓰기 ···················· 163

6.3 upsert 기능 구현하기 ···················· 165

6.3.1 MySQL에서 upsert 기능 구현하기 • 167   6.3.2 파이썬에서 upsert 기능 구현하기 • 169

PART II 크롤링을 이용한 데이터 수집

CHAPTER 7   크롤링을 위한 웹 기본 지식 ···················· 173

7.1 인코딩에 대한 이해 ···················· 173

7.1.1 인간과 컴퓨터 간 번역의 시작, ASCII • 173   7.1.2 한글 인코딩 방식의 종류 • 174

7.2 웹의 동작 방식 ···················· 175

7.2.1 HTTP • 175

7.3 HTML과 CSS ···················· 176

7.3.1 HTML 기본 구조 • 177   7.3.2 태그와 속성 • 177   7.3.3 h 태그와 p 태그 • 178
7.3.4 리스트를 나타내는 ul 태그와 ol 태그 • 179   7.3.5 table 태그 • 179
7.3.6 a 태그와 img 태그 및 속성 • 181   7.3.7 div 태그 • 182
7.3.8 CSS • 183   7.3.9 클래스와 id • 183

CHAPTER 8   정적 크롤링 실습 ···················· 187

8.1 GET과 POST 방식 이해하기 ···················· 187

8.1.1 GET 방식 • 188   8.1.2 POST 방식 • 189

8.2 크롤링 예제 ···················· 190

8.2.1 명언 크롤링하기 • 190   8.2.2 금융 속보 크롤링 • 198
8.2.3 표 크롤링하기 • 199   8.2.4 기업 공시 채널에서 오늘의 공시 불러오기 • 201

CHAPTER 9   동적 크롤링과 정규 표현식 ···················· 204

9.1 동적 크롤링이란? ···················· 204

9.1.1 셀레늄 실습하기 • 206   9.1.2 셀레늄 명령어 정리 • 214

9.2 정규 표현식 ·· 215

　9.2.1 정규 표현식을 알아야 하는 이유 • 215 　9.2.2 메타 문자 • 215

　9.2.3 정규식을 이용한 문자열 검색 • 217 　9.2.4 정규 표현식 연습해 보기 • 220

CHAPTER 10　국내 주식 데이터 수집 ··· 223

10.1 최근 영업일 기준 데이터 받기 ··· 223

10.2 한국거래소의 업종분류 현황 및 개별지표 크롤링 ······································· 224

　10.2.1 업종분류 현황 크롤링 • 225 　10.2.2 개별종목 지표 크롤링 • 229

　10.2.3 데이터 정리하기 • 231

10.3 WICS 기준 섹터 정보 크롤링 ·· 235

10.4 수정주가 크롤링 ·· 240

　10.4.1 개별종목 주가 크롤링 • 241 　10.4.2 전 종목 주가 크롤링 • 244

10.5 재무제표 크롤링 ·· 247

　10.5.1 재무제표 다운로드 • 247 　10.5.2 전 종목 재무제표 크롤링 • 253

10.6 가치지표 계산 ·· 256

　10.6.1 전 종목 가치지표 계산 • 260

CHAPTER 11　전 세계 주식 데이터 수집 ·· 264

11.1 유료 데이터 벤더 이용하기 ·· 265

　11.1.1 가입 및 API token 받기 • 265 　11.1.2 데이터 다운로드 • 266

11.2 티커 수집하기 ·· 270

　11.2.1 전 종목 티커 크롤링 • 275

11.3 주가 다운로드 ·· 279

　11.3.1 전 종목 주가 다운로드 • 281

11.4 재무제표 다운로드 ··· 284

　11.4.1 전 종목 재무제표 다운로드 • 288

CHAPTER 12　투자 참고용 데이터 수집 ··· 292

12.1 DART의 Open API를 이용한 데이터 수집하기 ··· 292

　12.1.1 API Key 발급 및 추가하기 • 292 　12.1.2 고유번호 다운로드 • 293

　12.1.3 공시 데이터 • 296 　12.1.4 사업보고서 주요 정보 • 300

12.2 FRED 데이터 다운로드 ·· 301

　12.2.1 장단기 금리차 • 301 　12.2.2 기대 인플레이션 • 304

12.3 Fear & Greed Index ··· 305

PART III 포트폴리오 구성, 백테스트 및 매매하기

CHAPTER 13　퀀트 전략을 이용한 종목 선정 ·· 311

13.1 팩터 이해하기 ·· 312

13.2 베타 이해하기 ·· 312

　13.2.1 베타 계산하기 • 314

13.3 밸류 전략 ·· 316

　　13.3.1 DataReader( ) 함수를 이용한 팩터 데이터 다운로드 • 316

　　13.3.2 PBR별 포트폴리오의 수익률 • 317　13.3.3 밸류 포트폴리오 구하기 • 322

　　13.3.4 여러 지표 결합하기 • 324

13.4 모멘텀 전략 ·· 326

　　13.4.1 모멘텀별 포트폴리오의 수익률 • 327　13.4.2 모멘텀 포트폴리오 구하기 • 328

　　13.4.3 K-Ratio • 331

13.5 퀄리티 전략 ·· 335

　　13.5.1 수익성별 포트폴리오의 수익률 • 336　13.5.2 우량성 포트폴리오 구하기 • 338

13.6 마법 공식 ··· 341

　　13.6.1 퀄리티와 밸류 간의 관계 • 341　13.6.2 마법 공식 이해하기 • 345

　　13.6.3 마법 공식 포트폴리오 • 346

13.7 섹터 중립 포트폴리오 ··· 350

13.8 이상치 데이터 처리 및 팩터의 결합 ·· 353

　　13.8.1 트림: 이상치 데이터 삭제 • 355　13.8.2 윈저라이징: 이상치 데이터 대체 • 355

　　13.8.3 팩터의 결합 방법 • 356

13.9 멀티팩터 포트폴리오 ··· 358

CHAPTER 14 포트폴리오 구성 전략 ·· 371

14.1 수익률 계산 및 상관관계 확인하기 ··· 372

14.2 최대샤프지수 포트폴리오 ··· 373

14.3 최소분산 포트폴리오 ··· 376

　　14.3.1 최소 및 최대 투자비중 제약조건 • 377　14.3.2 각 종목별 제약조건 • 379

　　14.3.3 자산군별 비중 • 382

14.4 위험균형 포트폴리오 ··· 384

　　14.4.1 위험예산 포트폴리오 • 387

CHAPTER 15 트레이딩을 위한 기술적 지표 ·· 389

15.1 TA-Lib 패키지 설치하기 ·· 389

15.2 이동평균 ··· 390

15.3 상대강도지수 ··· 392

15.4 볼린저 밴드 ··· 394

CHAPTER 16 백테스팅 시뮬레이션 ·· 397

16.1 bt 패키지 ··· 398

　　16.1.1 데이터의 수집 • 398　16.1.2 전략의 정의 • 399

　　16.1.3 전략의 백테스트 • 399　16.1.4 결과에 대한 평가 • 400

16.2 정적 자산배분: 올웨더 포트폴리오 ·· 405

16.3 동적 자산배분 ··· 407

　　16.3.1 거래 비용 고려하기 • 409

16.4 추세추종 전략 백테스트 ··· 411

　　16.4.1 마켓 타이밍 전략 • 412　16.4.2 파라미터 최적화 • 414　16.4.3 롱 숏 전략 • 416

16.5 **평균회귀 전략 백테스트** ·· 419

16.5.1 RSI를 이용한 전략 · 419 16.5.2 볼린저 밴드를 이용한 전략 · 421

16.6 **bt 패키지의 함수** ·· 423

CHAPTER 17 **증권사 API 연결과 매매하기** ································· 425

17.1 **모의투자 및 API 서비스 신청하기** ···································· 427

17.2 **접근 토큰 및 해시키 발급받기** ·· 431

17.2.1 접근 토큰 발급받기 · 431 17.2.2 해시키 발급받기 · 432

17.3 **주식 현재가 시세 조회하기** ·· 433

17.4 **주식 주문하기** ··· 434

17.4.1 주식 주문 방법 · 434 17.4.2 매수 주문 · 435 17.4.3 정정 주문 · 437

17.4.4 매도 주문 · 439

17.5 **주식 잔고조회** ··· 440

17.6 **스케줄링** ·· 442

17.6.1 시간 지정하기 · 443

17.7 **포트폴리오 리밸런싱** ·· 445

17.7.1 포트폴리오 매수 · 446 17.7.2 포트폴리오 리밸런싱 · 453

17.7.3 실제 계좌 매매하기 · 455

APPENDIX A **파이썬 다운로드 및 설치하기** ························· 464

아나콘다 설치하기 ·· 464

스파이더 사용하기 ·· 467

APPENDIX B **SQL 다운로드 및 설치하기** ···························· 471

찾아보기 ·· 486

2019년 《R을 이용한 퀀트 투자 포트폴리오 만들기》의 출간 이후 너무나 많은 분들이 파이썬 버전의 출간을 문의하셨습니다. 그때부터 틈틈이 코드와 글을 작성하기 시작해 3년이라는 긴 시간이 지나서야 이번 책이 완성될 수 있었습니다. 단순히 R로 작성되었던 내용을 파이썬으로 바꾼 것에 그친 것이 아니라, 많은 부분을 업데이트하였습니다. 먼저, 파이썬을 처음 접하는 분들을 위해 기초적인 사용법에서부터 데이터 분석에 대한 내용에 이르기까지 기본적인 내용을 모두 다루었습니다. 또한 수집한 각종 데이터를 엑셀이나 CSV 파일로 저장하는 방법이 아닌 데이터베이스에 저장하고 SQL을 통해 꺼내 쓰도록 하였습니다. 이를 통해 효율적으로 데이터를 관리할 수 있고, 실무에서 사용하는 퀀트 투자 프로세스와 유사한 환경을 구축할 수 있습니다.

기존의 책은 국내 주식 데이터만을 수집하던 것에 그쳤던 반면, 이번에는 전 세계의 모든 주식 데이터를 수집하는 방법도 다루었습니다. 또한 퀀트 전략을 이용한 종목 선정뿐만 아니라, 기술적 지표를 이용한 트레이딩 방법과 백테스트도 다루었습니다. 마지막으로, 어떤 종목에 투자할지 선택하는 데 그치지 않고 증권사 API를 이용해 자동으로 매매 및 리밸런싱을 하는 방법까지 다루었습니다.

이 책을 통해 독자분들도 파이썬을 이용한 금융 데이터 수집 및 처리, 퀀트 모델 개발, 포트폴리오 분석 및 자동매매 등이 가능하리라 생각합니다. 또한 실제 전문 투자자들이 사용하는 기술들도 포함했으니 책의 내용을 넘어 더욱 훌륭한 모델을 만드는 데 도움이 되리라 생각합니다. 후배들에게 몇 년에 걸쳐 배워야 하는 퀀트 투자 프로세스를 단계별로 알려 준다는 마음으로 책을 썼습니다. 퀀트 투자를 시작하는 여러분들에게 좋은 길잡이가 되었으면 좋겠습니다. 험난한 투자의 세상에서 데이터를 이용한 객관적이고 장기적인 투자로 성공하시길 기원합니다.

이현열

이 책에 대하여

이 책의 구성

이 책은 크게 세 부분으로 구성되어 있습니다.

먼저, 첫 번째 부분은 퀀트에 대한 이해 및 이 책의 이해를 위해 파이썬과 SQL의 기본적인 사용법에 대해 배웁니다.

- 1장: 퀀트가 무엇인지에 대해 알아보며, 프로그래밍을 사용해야 하는 이유에 대해 알아봅니다.
- 2장: 파이썬의 기초에 대해 배웁니다.
- 3장: pandas 패키지를 이용한 데이터 분석에 대해 배웁니다.
- 4장: 데이터를 시각화로 나타내는 법에 대해 배웁니다.
- 5장: SQL의 기초에 대해 배웁니다.
- 6장: 파이썬에서 SQL을 연결한 후 사용하는 법에 대해 배웁니다.

두 번째 부분은 크롤링을 이용해 각종 데이터를 수집하는 법에 대해 배웁니다.

- 7장: 크롤링을 통한 데이터 수집에 앞서 인코딩, 웹의 동작 방식, HTML에 대한 기본 정보에 대해 배웁니다.
- 8장: 정적 크롤링을 하는 방법에 대해 배웁니다.
- 9장: 동적 크롤링을 하는 방법과 정규 표현식을 이용하는 방법에 대해 배웁니다.
- 10장: 국내 주식과 관련된 종목코드, 섹터정보, 주가, 재무제표, 가치지표를 수집하는 법에 대해 배웁니다.
- 11장: 미국뿐만 아니라 전 세계 주식 데이터를 수집하는 법에 대해 배웁니다.
- 12장: 투자에 필요한 공시 정보 및 각종 지표를 수집하는 법에 대해 배웁니다.

세 번째 부분은 종목 선정, 포트폴리오를 구성, 백테스트 및 실제 매매를 하는 법에 대해 배웁니다.

- 13장: 각종 퀀트 전략을 이용해 기본적인 종목 선정부터 고급 방법론까지 배웁니다.
- 14장: 최적의 포트폴리오를 구성하는 방법에 대해 배웁니다.
- 15장: 기술적 지표에는 어떠한 것이 있는지에 대해 배웁니다.
- 16장: 백테스팅을 하고 결과를 해석하는 법에 대해 배웁니다.
- 17장: 증권사에서 제공하는 API를 이용해 포트폴리오를 자동 매매하는 법에 대해 배웁니다.

이 책의 지원 페이지

이 책의 공식 깃허브 저장소를 통해 예제 코드를 다운로드하거나 궁금한 것들에 대해 질문할 수 있습니다. 이 밖에도 퀀트 투자 및 파이썬, R을 이용한 투자 활용법 등의 내용을 포함하여 저자의 블로그에 많은 글들이 있으니 참조하시기 바랍니다.

- 공식 깃허브 저장소: https://github.com/hyunyulhenry/quant_py
- Henry's Quantopia: https://blog.naver.com/leebisu

종목과 관련된 유의사항

종목 선정과 관련된 장에서 나오는 결과는 해당 종목에 대한 매수 추천이 아님을 밝히며, 데이터를 받은 시점의 종목이기에 독자 여러분이 책을 읽는 시점에서 선택된 종목과는 상당한 차이가 있습니다. 또한 이 책에서 다루는 모델을 이용하여 투자를 할 경우, 이로 인한 이익과 손해는 투자한 장본인에게 귀속됨을 알립니다.

추천사 _____

김영우《Do it 쉽게 배우는 파이썬 데이터 분석》 저자)

제목에만 '퀀트'라고 써놓고 파이썬 사용법만 늘어놓는 그저 그런 책이 아닙니다. 실전에서 뛰고 있는 진짜 퀀트가 진짜로 수익을 내는 투자 전략을 알려 주는 책입니다. 나 혼자만 알고 싶은 데이터 수집처, 백테스트 방법, 실전 매매 노하우까지 전부 담겨 있습니다. '이렇게까지 알려 주면 저자는 뭐 먹고 살까'라는 의문이 들지도 모르겠는데, 책을 읽어 보면 압니다. 먹고 살길은 데이터에 얼마든지 있습니다.

이진욱(DB자산운용 팀장)

저자 이현열은 과거 세 권의 저서《스마트베타》,《R을 이용한 퀀트투자 포트폴리오 만들기》,《감으로 하는 투자 데이터로 하는 투자》)를 통해서 퀀트 투자 기법을 대중에게 소개하고 알리기 위해 노력해 왔습니다. 현역의 퀀트 매니저가 본인의 투자 기법과 생각을 일반 대중들의 입장에서 차근차근 정리하는 것은 매우 고되고 험난한 작업입니다.

하지만 저자는 이를 다수의 저작을 통해서 꾸준히 진행을 해왔고, 이 책《파이썬을 이용한 퀀트 투자 포트폴리오 만들기》는 이런 노력의 완성판이라고 평가받을 만합니다. 이 책을 차례대로 읽어 나가면서 직접 코딩을 해나간다면, 일반 투자자도 본인만의 투자 모델을 훌륭하게 만들 수 있을 것이라고 생각합니다. 그만큼 저자는 단순 내용 전달이 아닌, 투자 모델을 통한 투자 실행 과정을 염두에 두고 글의 순서까지 세심하게 배치하였습니다. 퀀트 투자에 관심이 있는 독자에게 꼭 필요한 교과서의 역할을, 이 책이 훌륭하게 완수할 것으로 기대합니다.

한태경(두물머리 Chief Data Officer)

주식 모델을 만드는 퀀트들이 알아야 할 기초적인 이론과 이를 구현하는 프로그래밍 방법을 소개하는 실전적인 책입니다. 실전 경험이 풍부하면서도 학생들을 가르쳐 본 저자의 경험을 녹여 설득력을 높였습니다. 퀀트에 관심 있는 학생, 직장인뿐만 아니라 주로 엑셀만으로 모델링을 해오던 금융인들은 이 책을 반드시 접해야 합니다.

퀀트와 프로그래밍 기초
배워 보기

CHAPTER 1 　퀀트에 대해 알아보기 3

CHAPTER 2 　파이썬 기초 배워 보기 8

CHAPTER 3 　데이터 분석 배워 보기 48

CHAPTER 4 　데이터 시각화 배워 보기 110

CHAPTER 5 　SQL 기초 배워 보기 128

CHAPTER 6 　파이썬에서 SQL 연결하기 161

퀀트에 대해 알아보기

투자에 관심이 있는 사람들이라면 '퀀트 투자'라는 단어를 한 번씩은 들어보았을 것이다. 퀀트 투자에서 '퀀트'란 모형을 기반으로 금융상품의 가격을 산정하거나, 이를 바탕으로 투자하는 사람을 말한다. 퀀트quant라는 단어가 '계량적'을 의미하는 퀀티터티브quantitative의 앞 글자를 따왔음을 생각하면 쉽게 이해가 될 것이다.

일반적으로 투자자들이 산업과 기업을 분석해 가치를 매기는 정성적인 투자법과는 달리 퀀트 투자는 수학, 통계, 데이터를 기반으로 전략을 만들고 이를 바탕으로 투자하는 정량적인 투자법을 의미한다. **표 1.1**에는 퀀트 투자와 정성적 투자의 차이가 비교되어 있다.

표 1.1 **퀀트 투자와 정성적 투자의 차이**

분류	퀀트 투자	정성적 투자
객관성	높음	낮음
투자 기회	많음	적음
감정적 요인	낮음	높음
반복 가능성	높음	낮음
위험 통제 능력	높음	낮음

1. 퀀트 투자는 규칙에 기반한 투자이므로 객관성이 높지만, 정성적 투자는 개인의 분석에 의존하기에 주관성이 높다.
2. 퀀트 투자는 데이터와 규칙만 있다면 한 번에 수백, 수천 종목에 대한 분석도 가능하지만, 정성적 투자는 분석할 수 있는 종목의 수가 제한되어 있다.
3. 퀀트 투자는 규칙에 기반하므로 감정에 휘둘릴 위험이 낮지만, 정성적 투자는 인간의 감정이 개입될 가능성이 높다.
4. 퀀트 투자는 동일한 규칙을 누구든지 반복할 수 있지만, 정성적 투자는 분석하는 사람에 따라 다른 결과를 보인다.

5. 퀀트 투자는 규칙을 철저하게 지킬 경우 위험 통제 능력이 높지만, 정성적 투자는 인간의 감정에 휘둘려 공포에 휩싸이기 쉽다.

퀀트 투자는 이와 같은 장점들로 인해 날로 인기가 증가하고 있다. 해외의 경우 퀀트 투자를 전문으로 하는 자산 관리 회사도 많을 뿐만 아니라, 정성적인 투자를 하는 회사들조차 일정 부분은 계량 분석의 도움을 받고 있다. 또한, 세계 최고의 헤지펀드 중 대부분은 이미 퀀트를 기반으로 운용하고 있다.

1.1 퀀트 투자의 핵심 재료, 데이터

퀀트들은 데이터를 통해 전략을 만들어 내므로 그들에게 데이터는 가장 기본이 되면서도 중요한 밑천이다. 이는 마치 요리사에게 재료와도 같다. 만일 재료가 부실하다면 제대로 된 요리를 만들 수 없을 뿐만 아니라 먹고 탈이 날 수도 있다. 반면 재료가 싱싱하고 최상급이라면 좋은 요리를 만들어 낼 수 있다. 또한, 재료가 한정적이라면 할 수 있는 요리의 수도 한정적이지만, 재료가 다채롭다면 요리사의 실력에 따라 얼마든지 다양한 요리를 만들 수 있다. 퀀트 투자의 영역 또한 마찬가지다. 만일 데이터가 부실하거나 틀린 내용이라면 잘못된 전략을 만들어 손실을 보게 될 것이다. 또한, 데이터가 한정적이라면 만들 수 있는 전략의 수도 한정적이지만, 데이터가 다채롭다면, 예를 들어 전 세계 모든 국가의 주식뿐 아니라 모든 자산군의 데이터가 있다면 이를 다루는 퀀트의 실력에 따라 얼마든지 다양한 전략을 만들 수 있다.

그렇다면 퀀트 투자에 필요한 데이터는 어떻게 구할까? 전문 투자자의 경우 클래리파이ClariFi, 캐피탈 IQCapital IQ, 팩셋FactSet, 톰슨 로이터Thomson Reuters, 블룸버그Bloomberg 등 해외의 여러 데이터 공급 업체를 통해 양질의 데이터를 구할 수 있다. 하지만 그 비용이 1년에 최소 수천만 원에서 수십억 원에 이르므로 개인 투자자가 이러한 서비스를 이용하는 것은 사실상 불가능하다. 국내의 데이터 공급업체를 이용할 경우에는 그보다 저렴한 금액으로도 데이터를 구할 수 있지만, 데이터의 양이 매우 한정적이다. 웹 스크래핑web scraping 또는 크롤링crawling과 같은 기술을 통해 웹 페이지의 데이터를 무료로 추출하는 방법도 있다. 이 책에는 크롤링과 API를 이용해 국내 및 글로벌 데이터를 구하는 방법에 대해 살펴보겠다.

1.2 퀀트 투자에 프로그래밍이 필요한 이유

우리가 구한 데이터는 연구나 투자에 바로 사용할 수 있는 형태로 주어지는 경우가 거의 없다. 따라서 데이터를 목적에 맞게 처리하는 과정을 거쳐야 하며, 이를 흔히 데이터 클렌징data cleansing 작업이라고 한다. 또한, 정제된 데이터를 활용한 투자 전략의 백테스트backtest나 종목 선정을 위해서 프로그래밍은 필수다. 물론, 엑셀을 이용해도 간단한 형태의 백테스트 및 종목 선정은 가능하지만, 응용성 및 효율성 측면에서 엑셀은 매우 비효율적이다.

데이터를 수집하고 클렌징 작업을 할 때 대상이 몇 종목 되지 않는다면 엑셀을 이용해도 충분히 가능하다. 그러나 종목 수가 수천 종목을 넘어간다면 데이터를 손으로 일일이 처리하기가 사실상 불가능하다. 이러한 단순 반복 작업은 프로그래밍을 이용한다면 훨씬 효율적으로 수행할 수 있다.

백테스트에서도 프로그래밍이 훨씬 효율적이다. 과거 12개월 누적 수익률이 높은 종목에 투자하는 모멘텀 전략의 백테스트를 한다고 가정하자. 처음에는 엑셀로 백테스트를 하는 것이 편하다고 생각할 수 있다. 그러나 만일 12개월이 아닌 6개월 누적 수익률로 백테스트를 하고자 한다면 어떨까? 엑셀에서 다시 6개월 누적 수익률을 구하기 위해 수식을 바꾸고 드래그하는 작업을 반복해야 할 것이다. 그러나 프로그래밍을 이용한다면 n = 12 부분을 n = 6으로 변경한 후 단지 클릭 한 번만으로 새로운 백테스트를 할 수 있다.

데이터의 용량 측면에서도 프로그래밍을 이용하는 것이 훨씬 효율적이다. 만약 엑셀 용량이 100MB이며, 투자 전략이 계속해서 늘어나는 경우를 생각해 보자. 엑셀에서 A라는 전략을 백테스트하기 위해서는 해당 데이터로 작업한 후 저장할 것이다. 그 후 B라는 전략을 새롭게 백테스트하려면 해당 데이터를 새로운 엑셀 파일에 복사해 작업한 후 다시 저장해야 한다. 결과적으로 10개의 전략만 백테스트하더라도 100MB짜리 엑셀 파일이 10개, 즉 1GB 정도의 엑셀 파일이 쌓이게 된다. 만일 데이터가 바뀔 경우 다시 10개 엑셀 시트의 데이터를 일일이 바꿔야 하는 귀찮음도 감수해야 한다. 물론, 하나의 엑셀 파일 내에서 모든 전략을 수행할 수도 있지만, 이러한 경우 속도가 상당히 저하되는 문제가 있다.

프로그래밍을 이용하면 어떠할까? 백테스트를 수행하는 프로그래밍 스크립트는 불과 몇 KB에 불과하므로 10개의 전략에 대한 스크립트 파일을 합해도 1MB가 되지 않는다. 데이터가 바뀌더라도 원본 데이터 파일 하나만 수정해 주면 된다.

1.3 최고의 인기 언어, 파이썬

인간이 사용하는 언어의 종류가 다양하듯이 프로그래밍 언어의 종류 역시 다양하다. 대략 700여 개 이상의 프로그래밍 언어 중 대중적으로 사용되는 언어는 그리 많지 않으므로 대중성과 효율성을 위해 사용량이 많은 언어를 이용하는 것이 좋다. **그림 1.1**은 프로그래밍 언어의 사용 순위로서 파이썬Python 은 1위를 기록하고 있을 정도로 매우 대중적인 언어다.

이처럼 파이썬의 인기가 높은 가장 큰 이유는 무료인 데다 일반인들이 사용하기에도 매우 편한 형태로 구성되어 있기 때문이다. 기존에는 적게는 수십만 원, 많게는 수천만 원을 지불해야 했던 상용 소프트웨어의 기능을 파이썬에서도 모두 구현할 수 있을 뿐만 아니라, 훨씬 더 많은 기능을 활용할 수도 있다. 이로 인해 학계와 산업계에서 점차 기존 소프트웨어 대신 파이썬을 사용하는 비중이 늘어나고 있다. 또한, 책이나 온라인 강의 등 파이썬을 공부할 수 있는 환경도 많아졌기에 진입 장벽도 매우 낮다.

Jul 2022	Jul 2021	Change	Programming Language	Ratings	Change
1	3	^	Python	13.44%	+2.48%
2	1	v	C	13.13%	+1.50%
3	2	v	Java	11.59%	+0.40%
4	4		C++	10.00%	+1.98%
5	5		C#	5.65%	+0.82%
6	6		Visual Basic	4.97%	+0.47%
7	7		JavaScript	1.78%	-0.93%
8	9	^	Assembly language	1.65%	-0.76%
9	10	^	SQL	1.64%	+0.11%
10	16	^	Swift	1.27%	+0.20%

그림 1.1 **프로그래밍 언어 사용 통계 순위**

1.4 데이터 관리의 표준, SQL

만일 수많은 데이터를 텍스트나 엑셀 파일로 관리할 경우 어떠한 단점이 있을까? 먼저 다수의 사람이 데이터를 공유하기 어려우며, 원하는 데이터가 있으면 매번 파일을 전송해 주어야 하는 번거로움이 있다. 둘째로는 대량의 데이터를 다루기가 힘들다. 마지막으로 파일 삭제, 하드 디스크 고장, 보안 문제 등 사고에 대응하기가 어렵다. 이러한 이유로 실무에서는 대부분 데이터베이스를 이용해 데이터를 효율적으로 관리한다.

데이터베이스DataBase, DB란 여러 사람이 공유하여 사용할 목적으로 체계화하여 통합, 관리하는 데이터의 집합이다. 예를 들어, 티커ticker, 주가, 재무제표, 목표 주가 등 투자와 관련된 모든 데이터를 데이터베이스에 저장한 후 이를 관리하거나 사용할 수 있다. 데이터베이스 관리 시스템DataBase Management System, DBMS이란 다수의 사용자들이 데이터베이스 내의 데이터를 접근할 수 있도록 해주는 소프트웨어 도구의 집합이다. DBMS는 대량의 데이터를 다수의 사람이 안전하고 간단히 다룰 수 있게 해주는 장점이 있다.

DBMS 중 가장 일반적으로 사용되는 것이 관계형 데이터베이스relational database다. 이는 엑셀 시트처럼 열과 행으로 이루어진 2차원 테이블 형식으로서 데이터를 관리하거나 이해하기 쉽다. 또한, SQL이라는 전용 언어를 사용해서 데이터를 처리할 수 있다. 이러한 관계형 데이터베이스 관리 시스템 중 대표적으로 사용되는 것으로는 오라클 RDBMS, MS SQL Server, Postgre SQL, MySQL 등이 있으며 이 책에서는 무료로 사용할 수 있는 MySQL을 살펴보겠다.

NOTE 파이썬 및 SQL을 설치하는 법은 부록에 설명되어 있으니 참조하기 바란다.

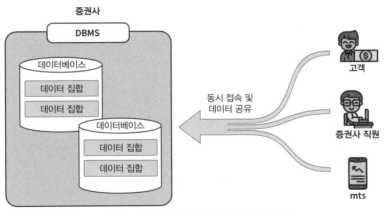

그림 1.2 **데이터베이스 관리 시스템의 활용**

## CHAPTER 2

파이썬 기초 배워 보기

이번 장에서는 변수와 상수, 데이터의 타입, 제어문, 함수 등 기본적인 파이썬 문법과 패키지를 사용하는 방법에 대해 살펴보겠다.

2.1 상수와 변수

프로그래밍의 가장 기본은 **상수**와 **변수**다. 먼저, 아래의 코드를 실행해 보자.

```
var = 10
print(var)
```

```
10
```

10이라는 숫자 혹은 문자와 같은 값 자체를 상수constant라고 한다. 반면 이러한 상수가 저장된 공간인 var는 변수variable라고 한다. var = 10은 var라는 변수에 10을 할당(저장)하라는 의미다. print( )는 결과물을 출력하는 함수로서 var의 내용을 출력한다.

```
var = 'Hello World'
print(var)
```

```
Hello World
```

var라는 변수에 새롭게 'Hello World'라는 상수(문자)를 입력하였더니 그 값이 바뀌었다.

```
var1 = 1
var2 = 2
```

```
print(var1 + var2)
```

```
3
```

var1이라는 변수에는 1이라는 숫자를 입력하고, var2이라는 변수에는 2라는 숫자를 입력하였다. var1 + var2는 1+2와 같으므로 3이라는 결과가 출력된다.

```
var1 = 3
print(var1 + var2)
```

```
5
```

var1이라는 변수에 다시 3이라는 숫자를 입력하면 var1 + var2는 3+2가 되므로 5라는 결과가 출력된다. 이처럼 변수에는 계속해서 다른 상수를 입력할 수 있다.

2.2 데이터 타입

파이썬에는 다양한 데이터 타입이 존재하며, 이에 대해 하나씩 알아보자.

2.2.1 숫자형

숫자형number은 정수나 실수와 같이 숫자 형태로 이루어진 데이터 타입이다(8진수나 16진수도 있으나 거의 사용하지 않는다).

먼저, 정수형Integer이란 -2, -1, 0, 1, 2처럼 소수점을 사용하지 않고 숫자를 표현한 것이다.

```
type(1)
```

```
int
```

type( ) 함수는 데이터 타입을 확인해 주는 역할을 한다. 1이라는 숫자의 타입을 확인해 보면 int, 즉 정수임을 알 수 있다. 한편 실수형floating-point이란 소수점이 포함된 숫자다.

```
type(1.0)
```

```
float
```

1.0이라는 숫자의 타입을 확인해 보면 float, 즉 실수임을 알 수 있다. 일반적으로 1과 1.0은 동일한 숫자라고 생각할 수 있지만, 프로그래밍에서 정수형과 실수형은 엄밀하게는 다른 타입이다.

2.2.1.1 숫자형 연산하기

숫자형은 다양한 연산이 가능하다.

```
print(2 + 1)
```

```
3
```

```
print(2 - 1)
```

```
1
```

```
print(2 * 3)
```

```
6
```

```
print(6 / 2)
```

```
3.0
```

파이썬에서는 기본적인 사칙연산(+, -, *, /)을 쉽게 할 수 있다. 이 외에도 다양한 연산자가 존재한다.

```
3 ** 2
```

```
9
```

연산자 **는 제곱을 의미한다. 즉 3**2는 3^2을 의미한다.

```
7 // 3
```

```
2
```

연산자 //는 나눗셈의 몫을 반환한다. 7을 3으로 나누면 몫은 2가 된다.

```
7 % 3
```

```
1
```

연산자 %는 나눗셈의 나머지를 반환한다. 7을 3으로 나누면 몫은 2가 되며 나머지는 1이 된다.

2.2.2 문자열

문자열string이란 문자, 단어 등으로 구성된 문자들의 집합을 의미한다. 파이썬에서 문자열을 만드는 방법은 총 네 가지가 있다.

```
"Hello World"
```

먼저, 큰 따옴표(")로 양쪽을 둘러싸서 문자열을 만들 수 있다.

```
'Hello World'
```

작은 따옴표(')로 양쪽을 둘러싸서도 문자열을 만들 수 있다.

```
"""퀀트 투자 포트폴리오 만들기"""
'''퀀트 투자 포트폴리오 만들기'''
```

큰 따옴표 3개를 연속(""")으로 양쪽을 둘러싸거나, 작은 따옴표 3개를 연속(''')으로 써서 양쪽을 둘러싸서도 문자열을 만들 수 있다. 따옴표를 3개 사용할 경우 줄 바꿈을 통해 여러 줄의 문자열을 만들 수 있다.

```
multiline = """Life is too short
You need python"""

print(multiline)
```

```
Life is too short
You need python
```

파이썬에서는 문자열도 더하거나 곱할 수 있다.

```
a = 'Hello'
b = ' World'

a + b
```

```
'Hello World'
```

a라는 변수에 'Hello'라는 글자를 입력하고, b라는 변수에 'World'라는 글자를 입력한 후 두 변수를 더하면 두 글자가 합쳐진다.

```
c = 'Quant'

c * 3
```

```
'QuantQuantQuant'
```

이번에는 c라는 변수에 'Quant'를 입력한 후 3을 곱하면 c가 세 번 반복된다.

2.2.2.1 f-string 포매팅

문자열에서 특정 부분만이 바뀌고 나머지 부분은 일정할 경우 파이썬에서는 **f-string** 포매팅formatting을 이용해 매우 쉽게 나타낼 수 있다(해당 기능은 파이썬 3.6 버전 이상부터 사용할 수 있다).

```
name = '이현열'
birth = '1987'

f'나의 이름은 {name}이며, {birth}년에 태어났습니다.'
```

```
'나의 이름은 이현열이며, 1987년에 태어났습니다.'
```

f-string의 형태는 **f'문자열 {변수} 문자열'**이다. 즉 문자열 맨 앞에 f를 붙이면 f-string 포매팅이 선언되며, 중괄호 안에 변수를 넣으면 해당 부분에 변수의 값이 입력된다.

2.2.2.2 문자열 길이 구하기

문자열의 길이를 구할 때는 len( ) 함수가 사용된다.

```
a = 'Life is too short'
len(a)
```

```
17
```

'Life is too short'라는 문장은 빈 칸을 포함하여 총 17개의 글자로 이루어져 있다.

2.2.2.3 문자열 치환하기

특정한 문자를 다른 문자로 바꾸는 데는 replace( ) 함수가 사용된다.

```
var = '퀀트 투자 포트폴리오 만들기'
var.replace(' ', '_')
```

```
'퀀트_투자_포트폴리오_만들기'
```

먼저, var 변수에 '퀀트 투자 포트폴리오 만들기'라는 문자열을 입력했다. 그 후 **문자열.replace(a, b)** 메서드를 사용하면 문자열에서 a라는 문자를 b라는 문자로 바꿀 수 있다. 즉 ' '는 공백을 의미하며 이러한 공백을 모두 밑줄(_)로 변경하였다.

2.2.2.4 문자열 나누기

split( ) 메서드를 이용하면 문자열을 나눌 수 있다.

```
var = '퀀트 투자 포트폴리오 만들기'
var.split(' ')
```

```
['퀀트', '투자', '포트폴리오', '만들기']
```

split( ) 메서드 내부에 값을 입력하면 해당 값을 기준으로 문자열을 나눠 준다. 위 예제에서는 공백(' ')을 기준으로 각각의 단어를 나누었다.

2.2.2.5 문자열 인덱싱과 슬라이싱

인덱싱indexing이란 문자열 중 특정 위치의 값을 가져오는 것이며, 슬라이싱slicing이란 특정 위치가 아닌 범위에 해당하는 문자열을 가지고 오는 것이다.

```
var = 'Quant'

var[2]
```

```
'a'
```

인덱싱과 슬라이싱은 대괄호([ ])를 사용해서 표현한다. var[2]란 두 번째 문자를 의미하며, 이에 해당하는 'a'가 출력되었다. **참고로 파이썬은 숫자를 1이 아닌 0부터 세므로** 'Quant'에서 Q는 var[0], u는 var[1], a는 var[2]에 해당한다.

표 2.1 문자열의 순서

단어	Q	u	a	n	t
위치	0	1	2	3	4

```
var[-2]
```

```
'n'
```

인덱싱에 마이너스(-) 기호를 붙이면 문자열을 뒤에서부터 읽는다. 즉 var[-2]는 뒤에서 두 번째 문자를 의미하며 이에 해당하는 'n'이 출력되었다.

```
var[0:3]
```

```
'Qua'
```

슬라이싱은 [] 내부에 콜론(:) 기호를 사용하여 **시작:마지막**에 해당하는 문자를 출력한다. 즉 var[0]부터 var[3]까지를 출력한다. 그런데 Quant에서 3에 해당하는 단어는 n임에도 그 이전인 Qua까지만 출력이 되었다. 이는 슬라이싱에서 var[**시작:마지막**]을 지정할 때 마지막 번호에 해당하는 단어는 포함되지 않기 때문이며, var[0:3]은 0 이상 3 미만에 해당하는 문자만 출력한다.

```
var[:2]
```

```
'Qu'
```

시작에 해당하는 부분을 명시하지 않으면 처음(0)부터 2 미만까지의 문자를 출력한다.

```
var[3: ]
```

```
'nt'
```

반대로 마지막에 해당하는 부분을 명시하지 않으면 3부터 마지막까지 문자를 출력한다.

2.2.3 리스트

파이썬에서는 연속된 데이터를 표현하기 위해 리스트list 자료형을 사용한다.

```
a = []
type(a)
```

```
list
```

리스트는 대괄호([ ])를 이용하여 생성할 수 있으며, 아무 값도 입력하지 않을 경우 빈 리스트가 생성된다.

```
list_num = [1, 2, 3]
print(list_num)
```

```
[1, 2, 3]
```

```
list_char = ['a', 'b', 'c']
print(list_char)
```

```
['a', 'b', 'c']
```

```
list_complex = [1, 'a', 2]
print(list_complex)
```

```
[1, 'a', 2]
```

리스트 내부에 각 요소는 쉼표(,)를 이용해 구분해 준다. 요솟값은 숫자(list_num), 문자열(list_char), 또는 숫자와 문자열(list_complex)을 함께 가질 수도 있다.

```
list_nest = [1, 2, ['a', 'b']]
print(list_nest)
```

```
[1, 2, ['a', 'b']]
```

또는 리스트 자체를 하나의 요솟값으로 가질 수도 있다. 즉 리스트 안에는 어떠한 자료형도 들어갈 수 있다.

2.2.3.1 리스트 인덱싱과 슬라이싱

리스트도 문자열과 동일한 방법으로 인덱싱과 슬라이싱을 할 수 있다.

```
var = [1, 2, ['a', 'b', 'c']]

var[0]
```

```
1
```

문자열과 동일하게 var[0]을 입력할 경우 해당 요솟값인 1이 출력된다.

```
var[2]
```

```
['a', 'b', 'c']
```

var[2]를 입력할 경우 ['a', 'b', 'c']라는 리스트가 출력된다. 추가로 ['a', 'b', 'c'] 리스트에서 'a'라는 문자열만 추출하는 방법은 다음과 같다.

```
var[2][0]
```

```
'a'
```

먼저, var[2]를 통해 ['a', 'b', 'c']를 추출하며, 뒤에 [0]을 추가적으로 붙여 첫 번째 요소인 'a'가 출력된다. 이처럼 중첩된 리스트에서도 인덱싱을 여러 번 하면 얼마든지 원하는 값을 선택할 수 있다. 이번에는 리스트의 슬라이싱에 대해서 살펴보자.

```
var = [1, 2, 3, 4, 5]
var[0:2]
```

```
[1, 2]
```

문자열의 슬라이싱과 동일하게 var[0:2]를 입력하면 리스트 a의 0 이상 2 미만에 해당하는 요소들이 출력된다.

2.2.3.2 리스트 연산하기

리스트도 +, * 연산을 제한적으로 사용할 수 있다.

```
a = [1, 2, 3]
b = [4, 5, 6]

a+b
```

```
[1, 2, 3, 4, 5, 6]
```

리스트 사이에 + 기호를 사용하면 두 리스트를 하나로 합친다.

```
a = [1, 2, 3]
a * 3
```

```
[1, 2, 3, 1, 2, 3, 1, 2, 3]
```

리스트에 * 기호를 사용하면 해당 리스트를 n번 반복한다.

2.2.3.3 리스트에 요소 추가하기

다양한 방법을 통해 기존의 리스트에 새로운 데이터를 추가하거나 삽입할 수 있다.

```
var = [1, 2, 3]
var.append(4)
print(var)
```

```
[1, 2, 3, 4]
```

append( ) 메서드는 기존의 리스트 맨 마지막에 데이터를 추가한다.

```
var = [1, 2, 3]
var.append([4, 5])
print(var)
```

```
[1, 2, 3, [4, 5]]
```

만약 append( ) 메서드 내에 리스트 형태를 입력할 경우 중첩된 형태로 데이터가 추가된다. 리스트에 새로운 리스트를 중첩된 형태가 아니라 리스트 형태로 확장하고 싶을 경우에는 extend( ) 메서드를 사용하면 된다.

```
var = [1, 2, 3]
var.extend([4, 5])
print(var)
```

```
[1, 2, 3, 4, 5]
```

extend( ) 메서드 내의 리스트인 [4, 5]가 중첩된 형태가 아니라 기존 데이터인 [1, 2, 3] 뒤에 확장이 되었다.

2.2.3.4 리스트의 수정과 삭제

인덱싱과 슬라이싱을 이용하면 리스트의 요소를 수정 또는 삭제할 수 있다.

```
var = [1,2,3,4,5]
var[2] = 10
print(var)
```

```
[1, 2, 10, 4, 5]
```

먼저, var라는 변수에 1부터 5까지 숫자로 구성된 리스트를 만들었다. 그 후 var의 두 번째 요소에 10을 입력하면 해당 값으로 요소가 변경되었다.

```
var[3] = ['a', 'b', 'c']
print(var)
```

```
[1, 2, 10, ['a', 'b', 'c'], 5]
```

이번에는 세 번째 요소를 ['a', 'b', 'c']라는 요소로 변경하였다.

```
var[0 : 2] = ['가', '나']
print(var)
```

```
['가', '나', 10, ['a', 'b', 'c'], 5]
```

슬라이싱을 이용해 데이터를 수정할 수도 있다. var[0 : 2]는 0부터 1까지의 데이터를 의미하며, 해당 데이터를 ['가', '나']로 변경하였다.

이번에는 리스트에서 요소를 삭제하는 방법에 대해 살펴보겠으며, 먼저 del 명령어를 사용하는 방법에 대해 알아보자.

```
var = [1, 2, 3]
del var[0]
print(var)
```

```
[2, 3]
```

del 객체를 이용하여 데이터를 삭제할 수 있다. 위의 예제에서 del var[0]은 var에서 첫 번째 요소를 삭제하라는 의미다. 인덱싱뿐만 아니라 dal var[0:2]와 같이 슬라이싱을 통해서도 데이터를 삭제할 수 있다.

```
var = [1, 2, 3]
var[0:1] = []
print(var)
```

```
[2, 3]
```

슬라이싱을 통해 범위를 지정한 후 빈 리스트([ ])를 입력하여 해당 부분의 데이터를 삭제할 수도 있다.

```
var = [1, 2, 3, 1, 2, 3]
var.remove(1)
print(var)
```

```
[2, 3, 1, 2, 3]
```

remove(x) 메서드는 리스트에서 첫 번째로 나오는 x를 삭제하는 함수다. 위 예제에서는 가장 먼저 나오는 1이 삭제된 것을 확인할 수 있다.

```
var = [1, 2, 3]
var.pop()
```

```
3
```

```
print(var)
```

```
[1, 2]
```

pop( ) 메서드는 리스트의 맨 마지막 요소를 반환하고 해당 요소는 삭제한다. 위 예에서 가장 마지막 요소인 3이 출력되고, var를 확인해 보면 최종적으로 [1, 2]만 남아 있다.

2.2.3.5 리스트 정렬하기
리스트 내의 데이터들은 sort( ) 메서드를 통해 정렬할 수 있다.

```
var = [2, 4, 1, 3]
var.sort()
print(var)
```

```
[1, 2, 3, 4]
```

1부터 4까지의 순서가 무작위로 존재했지만, sort( )를 입력하면 오름차순으로 정렬된다.

2.2.4 튜플

튜플tuple 자료형은 리스트와 매우 흡사하며 약간의 차이점만 있다. 먼저, 리스트는 대괄호([ ])를 이용해 생성하지만 튜플은 소괄호(( ))를 이용해 생성한다. 또한, 튜플은 값을 수정하거나 삭제할 수 없다.

```
var = ()
type(var)
```

```
tuple
```

리스트와 마찬가지로 소괄호를 입력하면 빈 튜플이 생성된다.

```
var = (1, )
print(var)
```

```
(1,)
```

만일 값이 하나만 있을 경우에는 요소 뒤에 콤마(,)를 반드시 붙여야 한다.

```
var = (1, 2, ('a', 'b'))
print(var)
```

```
(1, 2, ('a', 'b'))
```

튜플 역시 요소를 중첩하여 사용할 수 있다.

```
var = (1, 2)
del var[0]
```

```
Traceback (most recent call last):

  File "C:\Users\leebi\AppData\Local\Temp/ipykernel_11372/2714829066.py", line 2, in
<module>
    del var[0]

TypeError: 'tuple' object doesn't support item deletion
```

만일 del 명령어를 이용해 요솟값을 삭제하려고 할 경우 오류가 발생한다. 이처럼 튜플은 수정 또는 삭제가 불가능하다.

```
var = (1, 2, 3, 4, 5)
var[0]
```

```
1
```

인덱싱이나 슬라이싱의 경우 리스트와 동일하게 사용할 수 있다.

2.2.5 딕셔너리

딕셔너리dictionary는 대응 관계를 나타내는 자료형으로서 리스트나 튜플처럼 순서가 존재하지 않으며 대신 키key와 값value이 존재한다. 딕셔너리는 다음과 같은 형태를 가지고 있다.

```
{Key1:Value1, Key2:Value2, Key3:Value3, ...}
```

딕셔너리는 중괄호({ })를 감싸서 표현한다. 키key−값value의 형태로 데이터가 이루어져 있으며, 각각은 쉼표(,)로 구분된다. 예시를 살펴보자.

```
var = {'key1' : 1, 'key2' : 2}
print(var)
```

```
{'key1': 1, 'key2': 2}
```

키값이 key1인 곳에는 1이라는 값이, 키값이 key2인 곳에는 2라는 값이 딕셔너리 형태로 입력되었다.

```
var = {'key1': [1, 2, 3], 'key2': ('a', 'b', 'c')}
print(var)
```

```
{'key1': [1, 2, 3], 'key2': ('a', 'b', 'c')}
```

딕셔너리의 값에는 리스트나 튜플 형태도 입력할 수 있다.

2.2.5.1 키를 사용해 값 구하기

문자열이나 리스트, 튜플의 경우 인덱싱이나 슬라이싱을 통해 요솟값을 구할 수 있었지만, 딕셔너리는 순서가 존재하지 않으므로 이러한 방법을 사용할 수 없다. 딕셔너리는 키를 사용해 이에 해당되는 값을 얻을 수 있다.

```
var = {'key1': 1, 'key2': 2, 'key3': 3}
var['key1']
```

먼저, var라는 변수에 딕셔너리를 입력한 후, var['key1']을 입력하면 딕셔너리 중 키값이 key1에 해당하는 데이터의 값을 반환한다. 즉 딕셔너리 변수에서 [ ] 안의 값은 순서를 뜻하는 것이 아니라 키값을 의미한다.

2.2.5.2 쌍 추가하기 및 삭제하기

기존 딕셔너리에 쌍을 추가하는 방법과 삭제하는 방법에 대해 살펴보자.

```
var = {'key1': 1, 'key2': 2}
var['key3'] = 3
print(var)
```

```
{'key1': 1, 'key2': 2, 'key3': 3}
```

먼저, key1과 key2로 이루어진 딕셔너리를 만들었다. 그 후 var['key3'] = 3을 입력하면 키는 key3, 값은 3인 딕셔너리 쌍이 추가된다.

```
del var['key1']
print(var)
```

```
{'key2': 2, 'key3': 3}
```

리스트와 마찬가지로 딕셔너리에서도 del 명령어를 사용하면 해당 키를 가진 딕셔너리 쌍이 삭제된다.

2.2.5.3 키와 값 구하기

이번에는 딕셔너리의 키와 값을 한 번에 구하는 법에 대해 살펴보자.

```
var = {'key1': 1, 'key2': 2, 'key3': 3}
var.keys()
```

```
dict_keys(['key1', 'key2', 'key3'])
```

var.keys( )를 입력하면 var라는 딕셔너리에서 키만을 모아 dict_keys 객체로 반환한다. 만일 이를 리스트 형태로 만들고자 할 때는 다음과 같이 하면 된다.

```
list(var.keys())
```

```
['key1', 'key2', 'key3']
```

결과를 list( )로 감싸 주면 키값이 리스트 형태로 출력된다.

```
var.values()
```

```
dict_values([1, 2, 3])
```

var.values( )는 var라는 딕셔너리에서 값만을 모아 dict_values 객체로 반환한다.

2.2.6 집합

집합(set)은 집합에 관련된 자료형이며, set( ) 키워드를 사용해 만들 수 있다. 집합 자료형의 특징으로
는 중복을 허용하지 않는다는 점과, 순서가 없다는 점이다.

```
set1 = set([1, 2, 3])
print(set1)
```

```
{1, 2, 3}
```

set( ) 내에 리스트를 입력하면 집합이 만들어진다.

```
set2 = set('banana')
print(set2)
```

```
{'a', 'b', 'n'}
```

반면 set( ) 내에 banana라는 단어를 입력했더니 'a', 'b', 'n'만 입력이 되었다. 이는 집합이 중복을 허용
하지 않기 때문에 고유한 값만이 남은 것이며, 순서도 입력한 것과 다르다.

2.2.6.1 합집합, 교집합, 차집합 구하기

집합 자료형을 통해 합집합, 교집합, 차집합을 구해 보자.

합집합   교집합   차집합
그림 2.1 **집합 연산의 종류**

```
s1 = set([1, 2, 3, 4])
s2 = set([3, 4, 5, 6])
```

먼저, 합집합을 구해 보자. 합집합이란 하나에라도 속하는 원소들을 모두 모은 집합이다.

```
s1.union(s2)
```

```
{1, 2, 3, 4, 5, 6}
```

union( ) 메서드를 사용하면 합집합을 구할 수 있다. 즉 1부터 6까지의 숫자가 집합에 입력되며, 두 집합에 공통으로 존재하는 3과 4는 한 번만 입력된다.

다음으로 교집합을 구해 보자. 교집합이란 두 집합이 공통으로 포함하는 원소로 이루어진 집합이다.

```
s1.intersection(s2)
```

```
{3, 4}
```

intersection( ) 메서드를 사용하면 교집합을 구할 수 있다. 즉 두 집합에 공통으로 존재하는 3과 4가 반환된다.

마지막으로 차집합을 구해 보자. 차집합이란 집합 A에는 속하지만 집합 B에는 속하지 않는 원소들로 이루어진 집합이다.

```
s1.difference(s2)
```

```
{1, 2}
```

difference( ) 메서드를 사용하면 집합 s1에서 교집합을 제외한 {1, 2}만이 반환된다.

2.2.7 불리언

불리언Boolean 자료형이란 참True 또는 거짓False을 나타내는 자료형으로, 이 두 가지 값만을 가질 수 있다. 참고로 True와 False의 첫 문자는 항상 대문자를 사용해야 한다.

```
var = True
type(var)
```

```
bool
```

var 변수에 True를 입력한 후 타입을 확인해 보면 bool, 즉 불리언 자료형임을 알 수 있다.

```
1 == 1
```

```
True
```

파이썬에서 ==는 양쪽 값이 같은지를 확인하는 비교연산자다. 왼쪽의 1과 오른쪽의 1은 같으므로 True, 즉 참이 반환된다.

```
1 != 2
```

```
True
```

!=는 양쪽 값이 다른지를 확인하는 비교연산자이다. 왼쪽의 1과 오른쪽의 2는 다르므로 역시나 True가 반환된다.

2.2.7.1 자료형의 True와 False

자료형 자체에도 True와 False가 존재한다.

```
bool(0)
```

```
False
```

bool( ) 함수는 True와 False를 반환하는 함수다. 숫자 0은 False에 해당한다.

```
bool(1)
```

```
True
```

```
bool(2)
```

```
True
```

반면 0이 아닌 숫자는 True에 해당한다.

```
bool(None)
```

```
False
```

None은 값의 부재를 나타내는데 사용되며, False에 해당한다.

```
bool("")
```

```
False
```

```
bool([])
```

```
False
```

```
bool({})
```

```
False
```

```
bool(())
```

```
False
```

문자열, 리스트, 딕셔너리, 튜플 등의 값이 비어 있을 경우는 False에 해당한다.

```
bool('Python')
```

```
True
```

```
bool([1, 2, 3])
```

```
True
```

```
bool({'Key':'Value'})
```

```
True
```

```
bool((1, 2))
```

```
True
```

반면 데이터가 존재하면 True에 해당한다. 이를 요약하면 다음과 같다.

표 2.2 **자료형의 True와 False**

값	True 또는 False	값	True 또는 False
0	False	(데이터)	True
0 외의 숫자	True	[]	False
None	False	{}	False
""	False	()	False
{key:value}	True	[데이터]	True

2.2.8 날짜와 시간

날짜와 시간은 파이썬에서 기본으로 제공하는 자료형에는 포함되어 있지 않지만 데이터 분석을 할 때 빈번하게 다루는 자료형이다. 날짜와 시간과 관련된 패키지는 다음과 같다.

2.2.8.1 날짜와 시간 구하기

datetime 패키지를 이용해 현재 날짜 및 시간 정보를 구할 수 있다(패키지에 대한 자세한 설명은 이번 장의 맨 마지막에서 자세히 다룬다).

```
import datetime

var = datetime.datetime.now()
var
```

```
datetime.datetime(2022, 8, 9, 13, 12, 17, 596220)
```

```
type(var)
```

```
datetime.datetime
```

datetime 클래스의 now( ) 메서드는 현재 날짜와 시간을 반환한다. 앞에서부터 [연도, 월, 일, 시, 분, 초, 마이크로초]를 의미한다. 이 중 연도에 해당하는 부분만 선택해 보자.

```
print(var.year)
```

```
2022
```

var. 뒤에 속성을 입력하면 이에 해당하는 값이 출력된다. 날짜와 시간과 관련된 속성은 다음과 같다.

- year: 연도
- month: 월
- day: 일
- hour: 시
- minute: 분
- second: 초
- microsecond: 마이크로초(100만분의 1초)

각 속성을 한 번에 출력해 보자.

```
var.year, var.month, var.day, var.hour, var.minute, var.second, var.microsecond
```

```
(2022, 8, 9, 13, 12, 17, 596220)
```

datetime 클래스에는 이 외에도 다양한 메서드가 존재한다.

```
var.weekday()
```

```
1
```

weekday는 요일을 반환한다. 결괏값으로 0은 월요일, 1은 화요일, 2는 수요일, 3은 목요일, 4는 금요일, 5는 토요일, 6은 일요일을 뜻한다.

```
var.date(), var.time()
```

```
(datetime.date(2022, 8, 9), datetime.time(13, 12, 17, 596220))
```

date( )는 날짜에 관련된 정보만, time( )은 시간에 관련된 정보만 반환한다.

2.2.8.2 포맷 바꾸기

포맷을 바꾸는 데는 크게 두 가지 메서드가 사용된다.

- strftime: 시간 정보를 문자열로 바꿈
- strptime: 문자열을 시간 정보로 바꿈

먼저, strftime를 이용해 시간 정보를 문자 정보로 바꿔 보자.

```
var
```

```
datetime.datetime(2022, 8, 9, 13, 12, 17, 596220)
```

위의 시간 정보를 일반적으로 많이 사용하는 'yyyy-mm-dd', 즉 '연도-월-일' 형태로 바꿔 보자.

```
var.strftime('%Y-%m-%d')
```

```
'2022-08-09'
```

%Y, %m, %d는 날짜 및 시간을 어떤 형식의 문자열로 만들지 결정하는 형식 문자열이다. 날짜 및 시간을 나타내는 형식은 다음과 같다.

표 2.3 **날짜 및 시간 관련 포맷 코드**

그룹	코드	뜻
연	%Y	연도(전체)
	%y	연도(뒤 2자리만)
월	%m	월
	%B	Locale 월 표현(전체)
	%b	Locale 월 표현(축약)
일	%d	일
	%j	연중 일

표 2.3 날짜 및 시간 관련 포맷 코드 (계속)

그룹	코드	뜻
시	%H	시(24시간)
	%I	시(12시간)
	%p	Locale 오전, 오후
분	%M	분
초	%S	초
마이크로초	%f	마이크로초
요일	%w	요일
	%A	Locale 요일(전체)
	%a	Locale 요일(축약형)
주	%W	연중 몇 번째 주인지 표현(월요일 시작 기준)
	%U	연중 몇 번째 주인지 표현(일요일 시작 기준)
날짜 표현	%c	Locale 날짜와 시간 표현
	%x	Locale 날짜 표현
	%X	Locale 시간 표현

예를 들어, 시간 정보를 문자열로 바꿔 보자.

```
t = datetime.datetime(2022, 12, 31, 11, 59, 59)

t.strftime("%a %d, %b %y")
```

```
'Sat 31, Dec 22'
```

```
t.strftime("%H시 %M분 %S초")
```

```
'11시 59분 59초'
```

반대로 문자열로부터 날짜와 시간 정보를 읽은 후 datetime 클래스 객체로 만들 수 있으며, 이 경우 strptime 메서드를 사용한다.

```
datetime.datetime.strptime("2022-12-31 11:59:59", "%Y-%m-%d %H:%M:%S")
```

```
datetime.datetime(2022, 12, 31, 11, 59, 59)
```

첫 번째 인자에 날짜와 시간 정보를 가진 문자열을 입력하고, 두 번째 인자에 이에 해당하는 형식 문자열을 입력하면 datetime 클래스 객체로 변경된다.

2.2.8.3 날짜와 시간 연산하기

날짜 또는 시간의 간격을 구할 수도 있다.

```
dt1 = datetime.datetime(2022, 12, 31)
dt2 = datetime.datetime(2021, 12, 31)
td = dt1 - dt2

td
```

```
datetime.timedelta(days=365)
```

2022년 12월 31일에서 2021년 12월 31일을 빼면 days=365, 즉 365일의 차이가 있음을 확인할 수 있다. 이번에는 날짜에 특정 기간을 더해 보자.

```
dt1 = datetime.datetime(2021, 12, 31)
dt1 + datetime.timedelta(days = 1)
```

```
datetime.datetime(2022, 1, 1, 0, 0)
```

timedelta 객체를 통해 원하는 기간을 더하거나 빼 줄 수 있다. 2021년 12월 31일에 days = 1, 즉 1일을 더하면 다음 날인 2022년 1월 1일이 계산된다. 그러나 timedelta 객체의 단점은 날짜와 초 단위로만 연산을 할 수 있다는 점이며, 월 단위의 경우 dateutil 패키지의 relativedelta 클래스를 이용하면 된다.

```
from dateutil.relativedelta import relativedelta

dt1 + relativedelta(months = 1)
```

```
datetime.datetime(2022, 1, 31, 0, 0)
```

timedelta와 사용법은 같으며, months = 1을 통해 한 달의 기간을 더할 수 있다.

2.2.8.4 코드를 일시정지하기

time 패키지의 sleep( ) 함수를 사용하면 일정 시간 프로세스를 일시정지할 수 있다.

```
import datetime
import time

for i in range(3) :
    print(i)
    print(datetime.datetime.now())
    print('-------')
    time.sleep(2)
```

```
0
2022-08-09 13:12:17.891081
-------
1
2022-08-09 13:12:19.903773
-------
2
2022-08-09 13:12:21.912418
-------
```

위 코드는 0부터 2까지 for문 내에서 i와 현재 시간을 출력하며, time.sleep(2)을 통해 루프당 2초의 일시정지를 준다. 출력된 결과를 살펴보면 한 번의 루프가 끝난 후 약 2초 후에 다음 루프가 실행된 것을 확인할 수 있다.

2.3 제어문

파이썬 프로그래밍은 위에서부터 아래 방향으로 작성된 내용을 순서대로 실행한다. 반면 이러한 흐름을 제어하여 실행 순서를 바꾸거나 여러 번 반복하도록 하는 것이 제어문이다. 파이썬의 제어문에는 크게 if문, while문, for문이 있다.

2.3.1 if문

if문 또는 조건문이란 입력된 조건을 판단하여 해당 조건에 맞는 상황을 실행한다. if문의 기본적인 구조는 다음과 같다.

```
if 조건:  ------- ❶
    실행  ------- ❷
```

❶ if를 통해 if문을 선언하고, 바로 뒤에 조건을 입력한 후 콜론(:)을 붙인다.

❷ 줄바꿈을 해준 후 만일 조건이 True일 경우 실행할 코드를 입력한다. 이때 조건문 바로 아래부터는 if문에 속하는 문장이므로 들여쓰기를 해주어야 하며, 공백을 4번 입력하거나 탭을 누른다. 만일 들여쓰기가 제대로 되지 않을 경우 오류가 발생한다.

예를 살펴보자.

```
x = 2  ------- ❶

if x > 0:  ------- ❷
    print('값이 0보다 큽니다.')  ------- ❸
```

```
값이 0보다 큽니다.
```

❶ 먼저, x라는 변수에 2라는 숫자를 입력한다.

❷ if를 통해 조건을 선언하며 조건에는 x > 0을 설정한 후 콜론을 입력한다.

❸ 만일 위 조건이 True일 경우 '값이 0보다 큽니다'를 출력한다.

실제 결과를 살펴보면 2는 0보다 크므로 해당 문장이 출력된다.

```
x = -1

if x > 0:
    print('값이 0보다 큽니다.')
```

반면 위의 경우 코드를 실행해도 아무런 결과가 나타나지 않는다. 이는 x에 입력된 -1이 0보다 작으므로 조건이 False이기 때문이다. 이처럼 조건문이 False일 때 실행할 상황은 else를 이용한다.

```
if 조건:
    실행 1
else:
    실행 2
```

만일 조건이 True일 경우에는 [실행 1]에 해당하는 코드가 실행되지만, 그렇지 않을 경우 [실행 2]에 해당하는 코드가 실행된다. if와 마찬가지로 else문 아래의 문장도 들여쓰기를 해주어야 한다.

```
x = -1

if x > 0:
    print('값이 0보다 큽니다.')
else:
    print('값이 음수입니다.')
```

```
값이 음수입니다.
```

-1이 0보다 작으므로 조건은 False다. 따라서 else에 속하는 '값이 음수입니다'가 출력된다. 만일 조건이 여러 개인 다중 조건을 판단하려면 if와 else 사이에 elif를 추가하면 된다.

```
if 조건 1:
    실행 1
elif 조건 2:
    실행 2
elif 조건 3:
    실행 3
...
else:
    실행 n
```

if의 [조건 1]이 False일 경우 바로 아래의 elif를 통해 [조건 2]를 판단한다. 만일 [조건 2]가 True일 경우에는 [실행 2]에 해당하는 코드가 실행되지만, False일 경우에는 다시 [조건 3]을 판단한다. 만일 모든 elif의 조건이 False일 경우 최종적으로 [실행 n]에 해당하는 코드가 실행되며, elif는 개수에 제한 없이 사용할 수 있다.

```
x = 3

if x >= 10:
    print('값이 10보다 큽니다.')
elif x >= 0:
    print('값이 0 이상 10 미만입니다.')
else:
    print('값이 음수입니다.')
```

```
값이 0 이상 10 미만입니다.
```

먼저, if 조건에서 3은 10보다 크지 않으므로 조건이 False이며, 이에 해당하는 코드가 실행되지 않는다. 그 후 elif 조건에서 3은 0보다 크므로 이에 해당하는 코드인 '값이 0 이상 10 미만입니다'가 출력된다.

만일 조건문이 if와 else로만 구성될 경우 다음과 같이 간단하게 작성할 수도 있다.

```
[조건문이 True인 경우] if 조건문 else [조건문이 False 경우]
```

예제를 살펴보자.

```
x = 7

'0 이상' if x >= 0 else '음수'
```

```
'0 이상'
```

x가 0 이상일 경우에는 '0 이상'을 출력하며, 그렇지 않을 경우엔 '음수'를 출력한다. 이처럼 조건부 표현식은 한 줄로 작성할 수 있어 훨씬 가독성이 좋다.

2.3.2 while문

while문 또는 반복문은 특정 조건을 만족하는 동안 반복해서 코드를 실행한다. while문의 기본적인 구조는 다음과 같다.

```
while 조건:
    실행
```

[조건]에 해당하는 부분이 True인 동안에는 [실행]에 해당하는 코드가 반복해서 수행된다. while문도 if 문과 마찬가지로 [실행]에 해당하는 부분은 들여쓰기를 해주어야 한다. 예제를 살펴보자.

```
num = 1  ········· ❶

while num < 5:  ········· ❷
    print(num)  ········· ❸
    num = num + 1  ········· ❹
```

```
1
2
3
4
```

❶ 먼저, num에 1을 입력한다.

❷ 만일 num이 5 미만일 경우 아래의 코드를 계속해서 수행한다.

❸ num을 출력한다.

❹ num에 1을 더한다.

1부터 4까지 숫자가 출력되다가 num이 5가 된 순간에는 while문의 조건이 False이므로 코드 실행이 종료된다. 만약 num = num + 1 부분이 없다면 num은 계속 1인 상태이므로 print(num)이 무한대로 실행된다.

while문 내부에 if문을 추가할 수도 있다.

```
num = 1  ········· ❶

while num < 10 :  ········· ❷
    if num % 2 == 0 :  ········· ❸
        print(f'{num}은 짝수입니다.')
    num = num + 1  ········· ❹
```

```
2은 짝수입니다.
4은 짝수입니다.
6은 짝수입니다.
8은 짝수입니다.
```

❶ num에 1을 입력한다.

❷ while을 통해 num이 10 미만일 경우 아래의 코드를 계속해서 수행한다.

❸ if를 추가하여 num % 2 == 0일 경우, 즉 나머지가 0일 경우 글자를 출력한다.

❹ num에 1을 더한다.

즉 1부터 9까지 숫자 중 짝수인 부분만 글자를 출력한다. 만일 코드가 계속해서 실행되다가 특정 조건을 만족할 경우 멈추게 하고 싶을 경우 if문에 break를 사용하면 된다.

```
money = 1000  ········ ❶

while True:  ········ ❷
    money = money - 100  ········ ❸
    print(f'잔액은 {money}원입니다.')

    if money <= 0 :
        break  ········ ❹
```

```
잔액은 900원입니다.
잔액은 800원입니다.
잔액은 700원입니다.
잔액은 600원입니다.
잔액은 500원입니다.
잔액은 400원입니다.
잔액은 300원입니다.
잔액은 200원입니다.
잔액은 100원입니다.
잔액은 0원입니다.
```

❶ money에 1000을 입력한다.

❷ while True를 통해 코드가 무한히 반복된다.

❸ money에서 100을 빼 준 후 잔액을 출력한다.

❹ if문을 통해 잔액이 0 미만일 경우 break를 통해 while문을 멈춘다.

결과를 살펴보면 잔액이 100원씩 줄어들다가 0원이 된 순간, if문의 조건이 True이므로 break를 통해 while문이 멈추게 된다.

2.3.3 for문

for문은 while문과 동일한 반복문이지만, 무한히 반복되는 것이 아닌 특정 횟수만큼만 반복되는 특징이 있다. for문의 기본적인 구조는 다음과 같다.

```
for 변수 in 리스트(또는 튜플, 문자열):
    실행
```

리스트 또는 튜플, 문자열의 첫 번째 요소부터 마지막 요소까지 차례로 변수에 대입된 후 [실행]에 해당하는 코드가 실행되며, 역시나 들여쓰기를 해야 한다. 예제를 살펴보자.

```
var = [1, 2, 3]

for i in var:
    print(i)
```

```
1
2
3
```

var에 해당하는 [1, 2, 3]의 리스트 중 첫 번째 요소인 1이 먼저 변수 i에 대입된 후 print(i)가 실행된다. 그 후 두 번째 요소인 2가 다시 변수 i에 대입되어 print(i)가 실행되고, 리스트의 마지막 요소까지 반복된다.

for문 역시 if문과 함께 사용할 수 있다.

```
var = [10, 15, 17, 20]  ------ ❶

for i in var:  ------ ❷
    if i % 2 == 0:  ------ ❸
        print(f'{i}는 짝수입니다.')
    else:
        print(f'{i}는 홀수입니다.')
```

```
10는 짝수입니다.
15는 홀수입니다.
17는 홀수입니다.
20는 짝수입니다.
```

❶ var에 [10, 15, 17, 20]를 입력한다.

❷ for문을 통해 var의 요소를 하나씩 i에 대입하여 아래의 코드들을 실행한다.

❸ if문을 통해 만일 나머지가 0일 경우 '짝수입니다'라는 글자를 출력하고, 그렇지 않을 경우 else를 통해 '홀수입니다'라는 글자를 출력한다.

for문은 range( ) 함수와 함께 쓰이는 경우가 많다. range( ) 함수는 숫자(정수) 리스트를 자동으로 만들어 준다.

```
range(10)
```

```
range(0, 10)
```

range( ) 함수 내에 10을 입력할 경우 0부터 10 미만의 숫자에 해당하는 range 객체를 만들어 준다.

```
range(5, 10)
```

```
range(5, 10)
```

시작과 끝 숫자를 지정할 수도 있다. range(5, 10)을 입력하면 5부터 10 미만의 숫자에 해당하는 range 객체를 만들어 준다. range( ) 함수의 예시를 살펴보자.

```
for i in range(5):
    print(i)
```

```
0
1
2
3
4
```

range(5)는 0부터 5 미만의 숫자 리스트를 의미하며, for문을 통해 요소를 하나씩 출력하였다.

리스트 안에 for문을 포함하는 리스트 내포list comprehension를 사용하면 더욱 직관적으로 코딩할 수 있다.

```
a = [1, 2, 3]
```

만일 위 값들의 제곱을 구하려면 어떻게 해야 할까? 일반적인 for문을 사용한 코드는 다음과 같다.

```
result = []    ┄┄ ❶

for i in a:    ┄┄ ❷
    result.append(i**2)

print(result)
```

```
[1, 4, 9]    ┄┄ ❸
```

❶ 빈 리스트(result)를 만든다.
❷ i에 요소를 하나씩 입력하여 제곱(i**2)을 구한 후, append를 이용해 리스트에 추가한다.
❸ 결과를 확인해 보면 모든 요소의 제곱이 구해졌다.

그러나 리스트 내포 안에 for 조건을 사용하면 위 코드를 훨씬 간단하게 나타낼 수 있다. 리스트 내포 의 문법은 다음과 같다.

```
[실행 for 변수 in 리스트(또는 튜플, 문자열)]
```

이는 기존의 for문에서 위아래를 변경한 후, 리스트 내에 넣어 표현한 것이다. 실제 코드로 나타내면 다 음과 같다.

```
result = [i**2 for i in a]
print(result)
```

```
[1, 4, 9]
```

리스트 내포를 사용할 경우 기존의 for문에 비해 훨씬 간단하게 표현할 수 있다.

2.3.4 오류에 대한 예외 처리

for문을 실행하던 중 오류가 발생하면 작업이 끊겨 루프를 처음부터 다시 실행해야 한다. 대상이 얼마 되지 않는다면 큰 문제가 되지 않겠지만, 수십 분 또는 몇 시간이 걸리는 작업을 하던 중 오류가 발생해 작업을 처음부터 다시 해야 하는 것은 매우 비효율적이다. try-except문을 이용하면 예외 처리, 즉 오류가 발생할 경우 이를 무시하고 넘어갈 수 있다.

try-except문의 구조는 다음과 같다.

```
try:
    expr ........ ①
except:
    error-handler-code ........ ②
else:
    running-code ........ ③
finally:
    cleanup-code ........ ③
```

① try 내의 **expr**는 실행하고자 하는 코드를 의미한다.

② except 내의 `error-handler-code`는 오류 발생 시 실행할 코드를 의미한다.

③ else 내의 `running-code`는 expr 코드가 문제가 없을 경우 실행되는 코드, finally 내의 `cleanup-code` 코드는 오류 여부와 관계없이 무조건 수행할 구문을 의미하며, 이 둘은 생략할 수도 있다.

예제를 통해 살펴보자.

```
number = [1, 2, 3, "4", 5]
```

먼저, number 변수에는 1에서 5까지 값이 입력되어 있으며, 다른 값들은 형태가 숫자인 반면 4는 문자 형태다.

```
for i in number:
    print(i ** 2)
```

```
1
4
9
Traceback (most recent call last):

  File "C:\Users\leebi\AppData\Local\Temp/ipykernel_11372/340725983.py", line 2, in
<module>
    print(i ** 2)

TypeError: unsupported operand type(s) for ** or pow(): 'str' and 'int'
```

for문을 통해 순서대로 값들의 제곱을 출력하는 명령어를 실행하면 '문자 4'는 제곱을 할 수 없어 오류가 발생한다. try-except문을 사용하면 이처럼 오류가 발생하는 루프를 무시하고 다음 루프로 넘어갈 수 있다.

```
for i in number:
    try:
        print(i ** 2)
    except:
        print('Error at: ' + i)
```

```
1
4
9
Error at: 4
25
```

expr 부분은 print(i ** 2)이며, error-handler-code 부분은 오류가 발생한 i를 출력한다. 해당 코드를 실행하면 문자 4에서 오류가 발생함을 알려 준 후 루프가 멈추지 않고 다음으로 진행된다.

2.3.5 tqdm() 함수를 이용한 진행 단계 확인하기

for문의 시간이 오래 걸리는 작업의 경우 어느 정도 진행되었는지 궁금할 때가 있다. 파이썬에서는 tqdm 패키지를 통해 진행 정도를 손쉽게 확인할 수 있다.

```
import time
from tqdm import tqdm

for i in tqdm(range(10)):
    time.sleep(0.1)
```

```
10/10 [00:01<00:00, 9.41it/s]
```

tqdm 패키지에서 tqdm( ) 함수를 불러온 뒤, for문의 loop에 해당하는 부분을 tqdm( )으로 감싸 주면 진행 정도를 확인할 수 있다.

2.4 함수

중고등학교 수학시간에 우리는 함수라는 개념을 배웠다. $y = f(x)$라는 수식이 있을 때 x라는 값을 $f(\ )$라는 함수에 입력하면 y라는 결괏값이 나온다. 예를 들어, 다음과 같은 함수가 있다고 생각해 보자.

$$y = 2x + 1$$

만일 x에 1을 넣으면 결과는 $2 \times 1 + 1 = 3$이며, x에 2를 넣으면 결과는 $2 \times 2 + 1 = 5$다.

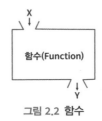

그림 2.2 **함수**

프로그래밍에서의 함수도 이와 비슷하다. 어떠한 입력값을 함수에 넣으면 이를 토대로 코드가 돌아가고, 그 결과를 반환한다. 함수를 사용하는 이유는 중복된 코드를 계속해서 작성하지 않기 위해서다. 만일 반복적으로 사용하는 코드가 있다면 이를 매번 적기보다는 함수로 만들어 두고, 필요할 때마다 함수를 사용하는 것이 효과적이다.

우리는 앞서 print( )와 같이 수많은 함수를 이미 사용했다. 이처럼 가장 이상적인 방법은 기존에 누군가 작성한 패키지 또는 함수를 찾아 이용하는 것이지만, 그렇지 못할 경우에도 나만의 함수를 쉽게 만들어 사용할 수 있다. 파이썬에서 함수를 만드는 법은 다음과 같다.

```
def f(x):        ┈┈ ❶❷❸
    statement    ┈┈ ❹❺
    return y     ┈┈ ❻
```

❶ def 키워드를 통해 함수임을 선언한다.

❷ f는 함수명을 뜻한다.

❸ x는 함수에 들어가는 매개변수parameter를 뜻한다.

❹ 줄을 바꾼 후 들여쓰기를 한다.

❺ statement에 해당하는 코드가 실행된다.

❻ return 뒤에 적은 y가 반환되며, 함수가 종료된다.

예시로 제곱근을 계산하는 함수를 만들어 보자.

```
def sqrt(x):
    res = x**(1 / 2)
    return res
```

```
sqrt(4)
```

```
2.0
```

```
sqrt(9)
```

```
3.0
```

❶ def를 통해 함수를 선언하며, 함수명은 sqrt로 한다.

❷ 매개변수는 x 하나가 사용된다.

❸ x ** (1/2)은 $x^{\frac{1}{2}}$를 뜻하며, 즉 제곱근을 구한다. 이를 res라는 변수에 저장한다.

❹ 최종적으로 res를 반환한다.

만들어진 함수에 4와 9라는 숫자를 넣으면 각각의 제곱근인 2와 3을 출력한다. 참고로 함수에 입력한 4와 9처럼 함수를 호출할 때 전달하는 입력값은 인자argument 또는 인수라 한다.

이번에는 매개변수가 여러 개인 함수를 만들어 보자.

```
def multiply(x, y):
    res = x**y
    return res
```

```
multiply(x = 3, y = 4)
```

```
81
```

```
multiply(5, 2)
```

```
25
```

매개변수로 x와 y 2개가 사용되었으며, x^y를 구하는 함수인 multiply( )를 만들었다. multiply(x = 3, y = 4)와 같이 각 매개변수에 대응되는 인자를 직접 지정할 수도 있지만, multiply(5, 2)와 같이 인자만 입력하면 함수에서 정의한 순서에 따라 x에는 5, y에는 2가 대입되어 계산된다.

```
def divide(x, n=2):
    res = x / n
    return (res)
```

```
divide(3)
```

```
1.5
```

```
divide(6, 3)
```

```
2.0
```

이번에는 매개변수 부분에 n = 2를 통해 디폴트 값을 설정하였다. 즉 n에 해당하는 부분에 값을 입력하지 않을 경우 n에는 2라는 값이 자동으로 입력된다.

위 함수에서는 매개변수가 'x', 'n' 2개가 필요함에도 divide(3)은 1.5라는 값이 계산되었다. 즉 x에는 3이라는 값이 입력되었지만, n에는 값이 입력되지 않아 디폴트 값인 2가 들어갔으며, 3/2의 결과인 1.5가 계산된다. 반면 divide(6, 3)의 경우 n에 3이라는 값을 입력하였으므로 6/3의 결과인 2가 계산되었다.

2.4.1 람다 함수

if문이나 for문을 한 줄로 간단하게 나타냈던 것과 같이, 람다lambda를 이용하면 간단하게 함수를 만들 수 있다. 람다의 사용법은 다음과 같다.

```
함수명 = lambda 매개변수1, 매개변수2, ...: statement
```

예제로 나눗셈을 하는 함수를 람다를 통해 만들어 보자.

```
divide_lam = lambda x, n: x / n
```

```
divide_lam(6, 3)
```

```
2.0
```

위에서 def를 통해 만든 함수 divide( )와 결과가 동일하다. 또한, 람다를 통해 만든 함수는 return 명령어가 없어도 결괏값을 반환한다.

2.5 패키지 사용하기

패키지package는 기능이 비슷한 여러 함수가 모여 있는 꾸러미라고 볼 수 있으며, 파이썬이 사랑받는 이유 중 하나는 오픈소스 생태계로 인해 다양한 패키지가 있다는 점도 크다. 전 세계의 사람들이 패키지를 만들어 온라인에 공개하고 있으며, 누구든지 이를 쉽게 다운로드받아 사용할 수 있다. 파이썬 패키지를 공유하는 소프트웨어 저장소 PyPI(pypi.org)에는 39만 개가 넘는 패키지가 공개되어 있다(2022년

8월 기준). 즉 복잡하게 코드를 짜지 않아도 기존의 패키지를 잘만 이용하면 매우 쉽게 개발 또는 데이터 분석을 할 수 있다.

아나콘다에는 사람들이 자주 쓰는 주요 패키지가 대부분 들어 있으므로(2022년 8월 기준 678개), 해당 패키지들의 경우 별도의 설치 과정 없이 바로 사용할 수 있다. 아나콘다에 들어 있는 패키지 목록은 아래 페이지에서 확인할 수 있다.

https://docs.anaconda.com/anaconda/packages/py3.9_win-64/

패키지에 있는 함수를 사용하기 위해서는 [**패키지 설치 ➡ 패키지 불러오기 ➡ 함수 사용**]의 단계를 거친다. 패키지는 한 번만 설치하면 되지만, 불러오는 작업은 파이썬을 새로 열 때마다 반복해야 한다.

아나콘다에 포함되지 않은 패키지를 사용하기 위해서는 먼저 패키지를 설치해야 한다. 예로써 동적 크롤링에 사용되는 **selenium** 패키지를 설치해 보자. 패키지를 설치하기 위해서는 아나콘다 프롬프트를 이용하면 된다. 윈도우의 경우 시작 메뉴를 클릭한 후 [Anaconda Prompt]를 검색한 후 실행한다.

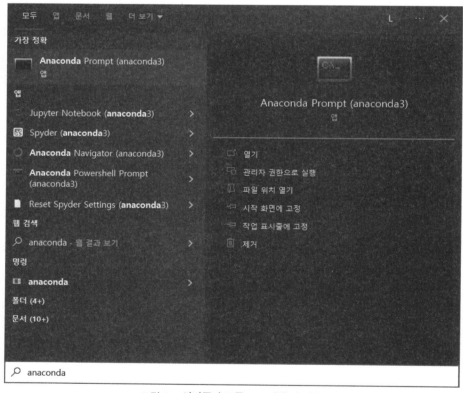

그림 2.3 아나콘다 프롬프트 검색 및 실행

프롬프트에서 pip install 패키지명을 입력하면 패키지를 설치한다.

```
pip install selenium
```

그림 2.4 selenium 패키지 다운로드

코드를 실행하면 파이썬 패키지 저장소 PyPI(pypi.org)에서 패키지 관련 파일을 다운로드해 하드디스크에 설치하는 과정이 프롬프트에 출력된다. 만일 패키지 설치 중 'Proceed (y/n)?'라는 메시지가 나오면 'y'를 입력하고 엔터를 누르면 된다.

아나콘다에 포함되어 있는 패키지 외에 이 책의 이해를 위해 추가적으로 설치해야 하는 패키지는 다음과 같다.

- selenium
- webdriver_manager
- tiingo
- schedule
- xmltodict
- pandas_datareader
- riskfolio-lib
- bt
- yahoo_fin
- pandas_ta
- yfinance
- yahooquery

NOTE riskfolio-lib 패키지 설치 방법은 14장에서 다시 설명하므로 이를 참고하기 바란다.

다운로드받은 패키지를 사용하기 위해서는 이를 불러와야 한다. 패키지는 파이썬 스크립트에서 import 패키지 이름을 통해 불러올 수 있다. 예를 들어, pandas 패키지를 불러오는 방법은 다음과 같다.

```
import pandas
```

패키지 이름은 해당 패키지 내의 함수들을 사용할 때 계속해서 사용된다. 만일 패키지 이름이 너무 길면 이를 매번 입력하는 것이 불편하기 때문에 import 패키지 이름 as 패키지 별명 형태로 불러올 수 있다. pandas 패키지는 일반적으로 pd로 별명을 지정한다.

```
import pandas as pd
```

불러온 패키지 안의 내용을 살펴볼 때는 dir(패키지 이름) 또는 dir(패키지 별명)을 입력한다.

```
import selenium
dir(selenium)
```

```
['__builtins__',
 '__cached__',
 '__doc__',
 '__file__',
 '__loader__',
 '__name__',
 '__package__',
 '__path__',
 '__spec__',
 '__version__']
```

많은 패키지가 하위 패키지를 가지고 있다. 하위 패키지 중에는 상위 패키지를 불러올 때 자동으로 불러오는 것이 있지만 그렇지 않은 것도 있다. 자동으로 불러오지 않는 하위 패키지는 다음처럼 수동으로 불러와야 한다.

```
import selenium.webdriver
dir(selenium.webdriver)[1:20]
```

```
['Chrome',
 'ChromeOptions',
 'ChromiumEdge',
 'DesiredCapabilities',
 'Edge',
 'EdgeOptions',
 'Firefox',
 'FirefoxOptions',
 'FirefoxProfile',
 'Ie',
 'IeOptions',
 'Keys',
 'Proxy',
 'Remote',
 'Safari',
 'WPEWebKit',
 'WPEWebKitOptions',
 'WebKitGTK',
 'WebKitGTKOptions']
```

패키지의 함수를 사용하기 위해서는 패키지 이름.함수( ) 또는 패키지 별명.함수( )를 입력한다.

```
import seaborn as sns

iris = sns.load_dataset('iris')
iris
```

	sepal_length	sepal_width	petal_length	petal_width	species
0	5.1	3.5	1.4	0.2	setosa
1	4.9	3.0	1.4	0.2	setosa
2	4.7	3.2	1.3	0.2	setosa
3	4.6	3.1	1.5	0.2	setosa
4	5.0	3.6	1.4	0.2	setosa
...	...	...	...	...	...
145	6.7	3.0	5.2	2.3	virginica
146	6.3	2.5	5.0	1.9	virginica
147	6.5	3.0	5.2	2.0	virginica
148	6.2	3.4	5.4	2.3	virginica
149	5.9	3.0	5.1	1.8	virginica

150 rows × 5 columns

먼저, seaborn 패키지를 sns라는 별명으로 불러온 후, 데이터셋을 불러오는 함수인 load_dataset( )을 이용해 'iris' 데이터셋을 불러왔다.

패키지를 불러올 때 모든 함수를 불러오는 것이 아닌 특정 함수만 선택해서 불러올 수도 있다. 이는 from 패키지 이름 import 함수 또는 from 패키지 이름 import 함수1, 함수2, 함수3 형태로 불러온다.

```
from seaborn import load_dataset
load_dataset('iris')
```

	sepal_length	sepal_width	petal_length	petal_width	species
0	5.1	3.5	1.4	0.2	setosa
1	4.9	3.0	1.4	0.2	setosa
2	4.7	3.2	1.3	0.2	setosa
3	4.6	3.1	1.5	0.2	setosa
4	5.0	3.6	1.4	0.2	setosa
...	...	...	...	...	...
145	6.7	3.0	5.2	2.3	virginica
146	6.3	2.5	5.0	1.9	virginica
147	6.5	3.0	5.2	2.0	virginica
148	6.2	3.4	5.4	2.3	virginica
149	5.9	3.0	5.1	1.8	virginica

150 rows × 5 columns

이번에는 seaborn 패키지에서 load_dataset( ) 함수만 불러왔다. 이처럼 특정 함수만 불러온 경우, 함수명 앞에 패키지 이름을 붙여 주지 않아도 함수가 작동한다. 만일 한 번에 모든 함수를 불러오고 싶을때는 from 패키지이름 import *를 입력하면 된다.

2.5.1 함수와 메서드의 차이

파이썬 관련 책을 살펴보면 똑같이 something( ) 형태로 생겼지만 어떤 것은 함수, 어떤 것은 메서드라불린다. 먼저, 함수는 특정 기능을 수행하는 역할을 하며, 각 함수마다 나름의 기능을 가지고 있다. 예를 들어, 파이썬의 내장 함수인 sum( )은 합계를 구한다.

```
sum([1, 2])
```

```
3
```

특정 패키지에서 제공하는 함수도 있다. pandas의 DataFrame( ) 함수는 데이터프레임을 만드는 역할을한다.

```
import pandas as pd
df = pd.DataFrame({'x' : [1,2,3]})

df
```

	x
0	1
1	2
2	3

반면 메서드는 클래스 및 객체와 연관되어 있는 함수다. info( ) 메서드는 위에서 만든 데이터프레임 객체의 정보를 보여 준다.

```
df.info()
```

```
<class 'pandas.core.frame.DataFrame'>
RangeIndex: 3 entries, 0 to 2
Data columns (total 1 columns):
 #   Column  Non-Null Count  Dtype
---  ------  --------------  -----
 0   x       3 non-null      int64
dtypes: int64(1)
memory usage: 152.0 bytes
```

각 객체 또는 자료 구조에 따라 사용할 수 있는 메서드가 다르다. info( ) 메서드는 데이터프레임에는 사용할 수 있지만, 리스트 객체에는 사용할 수 없다.

```
lst = [1,2,3]
lst.info()
```

```
-----------------------------------------------------------------------------
AttributeError                            Traceback (most recent call last)
~\AppData\Local\Temp/ipykernel_14548/742904879.py in <module>
      1 lst = [1,2,3]
----> 2 lst.info()

AttributeError: 'list' object has no attribute 'info'
```

위 코드를 실행하면 **AttributeError: 'list' object has no attribute 'info'**라는 에러가 뜬다. list 객체는 info( ) 메서드를 보유하고 있지 않아 에러가 발생하는 것이다. 즉 함수는 sum( ), pd.DataFrame( )과 같이 독립적으로 사용되는 반면, 메서드는 a라는 특정 객체가 존재할 때 a.head( ), a.info( )와 같은 형태로 사용된다.

3

데이터 분석 배워 보기

데이터 분석이란 데이터를 불러와 수정, 가공한 후 분석을 통해 통찰력을 얻고 답을 찾아나가는 과정이다.

우리가 실제 다루는 대부분의 데이터는 행과 열로 이루어진 표 형태다. pandas 패키지는 1차원 배열인 시리즈series 및 행과 열로 이루어진 2차원 배열인 데이터프레임dataframe을 통해 데이터 분석 업무를 쉽게 처리할 수 있게 해준다. 이번 장에서는 pandas 패키지를 이용한 데이터 분석 방법에 대해 살펴보자.

3.1 시리즈

시리즈란 데이터가 순차적으로 나열된 1차원 배열이며, 구조는 **그림 3.1**과 같다. 인덱스(index)와 값(value)은 일대일 대응 관계이며, 이는 키(key)와 값(value)이 '{key:value}' 형태로 구성된 딕셔너리와 비슷하다.

3.1.1 시리즈 만들기

시리즈는 Series( ) 함수를 통해 만들 수 있다. 먼저, 딕셔너리를 이용해 시리즈를 만드는 법을 살펴보자.

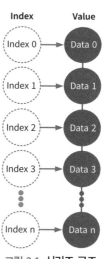

그림 3.1 **시리즈 구조**

```
import pandas as pd

dict_data = {'a': 1, 'b': 2, 'c': 3}
series = pd.Series(dict_data)

print(series)
```

```
a    1
b    2
c    3
dtype: int64
```

```
type(series)
```

```
pandas.core.series.Series
```

먼저, 키가 'a', 'b', 'c' 값이 1, 2, 3인 딕셔너리를 만든 후, Series( ) 함수에 입력하면 시리즈 객체로 변환된다. 결과를 살펴보면 딕셔너리의 키는 시리즈의 인덱스로 변환되고, 딕셔너리의 값들은 시리즈의 값으로 변환되었다.

```
series.index
```

```
Index(['a', 'b', 'c'], dtype='object')
```

```
series.values
```

```
array([1, 2, 3], dtype=int64)
```

시리즈 뒤에 .index와 .values를 입력하면 각각 인덱스와 값의 배열을 반환한다.

딕셔너리가 아닌 리스트를 통해 시리즈를 만들 수도 있다.

```
list_data = ['a', 'b', 'c']
series_2 = pd.Series(list_data)

print(series_2)
```

```
0    a
1    b
2    c
dtype: object
```

만일 리스트를 통해 시리즈를 만들 경우, 인덱스는 정수형 위치 인덱스(0, 1, 2, …)가 자동으로 지정된다.

```
series_3 = pd.Series(list_data, index=['index1', 'index2', 'index3'])

print(series_3)
```

```
index1    a
index2    b
index3    c
dtype: object
```

리스트를 통해 시리즈를 만든 후, index 옵션에 인덱스 이름을 직접 입력하여 인덱스를 생성할 수도 있다.

3.1.2 원소 선택하기

시리즈도 리스트 또는 튜플과 같이 인덱싱이나 슬라이싱을 사용해 원하는 원소를 선택할 수 있다.

```
capital = pd.Series({'Korea': 'Seoul',
                     'Japan': 'Tokyo',
                     'China': 'Beijing',
                     'India': 'New Delhi',
                     'Taiwan': 'Taipei',
                     'Singapore': 'Singapore'
                     })

print(capital)
```

```
Korea          Seoul
Japan          Tokyo
China        Beijing
India      New Delhi
Taiwan        Taipei
Singapore  Singapore
dtype: object
```

먼저, 키로는 국가명, 값으로는 수도로 이루어진 시리즈를 만들었다. 이 중 한국에 해당하는 데이터를
선택하는 법은 다음과 같다.

```
capital['Korea']
```

```
'Seoul'
```

딕셔너리에서 키값을 입력하면 이에 해당하는 값이 선택된 것처럼, 시리즈에서는 인덱스 이름을 입력하
면 이에 해당하는 값이 선택된다.

```
capital[['Korea', 'Taiwan']]
```

```
Korea      Seoul
```

```
Taiwan    Taipei
dtype: object
```

시리즈의 특징 중 하나는 한 번에 여러 개의 인덱스를 입력할 수 있다는 점이다. 값을 찾고 싶은 인덱스를 리스트 형태로([ ]) 입력하면 이에 해당하는 모든 원소가 선택된다.

```
capital[0]
```

```
'Seoul'
```

시리즈는 순서가 있기 때문에 위치를 통해서도 원하는 값을 선택할 수 있다. 위치 인덱스 0을 입력하면 이에 해당하는 첫 번째 값인 Seoul이 선택된다.

```
capital[[0, 3]]
```

```
Korea       Seoul
India     New Delhi
dtype: object
```

위치 인덱스를 리스트 형태로 입력하면 역시나 이에 해당하는 원소가 출력된다.

```
capital[0:3]
```

```
Korea       Seoul
Japan       Tokyo
China      Beijing
dtype: object
```

리스트와 동일하게 슬라이싱 기능 역시 사용할 수 있다. 0:3은 위치 인덱스가 0 이상 3 미만을 뜻하며 이에 해당하는 값이 선택된다.

3.1.3 시리즈 연산하기

시리즈는 사칙 연산을 할 수 있다.

```
series_1 = pd.Series([1, 2, 3])
series_2 = pd.Series([4, 5, 6])

series_1 + series_2
```

```
0    5
1    7
2    9
dtype: int64
```

먼저, 1, 2, 3으로 이루어진 시리즈(series_1)와 4, 5, 6으로 이루어진 시리즈(series_2)를 생성한다. 그후 두 시리즈를 더하면 각각의 인덱스가 같은 값끼리 연산이 수행된다. 즉 1+4, 2+5, 3+6의 결과인 5, 7, 9가 계산된다.

```
series_1 * 2
```

```
0    2
1    4
2    6
dtype: int64
```

시리즈에 숫자를 연산하면 모든 원소에 연산이 적용된다. 즉 시리즈에 2을 곱하면 모든 원소에 2가 곱해져 1*2, 2*2, 3*2의 결과인 2, 4, 6이 계산된다.

3.2 데이터프레임

시리즈가 1차원 배열이었다면 데이터프레임은 2차원 배열이다. 이는 흔히 엑셀에서 사용하는 행과 열로 이루어진 표 형태다. 데이터프레임의 각 열은 시리즈 객체이며, 이러한 시리즈가 모여 데이터프레임을 구성한다.

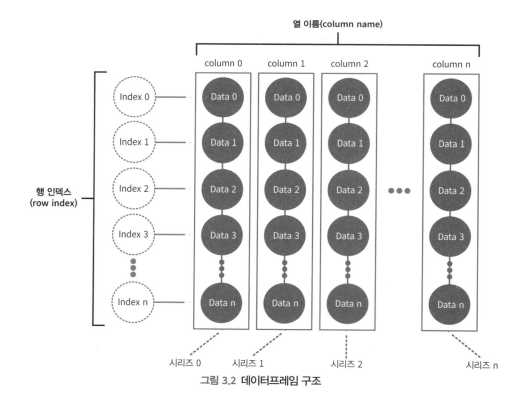

그림 3.2 데이터프레임 구조

3.2.1 데이터프레임 만들기와 수정하기

데이터프레임은 DataFrame( ) 함수를 통해 만들 수 있으며, 시리즈를 만드는 방법과 유사하다.

```
dict_data = {'col1': [1, 2, 3], 'col2': [4, 5, 6], 'col3': [7, 8, 9]}
df = pd.DataFrame(dict_data)

df
```

	col1	col2	col3
0	1	4	7
1	2	5	8
2	3	6	9

```
type(df)
```

```
pandas.core.frame.DataFrame
```

데이터프레임을 만들기 위해서는 길이가 같은, 즉 원소의 개수가 동일한 1차원 배열이 여러 개 필요하다. 이는 데이터프레임이 여러 개의 시리즈를 모아 둔 것과 같기 때문이다. 먼저, 키가 'col1', 'col2', 'col3'이며 각 쌍에는 값이 3개씩 들어가 있는 딕셔너리를 만든다. 이를 DataFrame( ) 함수에 넣으면 딕셔너리의 키는 열 이름이 되며, 딕셔너리의 값은 데이터프레임 열의 값이 된다.

```
df2 = pd.DataFrame([[1, 2, 3], [4, 5, 6], [7, 8, 9]])

df2
```

	0	1	2
0	1	2	3
1	4	5	6
2	7	8	9

리스트를 통해 데이터프레임을 만들 수도 있다. DataFrame( ) 함수 내부에 리스트 형태인 [1, 2, 3], [4, 5, 6], [7, 8, 9]를 다시 리스트에 넣어 중첩 형태로 입력하면, 각각의 리스트가 그대로 행의 형태로 입력된다. 반면 행 인덱스와 열 이름은 기본값인 위치 인덱스가 부여된다.

```
df3 = pd.DataFrame([[1, 2, 3], [4, 5, 6], [7, 8, 9]],
                   index=['index1', 'index2', 'index3'],
                   columns=['col1', 'col2', 'col3'])

df3
```

	col1	col2	col3
index1	1	2	3
index2	4	5	6
index3	7	8	9

만일 행 인덱스와 열 이름을 직접 지정하고자 할 경우, 리스트 형태로 입력하면 된다. 기존 데이터프레임의 행 인덱스와 열 이름도 변경할 수 있다.

```
df3.index = ['행 1', '행 2', '행 3']
df3.columns = ['열 1', '열 2', '열 3']

df3
```

	열 1	열 2	열 3
행 1	1	2	3
행 2	4	5	6
행 3	7	8	9

DataFrame.index와 DataFrame.columns를 통해 각각 새로운 행 인덱스 및 열 이름을 입력하면 이에 맞게 데이터가 바뀐다.

```
df3.rename(index={'행 1': '첫 번째 행'}, inplace=True)
df3.rename(columns={'열 1': '첫 번째 열'}, inplace=True)

df3
```

	첫 번째 열	열 2	열 3
첫 번째 행	1	2	3
행 2	4	5	6
행 3	7	8	9

행 인덱스나 열 이름 중 원하는 부분만을 선택해 변경할 수도 있다. DataFrame.rename(index or columns = {기존 이름:새 이름, ...})을 입력하여 기존의 이름을 새 이름으로 변경할 수 있으며, inplace = True 옵션을 사용하면 원본 데이터가 변경된다.

이번에는 데이터프레임의 행과 열을 삭제하는 방법에 대해 살펴보자.

```
df3.drop('행 3', axis=0, inplace=True)
df3.drop('열 3', axis=1, inplace=True)
```

df3

	첫 번째 열	열 2
첫 번째 행	1	2
행 2	7	5

drop( ) 메서드는 행 또는 열을 삭제한다. 삭제하고 싶은 행 인덱스 또는 열 이름을 입력하면 해당 부분이 삭제되며, 행을 삭제할 때는 축(axis) 옵션으로 axis = 0을 입력하고, 열을 삭제할 때는 axis = 1을 입력해야 한다. 마지막으로, inplace = True 옵션을 사용하면 원본 데이터가 변경된다.

- 행 삭제: DataFrame.drop(행 인덱스, axis=0, inplace=True)
- 열 삭제: DataFrame.drop(열 이름, axis=1, inplace=True)

3.2.2 열과 행 선택하기

먼저, 데이터프레임에서 열을 선택하는 법에 대해 알아보자. 열을 하나만 선택할 때는 대괄호([ ]) 안에 열 이름을 따옴표와 함께 입력하거나 도트(.) 다음에 열 이름을 입력하면 된다.

- DataFrame['열 이름']
- DataFrame.열 이름 (열 이름이 문자열인 경우에만 가능)

먼저, 샘플 데이터프레임을 만들어 보자.

```
dict_data = {'col1': [1, 2, 3, 4], 'col2': [5, 6, 7, 8],
            'col3': [9, 10, 11, 12], 'col4': [13, 14, 15, 16]}
df = pd.DataFrame(dict_data, index=['index1', 'index2', 'index3', 'index4'])

df
```

	col1	col2	col3	col4
index1	1	5	9	13
index2	2	6	10	14
index3	3	7	11	15
index4	4	8	12	16

이 중 첫 번째 열인 'col1'을 선택하는 법은 다음과 같다.

```
df['col1']
```

```
index1    1
index2    2
index3    3
index4    4
Name: col1, dtype: int64
```

```
df.col1
```

```
index1    1
index2    2
index3    3
index4    4
Name: col1, dtype: int64
```

```
type(df['col1'])
```

```
pandas.core.series.Series
```

DataFrame['col1']과 DataFrame.col1 모두 동일한 데이터가 선택된다. 열을 1개만 선택할 경우 시리즈 객체가 반환되며, 만일 데이터프레임 형태로 반환하고자 할 경우에는 2중 대괄호([[열 이름]]) 형태로 입력하면 된다.

```
df[['col1']]
```

	col1
index1	1
index2	2
index3	3
index4	4

```
type(df[['col1']])
```

```
pandas.core.frame.DataFrame
```

이번에는 데이터프레임에서 2개 이상의 열을 추출하는 법에 대해 알아보자. 대괄호([ ]) 안에 열 이름을 리스트 형태로 입력하면 이에 해당하는 열들이 데이터프레임으로 반환된다.

- DataFrame[['열 이름 1', '열 이름 2', ..., '열 이름 n']]

위 예제에서 col1과 col2 열을 선택해 보자.

```
df[['col1', 'col2']]
```

	col1	col2
index1	1	5
index2	2	6
index3	3	7
index4	4	8

이번에는 원하는 행을 선택하는 법에 대해 알아보자. 파이썬에서는 행 데이터를 선택할 때 loc과 iloc 인덱서를 사용한다. loc은 인덱스 이름을 기준으로 행을 선택할 때, iloc은 위치 인덱스를 기준으로 행을 선택할 때 사용한다.

- DataFrame.loc['행 인덱스']
- DataFrame.iloc[위치 인덱스]

먼저, 첫 번째 행을 선택하는 법에 대해 살펴보자.

```
df.loc['index1']
```

```
col1     1
col2     5
col3     9
col4    13
Name: index1, dtype: int64
```

```
df.iloc[0]
```

```
col1     1
col2     5
col3     9
col4    13
Name: index1, dtype: int64
```

```
type(df.loc['index1'])
```

```
pandas.core.series.Series
```

loc 인덱서를 사용할 경우 인덱스 이름인 'index1'을 입력하였으며, iloc 인덱서를 사용할 경우는 위치 인덱스인 0을 입력했다. 행을 1개만 선택할 때에도 시리즈 객체가 반환되며, 2중 대괄호([[열 이름]])를 사용하면 데이터프레임 형태가 반환된다.

```
df.loc[['index1']]
```

	col1	col2	col3	col4
index1	1	5	9	13

```
df.iloc[[0]]
```

	col1	col2	col3	col4
index1	1	5	9	13

인덱서를 사용할 경우 슬라이싱 기능도 사용할 수 있다.

```
df.loc['index1':'index3']
```

	col1	col2	col3	col4
index1	1	5	9	13
index2	2	6	10	14
index3	3	7	11	15

```
df.iloc[0:2]
```

	col1	col2	col3	col4
index1	1	5	9	13
index2	2	6	10	14

행 인덱스 'index1'의 위치 인덱스는 0, 'index3'의 위치 인덱스는 2임에도 loc과 iloc의 결과가 다르다. 이는 loc의 경우 범위의 끝을 포함하는 반면, iloc의 경우 범위의 끝을 제외하기 때문이다. 이를 정리하면 다음과 같다.

표 3.1 인덱서의 비교

구분	loc	iloc
대상	인덱스 이름	위치 인덱스
범위	범위의 끝 포함	범위의 끝 제외

마지막으로, 행과 열을 동시에 입력하여 원하는 원소를 선택하는 법을 살펴보자. 각 인덱서를 사용하는 법의 차이는 다음과 같다.

- DataFrame.loc['행 인덱스', '열 이름']
- DataFrame.iloc[행 위치, 열 위치]

먼저, loc 인덱서를 사용한 방법을 살펴보자.

```
df.loc['index1', 'col1']
```

```
1
```

loc 인덱서를 통해 행 인덱스가 'index1', 열 이름이 'col1'인 원소가 선택되었다. 하나가 아닌 여러 원소를 선택할 수도 있다.

```
df.loc[['index1', 'index3'], ['col1', 'col4']]
```

	col1	col4
index1	1	13
index3	3	15

리스트 형태로 원하는 행 인덱스 및 열 이름들을 입력하면, 해당 부분의 데이터만 선택하여 출력된다. 즉 행 인덱스가 'index1'과 'index3'인 행에서 열 이름이 'col1'과 'col4'인 열이 선택된다.

슬라이싱을 이용해서도 원소를 선택할 수 있다.

```
df.loc['index1':'index2', 'col1':'col3']
```

	col1	col2	col3
index1	1	5	9
index2	2	6	10

행 인덱스가 'index1'부터 'index2'까지의 행이, 열 이름이 'col1'부터 'col3'까지의 열이 선택되었다.

iloc 인덱서를 사용한 방법도 살펴보자.

```
df.iloc[0, 0]
```

```
1
```

iloc 인덱서를 통해 첫 번째 행, 첫 번째 열의 원소가 선택되었다.

```
df.iloc[[0, 2], [0, 3]]
```

	col1	col4
index1	1	13
index3	3	15

각 행과 열의 위치를 리스트 형태로 넣으면 해당 부분의 원소가 선택된다.

```
df.iloc[0:2, 0:3]
```

	col1	col2	col3
index1	1	5	9
index2	2	6	10

슬라이싱 기법으로도 원소를 선택할 수 있으며, loc 인덱서의 경우 범위의 끝이 포함되지만 iloc 인덱서는 범위의 끝이 포함되지 않는다.

3.3 데이터 불러오기 및 저장하기

데이터 분석에서 가장 첫 단계는 외부에 저장된 데이터를 프로그램으로 불러오는 일이다. 데이터가 없다면 분석도 할 수 없기 때문이다. pandas의 함수를 사용하면 다양한 형태의 파일을 불러와 데이터프레임으로 변환할 수 있으며, 반대로 가공한 데이터프레임을 다양한 유형의 파일로 저장할 수도 있다.

표 3.2 판다스의 데이터 입출력 함수

파일 포맷	불러오기	저장하기
CSV	read_csv( )	to_csv( )
EXCEL	read_excel( )	to_excel( )
SQL	read_sql( )	to_sql( )
HTML	read_html( )	to_html( )
JSON	read_json( )	to_json( )
HDF5	read_hdf( )	to_hdf( )

이 중 가장 대표적인 파일 포맷인 CSV와 EXCEL 파일을 읽고 쓰는 법에 대해 살펴보기로 하자.

```
import pandas as pd

data_csv = pd.read_csv(
    'https://raw.githubusercontent.com/hyunyulhenry/quant_py/main/kospi.csv')
```

```
data_csv
```

	Date	Close	Ret
0	2020-01-02	2175.17	-1.02
1	2020-01-03	2176.46	0.06
2	2020-01-06	2155.07	-0.98
3	2020-01-07	2175.54	0.95
4	2020-01-08	2151.31	-1.11
...	...	...	...
243	2020-12-23	2759.82	0.96
244	2020-12-24	2806.86	1.70
245	2020-12-28	2808.60	0.06
246	2020-12-29	2820.51	0.42
247	2020-12-30	2873.47	1.88

248 rows × 3 columns

read_csv( ) 함수 내에 파일 경로(파일명)을 입력하면 CSV 파일을 불러온 후 데이터프레임으로 변환한다. 파일 경로는 PC에서의 파일 위치(예: C:\Users\leebi\quant\kospi.csv) 또는 인터넷 주소를 입력하면 된다. 해당 함수는 다양한 인자를 제공하므로 원하는 형식에 맞춰 데이터를 불러올 수 있다. 이와 관련된 자세한 설명은 아래 페이지에 설명되어 있다.

https://pandas.pydata.org/pandas-docs/stable/reference/api/pandas.read_csv.html

데이터를 불러온 것과 반대로 파이썬의 데이터프레임을 CSV 파일로 저장할 때는 to_csv( ) 메서드가 사용된다.

```
data_csv.to_csv('data.csv')
```

DataFrame.to_csv('파일이름.csv')을 입력하면 해당 경로에 CSV 파일이 저장된다.

data.csv

이번에는 엑셀 파일을 불러오는 법을 살펴보자.

```
data_excel = pd.read_excel(
    'https://github.com/hyunyulhenry/quant_py/raw/main/kospi.xlsx', sheet_name='kospi')
data_excel
```

	Date	Close	Ret
0	2020-01-02	2175.17	-1.02
1	2020-01-03	2176.46	0.06
2	2020-01-06	2155.07	-0.98
3	2020-01-07	2175.54	0.95
4	2020-01-08	2151.31	-1.11
...	...	...	...
243	2020-12-23	2759.82	0.96
244	2020-12-24	2806.86	1.70
245	2020-12-28	2808.60	0.06
246	2020-12-29	2820.51	0.42
247	2020-12-30	2873.47	1.88

248 rows × 3 columns

read_excel( ) 함수의 사용법은 앞서 살펴본 read_csv( ) 함수의 사용법과 거의 동일하다. 함수 내에 파일 경로(파일명)을 입력하면 엑셀 파일을 불러온 후 데이터프레임으로 변환한다. 시트명을 입력하지 않으면 가장 첫 번째 시트의 데이터를 불러오며, sheet_name을 통해 불러오고자 하는 시트를 선택할 수도 있다.

데이터프레임을 엑셀 파일로 저장할 때는 to_excel( ) 메서드가 사용된다.

```
data_excel.to_excel('data.xlsx')
```

DataFrame.to_excel('파일이름.xlsx')을 입력하면 해당 경로에 엑셀 파일이 저장된다.

data.xlsx

3.4 데이터 요약 정보 및 통곗값 살펴보기

데이터를 불러왔다면 대략적인 정보를 확인하여 제대로 된 데이터가 들어왔는지, 데이터는 어떠한 특성을 가지고 있는지 살펴보아야 제대로 된 데이터 분석을 할 수 있다. 먼저, 데이터의 맨 위와 아래 중 일부를 확인하여 데이터를 개략적으로 살펴보는 데는 head( )와 tail( ) 메서드가 사용된다.

- 맨 위 살펴보기: DataFrame.head(n)
- 맨 아래 살펴보기: DataFrame.tail(n)

n에 정수를 입력하면 맨 위 또는 아래의 n개 행을 보여 주며, 값을 입력하지 않으면 기본값인 5개 행을 보여 준다. 예제로 seaborn 패키지의 타이타닉 데이터셋을 불러온 후 살펴보자.

```
import seaborn as sns

df = sns.load_dataset('titanic')
df.head()
```

	survived	pclass	sex	age	sibsp	parch	fare	embarked	class	who	adult_male	deck	embark_town	alive	alone
0	0	3	male	22.0	1	0	7.2500	S	Third	man	True	NaN	Southampton	no	False
1	1	1	female	38.0	1	0	71.2833	C	First	woman	False	C	Cherbourg	yes	False
2	1	3	female	26.0	0	0	7.9250	S	Third	woman	False	NaN	Southampton	yes	True
3	1	1	female	35.0	1	0	53.1000	S	First	woman	False	C	Southampton	yes	False
4	0	3	male	35.0	0	0	8.0500	S	Third	man	True	NaN	Southampton	no	True

```
df.tail()
```

	survived	pclass	sex	age	sibsp	parch	fare	embarked	class	who	adult_male	deck	embark_town	alive	alone
886	0	2	male	27.0	0	0	13.00	S	Second	man	True	NaN	Southampton	no	True
887	1	1	female	19.0	0	0	30.00	S	First	woman	False	B	Southampton	yes	True
888	0	3	female	NaN	1	2	23.45	S	Third	woman	False	NaN	Southampton	no	False
889	1	1	male	26.0	0	0	30.00	C	First	man	True	C	Cherbourg	yes	True
890	0	3	male	32.0	0	0	7.75	Q	Third	man	True	NaN	Queenstown	no	True

맨 위와 아래의 5개 행을 통해 데이터를 간략하게 볼 수 있다. 각 열의 데이터가 의미하는 바는 다음과 같다.

표 3.3 타이타닉 데이터셋

열 이름	의미	값
survived	생존 여부	0(사망) / 1(생존)
pclass	좌석 등급(숫자)	1 / 2 / 3
sex	성별	male / female
age	나이	0~80
sibsp	형제자매 + 배우자 동승자수	0~8
parch	부모 + 자식 동승자수	0~6
fare	요금	0~512.3292
embarked	탑승 항구	S(Southampton), C(Cherbourg), Q(Queenstown)
class	좌석 등급(영문)	First, Second, Third
who	성별	man / woman
adult_male	성인 남성인지 아닌지 여부	True / False
deck	선실 고유번호 가장 앞자리 알파벳	A, B, C, D, E, F, G

열 이름	의미	값
embark_town	탑승 항구(영문)	Southampton / Cherbourg / Queenstown
alive	생존 여부	no(사망) / yes(생존)
alone	가족 있는지 여부	True(가족 X) / False(가족 O)

이번에는 데이터프레임의 크기를 확인해 보자.

```
df.shape
```

```
(891, 15)
```

dataframe.shape를 입력하면 데이터프레임의 행과 열 개수를 튜플 형태로 반환한다. 타이타닉 데이터셋은 행이 891개, 열이 15개로 이루어져 있다.

데이터프레임의 기본 정보는 info( ) 메서드를 통해 확인할 수 있다.

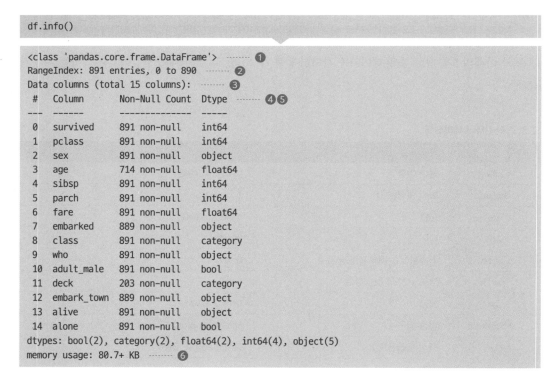

```
df.info()
```

```
<class 'pandas.core.frame.DataFrame'>  ------- ❶
RangeIndex: 891 entries, 0 to 890  ------- ❷
Data columns (total 15 columns):  ------- ❸
 #   Column       Non-Null Count  Dtype  ------- ❹❺
---  ------       --------------  -----
 0   survived     891 non-null    int64
 1   pclass       891 non-null    int64
 2   sex          891 non-null    object
 3   age          714 non-null    float64
 4   sibsp        891 non-null    int64
 5   parch        891 non-null    int64
 6   fare         891 non-null    float64
 7   embarked     889 non-null    object
 8   class        891 non-null    category
 9   who          891 non-null    object
 10  adult_male   891 non-null    bool
 11  deck         203 non-null    category
 12  embark_town  889 non-null    object
 13  alive        891 non-null    object
 14  alone        891 non-null    bool
dtypes: bool(2), category(2), float64(2), int64(4), object(5)
memory usage: 80.7+ KB  ------- ❻
```

❶ 데이터프레임의 클래스 유형인 〈'pandas.core.frame.DataFrame'〉이 표시된다.

❷ RangeIndex를 통해 행이 0부터 890까지, 총 891개가 있음이 표시된다.

❸ Data columns를 통해 총 15개 열이 있음이 표시된다.

❹ #은 열 번호, Column는 열 이름, Non-Null Count은 Null값이 아닌 데이터 개수, Dtype은 데이터 형태다.

❺ dtypes에는 데이터 형태가 요약되어 있다.

❻ memory usage에는 메모리 사용량이 표시된다.

각 열의 고윳값 개수를 구하는 데는 value_counts( ) 메서드가 사용된다. 먼저, sex(성별)의 고윳값의 종류와 개수를 확인해 보자.

```
df['sex'].value_counts()
```

```
male      577
female    314
Name: sex, dtype: int64
```

원하는 열을 선택한 후 value_counts( ) 메서드를 적용한다. 고윳값에는 male과 female이 있으며, male 데이터는 577개, female 데이터는 314개가 있다. 하나가 아닌 다중 열을 기준으로도 해당 메서드를 적용할 수 있다.

```
df[['sex', 'survived']].value_counts()
```

```
sex     survived
male    0           468
female  1           233
male    1           109
female  0            81
dtype: int64
```

sex와 survived 열을 기준으로 고윳값별 갯수가 계산되었다. male/0(남성/사망)은 468개, female/1(여성/생존)은 233개, male/1(남성/생존)은 109개, female/0(여성/사망)은 81개 데이터가 있다. 그러나 정렬이 보기 불편한 형태이며, 개수가 아닌 비중으로 보는 게 편할 수도 있다. 이번에는 이를 반영해 보자.

```
df[['sex', 'survived']].value_counts(normalize=True).sort_index()
```

```
sex     survived
female  0           0.090909
        1           0.261504
male    0           0.525253
        1           0.122334
dtype: float64
```

value_counts( ) 내에 normalize=True를 입력하면 비중으로 계산된다. 즉 female/0은 전체 891개 데이터 중 81개이므로 81/891 = 0.090909가 계산된다. 또한, sort_index( ) 메서드는 인덱스를 정렬해 준다.

pandas의 메서드를 이용하면 각종 통곗값도 쉽게 구할 수 있다. 가장 많이 사용되는 통곗값인 산술평균은 mean( ) 메서드를 통해 구할 수 있다.

```
df['survived'].mean()
```

```
0.3838383838383838
```

원하는 열을 선택한 후, mean( )을 입력하면 평균이 계산된다. survived에서 0은 사망, 1은 생존을 의미하므로 평균인 0.38은 전체 사람 중 38%의 사람이 생존했다는 의미와 같다.

```
df[['survived', 'age']].mean()
```

```
survived     0.383838
age         29.699118
dtype: float64
```

여러 개의 열을 리스트 형태로 입력하여 동시에 평균을 구할 수도 있다. 타이타닉호 탑승자의 평균 연령은 약 30세였다.

그러나 극단적인 값이 존재할 경우 산술평균은 왜곡될 수 있다. fare(요금) 열의 특성을 살펴보자.

```
df['fare'].min()
```

```
0.0
```

```
df['fare'].max()
```

```
512.3292
```

```
df['fare'].mean()
```

```
32.2042079685746
```

min( )과 max( ) 메서드는 각각 최솟값과 최댓값을 계산한다. 요금의 최저는 0인 반면, 최대는 512나 된다. 따라서 평균인 32는 극단치에 해당하는 비싼 요금들의 영향을 받았을 가능성이 높다. 이러한 경우 중위수를 의미하는 median이 더욱 평균을 잘 설명해 준다고 볼 수 있으며, 이는 median( ) 메서드를 통해 계산할 수 있다.

```
df['fare'].median()
```

```
14.4542
```

fare 열의 중위수는 14로, 산술평균인 32보다 훨씬 낮다. 이처럼 데이터가 극단치가 있는 경우 산술평균과 함께 중위수를 확인해야 한다.

pandas 패키지에는 이 외에도 통곗값을 계산할 수 있는 다양한 메서드가 존재한다.

3.5 결측치 처리하기

타이타닉 데이터셋을 살펴보면 NaN이라는 데이터가 있다.

df.head()

	survived	pclass	sex	age	sibsp	parch	fare	embarked	class	who	adult_male	deck	embark_town	alive	alone
0	0	3	male	22.0	1	0	7.2500	S	Third	man	True	NaN	Southampton	no	False
1	1	1	female	38.0	1	0	71.2833	C	First	woman	False	C	Cherbourg	yes	False
2	1	3	female	26.0	0	0	7.9250	S	Third	woman	False	NaN	Southampton	yes	True
3	1	1	female	35.0	1	0	53.1000	S	First	woman	False	C	Southampton	yes	False
4	0	3	male	35.0	0	0	8.0500	S	Third	man	True	NaN	Southampton	no	True

NaN은 'Not a Number'의 약자로서 결측치 또는 누락값이라고 하며, 데이터를 입력할 때 빠지거나 소실된 값이다. 결측치가 많아지면 데이터의 품질이 떨어지고 제대로 된 분석을 할 수 없기 때문에 적절하게 처리하는 과정이 필요하다. 먼저, 결측치의 독특한 특성에 대해 살펴보자. 앞선 예제에서 info( ) 메서드를 통해 non-null인 데이터의 개수, 즉 결측치가 아닌 데이터의 개수를 확인할 수 있었다.

df.info()

```
<class 'pandas.core.frame.DataFrame'>
RangeIndex: 891 entries, 0 to 890
Data columns (total 15 columns):
 #   Column       Non-Null Count  Dtype
---  ------       --------------  -----
 0   survived     891 non-null    int64
 1   pclass       891 non-null    int64
 2   sex          891 non-null    object
 3   age          714 non-null    float64
 4   sibsp        891 non-null    int64
 5   parch        891 non-null    int64
 6   fare         891 non-null    float64
 7   embarked     889 non-null    object
 8   class        891 non-null    category
 9   who          891 non-null    object
 10  adult_male   891 non-null    bool
 11  deck         203 non-null    category
 12  embark_town  889 non-null    object
 13  alive        891 non-null    object
 14  alone        891 non-null    bool
dtypes: bool(2), category(2), float64(2), int64(4), object(5)
memory usage: 80.7+ KB
```

deck 열에는 값이 203개밖에 없으며, 891—203 = 688개만큼의 결측치가 있음을 확인할 수 있다. 결측치를 찾는 방법으로는 isnull( )과 notnull( ) 메서드가 있다.

- isnull( ): 결측치면 True를, 유효한 데이터면 False를 반환한다.
- notnull( ): 유효한 데이터면 True를, 결측치면 False를 반환한다.

타이타닉 데이터셋의 맨 위 데이터에 해당 메서드를 적용해 보자.

```
df.head().isnull()
```

	survived	pclass	sex	age	sibsp	parch	fare	embarked	class	who	adult_male	deck	embark_town	alive	alone
0	False	False	False	False	False	False	False	False	False	False	False	True	False	False	False
1	False	False	False	False	False	False	False	False	False	False	False	False	False	False	False
2	False	False	False	False	False	False	False	False	False	False	False	True	False	False	False
3	False	False	False	False	False	False	False	False	False	False	False	False	False	False	False
4	False	False	False	False	False	False	False	False	False	False	False	True	False	False	False

앞서 1, 3, 5행의 deck 열은 결측치였으며, isnull( ) 메서드를 적용하면 해당 부분이 True로 나타난다.

3.5.1 결측치 삭제하기

결측치를 다루는 가장 간단한 방법은 결측치가 있는 행 또는 열을 삭제하는 것이며, dropna( ) 메서드를 사용한다.

```
df.dropna()
```

	survived	pclass	sex	age	sibsp	parch	fare	embarked	class	who	adult_male	deck	embark_town	alive	alone
1	1	1	female	38.0	1	0	71.2833	C	First	woman	False	C	Cherbourg	yes	False
3	1	1	female	35.0	1	0	53.1000	S	First	woman	False	C	Southampton	yes	False
6	0	1	male	54.0	0	0	51.8625	S	First	man	True	E	Southampton	no	True
10	1	3	female	4.0	1	1	16.7000	S	Third	child	False	G	Southampton	yes	False
11	1	1	female	58.0	0	0	26.5500	S	First	woman	False	C	Southampton	yes	True
...	...	...	...	...	...	...	...	...	...	...	...	...	...	...	...
871	1	1	female	47.0	1	1	52.5542	S	First	woman	False	D	Southampton	yes	False
872	0	1	male	33.0	0	0	5.0000	S	First	man	True	B	Southampton	no	True
879	1	1	female	56.0	0	1	83.1583	C	First	woman	False	C	Cherbourg	yes	False
887	1	1	female	19.0	0	0	30.0000	S	First	woman	False	B	Southampton	yes	True
889	1	1	male	26.0	0	0	30.0000	C	First	man	True	C	Cherbourg	yes	True

182 rows × 15 columns

dropna( ) 메서드는 데이터가 결측치가 있을 경우 해당 행을 모두 삭제한다. 891개 행이던 데이터가 182개로 줄어든 것이 확인된다.

`df.dropna(subset = ['age'], axis = 0)`

	survived	pclass	sex	age	sibsp	parch	fare	embarked	class	who	adult_male	deck	embark_town	alive	alone
0	0	3	male	22.0	1	0	7.2500	S	Third	man	True	NaN	Southampton	no	False
1	1	1	female	38.0	1	0	71.2833	C	First	woman	False	C	Cherbourg	yes	False
2	1	3	female	26.0	0	0	7.9250	S	Third	woman	False	NaN	Southampton	yes	True
3	1	1	female	35.0	1	0	53.1000	S	First	woman	False	C	Southampton	yes	False
4	0	3	male	35.0	0	0	8.0500	S	Third	man	True	NaN	Southampton	no	True
...	...	...	...	...	...	...	...	...	...	...	...	...	...	...	...
885	0	3	female	39.0	0	5	29.1250	Q	Third	woman	False	NaN	Queenstown	no	False
886	0	2	male	27.0	0	0	13.0000	S	Second	man	True	NaN	Southampton	no	True
887	1	1	female	19.0	0	0	30.0000	S	First	woman	False	B	Southampton	yes	True
889	1	1	male	26.0	0	0	30.0000	C	First	man	True	C	Cherbourg	yes	True
890	0	3	male	32.0	0	0	7.7500	Q	Third	man	True	NaN	Queenstown	no	True

714 rows × 15 columns

dropna( ) 메서드 내에 subset을 입력하면 해당 열 중에서 결측치가 있는 경우 행을 삭제한다. 참고로 axis = 0은 행 방향으로 동작하는 것을 의미한다.

이번에는 결측치가 있는 열을 삭제해 보겠다.

`df.dropna(axis = 1)`

	survived	pclass	sex	sibsp	parch	fare	class	who	adult_male	alive	alone
0	0	3	male	1	0	7.2500	Third	man	True	no	False
1	1	1	female	1	0	71.2833	First	woman	False	yes	False
2	1	3	female	0	0	7.9250	Third	woman	False	yes	True
3	1	1	female	1	0	53.1000	First	woman	False	yes	False
4	0	3	male	0	0	8.0500	Third	man	True	no	True
...	...	...	...	...	...	...	...	...	...	...	...
886	0	2	male	0	0	13.0000	Second	man	True	no	True
887	1	1	female	0	0	30.0000	First	woman	False	yes	True
888	0	3	female	1	2	23.4500	Third	woman	False	no	False
889	1	1	male	0	0	30.0000	First	man	True	yes	True
890	0	3	male	0	0	7.7500	Third	man	True	no	True

891 rows × 11 columns

axis = 1을 입력하면 열 방향을 동작하여 결측치가 있는 열을 삭제한다. 즉 15개의 열 중 결측치가 존재하는 age, embarked, deck, embark_town 4개 열이 삭제되어 11개 열만 남게 된다. 그러나 deck 열을 제외한 나머지 3개 열은 결측치가 얼마 없음에도 일괄적으로 삭제되었다. 이러한 경우 기준치를 추가할 수 있다.

```
df.dropna(axis=1, thresh=300)
```

	survived	pclass	sex	age	sibsp	parch	fare	embarked	class	who	adult_male	embark_town	alive	alone
0	0	3	male	22.0	1	0	7.2500	S	Third	man	True	Southampton	no	False
1	1	1	female	38.0	1	0	71.2833	C	First	woman	False	Cherbourg	yes	False
2	1	3	female	26.0	0	0	7.9250	S	Third	woman	False	Southampton	yes	True
3	1	1	female	35.0	1	0	53.1000	S	First	woman	False	Southampton	yes	False
4	0	3	male	35.0	0	0	8.0500	S	Third	man	True	Southampton	no	True
...	...	...	...	...	...	...	...	...	...	...	...	...	...	...
886	0	2	male	27.0	0	0	13.0000	S	Second	man	True	Southampton	no	True
887	1	1	female	19.0	0	0	30.0000	S	First	woman	False	Southampton	yes	True
888	0	3	female	NaN	1	2	23.4500	S	Third	woman	False	Southampton	no	False
889	1	1	male	26.0	0	0	30.0000	C	First	man	True	Cherbourg	yes	True
890	0	3	male	32.0	0	0	7.7500	Q	Third	man	True	Queenstown	no	True

891 rows × 14 columns

thresh = 300는 결측치가 300개 이상 갖는 열을 삭제한다는 의미이며, deck 열만 이 조건에 부합하여 삭제되었다.

3.5.2 결측치 대체하기

결측치가 있는 경우 데이터를 삭제해 버리면 데이터의 양이 줄어들거나 편향되어 제대로 된 분석을 하지 못할 수도 있다. 따라서 데이터에 결측이 있을 경우 다른 값으로 대체하는 방법을 쓰기도 한다. 먼저, 가장 간단한 방법은 특정 값으로 변경하는 것이며, 대표적으로 결측치를 평균으로 변경한다. 예를 들어, 'age' 열의 결측치는 나머지 승객의 평균 나이로 대체해 보자.

```
df_2 = df.copy()

df_2.head(6)
```

	survived	pclass	sex	age	sibsp	parch	fare	embarked	class	who	adult_male	deck	embark_town	alive	alone
0	0	3	male	22.0	1	0	7.2500	S	Third	man	True	NaN	Southampton	no	False
1	1	1	female	38.0	1	0	71.2833	C	First	woman	False	C	Cherbourg	yes	False
2	1	3	female	26.0	0	0	7.9250	S	Third	woman	False	NaN	Southampton	yes	True

	survived	pclass	sex	age	sibsp	parch	fare	embarked	class	who	adult_male	deck	embark_town	alive	alone
3	1	1	female	35.0	1	0	53.1000	S	First	woman	False	C	Southampton	yes	False
4	0	3	male	35.0	0	0	8.0500	S	Third	man	True	NaN	Southampton	no	True
5	0	3	male	NaN	0	0	8.4583	Q	Third	man	True	NaN	Queenstown	no	True

먼저, 데이터프레임을 복사한 후 데이터를 살펴보면 6번째 행의 **age**가 NaN으로 나타난다.

```
mean_age = df_2['age'].mean()
print(mean_age)
```

```
29.69911764705882
```

'age' 열의 평균을 구하면 대략 30세가 나온다. 이제 결측치를 해당 값으로 변경하며, 결측치를 특정 값으로 대체할 때는 fillna( ) 메서드를 사용하면 된다.

```
df_2['age'].fillna(mean_age, inplace=True)
```

fillna( ) 내에 인자를 입력하면 결측치를 해당 값으로 대체한다. 또한, inplace = True를 입력하면 원본 객체를 변경한다.

```
df_2['age'].head(6)
```

```
0    22.000000
1    38.000000
2    26.000000
3    35.000000
4    35.000000
5    29.699118
Name: age, dtype: float64
```

다시 데이터를 확인해 보면 NaN이었던 6번째 행이 평균값인 29.699로 바뀌었다.

fillna( )를 통해 숫자가 아닌 문자로 변경할 수도 있다. embark_town의 결측치는 가장 데이터가 많은 'Southampton'으로 바꾸도록 하자.

```
df_2['embark_town'].fillna('Southampton', inplace=True)
```

또한, 서로 이웃하고 있는 데이터끼리는 유사성을 가질 가능성이 높으며, 특히 시계열 데이터는 더욱 그러하다. 이 경우 결측치를 바로 앞이나 뒤의 값으로 변경하는 것이 좋다. 먼저, 결측치를 직전 행의 값으로 바꿔 주는 예를 살펴보자.

```
df_2['deck_ffill'] = df_2['deck'].fillna(method='ffill')
df_2['deck_bfill'] = df_2['deck'].fillna(method='bfill')

df_2[['deck', 'deck_ffill', 'deck_bfill']].head(12)
```

	deck	deck_ffill	deck_bfill
0	NaN	NaN	C
1	C	C	C
2	NaN	C	C
3	C	C	C
4	NaN	C	E
5	NaN	C	E
6	E	E	E
7	NaN	E	G
8	NaN	E	G
9	NaN	E	G
10	G	G	G
11	C	C	C

fillna( ) 메서드에 method = 'ffill'을 입력하면 결측치가 있는 경우 위의 행 중 결측치가 나타나기 전의 값으로 바꿔 주며 'deck_ffill' 열을 통해 이를 확인할 수 있다. 1행의 경우 처음부터 결측치이므로 참조할 값이 없어 그대로 결측치로 남아 있다.

반면 method = 'bfill'을 입력하면 결측치가 있는 아래의 행 중 결측치가 아닌 첫 번째 값으로 바꿔 주며, 'deck_bfill' 열을 통해 이를 확인할 수 있다.

3.6 인덱스 다루기

데이터프레임의 인덱스를 변경하거나 정렬하고, 재설정하는 법에 대해 살펴보자. 예제로서 seaborn 패키지의 mpg 데이터셋을 사용한다.

```
import seaborn as sns

df = sns.load_dataset('mpg')
df.head()
```

	mpg	cylinders	displacement	horsepower	weight	acceleration	model_year	origin	name
0	18.0	8	307.0	130.0	3504	12.0	70	usa	chevrolet chevelle malibu
1	15.0	8	350.0	165.0	3693	11.5	70	usa	buick skylark 320

	mpg	cylinders	displacement	horsepower	weight	acceleration	model_year	origin	name
2	18.0	8	318.0	150.0	3436	11.0	70	usa	plymouth satellite
3	16.0	8	304.0	150.0	3433	12.0	70	usa	amc rebel sst
4	17.0	8	302.0	140.0	3449	10.5	70	usa	ford torino

인덱스를 확인해 보면 [0, 1, 2, …]로 위치 인덱스의 형태로 입력되어 있다. 이처럼 데이터를 불러오면 일반적으로 위치 인덱스가 입력된다. 먼저, 인덱스를 자동차 이름인 'name' 열을 인덱스로 설정하자. 인덱스 설정에는 set_index( ) 메서드가 사용된다.

```
df.set_index('name', inplace=True)
df.head()
```

name	mpg	cylinders	displacement	horsepower	weight	acceleration	model_year	origin
chevrolet chevelle malibu	18.0	8	307.0	130.0	3504	12.0	70	usa
buick skylark 320	15.0	8	350.0	165.0	3693	11.5	70	usa
plymouth satellite	18.0	8	318.0	150.0	3436	11.0	70	usa
amc rebel sst	16.0	8	304.0	150.0	3433	12.0	70	usa
ford torino	17.0	8	302.0	140.0	3449	10.5	70	usa

set_index( ) 내에 인덱스로 설정하고자 하는 열을 입력하면 해당 열이 인덱스로 변경되며, inplace = True를 입력하면 원본 객체를 변경한다. 결과를 살펴보면 기존 'name' 열의 데이터가 인덱스로 변경되어 행 인덱스 형태가 되었다.

이번에는 인덱스를 순서대로 정렬해 보겠다. 인덱스 정렬에는 sort_index( ) 메서드가 사용된다.

```
df.sort_index(inplace=True)
df.head()
```

name	mpg	cylinders	displacement	horsepower	weight	acceleration	model_year	origin
amc ambassador brougham	13.0	8	360.0	175.0	3821	11.0	73	usa
amc ambassador dpl	15.0	8	390.0	190.0	3850	8.5	70	usa
amc ambassador sst	17.0	8	304.0	150.0	3672	11.5	72	usa
amc concord	24.3	4	151.0	90.0	3003	20.1	80	usa
amc concord	19.4	6	232.0	90.0	3210	17.2	78	usa

sort_index( ) 메서드를 통해 인덱스가 알파벳 순서대로 정렬되며, 기본값인 오름차순(A→Z)으로 정렬된다.

```
df.sort_index(inplace=True, ascending=False)
df.head()
```

	mpg	cylinders	displacement	horsepower	weight	acceleration	model_year	origin
name								
vw rabbit custom	31.9	4	89.0	71.0	1925	14.0	79	europe
vw rabbit c (diesel)	44.3	4	90.0	48.0	2085	21.7	80	europe
vw rabbit	29.0	4	90.0	70.0	1937	14.2	76	europe
vw rabbit	41.5	4	98.0	76.0	2144	14.7	80	europe
vw pickup	44.0	4	97.0	52.0	2130	24.6	82	europe

내림차순(Z→A) 순서로 정렬하고 싶을 경우 ascending = False를 입력해 준다.

마지막으로, 인덱스 재설정에는 reset_index( ) 메서드를 사용한다.

```
df.reset_index(inplace=True)
df.head()
```

	name	mpg	cylinders	displacement	horsepower	weight	acceleration	model_year	origin
0	vw rabbit custom	31.9	4	89.0	71.0	1925	14.0	79	europe
1	vw rabbit c (diesel)	44.3	4	90.0	48.0	2085	21.7	80	europe
2	vw rabbit	29.0	4	90.0	70.0	1937	14.2	76	europe
3	vw rabbit	41.5	4	98.0	76.0	2144	14.7	80	europe
4	vw pickup	44.0	4	97.0	52.0	2130	24.6	82	europe

reset_index( ) 메서드를 사용하면 인덱스가 다시 [0, 1, 2, …]의 위치 인덱스로 변경되며, 기존에 존재하던 인덱스는 'name' 열로 옮겨진다.

3.7 필터링

필터링이란 시리즈 또는 데이터프레임의 데이터에서 조건을 만족하는 원소만 추출하는 것으로서 엑셀의 필터와 비슷한 개념이다. 필터링에는 크게 불리언 인덱싱Boolean indexing과 isin( ) 메서드가 사용된다.

3.7.1 불리언 인덱싱

먼저, 불리언 인덱싱에 대해 알아보자. 시리즈 객체에 조건을 입력하면 각 원소에 대해 참 또는 거짓을 판별하여 True/False로 이루어진 시리즈가 반환된다. 그 후 참에 해당하는 데이터만 선택하면 결과적으로 조건을 만족하는 데이터만 추출할 수 있다. mpg 데이터셋을 다시 불러오도록 하자.

```
df = sns.load_dataset('mpg')
df.tail(10)
```

	mpg	cylinders	displacement	horsepower	weight	acceleration	model_year	origin	name
388	26.0	4	156.0	92.0	2585	14.5	82	usa	chrysler lebaron medallion
389	22.0	6	232.0	112.0	2835	14.7	82	usa	ford granada l
390	32.0	4	144.0	96.0	2665	13.9	82	japan	toyota celica gt
391	36.0	4	135.0	84.0	2370	13.0	82	usa	dodge charger 2.2
392	27.0	4	151.0	90.0	2950	17.3	82	usa	chevrolet camaro
393	27.0	4	140.0	86.0	2790	15.6	82	usa	ford mustang gl
394	44.0	4	97.0	52.0	2130	24.6	82	europe	vw pickup
395	32.0	4	135.0	84.0	2295	11.6	82	usa	dodge rampage
396	28.0	4	120.0	79.0	2625	18.6	82	usa	ford ranger
397	31.0	4	119.0	82.0	2720	19.4	82	usa	chevy s-10

'cylinders' 열은 자동차의 실린더 개수를 의미하며, 어떠한 값이 있는지 확인해 보자.

```
df['cylinders'].unique()
```

```
array([8, 4, 6, 3, 5], dtype=int64)
```

unique( ) 메서드는 고유한 값을 반환하며, [3, 4, 5, 6, 8]이 있다. 이 중 실린더가 4인 조건을 입력한다.

```
filter_bool = (df['cylinders'] == 4)
filter_bool.tail(10)
```

```
388     True
389     False
390     True
391     True
392     True
393     True
394     True
395     True
396     True
397     True
Name: cylinders, dtype: bool
```

df['cylinders'] == 4는 실린더 열이 4인 조건을 의미한다. 원래의 데이터와 비교해 보면 실린더가 4인 원소는 True가 반환되었고, 그렇지 않으면 False가 반환되었다. 이제 해당 불리언 시리즈를 데이터프레임에 대입한다.

```
df.loc[filter_bool, ]
```

	mpg	cylinders	displacement	horsepower	weight	acceleration	model_year	origin	name
14	24.0	4	113.0	95.0	2372	15.0	70	japan	toyota corona mark ii
18	27.0	4	97.0	88.0	2130	14.5	70	japan	datsun pl510
19	26.0	4	97.0	46.0	1835	20.5	70	europe	volkswagen 1131 deluxe sedan
20	25.0	4	110.0	87.0	2672	17.5	70	europe	peugeot 504
21	24.0	4	107.0	90.0	2430	14.5	70	europe	audi 100 ls
...	...	...	...	...	...	...	...	...	...
393	27.0	4	140.0	86.0	2790	15.6	82	usa	ford mustang gl
394	44.0	4	97.0	52.0	2130	24.6	82	europe	vw pickup
395	32.0	4	135.0	84.0	2295	11.6	82	usa	dodge rampage
396	28.0	4	120.0	79.0	2625	18.6	82	usa	ford ranger
397	31.0	4	119.0	82.0	2720	19.4	82	usa	chevy s-10

204 rows × 9 columns

행 인덱스에 불리언 시리즈를 입력하면 해당 조건을 만족하는 행만 선택되며, 총 398개 행 중 204개만 남게 되었다.

조건을 하나가 아닌 여러 개를 입력할 수도 있다. 이번에는 실린더 개수가 4개이고, 마력이 100 이상인 데이터를 선택해 본다.

```
filter_bool_2 = (df['cylinders'] == 4) & (df['horsepower'] >= 100)
df.loc[filter_bool_2, ['cylinders', 'horsepower', 'name']]
```

	cylinders	horsepower	name
23	4	113.0	bmw 2002
76	4	112.0	volvo 145e (sw)
120	4	112.0	volvo 144ea
122	4	110.0	saab 99le
180	4	115.0	saab 99le
207	4	102.0	volvo 245
242	4	110.0	bmw 320i
271	4	105.0	plymouth sapporo
276	4	115.0	saab 99gle
323	4	105.0	dodge colt
357	4	100.0	datsun 200sx

& 연산자를 통해 원하는 조건들을 결합하면 2개 조건을 동시에 만족하는 데이터가 선택되었다. 또한, 열 이름을 리스트 형태로 입력하면 해당 열만 선택된다.

3.7.2 isin() 메서드

만일 name이 'ford maverick', 'ford mustang ii', 'chevrolet impala'인 데이터를 선택하려면 어떻게 해야 할까? 불리언 인덱싱을 사용하면 다음과 같이 입력해야 한다.

```
filter_bool_3 = (df['name'] == 'ford maverick')  (
    df['name'] == 'ford mustang ii')  (df['name'] == 'chevrolet impala')
df.loc[filter_bool_3, ]
```

	mpg	cylinders	displacement	horsepower	weight	acceleration	model_year	origin	name
6	14.0	8	454.0	220.0	4354	9.0	70	usa	chevrolet impala
17	21.0	6	200.0	85.0	2587	16.0	70	usa	ford maverick
38	14.0	8	350.0	165.0	4209	12.0	71	usa	chevrolet impala
62	13.0	8	350.0	165.0	4274	12.0	72	usa	chevrolet impala
100	18.0	6	250.0	88.0	3021	16.5	73	usa	ford maverick
103	11.0	8	400.0	150.0	4997	14.0	73	usa	chevrolet impala
126	21.0	6	200.0	NaN	2875	17.0	74	usa	ford maverick
155	15.0	6	250.0	72.0	3158	19.5	75	usa	ford maverick
193	24.0	6	200.0	81.0	3012	17.6	76	usa	ford maverick

각각의 조건을 or 조건에 해당하는 | 연산자를 통해 결합하면 3개 조건 중 하나를 만족하는 데이터가 선택된다. 그러나 이러한 방법은 코드가 너무 길어지며, df['name']가 계속해서 반복된다. isin( ) 메서드를 이용하면 특정 값을 가진 행을 추출할 수 있으며, 동일한 결과를 훨씬 간단하게 나타낼 수 있다.

```
filter_isin = df['name'].isin(
    ['ford maverick', 'ford mustang ii', 'chevrolet impala'])
df.loc[filter_isin, ]
```

	mpg	cylinders	displacement	horsepower	weight	acceleration	model_year	origin	name
6	14.0	8	454.0	220.0	4354	9.0	70	usa	chevrolet impala
17	21.0	6	200.0	85.0	2587	16.0	70	usa	ford maverick
38	14.0	8	350.0	165.0	4209	12.0	71	usa	chevrolet impala
62	13.0	8	350.0	165.0	4274	12.0	72	usa	chevrolet impala
100	18.0	6	250.0	88.0	3021	16.5	73	usa	ford maverick
103	11.0	8	400.0	150.0	4997	14.0	73	usa	chevrolet impala
126	21.0	6	200.0	NaN	2875	17.0	74	usa	ford maverick

	mpg	cylinders	displacement	horsepower	weight	acceleration	model_year	origin	name
155	15.0	6	250.0	72.0	3158	19.5	75	usa	ford maverick
166	13.0	8	302.0	129.0	3169	12.0	75	usa	ford mustang ii
193	24.0	6	200.0	81.0	3012	17.6	76	usa	ford maverick

isin( ) 메서드 내에 조건들을 리스트 형태로 입력하면, 해당 값이 존재하는 행은 True를, 값이 없으면 False를 반환한다. 결과를 확인해 보면 위의 불리언 인덱싱을 사용한 방법과 값이 동일하다.

마지막으로, 선택된 조건을 horsepower 순으로 정렬해 보자.

```
df.loc[filter_isin, ].sort_values('horsepower')
```

	mpg	cylinders	displacement	horsepower	weight	acceleration	model_year	origin	name
155	15.0	6	250.0	72.0	3158	19.5	75	usa	ford maverick
193	24.0	6	200.0	81.0	3012	17.6	76	usa	ford maverick
17	21.0	6	200.0	85.0	2587	16.0	70	usa	ford maverick
100	18.0	6	250.0	88.0	3021	16.5	73	usa	ford maverick
166	13.0	8	302.0	129.0	3169	12.0	75	usa	ford mustang ii
103	11.0	8	400.0	150.0	4997	14.0	73	usa	chevrolet impala
38	14.0	8	350.0	165.0	4209	12.0	71	usa	chevrolet impala
62	13.0	8	350.0	165.0	4274	12.0	72	usa	chevrolet impala
6	14.0	8	454.0	220.0	4354	9.0	70	usa	chevrolet impala
126	21.0	6	200.0	NaN	2875	17.0	74	usa	ford maverick

sort_values( ) 메서드는 입력한 열의 값 기준으로 정렬해 준다. horsepower가 낮은 것부터 오름차순으로 정렬되며, 내림차순으로 정렬하고자 하면 ascending=False를 입력하면 된다.

3.8 새로운 열 만들기

기존에 존재하는 데이터를 바탕으로 새로운 열을 만드는 법에 대해 알아보겠다. mpg 데이터셋에서 mpg 열은 연비를, weight 열은 무게를, 무게 대비 연비mpg/wt를 나타내는 'ratio' 열을 만들어 보자.

```
df['ratio'] = (df['mpg'] / df['weight']) * 100
df.head()
```

	mpg	cylinders	displacement	horsepower	weight	acceleration	model_year	origin	name	ratio
0	18.0	8	307.0	130.0	3504	12.0	70	usa	chevrolet chevelle malibu	0.513699
1	15.0	8	350.0	165.0	3693	11.5	70	usa	buick skylark 320	0.406174

	mpg	cylinders	displacement	horsepower	weight	acceleration	model_year	origin	name	ratio
2	18.0	8	318.0	150.0	3436	11.0	70	usa	plymouth satellite	0.523865
3	16.0	8	304.0	150.0	3433	12.0	70	usa	amc rebel sst	0.466065
4	17.0	8	302.0	140.0	3449	10.5	70	usa	ford torino	0.492896

시리즈끼리는 서로 연산이 가능하므로 mpg 열을 weight 열로 나눈 후 100을 곱한다. 그 후 데이터프레임에 [ ]를 붙여 새롭게 만들 열 이름을 입력하고 계산한 결과를 입력한다. 결과를 확인해 보면 가장 오른쪽에 'ratio' 열이 새롭게 만들어진다.

특정 열의 조건을 기반으로 새로운 열을 만들 수 있으며, 이 경우 조건문 함수가 사용된다. 조건문 함수는 특정 조건을 만족했는지 여부에 따라 서로 다른 값을 부여하며, 대표적으로 NumPy 패키지의 where( ) 함수가 사용된다. 아래의 예를 살펴보자.

```
import numpy as np

num = pd.Series([-2, -1, 1, 2])
np.where(num >= 0)
```

```
(array([2, 3], dtype=int64),)
```

먼저, -2부터 2까지 숫자로 이루어진 시리즈num를 만들었다. 그 후 where( ) 함수 내에 조건을 입력하면 조건이 True인 지점의 인덱스를 반환한다.

```
np.where(num >= 0, '양수', '음수')
```

```
array(['음수', '음수', '양수', '양수'], dtype='<U2')
```

조건 뒤의 두 번째와 세 번째 인자에 값을 추가하면 조건을 만족하는 부분은 두 번째 인자(양수)를 부여하고, 그렇지 않은 부분은 세 번째 인자(음수)를 부여한다. 이는 엑셀에서의 if 함수와 같다. 이를 응용하여 horsepower가 100 미만, 100 이상, 200 이상인지를 구분하는 열을 만들어 보자.

```
import numpy as np

df['horse_power_div'] = np.where(
    df['horsepower'] < 100, '100 미만',
    np.where((df['horsepower'] >= 100) & (df['horsepower'] < 200), '100 이상',
            np.where(df['horsepower'] >= 200, '200 이상', '기타')))

df.head(8)
```

	mpg	cylinders	displacement	horsepower	weight	acceleration	model_year	origin	name	ratio	horse_power_div
0	18.0	8	307.0	130.0	3504	12.0	70	usa	chevrolet chevelle malibu	0.513699	100 이상
1	15.0	8	350.0	165.0	3693	11.5	70	usa	buick skylark 320	0.406174	100 이상
2	18.0	8	318.0	150.0	3436	11.0	70	usa	plymouth satellite	0.523865	100 이상
3	16.0	8	304.0	150.0	3433	12.0	70	usa	amc rebel sst	0.466065	100 이상
4	17.0	8	302.0	140.0	3449	10.5	70	usa	ford torino	0.492896	100 이상
5	15.0	8	429.0	198.0	4341	10.0	70	usa	ford galaxie 500	0.345543	100 이상
6	14.0	8	454.0	220.0	4354	9.0	70	usa	chevrolet impala	0.321543	200 이상
7	14.0	8	440.0	215.0	4312	8.5	70	usa	plymouth fury iii	0.324675	200 이상

먼저, where( ) 함수 내에 horsepower가 100보다 작을 경우 '100 미만'이라고 입력한다. 그렇지 않을 경우에는 다시 where( ) 함수를 사용하여 horsepower가 100 이상이고 200 미만일 경우에는 '100 이상', horsepower가 200보다 클 경우에는 '200 이상', 마지막으로, 모든 조건을 만족하지 않으면 '기타'를 부여한다. 그 후 해당 결과를 'horse_power_div' 열에 추가하면 'horsepower' 열을 조건으로 하는 새로운 열이 만들어진다.

3.9 데이터프레임 합치기

필요한 데이터가 하나의 데이터프레임에 모두 있는 경우는 드물다. 따라서 여러 데이터프레임을 하나로 합치거나 연결해야 할 경우가 많다. pandas에서 데이터프레임을 합치는 함수에는 concat( ), merge( ), join( )이 있다.

3.9.1 concat() 함수

먼저, 행 또는 열 방향을 데이터프레임을 이어 붙이는 개념인 concat( ) 함수에 대해 살펴보자.

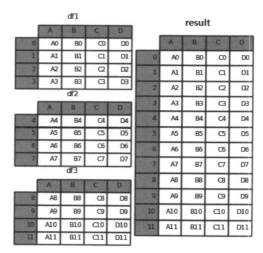

그림 3.3 concat – 기본

```
import pandas as pd

df1 = pd.DataFrame({
    "A": ["A0", "A1", "A2", "A3"],
    "B": ["B0", "B1", "B2", "B3"],
    "C": ["C0", "C1", "C2", "C3"],
    "D": ["D0", "D1", "D2", "D3"]
},
    index=[0, 1, 2, 3],
)
```

```
df2 = pd.DataFrame({
    "A": ["A4", "A5", "A6", "A7"],
    "B": ["B4", "B5", "B6", "B7"],
    "C": ["C4", "C5", "C6", "C7"],
    "D": ["D4", "D5", "D6", "D7"]
},
    index=[4, 5, 6, 7],
)

df3 = pd.DataFrame({
    "A": ["A8", "A9", "A10", "A11"],
    "B": ["B8", "B9", "B10", "B11"],
    "C": ["C8", "C9", "C10", "C11"],
    "D": ["D8", "D9", "D10", "D11"]
},
    index=[8, 9, 10, 11],
)

result = pd.concat([df1, df2, df3])

result
```

데이터프레임 df1, df2, df3는 열 인덱스가 A, B, C, D로 이루어져 있다. 이들을 concat( ) 함수 내에 리스트 형태로 입력하면 행 방향으로 데이터프레임이 합쳐진다. 이번에는 열 이름이 서로 다른 경우를 살펴보자.

```
df4 = pd.DataFrame({
    "B": ["B2", "B3", "B6", "B7"],
    "D": ["D2", "D3", "D6", "D7"],
    "F": ["F2", "F3", "F6", "F7"]
},
    index=[2, 3, 6, 7]
)

result = pd.concat([df1, df4])

result
```

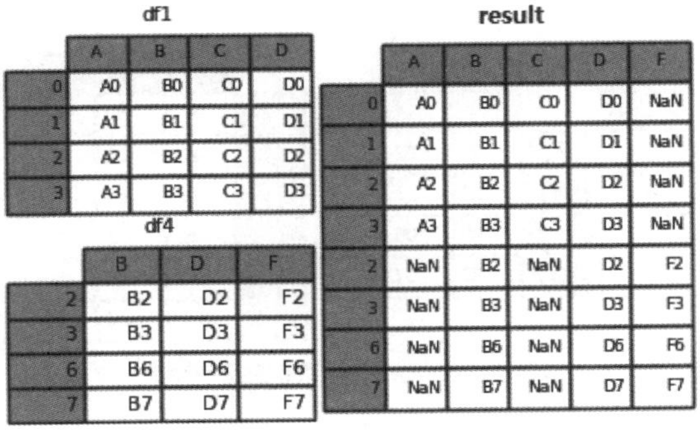

그림 3.4 concat – 열 이름이 다른 경우

df1은 열 이름이 A, B, C, D이지만 df4는 열 이름이 B, D, F로 구성되어 있다. 이 2개의 데이터프레임을 `concat()` 함수로 합치면 열 이름이 합집합을 기준으로 생성되며, 해당하는 열에 데이터가 없는 경우 `NaN`으로 입력된다. df1의 경우 F열이 없으므로 NaN으로 채워지고, df4의 경우 A, C열이 없으므로 NaN으로 채워진다.

행 인덱스를 초기화하고 싶을 경우 `ignore_index=True`를 입력한다.

```
result = pd.concat([df1, df4], ignore_index=True)
result
```

df1

	A	B	C	D
0	A0	B0	C0	D0
1	A1	B1	C1	D1
2	A2	B2	C2	D2
3	A3	B3	C3	D3

df4

	B	D	F
2	B2	D2	F2
3	B3	D3	F3
6	B6	D6	F6
7	B7	D7	F7

result

	A	B	C	D	F
0	A0	B0	C0	D0	NaN
1	A1	B1	C1	D1	NaN
2	A2	B2	C2	D2	NaN
3	A3	B3	C3	D3	NaN
4	NaN	B2	NaN	D2	F2
5	NaN	B3	NaN	D3	F3
6	NaN	B6	NaN	D6	F6
7	NaN	B7	NaN	D7	F7

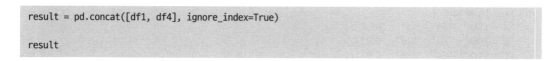

그림 3.5 **concat - 행 인덱스 초기화**

기존에는 원래 데이터프레임의 행 인덱스가 그대로 유지되었으나, ignore_index=True를 입력하면 행 인덱스가 초기화되어 0에서부터 7까지의 값을 가진다.

이번에는 행이 아닌 열 기준으로 데이터를 합쳐 보자.

```
result = pd.concat([df1, df4], axis=1)
result
```

df1

	A	B	C	D
0	A0	B0	C0	D0
1	A1	B1	C1	D1
2	A2	B2	C2	D2
3	A3	B3	C3	D3

df4

	B	D	F
2	B2	D2	F2
3	B3	D3	F3
6	B6	D6	F6
7	B7	D7	F7

result

	A	B	C	D	B	D	F
0	A0	B0	C0	D0	NaN	NaN	NaN
1	A1	B1	C1	D1	NaN	NaN	NaN
2	A2	B2	C2	D2	B2	D2	F2
3	A3	B3	C3	D3	B3	D3	F3
6	NaN	NaN	NaN	NaN	B6	D6	F6
7	NaN	NaN	NaN	NaN	B7	D7	F7

그림 3.6 **concat - 열 방향으로 합치기**

axis=1 인자를 입력하면 열 방향으로 데이터가 합쳐지며, 행 인덱스를 기준으로 연결된다. df1은 행 인덱스가 0, 1, 2, 3이며 df4는 행 인덱스가 2, 3, 6, 7이다. 따라서 concat( ) 함수의 결과 행 인덱스는 합집합인 0, 1, 2, 3, 6, 7이 생성되며, 해당하는 행에 데이터가 없을 경우 NaN으로 입력된다. 만일 합집합이 아닌 교집합을 기준으로 사용하고 싶을 경우 join = inner 인자를 추가로 입력한다.

```
result = pd.concat([df1, df4], axis=1, join="inner")

result
```

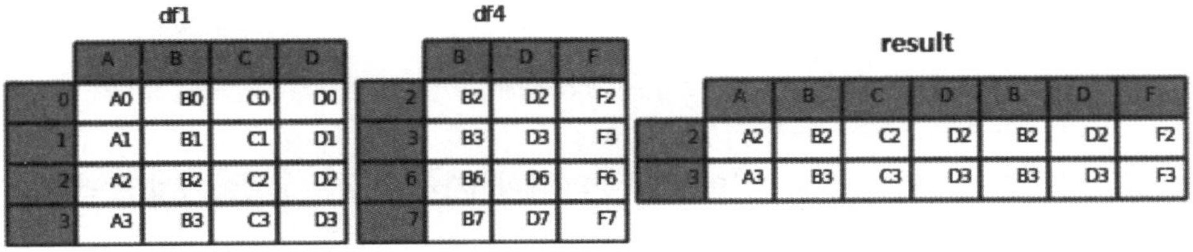

그림 3.7 concat – 열 방향으로 합치기(교집합)

두 데이터프레임이 공통으로 존재하는 행 인덱스인 2, 3을 기준으로만 데이터가 합쳐졌다.

데이터프레임에 시리즈를 합칠 수도 있다.

```
s1 = pd.Series(["X0", "X1", "X2", "X3"], name="X")
result = pd.concat([df1, s1], axis=1)

result
```

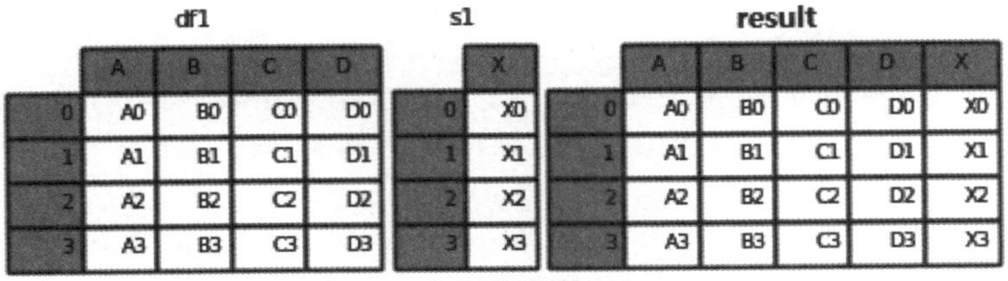

그림 3.8 concat – 시리즈 합치기

원래 데이터프레임의 각 열은 시리즈로 구성되어 있으므로 기존의 데이터프레임에 시리즈를 합칠 수 있다.

3.9.2 merge() 함수

merge( ) 함수는 기준이 되는 열이나 인덱스, 즉 키key를 기준으로 두 데이터프레임을 합친다. 데이터프레임을 병합하는 방법은 크게 inner join, left join, right join, outer join으로 구분된다.

- inner join: pd.merge(left, right, on = 'key', how = 'inner') (how = 'inner'는 생략 가능)

- left join: pd.merge(left, right, on = 'key', how = 'left')

- right join: pd.merge(left, right, on = 'key', how = 'right')

- outer join: pd.merge(left, right, on = 'key', how = 'outer')

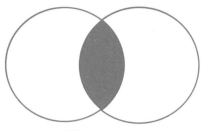

그림 3.9 inner join

inner join은 양쪽 데이터프레임에서 기준이 되는 열의 데이터가 모두 있는 교집합 부분만 반환한다. 예를 살펴보자.

```
left = pd.DataFrame({
    "key": ["K0", "K1", "K2", "K3"],
    "A": ["A0", "A1", "A2", "A3"],
    "B": ["B0", "B1", "B2", "B3"]
})


right = pd.DataFrame({
    "key": ["K0", "K1", "K3", "K4"],
    "C": ["C0", "C1", "C3", "C4"],
    "D": ["D0", "D1", "D3", "D4"],
})

result = pd.merge(left, right, on = 'key')

result
```

left

	key	A	B
0	K0	A0	B0
1	K1	A1	B1
2	K2	A2	B2
3	K3	A3	B3

right

	key	C	D
0	K0	C0	D0
1	K1	C1	D1
2	K3	C3	D3
3	K4	C4	D4

result

	key	A	B	C	D
0	K0	A0	B0	C0	D0
1	K1	A1	B1	C1	D1
2	K3	A3	B3	C3	D3

그림 3.10 inner join 결과

합치려는 두 데이터프레임을 merge( ) 함수에 입력하며, 기준이 되는 열을 on 뒤에 입력한다. merge( ) 함수는 기본적으로 inner join으로 데이터를 합친다. left 데이터프레임에서 key 열의 값은 K0, K1, K2,

K3이며, right 데이터프레임에서 key 열의 값은 K0, K1, K3, K4다. 따라서 key 열의 데이터가 둘의 교집합에 해당하는 K0, K1, K3인 행만 선택되어 열 방향으로 합쳐졌다.

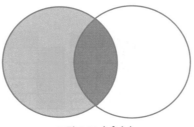

그림 3.11 **left join**

left join은 왼쪽 데이터프레임은 유지되며, 오른쪽 데이터프레임이 키를 기준으로 합쳐진다.

```
result = pd.merge(left, right, on = 'key', how = 'left')

result
```

	key	A	B			key	C	D			key	A	B	C	D
0	K0	A0	B0		0	K0	C0	D0		0	K0	A0	B0	C0	D0
1	K1	A1	B1		1	K1	C1	D1		1	K1	A1	B1	C1	D1
2	K2	A2	B2		2	K3	C3	D3		2	K2	A2	B2	NaN	NaN
3	K3	A3	B3		3	K4	C4	D4		3	K3	A3	B3	C3	D3

그림 3.12 **left join 결과**

먼저, left 데이터프레임은 형태를 유지하며, right 데이터프레임은 키값을 기준으로 열 방향으로 합쳐진다. right 데이터프레임의 key 열에는 K2 값이 없으므로 해당 부분은 NaN으로 채워지며, right 데이터프레임에만 존재하는 K4 값에 해당하는 부분은 삭제된다.

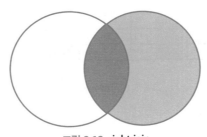

그림 3.13 **right join**

right join은 left join과 반대로 오른쪽 데이터프레임이 유지되며, 왼쪽 데이터프레임이 키를 기준으로 합쳐진다.

```
result = pd.merge(left, right, on = 'key', how = 'right')

result
```

left

	key	A	B
0	K0	A0	B0
1	K1	A1	B1
2	K2	A2	B2
3	K3	A3	B3

right

	key	C	D
0	K0	C0	D0
1	K1	C1	D1
2	K3	C3	D3
3	K4	C4	D4

result

	key	A	B	C	D
0	K0	A0	B0	C0	D0
1	K1	A1	B1	C1	D1
2	K3	A3	B3	C3	D3
3	K4	NaN	NaN	C4	D4

그림 3.14 right join 결과

이번에는 right 데이터프레임에 있는 키값인 K0, K1, K3, K4을 기준으로 left 데이터프레임이 합쳐졌다.

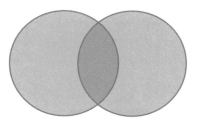

그림 3.15 outer join

outer join은 데이터프레임 중 어느 한쪽에만 속하더라도 상관없이 합집합 부분을 반환한다.

```
result = pd.merge(left, right, on = 'key', how = 'outer')

result
```

left

	key	A	B
0	K0	A0	B0
1	K1	A1	B1
2	K2	A2	B2
3	K3	A3	B3

right

	key	C	D
0	K0	C0	D0
1	K1	C1	D1
2	K3	C3	D3
3	K4	C4	D4

result

	key	A	B	C	D
0	K0	A0	B0	C0	D0
1	K1	A1	B1	C1	D1
2	K2	A2	B2	NaN	NaN
3	K3	A3	B3	C3	D3
4	K4	NaN	NaN	C4	D4

그림 3.16 outer join 결과

두 데이터프레임의 key 열에 존재하는 모든 데이터 K0, K1, K2, K3, K4를 기준으로 데이터들이 합쳐진다.

기준이 되는 열의 이름이 서로 다른 경우는 left_on과 right_on을 통해 키를 직접 선언한다.

```
left = pd.DataFrame({
    "key_left": ["K0", "K1", "K2", "K3"],
```

```
    "A": ["A0", "A1", "A2", "A3"],
    "B": ["B0", "B1", "B2", "B3"]
})


right = pd.DataFrame({
    "key_right": ["K0", "K1", "K3", "K4"],
    "C": ["C0", "C1", "C3", "C4"],
    "D": ["D0", "D1", "D3", "D4"],
})

result = pd.merge(left, right, left_on='key_left',
                  right_on='key_right', how='inner')

result
```

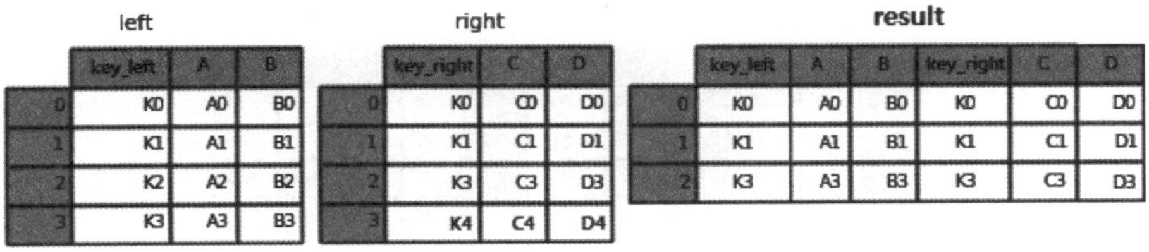

그림 3.17 **left join(키가 다른 경우)**

merge(left, right)가 아닌 left.merge(right) 형태로 함수를 작성할 수도 있다.

```
result = left.merge(right, left_on='key_left',
                    right_on='key_right', how='inner')

result
```

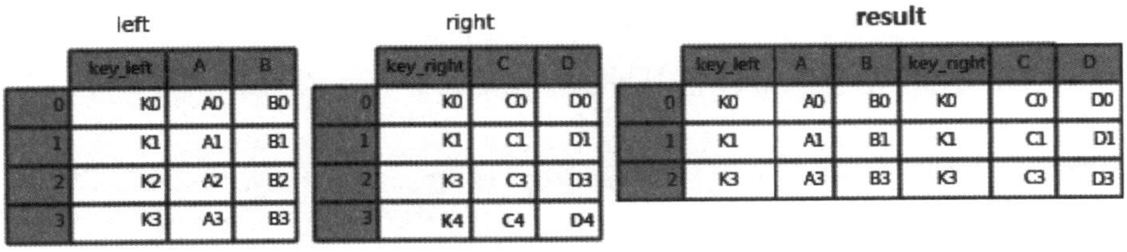

그림 3.18 **left.merge(right) 형태**

해당 방법으로 코드를 작성할 경우 왼쪽 데이터프레임에 오른쪽 데이터프레임을 붙인다는 점이 더욱 직관적으로 표현된다.

3.9.3 join( ) 메서드

join( ) 메서드는 merge( ) 함수를 기반으로 만들어져 사용 방법이 거의 비슷하다. 다만, join( ) 메서드는 두 데이터프레임의 행 인덱스를 기준으로 데이터를 결합한다.

```
left = pd.DataFrame({
    "A": ["A0", "A1", "A2", "A3"],
    "B": ["B0", "B1", "B2", "B3"]},
    index=["K0", "K1", "K2", "K3"]
)


right = pd.DataFrame({
    "C": ["C0", "C1", "C3", "C4"],
    "D": ["D0", "D1", "D3", "D4"]},
    index=["K0", "K1", "K3", "K4"])

result = left.join(right)

result
```

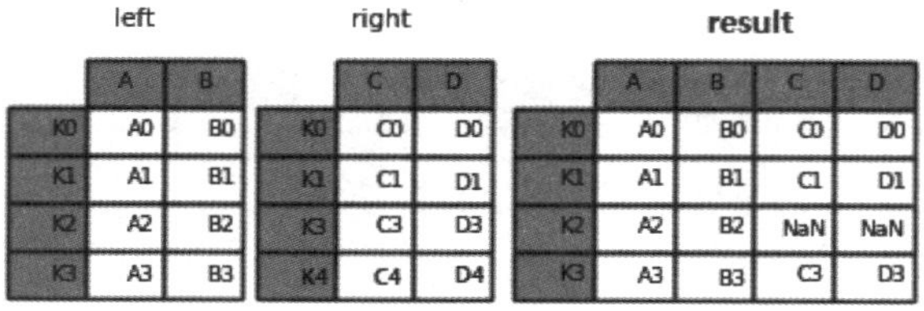

그림 3.19 join 함수

join( ) 메서드는 디폴트로 left join 방법을 사용한다. merge( ) 함수는 키를 기준으로 결합을, join( ) 메서드는 행 인덱스를 기준으로 결합을 한다는 점을 제외하고 나머지 사용법은 거의 비슷하다.

3.10 데이터 재구조화

데이터프레임의 행과 열 구조를 변형하거나 특정 요인에 따라 집계를 하는 방법에 대해 알아보겠다. pandas에서 데이터 재구조화에 사용되는 함수는 melt( ), pivot_table( ), stack( ), unstack( ) 등이 있다. 예제로서 seaborn 패키지의 펭귄 데이터를 사용한다.

```
import seaborn as sns

df = sns.load_dataset('penguins')
df.head()
```

	species	island	bill_length_mm	bill_depth_mm	flipper_length_mm	body_mass_g	sex
0	Adelie	Torgersen	39.1	18.7	181.0	3750.0	Male
1	Adelie	Torgersen	39.5	17.4	186.0	3800.0	Female
2	Adelie	Torgersen	40.3	18.0	195.0	3250.0	Female
3	Adelie	Torgersen	NaN	NaN	NaN	NaN	NaN
4	Adelie	Torgersen	36.7	19.3	193.0	3450.0	Female

해당 데이터는 팔머Palmer 펭귄의 세 가지 종에 대한 데이터이며, 각 열의 내용은 다음과 같다.

- species: 펭귄 종으로 아델리Adelie, 젠투Gentoo, 턱끈Chinstrap 펭귄 세 가지 종이 있다.
- island: 남극의 펭귄 서식지로 토르게르젠Torgersen, 비스코Biscoe, 드림Dream이 있다.
- bill_length_mm: 부리의 길이에 해당한다.
- bill_depth_mm: 부리의 위아래 두께에 해당한다.
- flipper_length_mm: 펭귄의 날개에 해당한다.
- body_mass_g: 몸무게에 해당한다.
- sex: 성별에 해당한다.

3.10.1 melt()

melt( ) 함수는 ID 변수를 기준으로 원본 데이터프레임의 열 이름들을 variable 열에 넣고, 각 열에 있던 데이터는 value 열에 넣어 아래로 긴 형태로 만들어 준다.

```
df.melt(id_vars=['species', 'island']).head(10)
```

	species	island	variable	value
0	Adelie	Torgersen	bill_length_mm	39.1
1	Adelie	Torgersen	bill_length_mm	39.5
2	Adelie	Torgersen	bill_length_mm	40.3
3	Adelie	Torgersen	bill_length_mm	NaN
4	Adelie	Torgersen	bill_length_mm	36.7
5	Adelie	Torgersen	bill_length_mm	39.3
6	Adelie	Torgersen	bill_length_mm	38.9
7	Adelie	Torgersen	bill_length_mm	39.2
8	Adelie	Torgersen	bill_length_mm	34.1
9	Adelie	Torgersen	bill_length_mm	42.0

id_vars에 입력한 열은 식별자 변수에 해당하므로 원래의 열이 그대로 유지된다. 반면 그 외의 열 이름인 bill_length_mm, bill_depth_mm, flipper_length_mm, body_mass_g, sex가 variable 열에 입력되며, 각 열의 데이터가 value 열에 매칭된다.

3.10.2 pivot_table()

pivot_table( ) 함수는 엑셀의 피벗 테이블과 비슷하며 총 4개 입력값이 필요하다.

- index: 행 인덱스

- columns: 열 인덱스
- values: 데이터 값
- aggfunc: 데이터 집계 함수

펭귄 데이터의 species와 island별로 bill_length_mm의 평균을 구해 보자.

```
df_pivot_1 = df.pivot_table(index='species',
                            columns='island',
                            values='bill_length_mm',
                            aggfunc='mean')

df_pivot_1
```

island	Biscoe	Dream	Torgersen
species			
Adelie	38.975000	38.501786	38.95098
Chinstrap	NaN	48.833824	NaN
Gentoo	47.504878	NaN	NaN

행 인덱스에는 species, 열 인덱스에는 island, 데이터 값에는 bill_length_mm, 집계 함수는 mean을 입력하면 표 형태의 결과를 반환한다. Chinstrap-Biscoe, Chinstrap-Torgersen, Gentoo-Dream, Gentoo-Torgersen처럼 데이터가 없는 값은 NaN으로 채워진다.

각 인덱스를 하나가 아닌 여러 개를 입력할 수 있으며, 데이터 값, 집계 함수 역시 여러 개를 입력할 수 있다.

```
df_pivot_2 = df.pivot_table(index=['species', 'sex'],
                            columns='island',
                            values=['bill_length_mm', 'flipper_length_mm'],
                            aggfunc=['mean', 'count'])

df_pivot_2
```

		mean						count					
		bill_length_mm			flipper_length_mm			bill_length_mm			flipper_length_mm		
island		Biscoe	Dream	Torgersen	Biscoe	Dream	Torgersen	Biscoe	Dream	Torgersen	Biscoe	Dream	Torgersen
species	sex												
Adelie	Female	37.359091	36.911111	37.554167	187.181818	187.851852	188.291667	22.0	27.0	24.0	22.0	27.0	24.0
	Male	40.590909	40.071429	40.586957	190.409091	191.928571	194.913043	22.0	28.0	23.0	22.0	28.0	23.0
Chinstrap	Female	NaN	46.573529	NaN	NaN	191.735294	NaN	NaN	34.0	NaN	NaN	34.0	NaN
	Male	NaN	51.094118	NaN	NaN	199.911765	NaN	NaN	34.0	NaN	NaN	34.0	NaN
Gentoo	Female	45.563793	NaN	NaN	212.706897	NaN	NaN	58.0	NaN	NaN	58.0	NaN	NaN
	Male	49.473770	NaN	NaN	221.540984	NaN	NaN	61.0	NaN	NaN	61.0	NaN	NaN

행으로는 species와 sex, 열로는 island, 데이터 값에는 bill_length_mm와 flipper_length_mm을 입력했으며, 집계 함수로 입력한 평균 및 개수가 계산되었다. 이처럼 복수의 조건을 입력하고 싶을 경우는 리스트 형태로 입력하면 된다.

3.10.3 stack()과 unstack()

stack( ) 메서드와 unstack( ) 메서드는 열 인덱스를 행 인덱스로 바꾸거나 반대로 행 인덱스를 열 인덱스로 변경한다.

- stack( ): 열 인덱스를 행 인덱스로 변환
- unstack( ): 행 인덱스를 열 인덱스로 변환

먼저, pivot_table( )을 통해 아래의 데이터프레임을 만들자.

```python
df_pivot_4 = df.pivot_table(index=['species', 'sex'],
                            columns='island',
                            values='bill_length_mm',
                            aggfunc='mean')
df_pivot_4
```

species	sex	island Biscoe	Dream	Torgersen
Adelie	Female	37.359091	36.911111	37.554167
	Male	40.590909	40.071429	40.586957
Chinstrap	Female	NaN	46.573529	NaN
	Male	NaN	51.094118	NaN
Gentoo	Female	45.563793	NaN	NaN
	Male	49.473770	NaN	NaN

위 데이터프레임에 stack( ) 메서드를 적용해 보자.

```
df_pivot_4.stack()
```

```
species    sex     island
Adelie     Female  Biscoe       37.359091
                   Dream        36.911111
                   Torgersen    37.554167
           Male    Biscoe       40.590909
                   Dream        40.071429
                   Torgersen    40.586957
Chinstrap  Female  Dream        46.573529
```

```
         Male    Dream       51.094118
Gentoo   Female  Biscoe      45.563793
         Male    Biscoe      49.473770
dtype: float64
```

열 인덱스인 Biscoe, Dream, Torgersen이 행 인덱스로 변경되었다. 해당 결과물은 시리즈 형태이며, 데이터프레임으로 변경하고 싶을 경우 to_frame( ) 메서드를 추가한다.

```
df_pivot_4.stack().to_frame()
```

species	sex	island	0
Adelie	Female	Biscoe	37.359091
		Dream	36.911111
		Torgersen	37.554167
	Male	Biscoe	40.590909
		Dream	40.071429
		Torgersen	40.586957
Chinstrap	Female	Dream	46.573529
	Male	Dream	51.094118
Gentoo	Female	Biscoe	45.563793
	Male	Biscoe	49.473770

이번에는 unstack( ) 메서드를 적용해 보자.

```
df_pivot_4.unstack()
```

island	Biscoe		Dream		Torgersen	
sex	Female	Male	Female	Male	Female	Male
species						
Adelie	37.359091	40.590909	36.911111	40.071429	37.554167	40.586957
Chinstrap	NaN	NaN	46.573529	51.094118	NaN	NaN
Gentoo	45.563793	49.473770	NaN	NaN	NaN	NaN

행 인덱스인 Female, Male이 열 인덱스로 변경되었다.

3.11 데이터프레임에 함수 적용하기

apply( ) 메서드를 사용하면 시리즈나 데이터프레임의 개별 원소에 함수를 적용할 수 있다. 이는 사용자가 직접 만든 함수(lambda 함수 포함)를 적용할 수 있어 기본 함수로 처리하기 어려운 복잡한 연산도 가능하며, for문을 사용해 각 데이터에 함수를 적용하는 것보다 더 빠르게 연산할 수 있다.

3.11.1 시리즈에 함수 적용하기

시리즈 객체에 apply( ) 메서드를 적용하면 모든 원소를 함수에 적용하여 결괏값을 반환한다.

- series.apply(함수)

먼저, 펭귄 데이터에서 'bill_length_mm' 열만 선택해 샘플 시리즈 객체를 만들어 보자.

```python
import seaborn as sns

df = sns.load_dataset('penguins')
bill_length_mm = df['bill_length_mm']

bill_length_mm.head()
```

```
0    39.1
1    39.5
2    40.3
3     NaN
4    36.7
Name: bill_length_mm, dtype: float64
```

해당 시리즈 원소들의 제곱근을 구해 보자.

```python
import numpy as np

result = bill_length_mm.apply(np.sqrt)
result.head()
```

```
0    6.252999
1    6.284903
2    6.348228
3         NaN
4    6.058052
Name: bill_length_mm, dtype: float64
```

numpy 패키지의 sqrt( ) 함수는 제곱근을 구해 준다. 먼저, apply( ) 메서드 내부에 해당 함수를 입력하면, 'bill_length_mm' 시리즈의 모든 원소들에 함수가 적용되어 제곱근이 구해진다. 이번에는 함수를 새롭게 만든 후 시리즈에 적용해 보자.

```
def mm_to_cm(num):
    return num / 10

result_2 = bill_length_mm.apply(mm_to_cm)
result_2.head()
```

```
0    3.91
1    3.95
2    4.03
3     NaN
4    3.67
Name: bill_length_mm, dtype: float64
```

mm_to_cm( ) 함수는 숫자를 입력하면 10으로 나눈 결과를 반환한다. 위와 동일하게 apply( ) 메서드 내부에 해당 함수를 입력하면 시리즈의 모든 원소가 10으로 나뉜다.

3.11.2 데이터프레임에 함수 적용하기

데이터프레임에 apply( ) 메서드를 적용하면 모든 열 또는 행을 하나씩 분리하여 함수에 각 원소가 전달된 후 값이 반환된다. 각 열 또는 행에 함수를 적용하는 법은 다음과 같다.

- 각 열에 적용: DataFrame.apply(함수) 또는 DataFrame.apply(함수, axis = 0)
- 각 행에 적용: DataFrame.apply(함수, axis = 1)

먼저, 펭귄 데이터셋에서 숫자로만 이루어진 열을 선택해 보자.

```
df_num = df[['bill_length_mm', 'bill_depth_mm',
            'flipper_length_mm', 'body_mass_g']]
df_num.head()
```

	bill_length_mm	bill_depth_mm	flipper_length_mm	body_mass_g
0	39.1	18.7	181.0	3750.0
1	39.5	17.4	186.0	3800.0
2	40.3	18.0	195.0	3250.0
3	NaN	NaN	NaN	NaN
4	36.7	19.3	193.0	3450.0

이제 위 데이터프레임에 apply( ) 메서드를 이용해 최댓값을 구하는 max( ) 함수를 적용해 본다. 먼저, 각 열에 함수를 적용해 보자.

```
df_num.apply(max)
# df_num.apply(max, axis=0)
```

```
bill_length_mm        59.6
bill_depth_mm         21.5
flipper_length_mm    231.0
body_mass_g         6300.0
dtype: float64
```

apply(max) 또는 apply(max, axis=0)를 입력하면 각 열 별로 최댓값을 구한다. 이번에는 각 행에 함수를
적용해 보자.

```
df_num.apply(max, axis=1)
```

```
0      3750.0
1      3800.0
2      3250.0
3         NaN
4      3450.0
        ...
339       NaN
340    4850.0
341    5750.0
342    5200.0
343    5400.0
Length: 344, dtype: float64
```

함수를 적용하는 방향을 의미하는 **axis**에 1을 입력하면 각 행에 함수를 적용한다. 즉 첫 번째 행에서
최댓값은 3750.0, 두 번째 행에서 최댓값은 3800.0이 계산된다.

시리즈와 마찬가지로 함수를 직접 만든 후 이를 적용할 수도 있다. 각 열에서 결측치가 얼마나 있는지
확인해 보자.

```
def num_null(data):
    null_vec = pd.isnull(data)      ┄┄┄ ❶
    null_count = np.sum(null_vec)   ┄┄┄ ❷

    return null_count

df_num.apply(num_null)      ┄┄┄ ❸
```

```
bill_length_mm       2
bill_depth_mm        2
flipper_length_mm    2
body_mass_g          2
dtype: int64
```

❶ isnull( ) 함수는 결측치 여부를 판단하며, 결측치면 True를, 아니면 False를 반환한다.

❷ True는 1, False는 0과 매칭되므로, sum( ) 함수를 통해 위에서 계산된 값을 더하면 True에 해
  당하는 값이 더해져 결측치의 개수를 의미한다.

❸ apply( ) 메서드를 통해 각 열에 해당 함수를 적용한다.

모든 열에서 결측치가 2개씩 있는 것이 확인된다.

3.12 그룹 연산하기

데이터를 특정 기준에 따라 그룹으로 나눈 후 처리하는 작업을 그룹 연산이라고 한다. 그룹 연산은 일반적으로 3단계 과정으로 이루어진다.

- 분할split: 데이터를 특정 기준에 따라 분할
- 적용apply: 데이터를 집계, 변환, 필터링하는 메서드 적용
- 결합combine: 적용의 결과를 하나로 결합

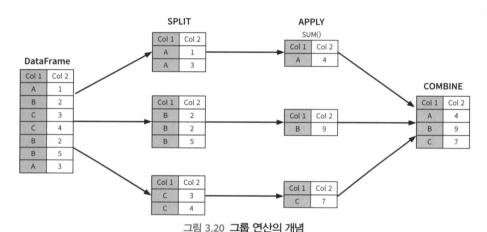

그림 3.20 **그룹 연산의 개념**

그림 3.20은 그룹 연산의 개념을 그림으로 나타낸 것이다. 먼저, 데이터프레임에서 'Col 1'이 A, B, C인 데이터별로 그룹을 나눈 후, 각 그룹에서 'Col 2'의 합을 구한다. 마지막으로, 계산된 결과를 하나로 합친다. 펭귄 데이터셋을 통해 그룹 연산을 배워 보자.

```
import seaborn as sns

df = sns.load_dataset('penguins')
df.head()
```

	species	island	bill_length_mm	bill_depth_mm	flipper_length_mm	body_mass_g	sex
0	Adelie	Torgersen	39.1	18.7	181.0	3750.0	Male
1	Adelie	Torgersen	39.5	17.4	186.0	3800.0	Female
2	Adelie	Torgersen	40.3	18.0	195.0	3250.0	Female

	species	island	bill_length_mm	bill_depth_mm	flipper_length_mm	body_mass_g	sex
3	Adelie	Torgersen	NaN	NaN	NaN	NaN	NaN
4	Adelie	Torgersen	36.7	19.3	193.0	3450.0	Female

3.12.1 그룹 나누기

먼저, 'species'에 따라 데이터의 그룹을 나눠 주도록 하며, groupby( ) 메서드를 사용한다.

```
df_group = df.groupby(['species'])

df_group
```

```
<pandas.core.groupby.generic.DataFrameGroupBy object at 0x0000028EBF5D3130>
```

```
df_group.head(2)
```

	species	island	bill_length_mm	bill_depth_mm	flipper_length_mm	body_mass_g	sex
0	Adelie	Torgersen	39.1	18.7	181.0	3750.0	Male
1	Adelie	Torgersen	39.5	17.4	186.0	3800.0	Female
152	Chinstrap	Dream	46.5	17.9	192.0	3500.0	Female
153	Chinstrap	Dream	50.0	19.5	196.0	3900.0	Male
220	Gentoo	Biscoe	46.1	13.2	211.0	4500.0	Female
221	Gentoo	Biscoe	50.0	16.3	230.0	5700.0	Male

groupby( ) 메서드 내에 기준이 되는 열을 입력하면 그룹 객체가 만들어진다. 현재는 분할만 이루어진 상태이므로 데이터를 출력해도 기존의 데이터프레임과는 크게 차이가 나지 않는다.

```
for key, group in df_group:
    print(key)
    display(group.head(2))
```

Adelie

	species	island	bill_length_mm	bill_depth_mm	flipper_length_mm	body_mass_g	sex
0	Adelie	Torgersen	39.1	18.7	181.0	3750.0	Female
1	Adelie	Torgersen	39.5	17.4	186.0	3800.0	Male

Chinstrap

	species	island	bill_length_mm	bill_depth_mm	flipper_length_mm	body_mass_g	sex
152	Chinstrap	Dream	46.5	17.9	192.0	3500.0	Female
153	Chinstrap	Dream	50.0	19.5	196.0	3900.0	Male

Gentoo

	species	island	bill_length_mm	bill_depth_mm	flipper_length_mm	body_mass_g	sex
220	Gentoo	Biscoe	46.1	13.2	211.0	4500.0	Female
221	Gentoo	Biscoe	50.0	16.3	230.0	5700.0	Male

그러나 for문을 이용해 그룹객체의 이름과 데이터를 확인해 보면 species인 Adelie, Chinstrap, Gentoo 에 따라 데이터가 분할되어 있다.

3.12.2 그룹별 연산하기

원하는 조건에 따라 그룹을 나누었다면 그룹별 연산을 해보자. 먼저, 그룹별 평균을 구해 보자.

```
df_group[['bill_length_mm', 'bill_depth_mm', 'flipper_length_mm', 'body_mass_g']].mean()
```

	bill_length_mm	bill_depth_mm	flipper_length_mm	body_mass_g
species				
Adelie	38.791391	18.346358	189.953642	3700.662252
Chinstrap	48.833824	18.420588	195.823529	3733.088235
Gentoo	47.504878	14.982114	217.186992	5076.016260

그룹 객체에서 숫자열을 선택하고 mean( ) 메서드를 적용하면 각 그룹별 평균이 계산된다. 이 외에도 groupby( )와 함께 pandas에 내장되어 있는 다양한 집계 메서드를 사용할 수 있다.

표 3.4 판다스 내 집계 메서드

메서드	기능
count	누락값을 제외한 데이터 수
size	누락값을 포함한 데이터 수
mean	평균
std	표준편차
var	분산
min	최솟값
max	최댓값
quantile(q=0.25)	백분위수 25%
quantile(q=0.50)	백분위수 50%
quantile(q=0.75)	백분위수 75%
sum	전체 합
describe	데이터 수, 평균, 표준편차, 최솟값, 백분위수(25, 50, 75%), 최댓값 반환
first	첫 번째 행 반환
last	마지막 행 반환

표 3.4 판다스 내 집계 메서드 (계속)

메서드	기능
nth	n번째 행 반환

그룹의 기준을 하나가 아닌 여러 열로 설정하는 것 역시 가능하다. 이번에는 'species'와 'sex'에 따른 평균을 구해 보자.

```
df.groupby(['species', 'sex'])[[
    'bill_length_mm', 'bill_depth_mm', 'flipper_length_mm', 'body_mass_g']].mean()
```

species	sex	bill_length_mm	bill_depth_mm	flipper_length_mm	body_mass_g
Adelie	Female	37.257534	17.621918	187.794521	3368.835616
	Male	40.390411	19.072603	192.410959	4043.493151
Chinstrap	Female	46.573529	17.588235	191.735294	3527.205882
	Male	51.094118	19.252941	199.911765	3938.970588
Gentoo	Female	45.563793	14.237931	212.706897	4679.741379
	Male	49.473770	15.718033	221.540984	5484.836066

기준으로 삼고 싶은 열들을 groupby( ) 메서드 내에 리스트 형태로 입력한 후 평균을 구했다. 멀티 인덱스multiIndex 형태로 결과가 반환되며, 같은 종 내에서도 수컷male이 암컷female보다 크기나 무게가 큰 것을 쉽게 비교할 수 있다.

집계 연산을 처리하는 함수를 사용자가 직접 만든 후 그룹 객체에 적용하고자 할 때는 agg( ) 메서드를 사용한다. 예제로 최댓값과 최솟값의 차이를 계산하는 함수를 만든 후 각 그룹별로 적용해 보자.

```
def min_max(x):
    return x.max() - x.min()

df.groupby(['species'])['bill_length_mm'].agg(min_max)
```

```
species
Adelie       13.9
Chinstrap    17.1
Gentoo       18.7
Name: bill_length_mm, dtype: float64
```

먼저, 최댓값과 최솟값의 차이를 구하는 min_max( ) 함수를 만들었다. 그 후 'species'별로 그룹을 나눈 후, 'bill_length_mm' 열만 선택한다. agg( ) 메서드 내에 해당 함수를 입력하면 각 그룹별로 함수가 적용되었다. agg( ) 메서드를 사용하면 한 번에 여러 개의 집계 연산을 처리할 수도 있다.

```
df.groupby(['species'])[[
    'bill_length_mm', 'bill_depth_mm', 'flipper_length_mm', 'body_mass_g']].agg(['max', 'min'])
```

species	island		bill_length_mm		bill_depth_mm		flipper_length_mm		body_mass_g	
	max	min	max	min	max	min	max	min	max	min
Adelie	Torgersen	Biscoe	46.0	32.1	21.5	15.5	210.0	172.0	4775.0	2850.0
Chinstrap	Dream	Dream	58.0	40.9	20.8	16.4	212.0	178.0	4800.0	2700.0
Gentoo	Biscoe	Biscoe	59.6	40.9	17.3	13.1	231.0	203.0	6300.0	3950.0

agg( ) 메서드 내에 원하는 집계 연산을 리스트 형태로 입력하면 일괄적으로 적용이 된다. 각 열마다 다른 종류의 함수를 적용할 수도 있다.

```
df.groupby(['species']).agg({'bill_length_mm': ['max', 'min'],
                             'island': ['count']})
```

species	bill_length_mm		island
	max	min	count
Adelie	46.0	32.1	152
Chinstrap	58.0	40.9	68
Gentoo	59.6	40.9	124

agg( ) 메서드 내에 {열 : 함수} 형태의 딕셔너리로 입력하면 열마다 다른 종류의 함수를 적용할 수도 있다. 'bill_length_mm' 열은 max와 min값을 구했으며, 'island' 열은 count를 구했다.

agg( ) 메서드를 이용할 경우 그룹별로 연산을 위한 함수를 적용하고 연산 결과를 집계하여 반환하였다. 반면 transform( ) 메서드를 이용할 경우 그룹별로 함수를 적용하는 것은 동일하지만, 그 결과를 본래의 행 인덱스와 열 인덱스를 기준으로 반환한다. 따라서 원본 데이터프레임과 같은 형태로 변형하여 정리를 한다.

```
df.groupby(['species'])['bill_length_mm'].transform('mean')
```

```
0      38.791391
1      38.791391
2      38.791391
3      38.791391
4      38.791391
         ...
339    47.504878
340    47.504878
341    47.504878
```

```
342    47.504878
343    47.504878
Name: bill_length_mm, Length: 344, dtype: float64
```

'species'별로 그룹을 나눈 후 'bill_length_mm' 열을 선택하였다. 그 후 transform( ) 메서드를 통해 평균을 구하면, 각 species별 평균이 집계되는 것이 아닌 원래의 행 인덱스와 열 인덱스에 결과가 반환된다. 이러한 점을 응용해 그룹별 z-score를 계산해 보자. z-score란 각 데이터의 값이 평균으로부터 얼마나 떨어져 있는지를 나타내는 수치로서, 각 원소를 평균으로 빼준 후 이를 표준편차로 나눈다.

$$z = \frac{x - \mu}{\sigma}$$

각 그룹별 'bill_length_mm'의 z-score를 구해 보자.

```
def z_score(x):
    z = (x - x.mean()) / x.std()
    return(z)

df.groupby(['species'])['bill_length_mm'].transform(z_score)
```

```
0      0.115870
1      0.266054
2      0.566421
3           NaN
4     -0.785232
        ...
339         NaN
340   -0.228719
341    0.939408
342   -0.747886
343    0.777168
Name: bill_length_mm, Length: 344, dtype: float64
```

먼저, 수식에 맞춰 z-score를 계산하는 함수를 만든다. 그 후 'species' 열별로 그룹을 나눈 뒤 'bill_length_mm' 열만 선택하여 transform( ) 메서드 내에 z_score( ) 함수를 적용한다. 이를 통해 각 그룹별 평균과 표준편차를 이용해 모든 원소의 z-score가 계산되며, 결과는 원래의 행 인덱스 순서에 반환된다.

apply( ) 메서드를 그룹 객체에 적용할 수도 있다.

```
df.groupby(['species'])['bill_length_mm'].apply(min)
```

```
species
Adelie       32.1
Chinstrap    40.9
Gentoo       40.9
Name: bill_length_mm, dtype: float64
```

그룹을 나눈 후 apply( ) 메서드 내에 min을 입력하면 각 그룹별로 'bill_length_mm' 열의 최솟값이 나타난다. 이번엔 앞서 만든 z_score( ) 함수를 적용해 보자.

```
df.groupby(['species'])['bill_length_mm'].apply(z_score)
```

```
0        0.115870
1        0.266054
2        0.566421
3             NaN
4       -0.785232
          ...
339           NaN
340     -0.228719
341      0.939408
342     -0.747886
343      0.777168
Name: bill_length_mm, Length: 344, dtype: float64
```

transform( ) 메서드를 이용한 것과 결과가 동일하다.

그룹 객체에 filter( ) 메서드를 적용하면 조건에 해당하는 그룹만을 반환한다. 위의 예에서 'bill_length_mm'의 평균이 40 이상인 그룹만 찾아보자.

```
df.groupby(['species'])['bill_length_mm'].mean()
```

```
species
Adelie       38.791391
Chinstrap    48.833824
Gentoo       47.504878
Name: bill_length_mm, dtype: float64
```

먼저, species별 'bill_length_mm'의 평균은 위와 같다. Chinstrap과 Gentoo 종의 평균이 40 이상이다.

```
df.groupby(['species']).filter(lambda x: x['bill_length_mm'].mean() >= 40)
```

	species	island	bill_length_mm	bill_depth_mm	flipper_length_mm	body_mass_g	sex
152	Chinstrap	Dream	46.5	17.9	192.0	3500.0	Female
153	Chinstrap	Dream	50.0	19.5	196.0	3900.0	Male
154	Chinstrap	Dream	51.3	19.2	193.0	3650.0	Male
155	Chinstrap	Dream	45.4	18.7	188.0	3525.0	Female
156	Chinstrap	Dream	52.7	19.8	197.0	3725.0	Male
...	...	...	...	...	...	...	...
339	Gentoo	Biscoe	NaN	NaN	NaN	NaN	NaN
340	Gentoo	Biscoe	46.8	14.3	215.0	4850.0	Female

	species	island	bill_length_mm	bill_depth_mm	flipper_length_mm	body_mass_g	sex
341	Gentoo	Biscoe	50.4	15.7	222.0	5750.0	Male
342	Gentoo	Biscoe	45.2	14.8	212.0	5200.0	Female
343	Gentoo	Biscoe	49.9	16.1	213.0	5400.0	Male

192 rows × 7 columns

species별로 그룹은 나눈 후 filter( ) 메서드 내에 조건식을 입력한다. lambda 함수를 통해 조건을 정의하며, 'bill_length_mm' 열의 평균이 40 이상인 조건을 입력한다. 결과를 살펴보면 Adelie 종은 평균이 40 미만이므로 제외되고, Chinstrap과 Gentoo 종의 데이터만 반환된다.

3.13 시계열 데이터 다루기

시계열 데이터time series data란 시간을 기준으로 측정된 자료를 말하며, 주가나 재무제표 등 투자에 쓰이는 대부분의 데이터가 시계열 데이터라고도 볼 수 있으므로 이를 다루는 법을 알아야 한다. 앞서 datetime 패키지에서 제공하는 datetime 객체를 통해 날짜와 시간을 다룰 수 있었다. pandas에서는 문자열을 datetime 객체로 손쉽게 변환할 수 있으므로 이에 대해 알아보겠다. 먼저, 택시 승하차 정보가 담긴 taxis 데이터셋을 불러오자.

```
import seaborn as sns

df = sns.load_dataset('taxis')
df.head()
```

	pickup	dropoff	passengers	distance	fare	tip	tolls	total	color	payment	pickup_zone	dropoff_zone	pickup_borough	dropoff_borough
0	2019-03-23 20:21:09	2019-03-23 20:27:24	1	1.60	7.0	2.15	0.0	12.95	yellow	credit card	Lenox Hill West	UN/Turtle Bay South	Manhattan	Manhattan
1	2019-03-04 16:11:55	2019-03-04 16:19:00	1	0.79	5.0	0.00	0.0	9.30	yellow	cash	Upper West Side South	Upper West Side South	Manhattan	Manhattan
2	2019-03-27 17:53:01	2019-03-27 18:00:25	1	1.37	7.5	2.36	0.0	14.16	yellow	credit card	Alphabet City	West Village	Manhattan	Manhattan
3	2019-03-10 01:23:59	2019-03-10 01:49:51	1	7.70	27.0	6.15	0.0	36.95	yellow	credit card	Hudson Sq	Yorkville West	Manhattan	Manhattan
4	2019-03-30 13:27:42	2019-03-30 13:37:14	3	2.16	9.0	1.10	0.0	13.40	yellow	credit card	Midtown East	Yorkville West	Manhattan	Manhattan

'pickup'과 'dropoff' 열을 살펴보면 시계열 형태처럼 보인다. 한 번 데이터의 형태를 살펴보자.

```
df.info()
```

```
<class 'pandas.core.frame.DataFrame'>
RangeIndex: 6433 entries, 0 to 6432
Data columns (total 14 columns):
 #   Column           Non-Null Count   Dtype
---  ------           --------------   -----
 0   pickup           6433 non-null    object
 1   dropoff          6433 non-null    object
 2   passengers       6433 non-null    int64
 3   distance         6433 non-null    float64
 4   fare             6433 non-null    float64
 5   tip              6433 non-null    float64
 6   tolls            6433 non-null    float64
 7   total            6433 non-null    float64
 8   color            6433 non-null    object
 9   payment          6389 non-null    object
 10  pickup_zone      6407 non-null    object
 11  dropoff_zone     6388 non-null    object
 12  pickup_borough   6407 non-null    object
 13  dropoff_borough  6388 non-null    object
dtypes: float64(5), int64(1), object(8)
memory usage: 703.7+ KB
```

info( ) 메서드를 통해 확인해 보면 해당 열의 타입이 object, 즉 문자열이다. pandas에서는 to_
datetime( ) 메서드를 통해 문자열을 datetime 객체로 변환할 수 있다.

```
df['pickup'] = pd.to_datetime(df['pickup'])
df['dropoff'] = pd.to_datetime(df['dropoff'])

df.info()
```

```
<class 'pandas.core.frame.DataFrame'>
RangeIndex: 6433 entries, 0 to 6432
Data columns (total 14 columns):
 #   Column           Non-Null Count   Dtype
---  ------           --------------   -----
 0   pickup           6433 non-null    datetime64[ns]
 1   dropoff          6433 non-null    datetime64[ns]
 2   passengers       6433 non-null    int64
 3   distance         6433 non-null    float64
 4   fare             6433 non-null    float64
 5   tip              6433 non-null    float64
 6   tolls            6433 non-null    float64
 7   total            6433 non-null    float64
 8   color            6433 non-null    object
 9   payment          6389 non-null    object
 10  pickup_zone      6407 non-null    object
 11  dropoff_zone     6388 non-null    object
 12  pickup_borough   6407 non-null    object
 13  dropoff_borough  6388 non-null    object
dtypes: datetime64[ns](2), float64(5), int64(1), object(6)
memory usage: 703.7+ KB
```

두 열의 타입이 'datetime64[ns]', 즉 datetime64 객체로 변하였다.

이번에는 'pickup' 열에서 연도에 해당하는 정보만 추출해 보자. 먼저, 첫 번째 행의 '2019-03-23 20:21:09'에서 연도를 추출하는 법은 다음과 같다.

```
df['pickup'][0].year
```

```
2019
```

원소의 끝에 **year**를 붙여 주면 연도에 해당하는 값이 추출된다. 이 외에도 month, day 등을 통해 월과 일을 추출할 수도 있다. 그렇다면 'pickup' 열에 존재하는 모든 데이터의 연도를 추출하려면 어떻게 해야 할까? dt 접근자를 사용하면 datetime 타입의 열에 한 번에 접근할 수 있다.

```
df['year'] = df['pickup'].dt.year
df['month'] = df['pickup'].dt.month
df['day'] = df['pickup'].dt.day

df[['pickup', 'year', 'month', 'day']].head()
```

	pickup	year	month	day
0	2019-03-23 20:21:09	2019	3	23
1	2019-03-04 16:11:55	2019	3	4
2	2019-03-27 17:53:01	2019	3	27
3	2019-03-10 01:23:59	2019	3	10
4	2019-03-30 13:27:42	2019	3	30

먼저, 열을 의미하는 df['pickup'] 뒤에 dt 접근자를 붙여 준 후, 추출하고자 하는 정보(year, month, day)를 입력한다. 그 결과 연, 월, 일에 해당하는 정보만이 추출되었다.

현재는 데이터가 시간 순서대로 정렬되어 있지 않으므로 'pickup' 열을 기준으로 정렬을 해주도록 한다.

```
df.sort_values('pickup', inplace=True)    ······· ❶
df.reset_index(drop=True, inplace=True)    ······· ❷

df.head()
```

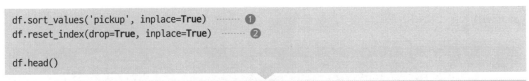

	pickup	dropoff	passengers	distance	fare	tip	tolls	total	color	payment	pickup_zone	dropoff_zone	pickup_borough	dropoff_borough	year	month	day
0	2019-02-28 23:29:03	2019-02-28 23:32:35	1	0.90	5.0	0.0	0.0	6.3	green	cash	Old Astoria	Long Island City/Queens Plaza	Queens	Queens	2019	2	28
1	2019-03-01 00:03:29	2019-03-01 00:13:32	3	2.16	10.0	2.0	0.0	15.8	yellow	credit card	Lincoln Square East	Upper East Side North	Manhattan	Manhattan	2019	3	1

	pickup	dropoff	passengers	distance	fare	tip	tolls	total	color	payment	pickup_zone	dropoff_zone	pickup_borough	dropoff_borough	year	month	day
2	2019-03-01 00:08:32	2019-03-01 00:29:47	3	7.35	22.5	1.0	0.0	27.3	yellow	credit card	East Chelsea	Mott Haven/ Port Morris	Manhattan	Bronx	2019	3	1
3	2019-03-01 00:15:53	2019-03-01 00:47:58	1	7.00	25.5	7.3	0.0	36.6	yellow	credit card	West Village	Astoria	Manhattan	Queens	2019	3	1
4	2019-03-01 00:29:22	2019-03-01 00:32:48	4	0.74	4.5	1.0	0.0	9.3	yellow	credit card	Meatpacking/ West Village West	Meatpacking/ West Village West	Manhattan	Manhattan	2019	3	1

❶ sort_values( ) 메서드를 통해 'pickup' 열을 기준으로 데이터를 오름차순으로 정렬한다.

❷ reset_index( ) 메서드를 통해 행 인덱스를 초기화한다.

이번에는 'pickup' 열과 'dropoff' 열의 차이, 즉 운행 시간을 계산해 보자.

```
df['dropoff'] - df['pickup']
```

```
0        0 days 00:03:32
1        0 days 00:10:03
2        0 days 00:21:15
3        0 days 00:32:05
4        0 days 00:03:26
           ...
6428     0 days 00:09:13
6429     0 days 00:02:18
6430     0 days 00:03:17
6431     0 days 00:12:09
6432     0 days 00:30:13
Length: 6433, dtype: timedelta64[ns]
```

두 열 모두 datetime 객체이므로 시간에 대해 연산할 수 있다. 첫 번째 행의 경우 '2019-02-28 23:32:35' 에서 '2019-02-28 23:29:03'를 뺀 값인 '0 days 00:03:32', 즉 3분 32초가 계산된다.

이번에는 'pickup' 열을 행 인덱스로 변경해 보자.

```
df.set_index('pickup', inplace=True)

df.head()
```

pickup	dropoff	passengers	distance	fare	tip	tolls	total	color	payment	pickup_zone	dropoff_zone	pickup_borough	dropoff_borough	year	month	day
2019-02-28 23:29:03	2019-02-28 23:32:35	1	0.90	5.0	0.0	0.0	6.3	green	cash	Old Astoria	Long Island City/Queens Plaza	Queens	Queens	2019	2	28
2019-03-01 00:03:29	2019-03-01 00:13:32	3	2.16	10.0	2.0	0.0	15.8	yellow	credit card	Lincoln Square East	Upper East Side North	Manhattan	Manhattan	2019	3	1
2019-03-01 00:08:32	2019-03-01 00:29:47	3	7.35	22.5	1.0	0.0	27.3	yellow	credit card	East Chelsea	Mott Haven/ Port Morris	Manhattan	Bronx	2019	3	1

pickup	dropoff	passengers	distance	fare	tip	tolls	total	color	payment	pickup_zone	dropoff_zone	pickup_borough	dropoff_borough	year	month	day
2019-03-01 00:15:53	2019-03-01 00:47:58	1	7.00	25.5	7.3	0.0	36.6	yellow	credit card	West Village	Astoria	Manhattan	Queens	2019	3	1
2019-03-01 00:29:22	2019-03-01 00:32:48	4	0.74	4.5	1.0	0.0	9.3	yellow	credit card	Meatpacking/ West Village West	Meatpacking/ West Village West	Manhattan	Manhattan	2019	3	1

set_index( ) 메서드를 통해 'pickup' 열을 행 인덱스로 설정하였다. 인덱스의 타입을 확인해 보자.

```
df.index
```

```
DatetimeIndex(['2019-02-28 23:29:03', '2019-03-01 00:03:29',
               '2019-03-01 00:08:32', '2019-03-01 00:15:53',
               '2019-03-01 00:29:22', '2019-03-01 00:30:59',
               '2019-03-01 00:32:49', '2019-03-01 00:53:00',
               '2019-03-01 00:56:50', '2019-03-01 01:25:30',
               ...
               '2019-03-31 21:27:22', '2019-03-31 21:35:29',
               '2019-03-31 21:40:28', '2019-03-31 21:55:23',
               '2019-03-31 22:07:15', '2019-03-31 22:13:37',
               '2019-03-31 22:32:27', '2019-03-31 22:51:53',
               '2019-03-31 23:15:03', '2019-03-31 23:43:45'],
              dtype='datetime64[ns]', name='pickup', length=6433, freq=None)
```

인덱스가 'DatetimeIndex' 형태라는 것을 알 수 있다. datetime 객체를 데이터프레임의 행 인덱스로 설정하면 원하는 날짜 또는 시간의 데이터를 바로 추출할 수 있어 매우 편리하다. 해당 데이터는 2019년 2월 28일부터 2019년 3월 31일까지의 정보가 있으며, 이 중에서 2019년 2월에 해당하는 정보만 선택해 보자.

```
df.loc['2019-02']
```

pickup	dropoff	passengers	distance	fare	tip	tolls	total	color	payment	pickup_zone	dropoff_zone	pickup_borough	dropoff_borough	year	month	day
2019-02-28 23:29:03	2019-02-28 23:32:35	1	0.9	5.0	0.0	0.0	6.3	green	cash	Old Astoria	Long Island City/Queens Plaza	Queens	Queens	2019	2	28

loc 인덱서 내부에 2019년 2월을 의미하는 '2019-02'를 입력하니 해당 시점의 데이터만 출력되었다. 이번에는 2019년 3월 1일부터 2019년 3월 2일까지의 데이터를 선택해 보자.

```
df.loc['2019-03-01':'2019-03-02']
```

pickup	dropoff	passengers	distance	fare	tip	tolls	total	color	payment	pickup_zone	dropoff_zone	pickup_borough	dropoff_borough	year	month	day
2019-03-01 00:03:29	2019-03-01 00:13:32	3	2.16	10.0	2.00	0.0	15.80	yellow	credit card	Lincoln Square East	Upper East Side North	Manhattan	Manhattan	2019	3	1
2019-03-01 00:08:32	2019-03-01 00:29:47	3	7.35	22.5	1.00	0.0	27.30	yellow	credit card	East Chelsea	Mott Haven/ Port Morris	Manhattan	Bronx	2019	3	1
2019-03-01 00:15:53	2019-03-01 00:47:58	1	7.00	25.5	7.30	0.0	36.60	yellow	credit card	West Village	Astoria	Manhattan	Queens	2019	3	1
2019-03-01 00:29:22	2019-03-01 00:32:48	4	0.74	4.5	1.00	0.0	9.30	yellow	credit card	Meatpacking/ West Village West	Meatpacking/ West Village West	Manhattan	Manhattan	2019	3	1
2019-03-01 00:30:59	2019-03-01 00:37:39	2	1.35	7.0	0.00	0.0	8.30	green	cash	Astoria	Queensbridge/ Ravenswood	Queens	Queens	2019	3	1
...	...	...	...	...	...	...	...	...	...	...	...	...	...	...	...	...
2019-03-02 23:51:46	2019-03-02 23:51:49	1	0.00	14.0	2.86	0.0	17.16	yellow	credit card	Lenox Hill East	Lenox Hill East	Manhattan	Manhattan	2019	3	2
2019-03-02 23:52:13	2019-03-03 00:03:03	2	1.30	8.5	2.45	0.0	14.75	yellow	credit card	Greenwich Village North	Gramercy	Manhattan	Manhattan	2019	3	2
2019-03-02 23:52:21	2019-03-03 00:06:59	1	3.53	13.0	0.00	0.0	16.80	yellow	cash	Manhattan Valley	Garment District	Manhattan	Manhattan	2019	3	2
2019-03-02 23:55:24	2019-03-03 00:04:02	1	1.60	8.0	2.36	0.0	14.16	yellow	credit card	Central Park	Upper West Side North	Manhattan	Manhattan	2019	3	2
2019-03-02 23:57:16	2019-03-03 00:16:19	1	4.64	17.5	5.50	0.0	26.80	yellow	credit card	Lower East Side	Bushwick North	Manhattan	Brooklyn	2019	3	2

439 rows × 16 columns

인덱서에 슬라이스 형태를 입력하면 이에 해당하는 기간의 데이터만 선택된다.

3.13.1 시계열 데이터 만들기

앞서 range( ) 함수를 통해 숫자(정수) 리스트를 만들었듯이 pandas의 date_range( ) 함수를 통해 여러 개의 날짜가 들어 있는 배열 형태의 시계열 데이터를 만들 수 있다. 예제로 2021년 1월부터 2021년 12월 까지 한 달 간격으로 시계열 데이터를 만들어 보자.

```
pd.date_range(start='2021-01-01',
              end='2021-12-31',
              freq='M')
```

```
DatetimeIndex(['2021-01-31', '2021-02-28', '2021-03-31', '2021-04-30',
               '2021-05-31', '2021-06-30', '2021-07-31', '2021-08-31',
               '2021-09-30', '2021-10-31', '2021-11-30', '2021-12-31'],
              dtype='datetime64[ns]', freq='M')
```

start는 시작일, end는 종료일, freq는 간격을 뜻한다. date_range 함수의 freq에는 매우 다양한 종류가 있다.

표 3.5 freq 옵션 종류

옵션	설명	옵션	설명	옵션	설명
B	비즈니스 데이(휴일 제외)	Q	분기 말	AS	연초
D	일	BQ	분기 시작 비즈니스 데이	BAS	연 시작 비즈니스 데이
W	주	QS	분기 초	H	시간
M	월말	BQS	분기 시작 비즈니스 데이	T	분
BM	월 마지막 비즈니스 데이	A	연말	S	초
MS	월초	BA	연 마지막 비즈니스 데이		

이 외에도 훨씬 많은 옵션이 있으며, 복잡한 형태의 시계열 데이터를 만들 수도 있다.

```
pd.date_range(start='2021-01-01',
              end='2021-01-31',
              freq='3D')
```

```
DatetimeIndex(['2021-01-01', '2021-01-04', '2021-01-07', '2021-01-10',
               '2021-01-13', '2021-01-16', '2021-01-19', '2021-01-22',
               '2021-01-25', '2021-01-28', '2021-01-31'],
              dtype='datetime64[ns]', freq='3D')
```

3D는 3일을 뜻한다. 즉 2021년 1월 1일부터 3일 주기의 시계열 데이터가 만들어진다.

```
pd.date_range(start='2021-01-01',
              end='2021-01-31',
              freq='W-MON')
```

```
DatetimeIndex(['2021-01-04', '2021-01-11', '2021-01-18', '2021-01-25'], dtype='datetime64[ns]', freq='W-MON')
```

W는 주를 뜻하고 MON은 월요일을 뜻한다. 즉 매주 월요일에 해당하는 날짜가 시계열 데이터로 만들어진다.

```
pd.date_range(start='2021-01-01',
              end='2021-12-31',
              freq='WOM-2THU')
```

```
DatetimeIndex(['2021-01-14', '2021-02-11', '2021-03-11', '2021-04-08',
               '2021-05-13', '2021-06-10', '2021-07-08', '2021-08-12',
               '2021-09-09', '2021-10-14', '2021-11-11', '2021-12-09'],
              dtype='datetime64[ns]', freq='WOM-2THU')
```

WOM는 week of month를, 2THU는 둘째 주 목요일을 뜻한다. 즉 WOM-2FRI는 매월 둘째 주 목요일에 해당하는 날짜가 시계열 데이터로 만들어진다.

CHAPTER 4

데이터 시각화 배워 보기

이전 장에서는 데이터를 분석하는 법에 대해 배웠으며, 이번 장에서는 데이터 및 분석된 자료를 시각화하는 법에 대해 배워 보겠다. 데이터를 글자나 표가 아닌 그림으로 나타낼 경우 훨씬 직관적으로 이해할 수 있다. 파이썬에서는 데이터 시각화에 **matplotlib** 또는 **pandas** 패키지를 사용하며, 고급 시각화에는 **seaborn** 패키지를 사용한다.

4.1 그래프의 구성 요소

그래프를 그리기에 앞서 그래프는 어떠한 요소들로 이루어져 있는지 알아보자.

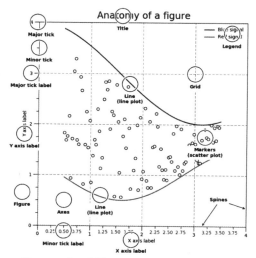

그림 4.1 **그래프 구성 요소**(출처: https://matplotlib.org)

- Figure: 그림 전체
- Axes: 그림 내부의 좌표축을 의미하며, 개별 그림을 의미
- Line: 선 그래프에서 선
- Markers: 점 그래프에서 마커
- Legend: 범례
- Title: 제목
- Grid: 격자
- Spines: 윤곽선
- X axis label: x축 레이블
- Y axis label: y축 레이블
- Major tick: 메인 눈금
- Major tick label: 메인 눈금 레이블
- Minor tick: 서브 눈금
- Minor tick label: 서브 눈금 레이블

패키지의 함수들을 이용해 각각의 요소를 섬세하게 꾸밀 수도 있다. 또한, 하나의 figure 내에는 여러 개의 axes가 그려질 수도 있다.

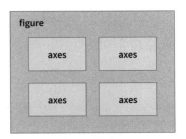

그림 4.2 **다중 axes**

4.2 matplotlib 패키지를 이용한 시각화

matplotlib 패키지는 파이썬 표준 시각화 도구라도 불릴 정도로 널리 활용되고 있다. 그래프 요소를 세세하게 꾸밀 수 있을 뿐만 아니라 배우는 것도 그리 어렵지 않다. 먼저, 해당 패키지의 기본적인 사용법에 대해 알아보자.

```
import seaborn as sns
import matplotlib.pyplot as plt  ········ ❶
```

```
df = sns.load_dataset('penguins')  ------- ❷

plt.scatter(df['flipper_length_mm'], df['body_mass_g'])  ------- ❸
plt.show()  ------- ❹
```

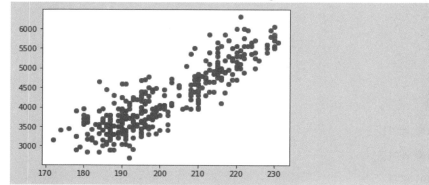

❶ matplotlib 패키지 중에서 pyplot 모듈을 plt로 불러온다.

❷ 팔머 펭귄 데이터셋penguins을 불러온다.

❸ 산점도를 나타내는 scatter( ) 함수 내에 x축과 y축 정보를 입력한다.

❹ plt.show( )를 통해 그래프를 출력한다.

매우 쉽게 그래프를 그릴 수 있으며, 결과를 통해 날개의 길이와 몸무게가 비례한다는 것을 직관적으로 확인할 수 있다.

다른 종류의 그래프 역시 쉽게 표현할 수 있다. 이번에는 각 펭귄의 종별 몸무게의 차이를 그래프로 나타내 보자.

```
df_group = df.groupby('species')['body_mass_g'].mean().reset_index()  ------- ❶
plt.bar(x=df_group['species'], height=df_group['body_mass_g'])  ------- ❷
plt.show()  ------- ❸
```

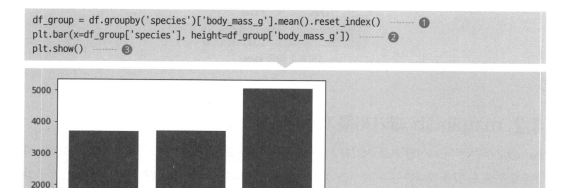

❶ 'species'별로 그룹을 묶은 후 'body_mass_g' 열의 평균을 구한다. 그 후 reset_index( ) 메서드를 통해 데이터프레임 형태로 나타낸다.

❷ 막대 그래프를 나타내는 bar( ) 함수 내에 x축과 높이 정보(height)를 입력한다.

❸ plt.show( )를 통해 그래프를 출력한다.

결과를 통해 Gentoo 종의 몸무게가 다른 종에 비해 많이 나간다는 점을 알 수 있다. 이번에는 몸무게의 분포를 히스토그램으로 나타내 보자.

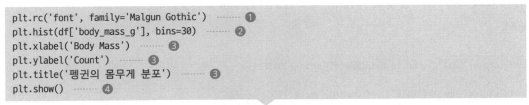

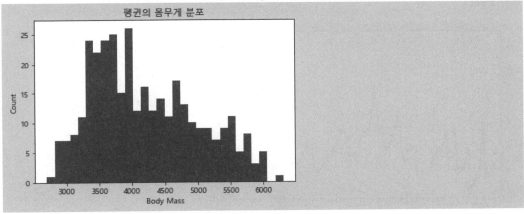

❶ matplotlib은 한글 폰트를 지원하지 않아 한글이 깨지는 현상이 발생하므로, 한글을 나타낼 수 있는 'Malgun Gothic'으로 폰트를 지정한다.

❷ 히스토그램을 나타내는 hist( ) 함수 내에 나타내고자 하는 열을 입력한다. bins 인자에는 히스토그램을 몇 개의 구간으로 나눌지를 입력한다.

❸ x축과 y축 레이블, 제목에 원하는 글자를 입력한다.

❹ plt.show( )를 통해 그래프를 출력한다.

펭귄의 몸무게 분포를 히스토그램 형태로 표현할 수 있다. 이번에는 선 그래프를 나타내 보자.

```
import pandas as pd

df_unrate = pd.read_csv(
    'https://research.stlouisfed.org/fred2/series/UNRATE/downloaddata/UNRATE.csv'
)
df_unrate.head()
```

	DATE	VALUE
0	1948-01-01	3.4
1	1948-02-01	3.8
2	1948-03-01	4.0
3	1948-04-01	3.9
4	1948-05-01	3.5

먼저, read_csv( ) 함수를 통해 세인트루이스 연방준비위원회에서 제공하는 미국 실업자 데이터를 받아온다.

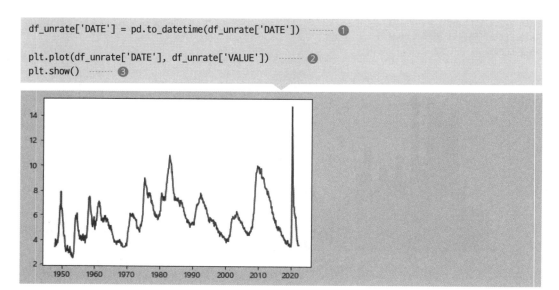

❶ 'DATE' 열을 datetime 객체로 변환한다.

❷ plot( ) 함수는 선 그래프를 나타내며, x축과 y축 정보를 각각 입력한다.

❸ plt.show( )를 통해 그래프를 출력한다.

코로나 이후 실업률이 급증했음을 확인할 수 있다.

4.2.1 한 번에 여러 개의 그래프 나타내기

하나의 figure 내에는 여러 개의 axes를 그릴 수도 있다. 이를 실행하는 코드는 책이나 설명하는 사람마다 약간씩 다르며, 그 이유에 대해 간략하게 설명하겠다. matplotlib 패키지는 크게 두 가지 방법으로 사용할 수 있다.

- stateless API(objected-based): 내가 지정한 figure, 내가 지정한 axes에 그림을 그리는 방법
- stateful API(state-based): 현재의 figure, 현재의 axes에 그림을 그리는 방법

stateless 방법은 figure와 axes를 직접 만들어야 하고, 이는 객체지향적 특징을 가지고 있다고 볼 수 있다. 반면 stateful 방법은 현재의 figure와 axes를 자동으로 찾아 그곳에 그래프를 나타내는 방식이다. 처음에는 stateless 방법만 존재했으나 더 편리한 사용을 위해 wrapper 모듈인 pyplot이 개발되었고, 이를 통해 stateful 방법을 사용할 수 있다. 그래프를 간단하게 표현할 때는 stateful 방법으로도 충분하지만, 보다 정교한 작업을 할 때는 stateless 방법을 사용해야 한다.

먼저, stateless 방법을 사용해 그래프를 나타내 보자.

```
fig, axes = plt.subplots(2, 1, figsize=(10, 6))  ········ ❶

# 첫 번째 그림
axes[0].scatter(df['flipper_length_mm'], df['body_mass_g'])  ········ ❷
axes[0].set_xlabel('날개 길이(mm)')  ········ ❷
axes[0].set_ylabel('몸무게(g)')  ········ ❷
axes[0].set_title('날개와 몸무게 간의 관계')  ········ ❷

# 두 번째 그림
axes[1].hist(df['body_mass_g'], bins=30)  ········ ❸
axes[1].set_xlabel('Body Mass')  ········ ❸
axes[1].set_ylabel('Count')  ········ ❸
axes[1].set_title('펭귄의 몸무게 분포')  ········ ❸

# 간격 조정
plt.subplots_adjust(left=0.1,
                    right=0.95,
                    bottom=0.1,
                    top=0.95,
                    wspace=0.5,
                    hspace=0.5)  ········ ❹

plt.show()  ········ ❺
```

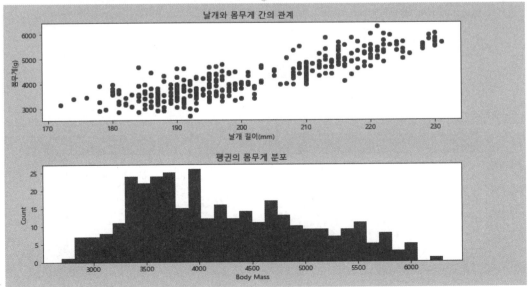

① plt.subplots(2, 1)을 통해 figure 내에 2행 1열로 2개의 axes 객체를 만든다. 또한, figsize=(10, 6)을 통해 figure의 가로 세로 길이는 각각 10과 6으로 정한다.

② axes[0], 즉 첫 번째 axes에 scatter( ) 함수를 통해 산점도를 그린다. 그 후 set_xlabel( ), set_ylabel( ), set_title( ) 함수를 통해 해당 axes의 x 레이블, y 레이블, 제목을 추가한다.

③ axes[1], 즉 두 번째 axes에도 hist( ) 함수를 통한 그래프 그리기 및 기타 요소를 추가한다.

④ 두 그림이 겹쳐 보이므로 subplots_adjust( ) 함수를 통해 여백을 조정한다.

⑤ plt.show( )를 통해 그래프를 출력한다.

하나의 그림(figure) 내에 2개의 그래프(axes)가 동시에 출력되었다. 즉 stateless 방법은 figure 내에 원하는 만큼 axes 객체를 나눈 후, axes를 지정하여 그래프를 표현하였다. 이번에는 stateful 방법을 사용해 그래프를 나타내 보자.

```python
plt.figure(figsize=(10, 6))  ········ ①

# 첫 번째 그림  ········ ③
plt.subplot(2, 1, 1)  ········ ②
plt.scatter(df['flipper_length_mm'], df['body_mass_g'])
plt.xlabel('날개 길이(mm)')
plt.ylabel('몸무게(g)')
plt.title('날개와 몸무게 간의 관계')

# 두 번째 그림  ········ ③
plt.subplot(2, 1, 2)  ········ ④
plt.hist(df['body_mass_g'], bins=30)
plt.xlabel('Body Mass')
plt.ylabel('Count')
plt.title('펭귄의 몸무게 분포')

# 간격 조정
plt.subplots_adjust(left=0.1,
                    right=0.95,
                    bottom=0.1,
                    top=0.95,
                    wspace=0.5,
                    hspace=0.5)  ········ ⑤

plt.show()
```

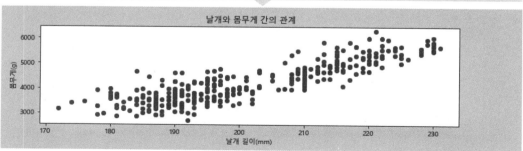

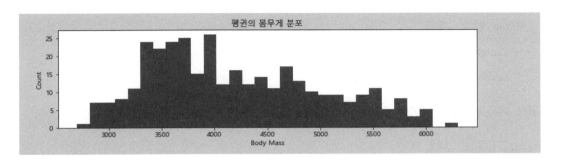

❶ plt.figure(figsize=(10, 6))를 통해 figure를 만든다.

❷ plt.subplot(2,1,1)를 입력하면 figure 내에 2행 1열의 axes를 만들며, 그중 첫 번째 axes를 현재 axes로 설정한다.

❸ 해당 axes에 그래프가 표현된다.

❹ plt.subplot(2,1,2)를 입력하면 두 번째 axes를 현재 axes로 설정한다. 이후 해당 axes에 그래프가 표현된다.

❺ 여백을 조정한 후 그래프를 출력한다.

이처럼 stateful 방식은 subplot( )을 통해 현재 axes를 설정하면 해당 부분에 그림을 그리게 된다.

이 외에도 matplotlib 패키지를 이용하여 표현할 수 있는 그래프 및 방법은 아래 사이트에 자세히 나와 있다.

https://matplotlib.org/

4.3 pandas 패키지를 이용한 시각화

pandas 패키지는 matplotlib 패키지의 기능을 일부 내장하고 있어 시리즈 또는 데이터프레임 객체를 바로 그래프로 표현할 수 있으며, 그래프 종류는 다음과 같다.

- line: 선 그래프
- bar: 수직 막대 그래프
- barh: 수평 막대 그래프
- hist: 히스토그램
- box: 박스 플롯
- kde: 커널 밀도 그래프
- area: 면적 그래프

- pie: 파이 그래프
- scatter: 산점도 그래프
- hexbin: 고밀도 산점도 그래프

먼저, 예제로 사용할 다이아몬드 데이터셋을 불러오도록 하자.

```
import seaborn as sns

df = sns.load_dataset('diamonds')
df.head()
```

	carat	cut	color	clarity	depth	table	price	x	y	z
0	0.23	Ideal	E	SI2	61.5	55.0	326	3.95	3.98	2.43
1	0.21	Premium	E	SI1	59.8	61.0	326	3.89	3.84	2.31
2	0.23	Good	E	VS1	56.9	65.0	327	4.05	4.07	2.31
3	0.29	Premium	I	VS2	62.4	58.0	334	4.20	4.23	2.63
4	0.31	Good	J	SI2	63.3	58.0	335	4.34	4.35	2.75

데이터의 각 변수는 다음과 같다.

- carat: 다이아몬드 무게
- cut: 커팅의 가치
- color: 다이아몬드 색상
- clarity: 깨끗한 정도
- depth: 깊이 비율, z / $mean(x, y)$
- table: 가장 넓은 부분의 너비 대비 다이아몬드 꼭대기의 너비
- price: 가격
- x: 길이
- y: 너비
- z: 깊이

먼저, carat과 price의 관계를 살펴보자.

```
plt.rc('font', family='Malgun Gothic')
df.plot.scatter(x='carat', y='price', figsize=(10, 6), title='캐럿과 가격 간의 관계')
plt.show()
```

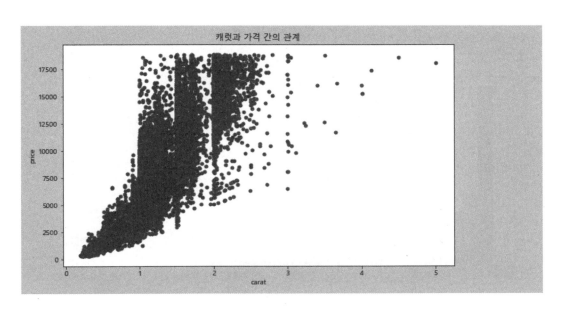

데이터프레임에 plot( ) 메서드를 입력하고, 그 후 산점도에 해당하는 scatter( )를 추가로 입력한다. x축과 y축 정보를 입력하고 figure 사이즈 및 제목을 입력하면 이에 해당하는 그래프가 출력된다. 이번에는 추가로 cut별로 색을 다르게 표현해 보자.

```
df.plot.scatter(x='carat', y='price', c='cut', cmap='Set2', figsize=(10, 6))
plt.show()
```

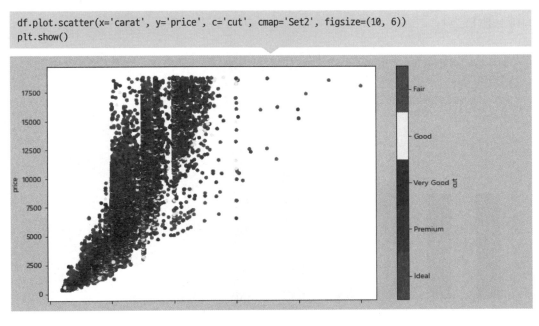

c 인자에 색을 구분하고 싶은 열을 입력하며, cmap에는 파레트를 지정한다. 결과를 확인해 보면 cut별로 색이 다르게 표현되었다.

이번에는 price 열의 데이터를 히스토그램으로 표현해 보자.

```
df['price'].plot.hist(figsize=(10, 6), bins=20)
plt.show()
```

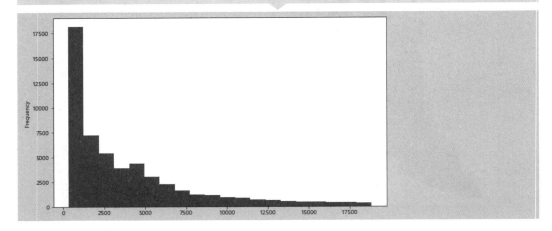

히스토그램으로 표현하고 싶은 열만 선택한 후, plot.hist( ) 메서드를 적용하면 히스토그램이 표현된다. matplotlib 패키지를 사용했을 때와 동일하게 bins 인자를 통해 몇 개의 구간으로 나눌지도 선택할수 있다.

이번에는 데이터 분석과 시각화를 동시에 진행해 보자. color에 따른 carat의 평균을 막대 그래프로 나타내 보겠다.

```
df.groupby('color')['carat'].mean().plot.bar(figsize=(10, 6))  ········ ❶❷
plt.show()
```

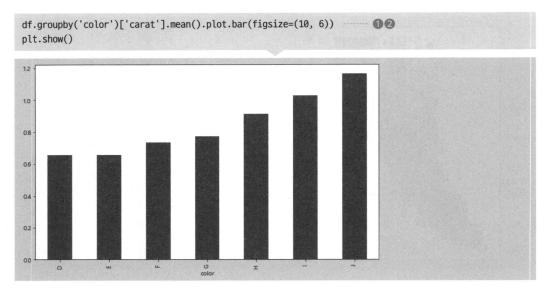

❶ 'color'별로 그룹을 묶은 후 'carat'의 평균을 구한다.

❷ 구해진 값에 바로 plot.bar( ) 메서드를 적용해 막대 그래프로 표현한다.

이처럼 pandas 패키지를 사용하면 데이터 분석 및 시각화를 한 줄의 코드로 작성할 수 있다.

4.4 seaborn 패키지를 이용한 시각화

seaborn 패키지는 matplotlib 패키지보다 좀 더 화려하고 복잡한 그래프를 표현할 수 있다. 이번에는 예제로서 타이타닉 데이터셋을 이용한다.

```
import seaborn as sns

df = sns.load_dataset('titanic')
df.head()
```

	survived	pclass	sex	age	sibsp	parch	fare	embarked	class	who	adult_male	deck	embark_town	alive	alone
0	0	3	male	22.0	1	0	7.2500	S	Third	man	True	NaN	Southampton	no	False
1	1	1	female	38.0	1	0	71.2833	C	First	woman	False	C	Cherbourg	yes	False
2	1	3	female	26.0	0	0	7.9250	S	Third	woman	False	NaN	Southampton	yes	True
3	1	1	female	35.0	1	0	53.1000	S	First	woman	False	C	Southampton	yes	False
4	0	3	male	35.0	0	0	8.0500	S	Third	man	True	NaN	Southampton	no	True

먼저, 나이와 운임의 관계를 살펴보자.

```
sns.scatterplot(data=df, x='age', y='fare')
plt.show()
```

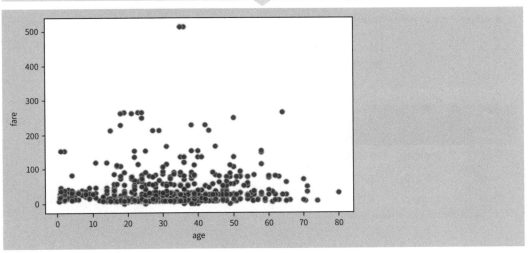

scatterplot( ) 함수를 통해 산점도를 그릴 수 있다. data에는 사용하고자 하는 데이터를 입력하고, x와 y에는 각각의 축 정보를 입력한다. 이번에는 각 그룹별로 점의 색과 모양을 다르게 표현해 보자.

```
sns.scatterplot(data=df, x='age', y='fare', hue='class', style='class')
plt.show()
```

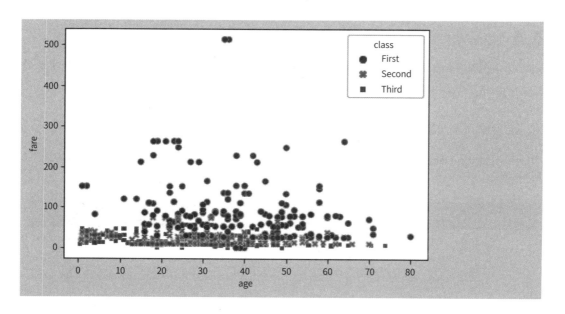

hue는 그룹별 색을 의미하고, style은 그룹별 모양을 의미한다. class별로 점의 색과 모양이 다르며, 'First' 클래스의 운임이 타 클래스 대비 훨씬 높음을 알 수 있다.

matplotlib이나 pandas로 표현하기 어려운 히트맵과 같은 복잡한 그림도 seaborn 패키지를 이용하면 매우 쉽게 나타낼 수 있다. 먼저, 각 클래스와 성별에 따른 생존율을 계산해 보자.

```
df_pivot = df.pivot_table(index='class',
                          columns='sex',
                          values='survived',
                          aggfunc='mean')
df_pivot
```

sex	female	male
class		
First	0.968085	0.368852
Second	0.921053	0.157407
Third	0.500000	0.135447

pivot_table( ) 함수를 통해 행 인덱스는 class, 열 인덱스는 sex, 값은 survived, 집계 함수는 평균을 사용한다. 'survived' 열에서 1은 생존을, 0은 사망을 의미하므로 평균은 생존율을 의미한다. 위 결과를 히트맵으로 나타내 보자.

```
sns.heatmap(df_pivot, annot=True, cmap='coolwarm')
plt.show()
```

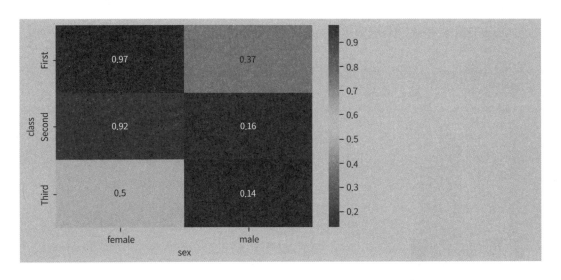

heatmap( ) 함수를 통해 히트맵을 나타낼 수 있으며, annot은 데이터의 값을 표시할지 여부를 의미한다. 또한, cmap은 팔레트 종류로서 coolwarm은 값이 높을수록 붉은색, 낮을수록 푸른색을 표현한다. class가 높을수록 생존율이 높고, 남성에 비해 여성의 생존율이 높다는 것을 한눈에 확인할 수 있다.

4.4.1 한 번에 여러 개의 그래프 나타내기

seaborn 패키지 역시 한 번에 여러 개의 그래프를 나타내는 것이 가능하지만, 표현 방법에 따라 사용하는 함수가 다르다. seaborn 패키지의 함수들은 크게 'figure-level'과 'axes-level' 함수로 나뉘어 있다.

- figure-level: matplotlib와 별개로 seaborn의 figure를 만들어 그곳에 그래프를 나타낸다. 따라서 figure-level 함수를 사용할 경우 facetgrid(seaborn의 figure)를 통해 레이아웃을 변경하고, 여러 개의 그래프를 나타낼 수 있다.
- axes-level: matplotlib의 axes에 그래프를 나타낸다.

아래 그림에서 위에 큰 박스 3개(replot, displot, catplot)가 figure-level 함수이며, 각각 아래에 있는 작은 박스들이 axes-level 함수다.

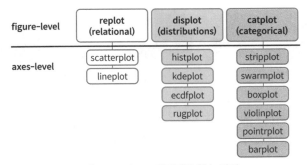

그림 4.3 seaborn 패키지의 함수 차이

먼저, figure-level의 예제로 class별 나이의 분포를 나타내 보자.

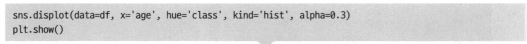

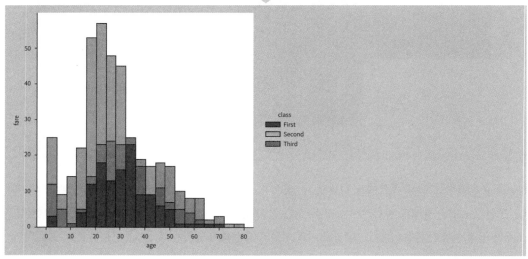

figure-level 함수에 해당하는 displot( ) 함수를 통해 분포를 나타내는 그래프를 그릴 수 있으며, 그래프 종류에 해당하는 kind에 'hist'를 입력하면 히스토그램을 나타낸다. hue 인자를 통해 'class'별로 색을 구분했으며, alpha 인자를 통해 투명도를 조절할 수 있다.

이번에는 하나의 그래프에 모든 데이터를 표현하는 것이 아닌 class별로 각각 개별 그래프로 표현해 보자.

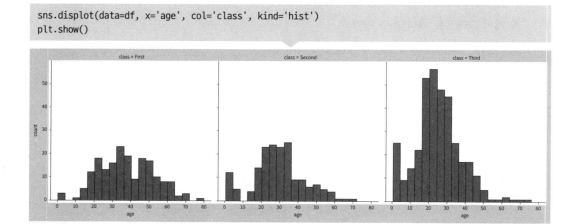

col 인자에 특정 열을 입력하면 해당 열을 기준으로 그래프가 열 방향으로 각각 분할되어 표현되는데, 이는 화면을 분할하는 facetgrid가 적용되었기 때문이다. 세로뿐만 아니라 가로로도 그래프를 분할할 수 있다.

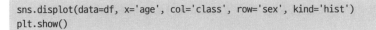

```
sns.displot(data=df, x='age', col='class', row='sex', kind='hist')
plt.show()
```

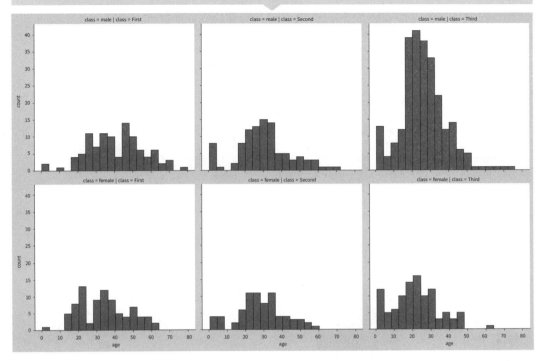

행으로는 sex, 열로는 class별로 구분되었다. 즉 위의 행은 sex = male, 아래의 행은 sex = female에 해당하는 데이터이며, 첫 번째 열은 class = First, 두 번째 열은 class = Second, 세 번째 열은 class = Third에 해당한다.

만일 히스토그램을 나타내는 histplot( ) 함수를 통해 그래프를 분할하면 어떻게 될까?

```
sns.histplot(data=df, x='age', col='class', row='sex')
```

```
in _fill_between_x_or_y
    collection = mcoll.PolyCollection(polys, **kwargs)

  File "C:\Users\leebi\anaconda3\lib\site-packages\matplotlib\collections.py", line 1206,
in __init__
    super().__init__(**kwargs)

  File "C:\Users\leebi\anaconda3\lib\site-packages\matplotlib\_api\deprecation.py", line
431, in wrapper
    return func(*inner_args, **inner_kwargs)

  File "C:\Users\leebi\anaconda3\lib\site-packages\matplotlib\collections.py", line 217,
in __init__
    self.update(kwargs)

  File "C:\Users\leebi\anaconda3\lib\site-packages\matplotlib\artist.py", line 1062, in
update
    raise AttributeError(f"{type(self).__name__!r} object "

AttributeError: 'PolyCollection' object has no property 'col'
```

앞의 코드를 실행하면 오류가 발생한다. 즉 axes-level 함수인 histplot( )로는 facetgrid를 할 수 없기 때문이다.

이번에는 axes-level로 그래프를 표현하는 방법에 대해 알아보자. 이는 기존에 살펴본 matplotlib 패키지를 이용하는 방법과 거의 비슷하다.

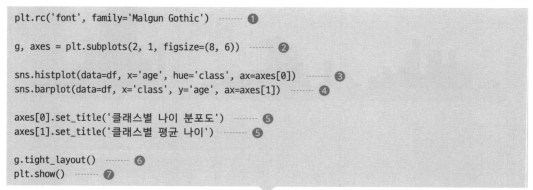

```
plt.rc('font', family='Malgun Gothic')  ------- ❶

g, axes = plt.subplots(2, 1, figsize=(8, 6))  ------- ❷

sns.histplot(data=df, x='age', hue='class', ax=axes[0])  ------- ❸
sns.barplot(data=df, x='class', y='age', ax=axes[1])  ------- ❹

axes[0].set_title('클래스별 나이 분포도')  ------- ❺
axes[1].set_title('클래스별 평균 나이')  ------- ❺

g.tight_layout()  ------- ❻
plt.show()  ------- ❼
```

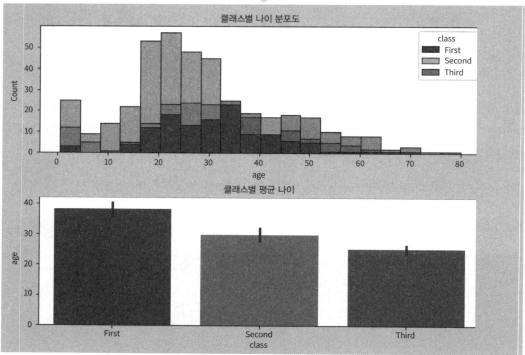

❶ 한글 폰트를 지정한다.

❷ subplots( ) 함수를 통해 2개의 axes를 생성한다.

❸ histplot( ) 함수를 통해 히스토그램을 그린 후, ax=axes[0]을 입력하면 첫 번째 axes에 해당 그래프가 출력된다.

❹ barplot( ) 함수를 통해 막대 그래프를 그린 후, ax=axes[1]을 입력하면 두 번째 axes에 해당 그래프가 출력된다.

❺ axes[0]과 axes[1]을 통해 axes의 레이블이나 제목 등을 변경할 수 있다.

❻ tight_layout( ) 함수를 입력하면 여백이 조정된다.

❼ 그래프를 출력한다.

seaborn 패키지에 대한 자세한 설명은 아래 URL에 나와 있다.

https://seaborn.pydata.org/index.html

5

SQL 기초 배워 보기

데이터베이스는 각각의 테이블로 이루어져 있으며, 테이블의 구성 요소는 크게 다음과 같다.

- 열(칼럼): 테이블에 보관하는 데이터 항목이다.
- 행(레코드): 데이터 한 건에 해당하며, RDBMS는 반드시 행 단위로 데이터를 읽고 쓴다.
- 셀(값): 행과 열이 교차하는 하나의 값이며, 하나의 셀 안에는 하나의 데이터만 넣을 수 있다.

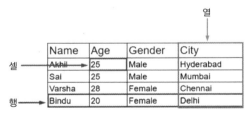

그림 5.1 **테이블의 구성 요소**

5.1 데이터베이스와 테이블 만들기

먼저, 각각의 테이블이 저장될 데이터베이스(스키마)를 만들어 보자. MySQL Workbench를 열어 아래의 쿼리를 입력한다.

```
create database shop;
```

create database [데이터베이스명]은 데이터베이스를 만드는 SQL 쿼리다. 쿼리를 실행하려면 원하는 부분을 선택한 후 Ctrl + Shift + Enter(맥 사용자의 경우 Modifier + Shift + Return) 키를 누른다. SQL 쿼리문의 끝에는 세미콜론(;)을 붙이며, 대문자나 소문자는 구분하지 않는다. 단, 테이블에 등록된 데이터는 대/소문자가 구분된다.

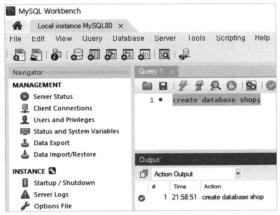

그림 5.2 데이터베이스 만들기

쿼리가 실행되면 하단의 [Action Output] 부분에 **create database shop** 이라는 문구가 뜨며, shop이라는 데이터베이스가 만들어졌음을 알 수 있다. **그림 5.3**과 같이 [Navigator] 부분 하단에서 [Schemas]를 선택한 후 오른쪽 상단의 새로 고침 마크를 클릭하면 shop 데이터베이스가 생겼음이 확인된다.

그림 5.3 데이터베이스 확인하기

데이터베이스를 만들고 난 후에는 사용하고자 하는 데이터베이스를 지정해야 하며, 이는 MySQL을 새로 열 때마다 실행해야 한다.

```
use shop;
```

use [데이터베이스명]; 쿼리를 통해 shop 데이터베이스를 사용할 것을 지정하였다.

이제 데이터베이스 하부에 테이블을 만들어 보자. 테이블을 만드는 쿼리 형식은 다음과 같다.

```
create table <테이블 이름>
(
<열 이름 1> <데이터 형태> <이 열의 제약>,
```

```
<열 이름 2> <데이터 형태> <이 열의 제약>,
<열 이름 3> <데이터 형태> <이 열의 제약>,
...
<테이블의 제약 1>, <테이블의 제약 2>, ...
);
```

위 형식에 맞춰 goods 테이블을 만들어 주도록 한다.

```
create table goods
(
goods_id char(4) not null,
goods_name varchar(100) not null,
goods_classify varchar(32) not null,
sell_price integer,
buy_price integer,
register_date date,
primary key (goods_id)
);
```

모든 열에 integer나 char 등의 데이터 형식을 지정해 주어야 한다. MySQL에서 사용할 수 있는 데이터 타입의 종류는 크게 CHAR, BINARY, TEXT, VARCHAR, BLOB, 숫자형 데이터 타입이 있으며, 입력되는 데이터에 맞는 타입을 설정한다. 또한, 각종 제약을 설정해 줄 수 있다. null이란 데이터가 없음을 의미하며, not null은 반드시 데이터가 존재해야 한다는 의미이다. 마지막으로, goods_id 열을 기본키primary key로 지정해 준다.

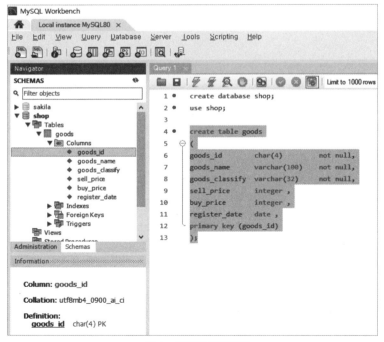

그림 5.4 테이블 확인하기

이 쿼리를 실행한 후 왼쪽의 SCHEMAS 부분에서 새로 고침을 해보면 shop 데이터베이스의 Tables에 [goods]가 생성되며, Columns 부분에서 우리가 입력한 열들을 확인할 수 있다. 또한, 열 이름을 클릭하면 하단의 Information 부분에서 해당 열의 데이터 타입 또한 확인할 수 있다.

NOTE 데이터베이스나 테이블, 열 이름으로 사용할 수 있는 문자는 다음과 같다.

- 영문자(간혹 한글이 되기는 하나 추천하지 않음)
- 숫자
- 언더바(_)

5.1.1 테이블 정의 변경하기

테이블에 열을 추가로 만들거나 삭제를 해야 하는 등 테이블의 정의를 변경해야 하는 경우 ALTER TABLE 문을 사용하면 된다. 먼저, 열을 추가하는 쿼리는 다음과 같다.

```
alter table <테이블 이름> add column <열 이름> <열 정의>;
```

shop 테이블에 goods_name이라는 열을 추가하며, 데이터 타입은 varchar(100)으로 설정하는 쿼리는 다음과 같다.

```
alter table goods add column goods_name_eng varchar(100);
```

쿼리를 실행하고 SCHEMAS 부분에서 새로 고침을 누르면 shop 데이터베이스 내 goods 테이블에 goods_name_eng 열이 추가된 것이 확인된다.

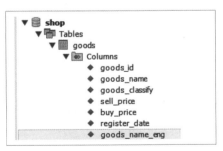

그림 5.5 **테이블에 열 추가하기**

반대로 열을 삭제하는 쿼리는 다음과 같다.

```
alter table <테이블 이름> drop column <열 이름>;
```

이를 이용해 위에서 만든 goods_name_eng 열을 삭제하도록 한다.

```
alter table goods drop column goods_name_eng;
```

쿼리 실행 후 SCHEMAS 부분에서 새로 고침을 누르면 **goods** 테이블에서 해당 열이 삭제된 것을 확인할 수 있다.

5.1.2 테이블에 데이터 등록하기

현재 **goods** 테이블은 아무런 데이터가 없는 빈 테이블 상태이므로 데이터를 등록해 주어야 한다. SQL에서 데이터를 등록하는 쿼리는 다음과 같다.

```
insert into <테이블 이름> values (값);
```

아래 쿼리를 입력하여 **goods** 테이블에 데이터를 등록해 주도록 한다.

```
insert into goods values ('0001', '티셔츠', '의류', 1000, 500, '2020-09-20');
insert into goods values ('0002', '펀칭기', '사무용품', 500, 320, '2020-09-11');
insert into goods values ('0003', '와이셔츠', '의류', 4000, 2800, NULL);
insert into goods values ('0004', '식칼', '주방용품', 3000, 2800, '2020-09-20');
insert into goods values ('0005', '압력솥', '주방용품', 6800, 5000, '2020-01-15');
insert into goods values ('0006', '포크', '주방용품', 500, NULL, '2020-09-20');
insert into goods values ('0007', '도마', '주방용품', 880, 790, '2020-04-28');
insert into goods values ('0008', '볼펜', '사무용품', 100, NULL, '2020-11-11');
```

✓	11	10:42:28	insert into goods values ('0001', '티셔츠', '의류', 1000, 500, '2020-09-20')	1 row(s) affected
✓	12	10:42:28	insert into goods values ('0002', '펀칭기', '사무용품', 500, 320, '2020-09-11')	1 row(s) affected
✓	13	10:42:28	insert into goods values ('0003', '와이셔츠', '의류', 4000, 2800, NULL)	1 row(s) affected
✓	14	10:42:28	insert into goods values ('0004', '식칼', '주방용품', 3000, 2800, '2020-09-20')	1 row(s) affected
✓	15	10:42:28	insert into goods values ('0005', '압력솥', '주방용품', 6800, 5000, '2020-01-15')	1 row(s) affected
✓	16	10:42:28	insert into goods values ('0006', '포크', '주방용품', 500, NULL, '2020-09-20')	1 row(s) affected
✓	17	10:42:28	insert into goods values ('0007', '도마', '주방용품', 880, 790, '2020-04-28')	1 row(s) affected
✓	18	10:42:28	insert into goods values ('0008', '볼펜', '사무용품', 100, NULL, '2020-11-11')	1 row(s) affected

그림 5.6 데이터 추가하기

쿼리가 제대로 실행되었으면 하단의 Output 부분이 **그림 5.6**과 같이 나타난다. 이 부분에서 SQL 초보자들에게 발생하는 대부분의 오류는 다음과 같다.

- 한 번 입력한 데이터를 다시 입력(Error Code: 1062. Duplicate entry '000x' for key 'goods.PRIMARY' 오류 메시지 발생)
- 테이블 내 열의 개수와 입력하는 데이터의 열 개수가 같지 않음(Error Code: 1136. Column count doesn't match value count at row 1 오류 메시지 발생)

이 외에도 발생하는 오류들은 하단의 Output 부분에 그 원인이 있으므로 당황하지 말고 해당 메시지를 살펴보고 수정하면 된다.

5.2 SQL 기초 구문 익히기

앞에서 만든 테이블을 바탕으로 SQL에서 자주 사용되는 기초 구문들을 실습해 보겠다.

5.2.1 select: 열 선택하기

테이블에서 원하는 열을 선택할 때는 select문을 사용하며, 쿼리는 다음과 같다.

```
select <열 이름 1> , <열 이름 2>, ... <열 이름 n>
from <테이블 이름>;
```

goods 테이블 중 goods_id, goods_name, buy_price 열만 선택해 보자.

```
select goods_id, goods_name, buy_price
from goods;
```

쿼리를 실행하면 하단의 [Result Grid]에 결과가 표시되며, 우리가 선택한 열만 표시된다. 만일 모든 데이터를 한번에 보고 싶다면 select * from <테이블 이름>; 형태로 입력하면 된다.

그림 5.7 열 선택하기

```
select * from goods;
```

그림 5.8 **모든 열 출력하기**

as 키워드를 사용하면 열에 별명을 부여할 수도 있다. 만일 저장된 테이블의 열 이름이 길 경우 이를 모두 출력하면 직관적으로 내용을 이해하기 힘들므로 이름을 간결하게 변경하는 것이 나을 때도 있다. as 키워드를 사용하는 방법은 다음과 같다.

```
select <열 이름 1> as <별명>
from <테이블 이름>;
```

이를 이용해 goods_id, goods_name, buy_price의 이름을 바꾼 후 출력해 보자.

```
select goods_id as id,
    goods_name as name,
    buy_price as price
from goods;
```

id	name	price
0001	티셔츠	500
0002	펀칭기	320
0003	와이셔츠	2800
0004	식칼	2800
0005	압력솥	5000
0006	포크	NULL
0007	도마	790
0008	볼펜	NULL

그림 5.9 **열에 별명 부여하기**

select 구문을 통해 단순히 현재 있는 열을 선택할 뿐만 아니라 상수 및 계산식도 작성할 수 있다. 아래 쿼리를 실행해 보자.

```
select '상품' as category,
    38 as num,
    '2022-01-01' as date,
    goods_id,
    goods_name,
    sell_price, buy_price, sell_price - buy_price as profit
from goods;
```

category	num	date	goods_id	goods_name	sell_price	buy_price	profit
상품	38	2022-01-01	0001	티셔츠	1000	500	500
상품	38	2022-01-01	0002	펀칭기	500	320	180
상품	38	2022-01-01	0003	와이셔츠	4000	2800	1200
상품	38	2022-01-01	0004	식칼	3000	2800	200
상품	38	2022-01-01	0005	압력솥	6800	5000	1800
상품	38	2022-01-01	0006	포크	500	NULL	NULL
상품	38	2022-01-01	0007	도마	880	790	90
상품	38	2022-01-01	0008	볼펜	100	NULL	NULL

그림 5.10 **열에 상수 및 계산식 작성하기**

category, num, date 열에는 각각 상품, 38, 2022-01-01이라는 상수가 입력된다. 또한, sell_price − buy_price를 통해 두 열의 차이를 계산할 수 있으며, as 키워드를 통해 해당 열을 profit으로 출력한다. 만일 별명을 부여하지 않을 경우 해당 열 이름은 계산식인 [sell_price − buy_price]가 그대로 출력된다.

5.2.2 distinct: 중복 제거하기

중복된 데이터가 있는 경우 중복되는 값을 제거하고 고유한 값만 확인하고 싶을 때는 distinct 키워드를 사용하며, 사용법은 다음과 같다.

```
select distinct <열 이름>
from <테이블 이름>;
```

상품 분류에 해당하는 goods_classify 열에는 중복된 값들이 존재한다. 만일 상품 분류가 어떤 것이 있는지 고유한 값만을 확인하고 싶을 경우 아래 쿼리를 실행하면 된다.

```sql
select distinct goods_classify
from goods;
```

그림 5.11 **중복 제거하기**

상품 분류 중 고유한 값인 의류, 사무용품, 주방용품만이 출력된다.

5.2.3 where: 원하는 행 선택하기

여러 데이터 중 조건에 부합하는 행만 선택할 때는 where 구문을 사용하면 된다. 이는 엑셀에서 필터 기능과도 비슷하다. where 구문은 from 구문 바로 뒤에 사용해야 작동한다.

```sql
select <열 이름>, ...
from <테이블 이름>
where <조건식>;
```

테이블에서 상품 분류(goods_classify)가 의류인 데이터만 선택해 보자.

```sql
select goods_name, goods_classify
from goods
where goods_classify = '의류';
```

goods_name	goods_classify
티셔츠	의류
와이셔츠	의류

그림 5.12 **행 선택하기**

여러 데이터 중 goods_classify가 의류인 데이터 2개(티셔츠, 와이셔츠)만 선택되었다.

5.3 연산자

연산자는 SQL 문에서 연산을 수행하기 위해 사용되는 사전에 예약된 단어 또는 문자로서 일반적으로 where 구문 안에서 사용된다. 흔히 사용되는 연산자는 다음과 같다.

- 산술 연산자
- 비교 연산자
- 논리 연산자

5.3.1 산술 연산자

산술 연산자는 더하기, 빼기, 곱하기, 나누기 등 계산을 할 때 사용되는 연산자다. 만일 판매가에서 구매가를 뺀 이익이 500 이상인 데이터만 선택하려면 다음과 같은 쿼리를 실행한다.

```
select *, sell_price - buy_price as profit
from goods
where sell_price - buy_price >= 500;
```

	goods_id	goods_name	goods_classify	sell_price	buy_price	register_date	profit
▶	0001	티셔츠	의류	1000	500	2020-09-20	500
	0003	와이셔츠	의류	4000	2800	NULL	1200
	0005	압력솥	주방용품	6800	5000	2020-01-15	1800

그림 5.13 **산술 연산자**

where 구문 내에 [sell_price - buy_price]를 계산하여 이익이 500 이상인 조건에 만족하는 데이터만을 선택하였다.

5.3.2 비교 연산자

비교 연산자는 데이터의 크기를 비교할 때 사용되는 연산자이며, 종류는 다음과 같다.

표 5.1 **비교 연산자 종류**

연산자	의미	연산자	의미	연산자	의미
=	~와 같다	>=	~ 이상	<=	~ 이하
<>	~와 같지 않다	>	~ 보다 크다	<	~ 보다 작다

sell_price가 1000 이상인 데이터만 선택하는 쿼리는 다음과 같다.

```
select goods_name, goods_classify, sell_price
from goods
where sell_price >= 1000;
```

	goods_name	goods_classify	sell_price
▶	티셔츠	의류	1000
	와이셔츠	의류	4000
	식칼	주방용품	3000
	압력솥	주방용품	6800

그림 5.14 **비교 연산자 (1)**

숫자뿐 아니라 날짜에도 비교 연산자를 사용할 수 있다. 등록일(register_date)이 2020년 9월 27일 이전인 데이터만 선택하는 쿼리는 다음과 같다.

	goods_name	goods_classify	register_date
▶	티셔츠	의류	2020-09-20
	펀칭기	사무용품	2020-09-11
	식칼	주방용품	2020-09-20
	압력솥	주방용품	2020-01-15
	포크	주방용품	2020-09-20
	도마	주방용품	2020-04-28

그림 5.15 **비교 연산자 (2)**

```
select goods_name, goods_classify, register_date
from goods
where register_date < '2020-09-27';
```

5.3.3 논리 연산자

where 구문 내에 and 연산자와 or 연산자와 같은 논리 연산자를 사용하면 복수의 검색 조건을 조합할 수 있다. 예를 들어, 상품 분류가 주방용품이고 판매가가 3000 이상인 데이터를 조회하는 쿼리는 다음과 같다.

goods_name	goods_classify	sell_price
식칼	주방용품	3000
압력솥	주방용품	6800

그림 5.16 논리 연산자 (and)

```
select goods_name, goods_classify, sell_price
from goods
where goods_classify = '주방용품'
and sell_price >= 3000;
```

두 조건을 모두 만족하는 데이터가 선택되었다. 만약 상품 분류가 주방용품이거나 판매가가 3000 이상인 경우처럼 여러 조건 중 하나만 만족해도 되는 경우를 검색하고 싶을 경우에는 or 연산자를 사용하면 된다.

goods_name	goods_classify	sell_price
와이셔츠	의류	4000
식칼	주방용품	3000
압력솥	주방용품	6800
포크	주방용품	500
도마	주방용품	880

그림 5.17 논리 연산자 (or)

```
select goods_name, goods_classify, sell_price
from goods
where goods_classify = '주방용품'
or sell_price >= 3000;
```

5.4 집약 함수

집약 함수란 여러 개의 레코드를 하나로 집약시키는 기능으로, 대표적으로 사용되는 집약 함수는 다음과 같다.

표 5.2 **집약 함수의 종류**

함수명	의미	함수명	의미
count	행 숫자를 계산	max	최댓값을 구함
sum	합계를 계산	min	최솟값을 구함
avg	평균을 구함		

5.4.1 count: 행 숫자를 계산

count 함수는 행의 숫자를 계산한다. goods 테이블에 몇 개의 행이 있는 확인하는 쿼리는 다음과 같다.

count(*)
8

그림 5.18 **count 함수**

```
select count(*)
from goods;
```

별표(*)는 모든 열을 의미하며 총 8개의 행이 있다는 것이 확인되었다. 그러나 이는 null이 포함된 행의 수다. 만일 null을 제외한 행의 수를 계산하고자 할 때는 인수에 특정 열을 지정한다.

```
select count(buy_price)
from goods;
```

'buy_price' 열의 8개 데이터 중에는 총 2개의 null 값이 있다. 따라서 count 함수를 실행하면 null을 제외한 6개의 행이 있음이 확인된다. 즉 count(*)는 null을 포함한 행의 개수를 계산하고, count(**열 이름**)은 null을 제외한 행 수를 계산한다.

그림 5.19 **count 함수 (2)**

5.4.2 sum: 합계를 계산

sum 함수는 특정 열의 합계를 계산하며, null 값은 무시하고 계산이 된다. sell_price와 buy_price 열의 합계를 구하는 쿼리는 다음과 같다.

그림 5.20 **sum 함수**

```
select sum(sell_price), sum(buy_price)
from goods;
```

5.4.3 avg: 산술평균을 계산

avg 함수는 산술평균을 구하며, 사용법은 sum과 동일하다. sell_price 열의 평균을 구하는 쿼리는 다음과 같다.

그림 5.21 **avg 함수**

```
select avg(sell_price)
from goods;
```

5.4.4 중복값 제외 후 집약 함수 사용하기

만일 상품 분류가 몇 개가 있는지 확인하고 싶을 때는 어떻게 하면 될까? count 함수의 인자에 distict 키워드를 사용해 중복되지 않은 데이터의 개수를 계산할 수 있다.

그림 5.22 **중복값 제외 후 집약 함수 사용하기**

```
select count(distinct goods_classify)
from goods;
```

goods_classify에는 의류, 사무용품, 주방용품 3개가 있으므로 이에 해당하는 값이 계산되었다. 이는

count뿐만 아니라 sum(distinct 열 이름)과 같이 다른 집약 함수에도 동일하게 적용할 수 있다.

5.5 그룹화와 정렬

데이터를 특정 기준으로 그룹을 나누어 값을 계산해야 하는 경우가 많다. 예를 들어, 상품 분류별 또는 등록일별 그룹을 나누어 손익을 계산한다고 생각해 보자. 이러한 경우 SQL에서는 group by 구문을 사용하여 데이터를 그룹화할 수 있다. 또한, 검색 결과를 특정 기준으로 정렬할 필요가 있을 경우 order by 구문을 사용하면 된다.

5.5.1 그룹 나누기

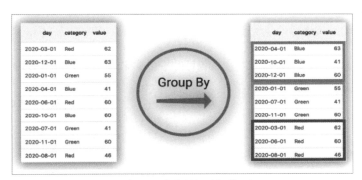

그림 5.23 데이터의 그룹 나누기

그림 5.23의 경우 category별로 그룹을 나누어 평균을 계산하기 위해서는 데이터를 Blue, Green, Red별로 그룹을 나누어 평균을 계산해야 한다. 이러한 그룹화 작업을 수행하는 구문이 group by이며, 사용법은 아래와 같이 그룹을 나누고자 하는 열을 입력하면 된다.

```
select <열 이름 1>, <열 이름 2>, ...
from <테이블 이름>
group by <열 이름 1>, <열 이름 2>, ...
```

상품 분류별 데이터의 수를 계산하기 위한 쿼리는 다음과 같다.

```
select goods_classify, count(*)
from goods
group by goods_classify;
```

goods_classify별로 그룹을 나눈 후 count(*)를 통해 각 그룹별 행 개수를 구할 수 있다. group by 구문은 반드시 from 구문 뒤에 두어야 한다. 이번에는 buy_price별 행 개수를 구해 보자.

goods_classify	count(*)
의류	2
사무용품	2
주방용품	4

그림 5.24 **그룹별 계산하기**

```
select buy_price, count(*)
from goods
group by buy_price;
```

buy_price 열에는 null 데이터도 포함되어 있으며, 이 역시 별도의 그룹으로 분류됨을 알 수 있다. 만일 where 구문을 통해 조건에 맞는 데이터를 선택한 후 group by 구문을 통해 그룹을 나눌 때는 어떻게 해야 할까? 이 경우 where 구문 뒤에 group by 구문을 작성해야 한다. 상품 분류가 의류인 것 중 buy_price별 데이터의 수를 구하는 쿼리는 다음과 같다.

buy_price	count(*)
500	1
320	1
2800	2
5000	1
NULL	2
790	1

그림 5.25 **그룹별 계산하기(null 포함)**

```
select buy_price, count(*)
from goods
where goods_classify = '의류'
group by buy_price;
```

만일 group by를 통해 나온 결과에 조건을 지정하려면 어떻게 해야 할까? 이 경우 where이 아닌 having 구문을 사용해야 한다.

buy_price	count(*)
500	1
2800	1

그림 5.26 **조건 검색 이후 그룹별 계산하기**

```
select <열 이름 1>, <열 이름 2>, ...
from <테이블 이름>
group by <열 이름 1>, <열 이름 2>, ...
having <그룹값에 대한 조건>
```

예를 들어, 상품 분류별로 판매가의 평균을 구한 후, 이 값이 2500 이상인 데이터를 구하는 쿼리는 다음과 같다.

goods_classify	avg(sell_price)
의류	2500.0000
주방용품	2795.0000

그림 5.27 **그룹별 계산 후 조건 검색**

```
select goods_classify, avg(sell_price)
from goods
group by goods_classify
having avg(sell_price) >= 2500;
```

요약하자면 where는 group by 계산 이전, having은 group by 계산 이후 적용된다.

5.5.2 검색 결과 정렬하기

SQL에서는 결과가 무작위로 정렬되므로 쿼리를 실행할 때마다 결과가 변한다. 오름차순이나 내림차순으로 결과를 정렬하고자 할 경우에는 order by 구문을 사용한다.

```
select <열 이름 1>, <열 이름 2>, ...
from <테이블 이름>
order by <재정렬 기준 열 1>, <재정렬 기준 열 2>, ...
```

예를 들어, sell_price가 싼 순서, 즉 오름차순으로 정렬할 경우 쿼리는 다음과 같다.

```
select *
from goods
order by sell_price;
```

goods_id	goods_name	goods_classify	sell_price	buy_price	register_date
0008	볼펜	사무용품	100	NULL	2020-11-11
0002	펀칭기	사무용품	500	320	2020-09-11
0006	포크	주방용품	500	NULL	2020-09-20
0007	도마	주방용품	880	790	2020-04-28
0001	티셔츠	의류	1000	500	2020-09-20
0004	식칼	주방용품	3000	2800	2020-09-20
0003	와이셔츠	의류	4000	2800	NULL
0005	압력솥	주방용품	6800	5000	2020-01-15
NULL	NULL	NULL	NULL	NULL	NULL

그림 5.28 데이터 정렬하기

order by 구문은 기본적으로 오름차순으로 데이터를 정렬한다. 만일 내림차순으로 정렬하고자 할 경우 재정렬 기준 뒤에 desc 키워드를 사용한다.

```
select *
from goods
order by sell_price desc;
```

goods_id	goods_name	goods_classify	sell_price	buy_price	register_date
0005	압력솥	주방용품	6800	5000	2020-01-15
0003	와이셔츠	의류	4000	2800	NULL
0004	식칼	주방용품	3000	2800	2020-09-20
0001	티셔츠	의류	1000	500	2020-09-20
0007	도마	주방용품	880	790	2020-04-28
0002	펀칭기	사무용품	500	320	2020-09-11
0006	포크	주방용품	500	NULL	2020-09-20
0008	볼펜	사무용품	100	NULL	2020-11-11
NULL	NULL	NULL	NULL	NULL	NULL

그림 5.29 데이터 정렬하기(내림차순)

5.6 뷰와 서브쿼리

기초구문만으로는 복잡한 형태의 데이터분석을 하는 게 한계가 있으며, 뷰와 서브쿼리를 이용하면 이러한 작업을 쉽게 할 수 있다.

5.6.1 뷰 만들기

뷰는 기본적으로 테이블과 거의 동일하다. 그러나 테이블과의 차이는 실제 데이터를 저장하고 있지 않다는 점이다. 뷰는 데이터를 저장하지 않고 있으며, 뷰에서 데이터를 꺼내려고 할 때 내부적으로 쿼리를 실행하여 일시적인 가상 테이블을 만든다. 즉 데이터가 아닌 쿼리를 저장하고 있다고 보면 된다. 이러한 뷰가 가진 장점은 다음과 같다.

1. 데이터를 저장하지 않기 때문에 기억 장치 용량을 절약할 수 있다.
2. 자주 사용하는 쿼리를 매번 작성하지 않고 뷰로 저장하면 반복해서 사용할 수 있다. 뷰는 원래의 테이블과 연동되므로, 데이터가 최신 상태로 갱신되면 뷰의 결과 역시 자동으로 최신 상태를 보여 준다.

뷰는 create view 문을 사용해 만들 수 있다.

```
create view 뷰 이름 (<뷰의 열 이름 1>, <뷰의 열 이름 2>, ...)
as
<쿼리>;
```

만일 **상품 분류별 행 개수**를 매일 조회해야 한다면, 매번 쿼리를 실행하는 것보다 뷰를 만들어 이를 확인하는 것이 훨씬 효율적이다. 아래의 쿼리를 통해 해당 뷰를 만들 수 있다.

```
create view GoodSum (goods_classify, cnt_goods)
as
select goods_classify, count(*)
from goods
group by goods_classify;
```

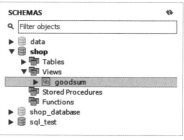

그림 5.30 **뷰 생성하기**

위 쿼리를 실행한 후 SCHEMAS 부분에서 새로 고침을 눌러 보면 Views 하부에 goodsum이라는 뷰가 생긴 것이 확인된다. 뷰의 데이터를 확인하는 방법은 테이블의 데이터를 확인하는 방법과 동일하다.

goods_classify	cnt_goods
의류	2
사무용품	2
주방용품	4

그림 5.31 **뷰 확인하기**

```
select *
from GoodSum;
```

5.6.2 뷰 삭제하기

뷰를 삭제하려면 drop view 뷰 이름 문을 사용한다.

```
drop view GoodSum;
```

또는 SCHEMAS 영역에서 삭제하고자 하는 뷰를 선택한 후 마우스 우클릭을 눌러 [Drop View]를 클릭해도 해당 뷰가 삭제된다.

NOTE 뷰 위에 뷰를 겹쳐 사용하면 성능저하가 일어나므로, 겹쳐서 사용하지 않는 것이 좋다.

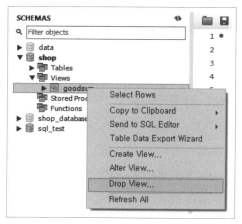

그림 5.32 **뷰 삭제하기**

5.6.3 서브쿼리

서브쿼리란 쿼리 내의 쿼리이며, 일회용 뷰를 의미한다. 즉 뷰를 정의하는 구문을 그대로 다른 구 안에 삽입하는 것이다. 먼저, 뷰를 만든 후 이를 확인하는 쿼리는 다음과 같다.

```
create view GoodSum (goods_classify, cnt_goods)
as
select goods_classify, count(*)
from goods
group by goods_classify;

select * from GoodSum;
```

이와 동일한 결과가 나오게 하는 서브쿼리는 다음과 같다.

```
select goods_classify, cnt_goods
from (
 select goods_classify, count(*) as cnt_goods
 from goods
 group by goods_classify
) as GoodsSum;
```

from 구 뒤의 괄호 안에 해당하는 부분은 뷰를 만들 때 사용하던 코드와 동일하다. 즉 ① from 구 안의 select 문(서브쿼리)이 실행되고, ② 이 결과를 바탕으로 바깥쪽 select 문이 실행된다.

5.6.4 스칼라 서브쿼리

스칼라 서브쿼리란 단일 값이 반환되는 서브쿼리다. 이를 통해 =, ⟨, ⟩ 등 비교 연산자의 입력값으로 사용할 수 있다. 예를 들어, 판매단가가 전체 평균 판매단가보다 높은 상품만을 검색하려면 어떻게 해야 할까? 먼저, 평균 단가를 계산해야 한다.

avg(sell_price)
2097.5000

그림 5.33 **평균 단가 계산하기**

```
select avg(sell_price)
from goods;
```

해당 쿼리를 서브쿼리에 넣어 원하는 값을 찾을 수 있다.

```
select *
from goods
where sell_price > (select avg(sell_price) from goods);
```

	goods_id	goods_name	goods_classify	sell_price	buy_price	register_date
▶	0003	와이셔츠	의류	4000	2800	NULL
	0004	식칼	주방용품	3000	2800	2020-09-20
	0005	압력솥	주방용품	6800	5000	2020-01-15
*	NULL	NULL	NULL	NULL	NULL	NULL

그림 5.34 **스칼라 서브쿼리를 이용한 조건 검색**

스칼라 서브쿼리는 where 구뿐만 아니라 select, group by, having, order by 구 등 거의 모든 곳에 쓸 수 있다. 평균 판매가격을 새로운 열로 만드는 쿼리는 다음과 같다.

```
select goods_id, goods_name, sell_price,
       (select avg(sell_price) from goods) as avg_price
from goods;
```

select 구문 내에 select avg(sell_price) from goods 쿼리를 입력하여 평균 판매가격을 계산한 후 이를 avg_price라는 열 이름으로 출력한다.

goods_id	goods_name	sell_price	avg_price
0001	티셔츠	1000	2097.5000
0002	펀칭기	500	2097.5000
0003	와이셔츠	4000	2097.5000
0004	식칼	3000	2097.5000
0005	압력솥	6800	2097.5000
0006	포크	500	2097.5000
0007	도마	880	2097.5000
0008	볼펜	100	2097.5000

그림 5.35 select 내 서브쿼리

이번에는 좀 더 복잡한 조건에 해당하는 데이터를 찾아보자. 상품 분류별 평균 판매가격이 전체 데이터의 평균 판매가격 이상인 데이터만 출력하는 쿼리는 다음과 같다.

```
select goods_classify, avg(sell_price)
from goods
group by goods_classify
having avg(sell_price) > (select avg(sell_price) from goods);
```

먼저, group by 구문을 이용해 상품 분류별 평균 판매가격을 계산한다. 그 후 having 구문 내에 전체 평균 판매가격을 계산하는 서브쿼리인 select avg(sell_price) from goods를 입력하여 2097.5라는 값을 계산하고, 그룹별 평균 판매가격이 이 값보다 큰 데이터만을 선택하게 된다.

goods_classify	avg(sell_price)
의류	2500.0000
주방용품	2795.0000

그림 5.36 having 내 서브쿼리

5.7 함수, 술어와 case 식

SQL에서도 함수를 이용해 다양한 연산을 할 수 있으며, 다음과 같은 함수가 존재한다. 이 책에서는 수치 계산을 위한 '산술 함수', 문자열 처리를 위한 '문자열 함수', 날짜 처리를 위한 '날짜 함수'에 대해 알아보겠다. 또한, 함수의 변형 형태인 술어는 반환값이 진리값(TRUE/FALSE/UNKNOWN)인 함수라 볼 수 있다. 마지막으로, case 식 역시 함수의 일종으로, SQL 내에서의 if문이라고도 볼 수 있다. case는 조건에 해당하는 목록을 평가하고 가능한 여러 결과 식 중 하나를 반환한다.

5.7.1 산술 함수

산술 함수는 숫자형 데이터의 절댓값, 올림, 내림, 반올림 등을 계산할 수 있게 해준다. 먼저, m, n, p 3개 열로 구성된 테이블(SampleMath)을 만들어 주도록 한다(그림 5.37).

```
create table SampleMath
(m  numeric (10,3),
 n  integer,
 p  integer);

insert into SampleMath(m, n, p) values (500, 0, NULL);
insert into SampleMath(m, n, p) values (-180, 0, NULL);
insert into SampleMath(m, n, p) values (NULL, NULL, NULL);
insert into SampleMath(m, n, p) values (NULL, 7, 3);
insert into SampleMath(m, n, p) values (NULL, 5, 2);
insert into SampleMath(m, n, p) values (NULL, 4, NULL);
insert into SampleMath(m, n, p) values (8, NULL, 3);
insert into SampleMath(m, n, p) values (2.27, 1, NULL);
insert into SampleMath(m, n, p) values (5.555,2, NULL);
insert into SampleMath(m, n, p) values (NULL, 1, NULL);
insert into SampleMath(m, n, p) values (8.76, NULL, NULL);
```

m	n	p
► 500.000	0	NULL
-180.000	0	NULL
NULL	NULL	NULL
NULL	7	3
NULL	5	2
NULL	4	NULL
8.000	NULL	3
2.270	1	NULL
5.555	2	NULL
NULL	1	NULL
8.760	NULL	NULL

그림 5.37 **SampleMath 테이블**

5.7.1.1 abs: 절댓값 계산하기

abs 함수는 해당 열에 있는 값들의 절댓값을 구해 준다.

```
select m, abs(m) as abs_m
from SampleMath;
```

m	abs_m
► 500.000	500.000
-180.000	180.000
NULL	NULL
NULL	NULL
NULL	NULL
8.000	8.000
2.270	2.270
5.555	5.555
NULL	NULL
8.760	8.760

abs_m은 m열의 절댓값을 계산한 것이며, 두 번째 행을 보면 –180의 절댓값에 해당
하는 180이 계산되었다.

그림 5.38 **abs 함수**

5.7.1.2 mod: 나눗셈의 나머지 구하기

7 나누기 3의 몫은 2이며 나머지는 1이다. mod 함수는 이 나머지에 해당하는
값을 구해 준다.

```
select n, p, mod(n, p) as mod_col
from SampleMath;
```

n	p	mod_col
► 0	NULL	NULL
0	NULL	NULL
NULL	NULL	NULL
7	3	1
5	2	1
4	NULL	NULL
NULL	3	NULL
1	NULL	NULL
2	NULL	NULL
1	NULL	NULL
NULL	NULL	NULL

mod(n, p)를 통해 n/p의 나머지를 구한다. 즉 7/3의 나머지인 1, 5/2의 나머지인
1이 계산되며, null은 계산이 불가한 데이터이므로 결과 역시 null로 나온다.

그림 5.39 **mod 함수**

5.7.2 round: 반올림하기

round 함수를 통해 반올림할 수 있으며, 몇 째 자리에서 반올림을 할지 정할 수 있다. round(m, 2)의 경
우 m열의 데이터를 소수 둘째 자리까지 반올림한다.

```
select m, n, round(m, n) as round_col
from SampleMath;
```

위의 쿼리는 m 열을 n 자리까지 반올림한다. n이 0인 경우 소수 0번째 자리, 즉 정수 부분까지 반올림을 한다. n이 1인 경우에는 소수 첫째 자리까지 반올림을 하기 위해 소수 둘째 자리에서 반올림을 한다. round와 비슷한 함수로 올림에는 ceil, 내림에는 floor 함수가 있으므로 상황에 맞게 사용하면 된다.

m	n	round_col
500.000	0	500.000
-180.000	0	-180.000
NULL	NULL	NULL
NULL	7	NULL
NULL	5	NULL
NULL	4	NULL
8.000	NULL	NULL
2.270	1	2.300
5.555	2	5.560
NULL	1	NULL
8.760	NULL	NULL

그림 5.40 round 함수

5.7.3 문자열 함수

문자열 함수는 문자 데이터를 처리할 때 사용되는 함수들이다. 먼저, 아래의 샘플 테이블(SampleStr)을 만들도록 하자.

```
create table SampleStr
(str1  varchar(40),
 str2  varchar(40),
 str3  varchar(40));

insert into SampleStr (str1, str2, str3) values ('가나다', '라마', NULL);
insert into SampleStr (str1, str2, str3) values ('abc', 'def', NULL);
insert into SampleStr (str1, str2, str3) values ('김', '철수', '입니다');
insert into SampleStr (str1, str2, str3) values ('aaa', NULL, NULL);
insert into SampleStr (str1, str2, str3) values (NULL, '가가가', NULL);
insert into SampleStr (str1, str2, str3) values ('@!#$%', NULL, NULL);
insert into SampleStr (str1, str2, str3) values ('ABC', NULL, NULL);
insert into SampleStr (str1, str2, str3) values ('aBC', NULL, NULL);
insert into SampleStr (str1, str2, str3) values ('abc철수', 'abc', 'ABC');
insert into SampleStr (str1, str2, str3) values ('abcdefabc','abc', 'ABC');
insert into SampleStr (str1, str2, str3) values ('아이우', '이','우');
```

str1	str2	str3
가나다	라마	NULL
abc	def	NULL
김	철수	입니다
aaa	NULL	NULL
NULL	가가가	NULL
@!#$%	NULL	NULL
ABC	NULL	NULL
aBC	NULL	NULL
abc철수	abc	ABC
abcdefabc	abc	ABC
아이우	이	우
아이우	이	우

그림 5.41 SampleStr 테이블

5.7.3.1 concat: 문자열 연결

concat 함수는 여러 열의 문자열을 연결하는 데 사용된다(다른 RDMS에서는 ||로 문자를 합치기도 한다). 먼저, str1과 str2 열의 문자를 합쳐 보자.

```
select str1, str2, concat(str1, str2) as str_concat
from SampleStr;
```

두 열의 문자가 하나로 합쳐지며, null이 포함된 경우는 결과 역시 null이 반환된다.

str1	str2	str_concat
가나다	라마	가나다라마
abc	def	abcdef
김	철수	김철수
aaa	NULL	NULL
NULL	가가가	NULL
@!#$%	NULL	NULL
ABC	NULL	NULL
aBC	NULL	NULL
abc철수	abc	abc철수abc
abcdefabc	abc	abcdefabcabc
아이우	이	아이우이
아이우	이	아이우이

그림 5.42 concat 함수

5.7.3.2 lower: 소문자로 변환

lower 함수는 모든 알파벳을 소문자로 변환한다.

```
select str1, lower(str1) as low_str
from SampleStr;
```

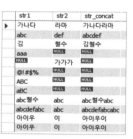

str1	low_str
가나다	가나다
abc	abc
김	김
aaa	aaa
NULL	NULL
@!#$%	@!#$%
ABC	abc
aBC	abc
abc철수	abc철수
abcdefabc	abcdefabc
아이우	아이우
아이우	아이우

그림 5.43 lower 함수

ABC가 abc로 변환되는 등 모든 알파벳이 소문자로 변환되었다. 반대로 모든 알파벳을 대문자로 변환하고자 할 경우 upper 함수를 사용하면 된다.

5.7.3.3 replace: 문자를 변경

replace 함수는 문자열 안에 있는 일부 문자를 다른 문자열로 변경하며, replace(대상 문자열, 치환 전 문자열, 치환 후 문자열) 형태로 입력한다.

str1	str2	str3	rep_str
가나다	라마	NULL	NULL
abc	def	NULL	NULL
김	철수	입니다	김
aaa	NULL	NULL	NULL
NULL	가가가	NULL	NULL
@!#$%	NULL	NULL	NULL
ABC	NULL	NULL	NULL
aBC	NULL	NULL	NULL
abc철수	abc	ABC	ABC철수
abcdefabc	abc	ABC	ABCdefABC
아이우	이	우	아우우
아이우	이	우	아우우

그림 5.44 **replace 함수**

```
select str1, str2, str3,
        replace(str1, str2, str3) as rep_str
from SampleStr;
```

str1열 중 str2열에 해당하는 문자가 있을 경우 str3열의 문자로 변경된다.

5.7.4 날짜 함수

SQL에는 날짜를 다루는 많은 함수가 있으며, DBMS 종류마다 그 형태가 약간씩 다르다.

5.7.4.1 현재 날짜, 시간, 일시

현재 날짜(current_date)와 시간(current_time), 일시(current_timestamp)를 다루는 함수의 경우 from 구문이 없이 사용할 수 있다.

current_date	current_time	current_timestamp
2022-04-19	21:45:16	2022-04-19 21:45:16

그림 5.45 **현재 날짜 및 시간 관련 함수**

```
select current_date, current_time, current_timestamp;
```

5.7.4.2 날짜 요소 추출하기

extract(날짜 요소 from 날짜) 함수를 통해 연, 월, 시, 초 등을 추출할 수 있다.

```
select
    current_timestamp,
    extract(year from current_timestamp) as year,
    extract(month from current_timestamp) as month,
    extract(day from current_timestamp) as day,
    extract(hour from current_timestamp) as hour,
    extract(minute from current_timestamp) as minute,
    extract(second from current_timestamp) as second;
```

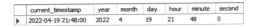

current_timestamp	year	month	day	hour	minute	second
2022-04-19 21:48:00	2022	4	19	21	48	0

그림 5.46 **날짜 요소 추출하기**

5.7.5 술어

술어란 반환값이 진리값(TRUE, FALSE, UNKNOWN)인 함수를 가리킨다. 대표적인 예로는 like, between, is null, in 등이 있다.

5.7.5.1 like: 문자열 부분 일치

앞에서 문자열을 검색할 때는 등호(=)를 사용했지만, 이는 완전히 일치하는 경우에만 참이 된다. 반면 like 술어는 문자열 중 **부분 일치를 검색**할 때 사용한다. 먼저 아래의 테이블을 만들도록 한다.

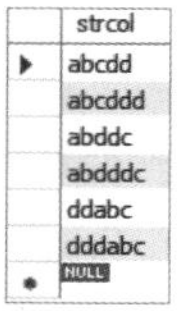

그림 5.47 **SampleLike 테이블**

```
create table SampleLike
(strcol varchar(6) not null,
primary key (strcol));

insert into SampleLike (strcol) values ('abcddd');
insert into SampleLike (strcol) values ('dddabc');
insert into SampleLike (strcol) values ('abdddc');
insert into SampleLike (strcol) values ('abcdd');
insert into SampleLike (strcol) values ('ddabc');
insert into SampleLike (strcol) values ('abddc');
```

일치에는 크게 세 가지 종류가 있다.

- 전방 일치: 검색 조건이 되는 문자열이 검색 대상 문자열의 가장 앞에 위치하고 있는 레코드를 선택한다.
- 중간 일치: 검색 조건이 되는 문자열이 검색 대상 문자열의 어딘가에 포함되어 있으면 레코드를 검색하며 위치는 어디든 상관없다.
- 후방 일치: 검색 조건이 되는 문자열이 검색 대상 문자열의 가장 뒤에 위치하고 있는 레코드를 검색한다.

먼저, 전방 일치 검색은 다음과 같다.

```
select *
from samplelike
where strcol like 'ddd%';
```

%는 '0문자 이상의 임의 문자열'을 의미하는 특수 기호이며, 위의 예에서 'ddd%'는 'ddd로 시작하는 모든 문자열'을 의미한다.

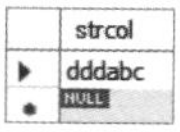

그림 5.48 **전방 일치 검색**

이어서 중간 일치 검색은 다음과 같다.

```
select *
from SampleLike
where strcol like '%ddd%';
```

위의 예에서 '%ddd%'처럼 문자열 처음과 끝을 %로 감쌀 경우 '문자열 안에 ddd 를 포함하고 있는 모든 문자열'을 나타낸다. **그림 5.49**의 결과를 살펴보면 ddd로 시작하거나 끝나는, 또는 문자열 가운데에 ddd가 있는 문자열이 검색된다.

그림 5.49 중간 일치 검색

마지막으로, 후방 일치 검색을 해보겠다.

```
select *
from SampleLike
where strcol like '%ddd';
```

strcol
abcddd
NULL

그림 5.50 후방 일치 검색

'%ddd'의 경우 전방 일치와 반대로 ddd로 끝나는 문자열을 검색한다.

5.7.5.2 between: 범위 검색

between은 범위 검색을 수행한다. goods 테이블에서 sell_price가 100원부터 1000원까지인 상품을 선택할 때 between 술어를 사용하면 다음과 같이 나타낼 수 있다.

```
select *
from goods
where sell_price between 100 and 1000;
```

goods_id	goods_name	goods_classify	sell_price	buy_price	register_date
0001	티셔츠	의류	1000	500	2020-09-20
0002	펀칭기	사무용품	500	320	2020-09-11
0006	포크	주방용품	500	NULL	2020-09-20
0007	도마	주방용품	880	790	2020-04-28
0008	볼펜	사무용품	100	NULL	2020-11-11
NULL	NULL	NULL	NULL	NULL	NULL

그림 5.51 between 술어

between을 사용할 경우 범위에 해당하는 100과 1000 데이터도 포함한다.

5.7.5.3 is null, is not null: null 데이터 선택

만일 null이 포함된 행을 선택하려면 어떻게 해야 할까? where 구를 where buy_price == null 형식으로 작성하면 될 듯하지만 해당 쿼리를 실행하면 오류가 발생한다. 이는 null이 비교가 불가능한 특별한 표시어이기 때문이며, 이때는 is null 술어를 사용해야 한다. 먼저, buy_price가 null인 데이터를 선택하는 쿼리는 다음과 같다.

```
select *
from goods
where buy_price is null;
```

goods_id	goods_name	goods_classify	sell_price	buy_price	register_date
▶ 0006	포크	주방용품	500	NULL	2020-09-20
0008	볼펜	사무용품	100	NULL	2020-11-11
NULL	NULL	NULL	NULL	NULL	NULL

그림 5.52 **is null** 술어

buy_price가 null인 데이터만 선택된다. 반대로 null이 포함되지 않은 데이터만 선택하고 싶을 때는 is not null 술어를 사용한다.

```
select *
from goods
where buy_price is not null;
```

goods_id	goods_name	goods_classify	sell_price	buy_price	register_date
▶ 0001	티셔츠	의류	1000	500	2020-09-20
0002	펀칭기	사무용품	500	320	2020-09-11
0003	와이셔츠	의류	4000	2800	NULL
0004	식칼	주방용품	3000	2800	2020-09-20
0005	압력솥	주방용품	6800	5000	2020-01-15
0007	도마	주방용품	880	790	2020-04-28
NULL	NULL	NULL	NULL	NULL	NULL

그림 5.53 **is not null** 술어

5.7.5.4 in: 복수의 값을 지정

만일 buy_price가 320, 500, 5000인 상품을 선택할 경우, or을 쓰면 다음과 같이 쿼리를 작성해야 한다.

```
select *
from goods
where buy_price = 320
    or buy_price = 500
    or buy_price = 5000;
```

그러나 이러한 나열식의 쿼리는 조건이 많아질수록 길어지고 효율성이 떨어진다. 이때 사용할 수 있는 것이 in 술어로, in(값 1, 값 2, …) 형태를 통해 간단하게 표현할 수 있다.

```
select *
from goods
where buy_price in (320, 500, 5000);
```

goods_id	goods_name	goods_classify	sell_price	buy_price	register_date
▶ 0001	티셔츠	의류	1000	500	2020-09-20
0002	펀칭기	사무용품	500	320	2020-09-11
0005	압력솥	주방용품	6800	5000	2020-01-15
NULL	NULL	NULL	NULL	NULL	NULL

그림 5.54 **in** 술어

반대로 buy_price가 320, 500, 5000이 아닌 데이터만 선택하고 싶을 때는 not in 술어를 사용한다.

```
select *
from goods
where buy_price not in (320, 500, 5000);
```

goods_id	goods_name	goods_classify	sell_price	buy_price	register_date
0003	와이셔츠	의류	4000	2800	NULL
0004	식칼	주방용품	3000	2800	2020-09-20
0007	도마	주방용품	880	790	2020-04-28
NULL	NULL	NULL	NULL	NULL	NULL

그림 5.55 **not in** 술어

5.7.6 case 식

case 식은 경우에 따라 값을 구분하며, 쿼리 형식은 다음과 같다.

```
case when <평가식 1> then <식 1>
    when <평가식 2> then <식 2>
    when <평가식 3> then <식 3>
         ⋮
    else <식 n>
end
```

```
select goods_name, sell_price,
       case when sell_price >=  6000 then '고가'
              when sell_price >= 3000 and sell_price < 6000 then '중가'
         when sell_price < 3000 then '저가'
              else null
end as price_classify
from goods;
```

else 구문은 위에서 만족하는 조건이 없을 때의 반환값으로서 생략할 수도 있지만 명시적으로 기술하는 것이 좋으며, end는 생략이 불가능하다. 조건에 따른 결과가 end as 뒤에 입력한 'price_classify' 열에 표시된다.

goods_name	sell_price	price_classify
티셔츠	1000	저가
펀칭기	500	저가
와이셔츠	4000	중가
식칼	3000	중가
압력솥	6800	고가
포크	500	저가
도마	880	저가
볼펜	100	저가

그림 5.56 **case** 식

5.8 테이블의 집합과 결합

SQL을 사용할 경우 하나의 테이블만 이용해 데이터를 다루는 일은 거의 없으며, 한 번에 여러 개의 테이블을 더하거나 결합하여 원하는 데이터를 얻을 수 있다. 이번에는 테이블의 집합 연산과 각종 결합 방법에 대해 알아보겠다.

5.8.1 테이블 더하기

union 구문을 사용하면 테이블을 위 아래로 더할 수 있다. 먼저, 샘플 테이블(Goods2)을 추가로 만든 후, 데이터를 입력한다.

```
CREATE TABLE Goods2
(goods_id CHAR(4) NOT NULL,
 goods_name VARCHAR(100) NOT NULL,
 goods_classify VARCHAR(32) NOT NULL,
 sell_price INTEGER,
 buy_price INTEGER,
 register_date DATE,
 PRIMARY KEY (goods_id));

insert into Goods2 values ('0001', '티셔츠','의류', 1000, 500, '2020-09-20');
insert into Goods2 values ('0002', '펀칭기', '사무용품', 500, 320, '2020-09-11');
insert into Goods2 values ('0003', '와이셔츠', '의류', 4000, 2800, NULL);
insert into Goods2 values ('0009', '장갑', '의류', 800, 500, NULL);
insert into Goods2 values ('0010', '주전자', '주방용품', 2000, 1700, '2020-09-20');
```

goods_id	goods_name	goods_classify	sell_price	buy_price	register_date
0001	티셔츠	의류	1000	500	2020-09-20
0002	펀칭기	사무용품	500	320	2020-09-11
0003	와이셔츠	의류	4000	2800	NULL
0009	장갑	의류	800	500	NULL
0010	주전자	주방용품	2000	1700	2020-09-20
NULL	NULL	NULL	NULL	NULL	NULL

그림 5.57 Goods2 테이블

기존의 Goods 테이블과 새로 만든 Goods2 테이블을 위아래로 합쳐 본다.

```
select *
from goods
union
select *
from goods2;
```

goods_id	goods_name	goods_classify	sell_price	buy_price	register_date
0001	티셔츠	의류	1000	500	2020-09-20
0002	펀칭기	사무용품	500	320	2020-09-11
0003	와이셔츠	의류	4000	2800	NULL
0004	식칼	주방용품	3000	2800	2020-09-20
0005	압력솥	주방용품	6800	5000	2020-01-15
0006	포크	주방용품	500	NULL	2020-09-20
0007	도마	주방용품	880	790	2020-04-28
0008	볼펜	사무용품	100	NULL	2020-11-11
0009	장갑	의류	800	500	NULL
0010	주전자	주방용품	2000	1700	2020-09-20

그림 5.58 테이블 합치기

상품 ID가 001, 002, 003인 3개 행은 양쪽 테이블에 모두 존재하며, union 구문에서는 중복행을 제외하고 테이블을 합쳤다. 만일 중복 행을 포함하여 테이블을 합치고자 할 경우에는 union all 구문을 사용하면 된다.

```
select *
from goods
union all
select *
from goods2;
```

	goods_id	goods_name	goods_classify	sell_price	buy_price	register_date
▶	0001	티셔츠	의류	1000	500	2020-09-20
	0002	펀칭기	사무용품	500	320	2020-09-11
	0003	와이셔츠	의류	4000	2800	NULL
	0004	식칼	주방용품	3000	2800	2020-09-20
	0005	압력솥	주방용품	6800	5000	2020-01-15
	0006	포크	주방용품	500	NULL	2020-09-20
	0007	도마	주방용품	880	790	2020-04-28
	0008	볼펜	사무용품	100	NULL	2020-11-11
	0001	티셔츠	의류	1000	500	2020-09-20
	0002	펀칭기	사무용품	500	320	2020-09-11
	0003	와이셔츠	의류	4000	2800	NULL
	0009	장갑	의류	800	500	NULL
	0010	주전자	주방용품	2000	1700	2020-09-20

그림 5.59 **테이블 합치기(중복 행 포함)**

이처럼 집합 연산을 사용할 때의 주의점은 다음과 같다.

- 연산 대상이 되는 레코드의 열 개수가 같아야 한다.
- 덧셈 대상이 되는 레코드의 열이 같은 데이터형이어야 한다.
- **order by** 구는 마지막에 하나만 사용할 수 있다.

NOTE 공통 부분을 선택하는 교집합이나 레코드 뺄셈을 하는 여집합의 경우 타 DBMS에서는 각각 intersect와 except 구문을 사용하면 되지만, MySQL에서는 아직 이를 지원하지 않는다.

5.8.2 테이블 결합

앞서 살펴본 union은 행으로 테이블을 합치는 것이었다. 이번에 살펴볼 결합(join)은 다른 테이블에서 열을 가지고 와 **열을 늘리는** 작업을 한다. 실무에서는 원하는 데이터가 여러 테이블에 분산되어 있는 경우가 많으므로, 테이블을 결합하여 사용해야 한다. join을 시각화하면 다음과 같다.

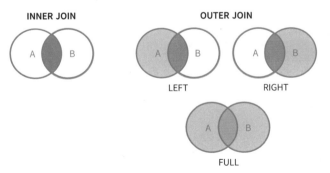

그림 5.60 **테이블 결합 방법들**

먼저, 아래의 테이블(StoreGoods)을 만든다.

```
CREATE TABLE StoreGoods
(store_id CHAR(4) NOT NULL,
 store_name VARCHAR(200) NOT NULL,
 goods_id CHAR(4) NOT NULL,
```

```
  num INTEGER NOT NULL,
  PRIMARY KEY (store_id, goods_id));

insert into StoreGoods (store_id, store_name, goods_id, num) values ('000A', '서울',    '0001',    30);
insert into StoreGoods (store_id, store_name, goods_id, num) values ('000A', '서울',    '0002',    50);
insert into StoreGoods (store_id, store_name, goods_id, num) values ('000A', '서울',    '0003',    15);
insert into StoreGoods (store_id, store_name, goods_id, num) values ('000B', '대전',    '0002',    30);
insert into StoreGoods (store_id, store_name, goods_id, num) values ('000B',' 대전',    '0003',   120);
insert into StoreGoods (store_id, store_name, goods_id, num) values ('000B', '대전',    '0004',    20);
insert into StoreGoods (store_id, store_name, goods_id, num) values ('000B', '대전',    '0006',    10);
insert into StoreGoods (store_id, store_name, goods_id, num) values ('000B', '대전',    '0007',    40);
insert into StoreGoods (store_id, store_name, goods_id, num) values ('000C', '부산',    '0003',    20);
insert into StoreGoods (store_id, store_name, goods_id, num) values ('000C', '부산',    '0004',    50);
insert into StoreGoods (store_id, store_name, goods_id, num) values ('000C', '부산',    '0006',    90);
insert into StoreGoods (store_id, store_name, goods_id, num) values ('000C', '부산',    '0007',    70);
insert into StoreGoods (store_id, store_name, goods_id, num) values ('000D', '대구',    '0001',   100);
```

store_id	store_name	goods_id	num
000A	서울	0001	30
000A	서울	0002	50
000A	서울	0003	15
000B	대전	0002	30
000B	대전	0003	120
000B	대전	0004	20
000B	대전	0006	10
000B	대전	0007	40
000C	부산	0003	20
000C	부산	0004	50
000C	부산	0006	90
000C	부산	0007	70
000D	대구	0001	100
NULL	NULL	NULL	NULL

그림 5.61 StoreGoods 테이블

Goods와 StoreGoods 테이블에 있는 열들을 정리하면 다음과 같다.

표 5.3 샘플 테이블 내 열 비교

	Goods	StoreGoods
goods_id (상품 ID)	O	O
goods_name (상품명)	O	
goods_classify (상품 분류)	O	
sell_price (판매단가)	O	
buy_price (매입단가)	O	
register_date (등록일)	O	
store_id (점포ID)		O
store_name (점포명)		O
num (수량)		O

5.8.2.1 inner join: 내부 결합

내부 결합inner join은 가장 많이 사용되는 결합 방법이다. **표 5.3**를 살펴보면 **goods_id**는 두 테이블에 모두 존재하며, 다른 열들은 한쪽 테이블에만 존재한다. 따라서 goods_id를 기준으로 StoreGoods 테이블에 Goods 테이블을 결합하는 방법은 다음과 같다.

```
select store.store_id, store.store_name, store.goods_id,
    goods.goods_name, goods.sell_price
from StoreGoods as store
inner join Goods as goods
    on store.goods_id = goods.goods_id;
```

store_id	store_name	goods_id	goods_name	sell_price
000A	서울	0001	티셔츠	1000
000A	서울	0002	펀칭기	500
000A	서울	0003	와이셔츠	4000
000B	대전	0002	펀칭기	500
000B	대전	0003	와이셔츠	4000
000B	대전	0004	식칼	3000
000B	대전	0006	포크	500
000B	대전	0007	도마	880
000C	부산	0003	와이셔츠	4000
000C	부산	0004	식칼	3000
000C	부산	0006	포크	500
000C	부산	0007	도마	880
000D	대구	0001	티셔츠	1000

그림 5.62 inner join

1. 지금까지는 from에 하나의 테이블만 지정했지만, join 시에는 두 테이블(StoreGoods, Goods)에서 내용을 가지고 온다. 따라서 두 테이블에 store와 goods라는 별명을 붙였다(원래 테이블 이름을 그대로 사용해도 되나 테이블 이름이 길면 가독성이 떨어지므로 일반적으로 별명을 붙인다).

2. on 뒤에 결합 조건을 붙인다. 이는 * join 구문 바로 뒤에 붙이며, store의 goods_id 열과 goods 열의 goods_id 열을 이용해 두 테이블을 연결한다는 의미다.

3. select 구에서는 〈테이블 별명〉.〈열 이름〉 형식으로 기술한다. 이는 테이블이 여러 개가 있으므로, 어느 테이블에서 데이터를 가지고 오는지 혼동하는 것을 방지하기 위해서다.

5.8.2.2 outer join: 외부 결합

inner join은 두 테이블에 모두 존재하는 데이터를 합쳤지만, outer join은 한쪽 테이블에만 존재하는 데이터도 출력한다. 먼저, StoreGoods와 Goods에 존재하는 상품 ID를 검색한다.

```
select distinct(goods_id) from StoreGoods;
select distinct(goods_id) from Goods;
```

- StoreGoods: 0001, 0002, 0003, 0004, 0006, 0007
- Goods: 0001, 0002, 0003, 0004, 0005, 0006, 0007, 0008

StoreGoods 1~4, 6~7번이, Goods 1번부터 8번까지 상품이 있다. 즉 StoreGoods 5번(압력솥)과 8번(볼펜) ID에 해당하는 물건이 없다. 이제 outer join을 해본다.

```
select store.store_id, store.store_name, goods.goods_id,
        goods.goods_name, goods.sell_price
from StoreGoods as store
right outer join Goods as goods
        on store.goods_id = goods.goods_id;
```

goods_id가 5(압력솥)와 8(볼펜)의 경우 StoreGoods 테이블에 데
이터가 존재하지 않는다. 즉 현재 어떤 점포에서도 취급하지 않
는 상품이다. inner join은 양쪽 테이블에 모두 존재하는 정
보만을 선택하기 때문에 Goods 테이블에만 존재하는 두 상품
은 결과로 출력되지 않았다. 반면 outer join은 한쪽 테이블
에만 존재해도 누락 없이 모두 출력하며, 정보가 없는 부분은
NULL로 표시한다.

store_id	store_name	goods_id	goods_name	sell_price
000D	대구	0001	티셔츠	1000
000A	서울	0001	티셔츠	1000
000B	대전	0002	펀칭기	500
000A	서울	0002	펀칭기	500
000C	부산	0003	와이셔츠	4000
000B	대전	0003	와이셔츠	4000
000A	서울	0003	와이셔츠	4000
000C	부산	0004	식칼	3000
000B	대전	0004	식칼	3000
NULL	NULL	0005	압력솥	6800
000C	부산	0006	포크	500
000B	대전	0006	포크	500
000C	부산	0007	도마	880
000B	대전	0007	도마	880
NULL	NULL	0008	볼펜	100

그림 5.63 outer join(right)

또한, outer join은 어느 쪽 테이블을 마스터로 할 것인지 정해야 한다. 즉 left 또는 right를 지정해 주어
야 한다. left를 사용하면 from 구문에서 왼쪽에 지정한 테이블을 마스터로 설정하며, right를 사용하면
오른쪽 테이블을 마스터로 한다. 위의 쿼리는 마스터 테이블을 right로 지정하였기에 오른쪽에 해당하
는 Goods 테이블의 내용이 모두 출력되고, goods_id를 기준으로 왼쪽에 해당하는 StoreGoods 테이블
의 내용이 결합되었다. 위 쿼리를 left outer join으로 바꿔 보자.

```
select store.store_id, store.store_name, goods.goods_id,
    goods.goods_name, goods.sell_price
from StoreGoods as store
left outer join Goods as goods
    on store.goods_id = goods.goods_id;
```

마스터 테이블인 StoreGoods에 존재하는 goods_id(1~4, 6~7)
는 결합되는 테이블인 Goods에도 모두 존재하므로 이번에는
NULL이 생성되지 않는다. 어떤 테이블을 기준으로 삼아야
하는가를 미리 생각하여 left outer join을 할지 right outer
join을 할지 결정해야 한다.

store_id	store_name	goods_id	goods_name	sell_price
000A	서울	0001	티셔츠	1000
000A	서울	0002	펀칭기	500
000A	서울	0003	와이셔츠	4000
000B	대전	0002	펀칭기	500
000B	대전	0003	와이셔츠	4000
000B	대전	0004	식칼	3000
000B	대전	0006	포크	500
000B	대전	0007	도마	880
000C	부산	0003	와이셔츠	4000
000C	부산	0004	식칼	3000
000C	부산	0006	포크	500
000C	부산	0007	도마	880
000D	대구	0001	티셔츠	1000

NOTE join할 수 있는 테이블의 개수는 제한이 없다.

그림 5.64 outer join(left)

5.9 SQL 고급 처리

이번에는 마지막으로, 순위 계산, 누적합 계산, 소계를 구하는 등 고급 집계 처리를 하는 방법인 윈도
우 함수에 대해 배워 보겠다.

5.9.1 윈도우 함수

윈도우 함수를 이용하면 랭킹, 순번 생성 등 일반적인 집약 함수로는 불가능한 고급 처리를 할 수 있다. 윈도우 함수의 사용법은 크게 다음과 같다.

```
<윈도우 함수> over ([partition by <열 리스트>] order by <정렬용 열 리스트>)
```

이 중 partition by는 생략할 수 있다.

윈도우 함수로 사용할 수 있는 함수는 크게 다음과 같다.

- 윈도우 전용 함수: rank, dense_rank, row_number 등
- 집약 함수: sum, avg, count, max, min 등

[NOTE] 윈도우 전용 함수는 원칙적으로 select 구에만 사용할 수 있다.

5.9.1.1 rank: 순위를 계산

rank 함수는 순위를 구하는 함수다. 예를 들어, Goods 테이블의 상품 중 상품 분류(goods_classify)별로 판매단가(sell_price)가 낮은 순서대로 순위를 구하는 방법은 다음과 같다.

goods_name	goods_classify	sell_price	ranking
볼펜	사무용품	100	1
펀칭기	사무용품	500	2
티셔츠	의류	1000	1
와이셔츠	의류	4000	2
포크	주방용품	500	1
도마	주방용품	880	2
식칼	주방용품	3000	3
압력솥	주방용품	6800	4

그림 5.65 **rank 함수**

```
select goods_name, goods_classify, sell_price,
    rank() over (partition by goods_classify order by sell_price) as ranking
from Goods;
```

1. partition by는 순위를 정할 대상 범위를 설정하며, 어떤 조건으로 그룹을 나눈다고 생각하면 이해가 쉽다. 상품 분류마다 순위를 구하고자 하므로 goods_classify를 입력한다.
2. order by는 윈도우 함수를 어떤 열에 어떤 순서로 적용할지 정한다. 판매단가를 오름차순으로 순위를 구하고자 하므로 sell_price를 입력하였다. 만일 내림차순으로 순위를 구하고자 할 경우 desc를 입력하면 된다(기본적으로 asc, 즉 오름차순이 적용된다).
3. 순위를 구하는 윈도우 전용 함수인 rank( )를 입력한다.

이 중 partition by를 통해 구분된 레코드 집합을 '윈도우'라고 하며, 이는 '범위'를 나타낸다. 만일 partition by를 지정하지 않으면 전체 테이블이 윈도우가 되므로, 아래와 같이 sell_price 열 자체를 기준으로 순위가 구해진다.

```
select goods_name, goods_classify, sell_price,
    rank () over (order by sell_price) as ranking
from Goods;
```

순위를 구하는 함수는 rank 외에도 다양하게 존재하며, 그 결과가 약간씩 다르다.

- rank: 같은 순위인 행이 복수 개 있으면 후순위를 건너뛴다. 예) 1위가 3개인 경우: 1위, 1위, 1위, 4위, …
- dense_rank: 같은 순위인 행이 복수가 있어도 후순위를 건너뛰지 않는다. 예) 1위가 3개인 경우: 1위, 1위, 1위, 2위, …
- row_number: 순위와 상관없이 연속 번호를 부여한다. 예: 1위가 3개인 레코드인 경우: 1위, 2위, 3위, 4위, …

	goods_name	goods_classify	sell_price	ranking
▶	볼펜	사무용품	100	1
	펀칭기	사무용품	500	2
	포크	주방용품	500	2
	도마	주방용품	880	4
	티셔츠	의류	1000	5
	식칼	주방용품	3000	6
	와이셔츠	의류	4000	7
	압력솥	주방용품	6800	8

그림 5.66 rank 함수(전체 기준)

각 함수별 차이를 살펴보자.

```
select goods_name, goods_classify, sell_price,
    rank() over (order by sell_price) as ranking,
    dense_rank() over (order by sell_price) as ranking,
    row_number() over (order by sell_price) as ranking
from Goods;
```

	goods_name	goods_classify	sell_price	ranking	ranking	ranking
▶	볼펜	사무용품	100	1	1	1
	펀칭기	사무용품	500	2	2	2
	포크	주방용품	500	2	2	3
	도마	주방용품	880	4	3	4
	티셔츠	의류	1000	5	4	5
	식칼	주방용품	3000	6	5	6
	와이셔츠	의류	4000	7	6	7
	압력솥	주방용품	6800	8	7	8

그림 5.67 순위를 구하는 함수들

5.9.1.2 윈도우 함수에서 집약 함수의 사용

sum이나 avg와 같은 집약 함수도 윈도우 함수로 사용할 수 있다.

```
select goods_id, goods_name, sell_price,
    sum(sell_price) over() as current_sum
from Goods;
```

	goods_id	goods_name	sell_price	current_sum
▶	0001	티셔츠	1000	16780
	0002	펀칭기	500	16780
	0003	와이셔츠	4000	16780
	0004	식칼	3000	16780
	0005	압력솥	6800	16780
	0006	포크	500	16780
	0007	도마	880	16780
	0008	볼펜	100	16780

그림 5.68 윈도우 함수에서 sum

over( )를 빈 칸으로 둘 경우 current_sum 열에는 모든 sell_price의 합계가 나타난다. 이번에는 누적합계를 구해 보자.

```
select goods_id, goods_name, sell_price,
    sum(sell_price) over(order by goods_id) as current_sum
from Goods;
```

order by에 열을 지정할 경우 goods_id를 기준으로 오름차순으로 정렬한 후 누적합계를 구한다. 즉 첫 번째 행은 1000, 두 번째 행은 1000+500=1500, 세 번째 행은 1000+500+4000=5500과 같이 누적해서 합계가 계산되며, 이는 다른 집계 함수도 마찬가지다.

그림 5.69 윈도우 함수에서 sum(누적합계)

이번에는 누적평균을 계산해 보자.

```
select goods_id, goods_name, sell_price,
    avg(sell_price) over(order by goods_id) as current_avg
from Goods;
```

그림 5.70 윈도우 함수에서 avg(누적평균)

누적합계와 동일하게 첫 번째 행은 (1000)/1=1000, 두 번째 행은 (1000+500)/2=750, 세 번째 행은 (1000+500+4000)/3=1833.33과 같이 누적해 가며 평균을 계산한다.

partition by를 추가하면 윈도우별로 집계도 할 수 있다.

```
select goods_id, goods_classify, goods_name, sell_price,
    sum(sell_price) over(partition by goods_classify order by goods_id) as current_sum
from Goods;
```

그림 5.71을 보면 partition by에 해당하는 goods_classify 별로(사무용품, 의류, 주방용품) 누적합계가 계산된다.

그림 5.71 윈도우별 집계

5.9.1.3 이동평균 계산하기

윈도우 함수에서는 그 범위를 정해 '프레임'을 만들 수도 있다. 이는 over 내의 order by 구문 뒤에 범위 지정 키워드를 사용하면 된다. 예를 들어, 모든 열에 대한 누적평균이 아닌 최근 3개 데이터만 이용해 평균을 구하는 이동평균을 계산하는 쿼리는 다음과 같다.

```
select goods_id, goods_classify, goods_name, sell_price,
    avg(sell_price) over(order by goods_id rows 2 preceding) as moving_avg
from Goods;
```

rows n proceding을 입력할 경우 앞의 n행까지만 프레임을 만들어 계산한다. 위 예제에서는 n=2를 입력했으므로 현재 행과 앞의 2개 행, 즉 3개 행으로만 이동평균을 계산한다. **그림 5.72**의 결과를 살펴보면 1행과

goods_id	goods_classify	goods_name	sell_price	moving_avg	
0001	의류	티셔츠	1000	1000.0000	← (1000) / 1
0002	사무용품	펀칭기	500	750.0000	← (1000+500) / 2
0003	의류	와이셔츠	4000	1833.3333	← (1000+500+4000) / 3
0004	주방용품	식칼	3000	2500.0000	← (500+4000+3000) / 3
0005	주방용품	압력솥	6800	4600.0000	← (4000+3000+6800) / 3
0006	주방용품	포크	500	3433.3333	← (3000+6800+500) / 3
0007	주방용품	도마	880	2726.6667	
0008	사무용품	볼펜	100	493.3333	

그림 5.72 **이동평균 계산하기**

2행은 앞의 2개 행에 해당하는 데이터가 없으므로 존재하는 데이터들로 평균이 계산된다. 3행은 1~3행을 이용해 평균이 계산되며 4행은 2~4행, 5행은 3~5행 등 프레임이 움직이며 이동평균이 계산된다.

앞의 행이 아닌 뒤의 행을 이용해 계산하고 싶을 경우 preceding 대신 following을 입력한다. 현재 행과 뒤의 2개 행으로 이동평균을 계산하는 법은 다음과 같다.

```
select goods_id, goods_classify, goods_name, sell_price,
    avg(sell_price) over(order by goods_id rows between current row and 2 following) as moving_avg
from Goods;
```

current row and 2 following는 현재 행과 뒤의 2개 행을 의미하며, 앞서 살펴본 preceding과 반대로 뒤에서부터 이동평균이 계산된다. preceding과 following을 동시에 사용할 수도 있다.

goods_id	goods_classify	goods_name	sell_price	moving_avg	
0001	의류	티셔츠	1000	1833.3333	
0002	사무용품	펀칭기	500	2500.0000	
0003	의류	와이셔츠	4000	4600.0000	
0004	주방용품	식칼	3000	3433.3333	← (500+6800+3000) / 3
0005	주방용품	압력솥	6800	2726.6667	← (880+500+6800) / 3
0006	주방용품	포크	500	493.3333	← (100+880+500) / 3
0007	주방용품	도마	880	490.0000	← (100+880) / 2
0008	사무용품	볼펜	100	100.0000	← (100) / 1

그림 5.73 **이동평균 계산하기(2)**

```
select goods_id, goods_classify, goods_name, sell_price,
    avg(sell_price) over(order by goods_id
    rows between 1 preceding and 1 following)
    as moving_avg
from goods;
```

rows between n preceding and m following을 입력하면 앞의 n행과 뒤의 m행까지를 프레임으로 지정한다. 위의 예에서는 앞의 1개 행과 뒤의 1개 행, 총 3개 행을 이용해 이동평균이 계산된다.

goods_id	goods_classify	goods_name	sell_price	moving_avg	
0001	의류	티셔츠	1000	750.0000	← (1000+500) / 2
0002	사무용품	펀칭기	500	1833.3333	← (1000+500+4000) / 3
0003	의류	와이셔츠	4000	2500.0000	← (500+4000+3000) / 3
0004	주방용품	식칼	3000	4600.0000	← (4000+3000+6800) / 3
0005	주방용품	압력솥	6800	3433.3333	← (3000+6800+500) / 3
0006	주방용품	포크	500	2726.6667	
0007	주방용품	도마	880	493.3333	
0008	사무용품	볼펜	100	490.0000	

그림 5.74 **이동평균 계산하기(3)**

6

파이썬에서
SQL 연결하기

SQL을 통해 데이터베이스에서 필요한 데이터를 불러와 CSV 파일로 저장한 후 이를 다시 파이썬으로 불러오는 과정은 다소 비효율적이다. 파이썬에서는 SQL에 직접 연결이 가능하기에 이를 통해 훨씬 효율적으로 작업할 수 있다. 즉 파이썬에서 SQL DB에 접속하여 데이터를 가공 후 불러오고, 이를 토대로 결과물을 얻거나 가공한 데이터를 다시 SQL DB에 저장할 수 있다.

6.1 파이썬에서 SQL DB에 접속하기

pymysql 패키지를 이용하면 파이썬에서 SQL DB에 접속 및 작업할 수 있다.

```python
import pymysql

con = pymysql.connect(
    user='root',        ——— ❶
    passwd='1234',      ——— ❷
    host='127.0.0.1',   ——— ❸
    db='shop',          ——— ❹
    charset='utf8'      ——— ❺
)

mycursor = con.cursor()
```

먼저, connect( ) 메서드를 사용하여 MySQL에 접속하며, 입력값은 다음과 같다.

❶ user: 사용자 명

❷ passwd: 비밀번호

❸ host: 허용 접속 IP(일반적으로 localhost는 127.0.0.1이다).

❹ db: 사용할 데이터베이스

❺ charset: 인코딩 방법

그 후 cursor( ) 메서드를 통해 데이터베이스의 커서 객체를 가져온다. 화면에서 현재 사용자의 위치를 나타내며 깜빡거리는 막대기를 커서라고 부르듯이, 데이터베이스에서도 데이터 중에서 특정 위치, 특정 행을 가리킬 때 커서가 사용된다. 즉 현재 작업 중인 레코드를 나타내는 객체다.

이제 shop 데이터베이스 중 goods 테이블을 가져와 보자.

```
query = """      ┈┈┈ ❶
    select * from goods;
"""

mycursor.execute(query)  ┈┈┈ ❷
data = mycursor.fetchall()  ┈┈┈ ❸
con.close()  ┈┈┈ ❹

display(data)
```

```
((('0001', '티셔츠', '의류', 1000, 500, datetime.date(2020, 9, 20)),
 ('0002', '펀칭기', '사무용품', 500, 320, datetime.date(2020, 9, 11)),
 ('0003', '와이셔츠', '의류', 4000, 2800, None),
 ('0004', '식칼', '주방용품', 3000, 2800, datetime.date(2020, 9, 20)),
 ('0005', '압력솥', '주방용품', 6800, 5000, datetime.date(2020, 1, 15)),
 ('0006', '포크', '주방용품', 500, None, datetime.date(2020, 9, 20)),
 ('0007', '도마', '주방용품', 880, 790, datetime.date(2020, 4, 28)),
 ('0008', '볼펜', '사무용품', 100, None, datetime.date(2020, 11, 11))))
```

❶ 실행하고자 하는 쿼리를 입력하며, goods 테이블의 모든 데이터를 가져오는 쿼리를 입력한다.

❷ execute( ) 메서드를 사용하여 SQL 쿼리를 데이터베이스 서버에 보낸다.

❸ fetchall( ), fetchone( ), fetchmany( ) 등의 메서드를 사용하여 서버로부터 데이터를 가져온다.

- fetchall( ): 테이블 안의 모든 데이터를 추출

- fetchone( ): 테이블 안의 데이터를 한 행씩 추출

- fetchmany(size=n): 테이블 안의 데이터 중 n개의 행을 추출

❹ 원하는 작업을 마친 후에는 반드시 close( ) 메서드를 통해 데이터베이스와의 연결을 종료해야 한다.

데이터를 불러오는 것뿐만 아니라 데이터를 입력, 수정, 삭제할 수도 있다.

```
con = pymysql.connect(user='root',
                      passwd='1234',
                      host='127.0.0.1',
```

```
                        db='shop',
                        charset='utf8')

mycursor = con.cursor()
query = """
    insert into goods (goods_id, goods_name, goods_classify, sell_price, buy_price, register_date)
    values ('0009', '스테이플러', '사무용품', '2000', '1500', '2020-12-30');
"""

mycursor.execute(query)
con.commit()
con.close()
```

위와 과정은 거의 동일하며, 9번 id에 스테이플러에 관한 내용을 입력하는 쿼리를 작성한다. 삽입, 갱신, 삭제 등의 DMLData Manipulation Language 문장을 실행하는 경우, commit( ) 메서드를 사용하여 데이터의 확정 갱신하는 작업을 추가해 준다. 실제로 MySQL에서 데이터를 확인해 보면 테이블 내에 스테이플러에 대한 내용이 업데이트되었다.

goods_id	goods_name	goods_classify	sell_price	buy_price	register_date
0001	티셔츠	의류	1000	500	2020-09-20
0002	펀칭기	사무용품	500	320	2020-09-11
0003	와이셔츠	의류	4000	2800	NULL
0004	식칼	주방용품	3000	2800	2020-09-20
0005	압력솥	주방용품	6800	5000	2020-01-15
0006	포크	주방용품	500	NULL	2020-09-20
0007	도마	주방용품	880	790	2020-04-28
0008	볼펜	사무용품	100	NULL	2020-11-11
0009	스테이플러	사무용품	2000	1500	2020-12-30
NULL	NULL	NULL	NULL	NULL	NULL

그림 6.1 **테이블 내 데이터 업데이트**

이처럼 파이썬을 이용해 SQL 데이터베이스의 데이터를 불러오기 또는 쓰기 작업을 할 수 있다.

6.2 pandas를 이용한 데이터 읽기 및 쓰기

앞에서의 방법을 이용해 데이터를 불러오면 아쉬운 점이 있다. 첫째, 열 이름이 보이지 않는다. 둘째, 데이터 분석 작업을 하기 편한 데이터프레임 형태가 아니다. 그런데 pandas 패키지에는 SQL 데이터베이스의 데이터를 불러오거나 저장할 수 있는 함수가 있으므로, 이에 대해 살펴보자.

```
import pandas as pd ········ ❶
from sqlalchemy import create_engine

# engine = create_engine('mysql+pymysql://[사용자 명]:[비밀번호]@[호스트:포트]/[사용할 데이터베이스]')
engine = create_engine('mysql+pymysql://root:1234@127.0.0.1:3306/shop')
query = """select * from Goods"""
goods = pd.read_sql(query, con=engine) ········ ❷
engine.dispose() ········ ❸

goods.head()
```

	goods_id	goods_name	goods_classify	sell_price	buy_price	register_date
0	0001	티셔츠	의류	1000	500.0	2020-09-20
1	0002	펀칭기	사무용품	500	320.0	2020-09-11
2	0003	와이셔츠	의류	4000	2800.0	None
3	0004	식칼	주방용품	3000	2800.0	2020-09-20
4	0005	압력솥	주방용품	6800	5000.0	2020-01-15

❶ pandas에서 SQL에 연결할 때는 SQLalchemy ORM을 사용해야 한다. ORM(Object Relational Mapping)이란 응용 프로그램과 데이터베이스를 연결할 때 SQL 언어가 아닌 응용 프로그램 개발 언어로 데이터베이스를 접근할 수 있게 해주는 툴이다. 쉽게 말해 파이썬 코드를 SQL 쿼리로 자동 변환하여, SQL 쿼리를 따로 작성할 필요가 없이 파이썬 코드를 작성하는 것만으로 데이터베이스를 조작할 수 있게 해준다. 사용자 명과 비밀번호, 호스트, 포트, 데이터베이스 명은 본인에게 해당하는 값을 입력하면 된다(MySQL의 포트 번호는 일반적으로 3306이다).

❷ 쿼리를 작성 후 read_sql( ) 함수에 이를 입력한다.

❸ engine.dispose( )를 통해 연결을 종료한다.

결과를 확인해 보면 우리에게 친숙한 데이터프레임 형태로 데이터를 불러온다. 이번에는 데이터프레임을 SQL 데이터베이스에 저장해 보자.

```
import seaborn as sns

iris = sns.load_dataset('iris')
iris.head()
```

	sepal_length	sepal_width	petal_length	petal_width	species
0	5.1	3.5	1.4	0.2	setosa
1	4.9	3.0	1.4	0.2	setosa
2	4.7	3.2	1.3	0.2	setosa
3	4.6	3.1	1.5	0.2	setosa
4	5.0	3.6	1.4	0.2	setosa

예제로 seaborn 패키지의 iris 데이터를 사용한다. load_dataset( ) 함수를 통해 해당 데이터를 불러온다.

```
from sqlalchemy import create_engine

engine = create_engine('mysql+pymysql://root:1234@127.0.0.1:3306/shop')  ┄┄┄ ❶
iris.to_sql(name = 'iris', con = engine, index = False, if_exists = 'replace')  ┄┄┄ ❷
engine.dispose()  ┄┄┄ ❸
```

❶ create_engine( ) 함수를 통해 데이터베이스에 접속하기 위한 엔진을 만든다.

❷ 데이터프레임.to_sql( )을 통해 데이터프레임을 데이터베이스에 저장할 수 있다. 테이블 이름은 iris로 하며, con에는 위에서 생성한 엔진을 입력한다. index = False를 통해 인덱스는 생성하지 않으며, if_exists = 'replace'를 입력하면 해당 테이블이 존재할 시 데이터를 덮어쓴다.

❸ engine.dispose( )를 통해 연결을 종료한다.

MySQL에서 확인해 보면, shop 데이터베이스 내에 iris라는 테이블이 생성되었다. 이처럼 to_sql( ) 함수를 사용하면 파이썬에서 데이터프레임을 작업한 후 곧바로 데이터베이스에 저장할 수 있다.

index	sepal_length	sepal_width	petal_length	petal_width	species
67	5.8	2.7	4.1	1	versicolor
68	6.2	2.2	4.5	1.5	versicolor
69	5.6	2.5	3.9	1.1	versicolor
70	5.9	3.2	4.8	1.8	versicolor
71	6.1	2.8	4	1.3	versicolor
72	6.3	2.5	4.9	1.5	versicolor
73	6.1	2.8	4.7	1.2	versicolor
74	6.4	2.9	4.3	1.3	versicolor
75	6.6	3	4.4	1.4	versicolor
76	6.8	2.8	4.8	1.4	versicolor
77	6.7	3	5	1.7	versicolor
78	6	2.9	4.5	1.5	versicolor
79	5.7	2.6	3.5	1	versicolor

그림 6.2 iris 테이블

6.3 upsert 기능 구현하기

퀀트 투자에 사용할 시계열 데이터는 크게 두 가지 특성을 가지고 있다.

1. insert: 시간이 지남에 따라 데이터가 추가된다.
2. update: 간혹 과거 데이터가 수정된다.

이처럼 입력하고자 하는 데이터가 기존 테이블에 값이 있는 경우 새로운 데이터로 업데이트(update)하고, 값이 없는 경우 새로운 데이터를 추가(insert)하는 기능을 MySQL에서는 upsert라고 한다. 예제를 통해 to_sql( ) 함수를 이용해 시계열 데이터를 저장할 경우 발생하는 문제 및 upsert 기능을 사용하는 방법에 대해 살펴보자.

먼저, create_database( ) 함수를 통해 'exam'이라는 데이터베이스를 만든다.

```
from sqlalchemy_utils import create_database

create_database('mysql+pymysql://root:1234@127.0.0.1:3306/exam')
```

다음으로 exam 데이터베이스에 저장할 샘플 시계열 데이터를 만든다.

```
price = pd.DataFrame({
    "날짜": ['2021-01-02', '2021-01-03'],
    "티커": ['000001', '000001'],
    "종가": [1340, 1315],
    "거래량": [1000, 2000]
})

price.head()
```

	날짜	티커	종가	거래량
0	2021-01-02	000001	1340	1000
1	2021-01-03	000001	1315	2000

위에서 생성한 데이터를 데이터베이스에 저장해 보자.

```
engine = create_engine('mysql+pymysql://root:1234@127.0.0.1:3306/exam')
price.to_sql('price', con=engine, if_exists='append', index=False)
data_sql = pd.read_sql('price', con=engine)
engine.dispose()
```

날짜	티커	종가	거래량
2021-01-02	000001	1340	1000
2021-01-03	000001	1315	2000

그림 6.3 exam 데이터베이스 내 price 테이블

to_sql( ) 함수의 인자로 if_exists = 'append'를 입력하면, 테이블이 존재할 경우 기존 테이블에 데이터를 추가한다. 이제 하루가 지나 시계열이 추가되었다고 가정하자.

```
new = pd.DataFrame({
    "날짜": ['2021-01-04'],
    "티커": ['000001'],
    "종가": [1320],
    "거래량": [1500]
})
price = pd.concat([price, new])

price.head()
```

	날짜	티커	종가	거래량
0	2021-01-02	000001	1340	1000
1	2021-01-03	000001	1315	2000
0	2021-01-04	000001	1320	1500

해당 데이터를 동일한 방법으로 데이터베이스에 저장해 보자.

```
engine = create_engine('mysql+pymysql://root:1234@127.0.0.1:3306/exam')
price.to_sql('price', con=engine, if_exists='append', index=False)
data_sql = pd.read_sql('price', con=engine)
engine.dispose()
```

단순히 데이터를 추가하면 2021-01-02와 2021-01-03에 해당
하는 데이터가 중복으로 들어가는 문제가 발생한다. to_sql( )
함수 내에 if_exists = 'replace'로 입력할 경우 새로운 데이터로
덮어쓰게 되어 이러한 문제가 해결되지만, 이는 이전 데이터

날짜	티커	종가	거래량
▶ 2021-01-02	000001	1340	1000
2021-01-03	000001	1315	2000
2021-01-02	000001	1340	1000
2021-01-03	000001	1315	2000
2021-01-04	000001	1320	1500

그림 6.4 **price 테이블에 새로운 데이터 추가**

(예: 2021년 이전)도 모두 삭제되는 문제가 발생한다. 따라서 기존에 값이 있는 2021-01-02와 2021-01-03
데이터는 그대로 두고, 새롭게 추가되는 2021-01-04 데이터만 추가해야 한다.

MySQL에서 upsert를 구현하는 쿼리는 다음과 같다.

```
insert into @table
(arg1, arg2, arg3)
values
(@arg1, @arg2, @arg3)
on duplicate key update (Key를 제외한 Update할 컬럼들 나열)
arg2 = @arg2, arg3 = @arg3
```

즉 [table]의 [arg1, arg2, arg3] 열에 [@arg1, @arg2, @arg3] 데이터를 추가하며, 만약 키값(arg1)에 데이
터(@arg1)가 이미 존재한다면 @arg2와 @arg3로 데이터를 업데이트한다.

6.3.1 MySQL에서 upsert 기능 구현하기

먼저, 쉬운 이해를 위해 SQL에서 해당 기능이 어떻게 구현되는지 확인해 보자. MySQL Workbench에
서 다음의 쿼리를 입력하여 price_2 테이블을 만든다.

```
use exam;

CREATE TABLE price_2(
  날짜 varchar(10),
  티커 varchar(6),
  종가 int,
  거래량 int,
  PRIMARY KEY(날짜, 티커)
);
```

총 4개 열(날짜, 티커, 종가, 거래량)로 구성되어 있으며 날짜와 티커별로 종가와 거래량이 다르므로 날짜
와 티커를 기본 키로 지정한다. 이제 테이블에 값을 넣어 보자.

```
insert into price_2 (날짜, 티커, 종가, 거래량)
values
('2021-01-02', '000001', 1340, 1000),
('2021-01-03', '000001', 1315, 2000),
('2021-01-02', '000002', 500, 200);
```

000001 종목은 1월 2일과 3일 모두 데이터가 입력되었지만, 000002 종목은 1월 2일 데이터만 입력되었다. upsert 기능을 이용해 데이터를 추가해 보자.

날짜	티커	종가	거래량
2021-01-02	000001	1340	1000
2021-01-02	000002	500	200
2021-01-03	000001	1315	2000
NULL	NULL	NULL	NULL

그림 6.5 **테이블 생성 및 데이터 입력**

```
insert into price_2 (날짜, 티커, 종가, 거래량)
values
('2021-01-02', '000001', 1340, 1000),
('2021-01-03', '000001', 1315, 2000),
('2021-01-02', '000002', 500, 200),
('2021-01-03', '000002', 1380, 3000)
as new
on duplicate key update
종가 = new.종가, 거래량 = new.거래량;
```

앞의 [insert into … values] 부분은 일반적인 데이터를 입력하는 쿼리와 형태가 같으며, 그 후 new라는 별명을 붙여 준 후 [on duplicate key update] 구문을 추가해 준다. 즉 데이터를 입력하되, 키값(날짜, 티커)을 기준으로 이미 데이터가 존재할 경우에는 입력이 아닌 업데이트를 해준다. 000001 종

날짜	티커	종가	거래량
2021-01-02	000001	1340	1000
2021-01-02	000002	500	200
2021-01-03	000001	1315	2000
2021-01-03	000002	1380	3000
NULL	NULL	NULL	NULL

그림 6.6 **데이터 업데이트**

목의 1월 2~3일, 000002 종목의 1월 2일 데이터는 이미 존재하며 데이터가 바뀌지 않아 값이 그대로 유지된다. 반면 000002 종목의 1월 3일 데이터는 기존에 없던 값이기에 새롭게 추가된다.

이번에는 입력과 업데이트를 동시에 진행해 보겠다.

```
insert into price_2 (날짜, 티커, 종가, 거래량)
values
('2021-01-02', '000001', 1300, 1100),   ········ ❶
('2021-01-04', '000001', 1300, 2000)   ········ ❷
as new
on duplicate key update
종가 = new.종가, 거래량 = new.거래량;
```

❶ 000001 종목의 1월 2일 데이터는 이미 테이블에 존재하기에 입력한 1300 / 1100으로 데이터를 업데이트한다.

❷ 000001 종목의 1월 4일 데이터는 테이블에 없는 값이기에 새로 입력한다.

날짜	티커	종가	거래량
2021-01-02	000001	1300	1100
2021-01-02	000002	500	200
2021-01-03	000001	1315	2000
2021-01-03	000002	1380	3000
2021-01-04	000001	1300	2000
NULL	NULL	NULL	NULL

그림 6.7 **upsert 기능 구현**

이처럼 upsert 기능을 이용하면 시계열 데이터의 추가 및 수정을 한 번에 할 수 있다.

6.3.2 파이썬에서 upsert 기능 구현하기

이번에는 upsert 기능을 파이썬에서 구현해 보자.

```python
price = pd.DataFrame({
    "날짜": ['2021-01-04', '2021-01-04'],
    "티커": ['000001', '000002'],
    "종가": [1320, 1315],
    "거래량": [2100, 1500]
})

args = price.values.tolist()
args
```

```
[['2021-01-04', '000001', 1320, 2100], ['2021-01-04', '000002', 1315, 1500]]
```

먼저, 데이터베이스에 저장할 데이터를 리스트 형태로 만들어 준다.

```python
con = pymysql.connect(user='root',
                      passwd='1234',
                      host='127.0.0.1',
                      db='exam',           ········ ❶
                      charset='utf8')

query = """
    insert into price_2 (날짜, 티커, 종가, 거래량)
    values (%s,%s,%s,%s) as new    ········ ❷
    on duplicate key update
    종가 = new.종가, 거래량 = new.거래량;
"""

mycursor = con.cursor()    ········ ❸
mycursor.executemany(query, args)    ········ ❹
con.commit()    ········ ❺

con.close()    ········ ❻
```

❶ exam 데이터베이스에 접속한다.

❷ upsert 기능을 구현하는 쿼리를 입력하며, values 부분에는 입력하는 데이터의 열 개수만큼 '%s'를 입력한다.

❸ cursor( ) 메서드를 통해 데이터베이스의 커서 객체를 가져온다.

❹ execute( ) 메서드를 사용하여 SQL 쿼리를 데이터베이스 서버에 보낸다. 즉 %s 부분에 리스트로 만든 데이터가 입력되어 데이터베이스 서버에 전송된다.

❺ commit( ) 메서드를 사용하여 데이터의 확정을 갱신한다.

❻ 접속을 종료한다.

실제로 데이터를 확인해 보면 1월 4일 000001 종목의 데이터는 수정되었으며, 000002 종목의 데이터는 새로 입력되었다.

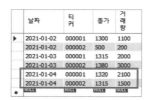

날짜	티커	종가	거래량
2021-01-02	000001	1300	1100
2021-01-02	000002	500	200
2021-01-03	000001	1315	2000
2021-01-03	000002	1380	3000
2021-01-04	000001	1320	2100
2021-01-04	000002	1315	1500
NULL	NULL	NULL	NULL

그림 6.8 **파이썬에서 upsert 기능 구현**

마지막으로, 예제로 사용했던 데이터베이스(exam)는 삭제해 준다.

```python
con = pymysql.connect(user='root',
                      passwd='1234',
                      host='127.0.0.1',
                      db='exam',
                      charset='utf8')

query = """
    drop database exam;
"""

mycursor = con.cursor()
mycursor.execute(query)
con.commit()

con.close()
```

크롤링을 이용한
데이터 수집

CHAPTER 7   크롤링을 위한 웹 기본 지식 173

CHAPTER 8   정적 크롤링 실습하기 187

CHAPTER 9   동적 크롤링과 정규 표현식 204

CHAPTER 10   국내 주식 데이터 수집 223

CHAPTER 11   전 세계 주식 데이터 수집 264

CHAPTER 12   투자 참고용 데이터 수집 288

7

크롤링을 위한
웹 기본 지식

이번 장에서는 크롤링을 하기 위해 사전에 알고 있으면 도움이 되는 인코딩, 웹의 동작 방식, HTML과 CSS에 대해 알아보겠다.

7.1 인코딩에 대한 이해

7.1.1 인간과 컴퓨터 간 번역의 시작, ASCII

한글이 포함된 엑셀이나 CSV 파일을 불러올 때, 또는 한글로 된 데이터를 크롤링하면 오류가 뜨거나 읽을 수 없는 문자로 나타나는 경우가 종종 있다. 이는 한글 인코딩encoding 때문에 발생하는 문제이며, 이러한 현상을 흔히 '인코딩이 깨졌다'라고 표현한다. 인코딩이란 사람이 사용하는 언어를 컴퓨터가 사용하는 0과 1로 변환하는 과정을 말하며, 이와 반대의 과정을 디코딩decoding이라고 한다.

이렇듯 사람과 컴퓨터 간의 언어를 번역하기 위해 최초로 사용된 방식이 아스키American Standard Code for Information Interchange, ASCII다. 0부터 127까지 총 128개 바이트에 알파벳과 숫자, 자주 사용되는 특수 문자의 값을 부여하고, 문자가 입력되면 이에 대응되는 바이트가 저장된다. 그러나 아스키의 'American' 이라는 이름에서 알 수 있듯이 이는 영어의 알파벳이 아닌 다른 문자를 표현하는 데 한계가 있으며, 이를 보완하기 위한 여러 방법이 나오게 되었다.

Dec	Hex	Char	Dec	Hex	Char	Dec	Hex	Char	Dec	Hex	Char
0	00	null	32	20	space	64	40	@	96	60	`
1	01	start of heading	33	21	!	65	41	A	97	61	a
2	02	start of text	34	22	"	66	42	B	98	62	b
3	03	end of text	35	23	#	67	43	C	99	63	c
4	04	end of transmit	36	24	$	68	44	D	100	64	d
5	05	enquiry	37	25	%	69	45	E	101	65	e
6	06	acknowledge	38	26	&	70	46	F	102	66	f
7	07	audible bell	39	27	'	71	47	G	103	67	g
8	08	backspace	40	28	(	72	48	H	104	68	h
9	09	horizontal tab	41	29	)	73	49	I	105	69	i
10	0A	line feed (₩n)	42	2A	*	74	4A	J	106	6A	j
11	0B	vertical tab	43	2B	+	75	4B	K	107	6B	k
12	0C	form feed	44	2C	,	76	4C	L	108	6C	l
13	0D	carriage return (₩r)	45	2D	-	77	4D	M	109	6D	m
14	0E	shift out	46	2E	.	78	4E	N	110	6E	n
15	0F	shift in	47	2F	/	79	4F	O	111	6F	o
16	10	data link escape	48	30	0	80	50	P	112	70	p
17	11	device control 1	49	31	1	81	51	Q	113	71	q
18	12	device control 2	50	32	2	82	52	R	114	72	r
19	13	device control 3	51	33	3	83	53	S	115	73	s
20	14	device control 4	52	34	4	84	54	T	116	74	t
21	15	neg acknowledge	53	35	5	85	55	U	117	75	u
22	16	synchronous idle	54	36	6	86	56	V	118	76	v
23	17	end of trans. block	55	37	7	87	57	W	119	77	w
24	18	cancel	56	38	8	88	58	X	120	78	x
25	19	end of medium	57	39	9	89	59	Y	121	79	y
26	1A	substitution	58	3A	:	90	5A	Z	122	7A	z
27	1B	escape	59	3B	;	91	5B	[	123	7B	{
28	1C	file separator	60	3C	<	92	5C	₩	124	7C		
29	1D	group separator	61	3D	=	93	5D	]	125	7D	}
30	1E	record separator	62	3E	>	94	5E	^	126	7E	~
31	1F	unit separator	63	3F	?	95	5F	_	127	7F	DEL

그림 7.1 **아스키 코드 표**

7.1.2 한글 인코딩 방식의 종류

인코딩에 대한 전문적인 내용은 이 책의 범위를 넘어가며, 크롤링을 위해서는 한글을 인코딩하는 데 쓰이는 **EUC-KR**과 **CP949**, **UTF-8** 정도만 이해해도 충분하다. 만일 '퀀트'라는 단어를 인코딩한다면 어떤 방법이 있을까? 먼저, '퀀'과 '트'라는 문자 자체에 해당하는 코드를 부여해 나타내는 방법이 있다. 아니면 이를 구성하는 모음과 자음을 나누어 'ㅋ', 'ㅜ', 'ㅓ', 'ㄴ', 'ㅌ', 'ㅡ' 각각에 해당하는 코드를 부여하고 이를 조합할 수도 있다. 전자와 같이 완성된 문자 자체로 나타내는 방법을 완성형이라고 하고, 후자와 같이 각 자모로 나타내는 방법을 조합형이라고 한다.

한글 인코딩 중 완성형으로 가장 대표적인 방법은 **EUC-KR**이다. EUC-KR은 현대 한글에서 많이 쓰이는 문자 2,350개에 번호를 붙인 방법이다. 그러나 2,350개 문자로 모든 한글 자모의 조합을 표현하기 부족해, 이를 보완하고자 마이크로소프트가 도입한 방법이 **CP949**다. CP949는 11,720개 한글 문자에 번호를 붙인 방법으로 기존 EUC-KR보다 나타낼 수 있는 한글의 개수가 훨씬 많아졌다. 윈도우의 경우 기본 인코딩이 CP949로 되어 있다.

조합형의 대표적 방법인 **UTF-8**은 모음과 자음 각각에 코드를 부여한 후 조합해 한글을 나타낸다. 조합형은 한글뿐만 아니라 다양한 언어에 적용할 수 있다는 장점이 있어 전 세계 웹 페이지의 대부분이 UTF-8로 만들어지고 있다.

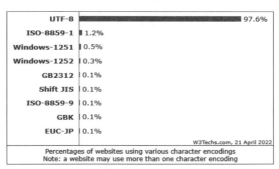

UTF-8	97.6%
ISO-8859-1	1.2%
Windows-1251	0.5%
Windows-1252	0.3%
GB2312	0.1%
Shift JIS	0.1%
ISO-8859-9	0.1%
GBK	0.1%
EUC-JP	0.1%

W3Techs.com, 21 April 2022
Percentages of websites using various character encodings
Note: a website may use more than one character encoding

그림 7.2 웹 페이지에서 사용되는 인코딩 비율

7.2 웹의 동작 방식

크롤링은 웹사이트의 정보를 수집하는 과정이다. 따라서 웹이 어떻게 동작하는지 이해해야 한다.

먼저, 클라이언트란 여러분의 데스크톱이나 휴대폰과 같은 장치와 크롬Chrome이나 파이어폭스Firefox
와 같은 소프트웨어를 의미한다. 서버는 웹사이트와 앱을 저장하는 컴퓨터를 의미한다. 클라이언트
가 특정 정보를 요구하는 과정을 '**요청(request)**'이라고 하며, 서버가 해당 정보를 제공하는 과정을 '**응답
(response)**'이라고 한다. 그러나 클라이언트와 서버가 연결되어 있지 않다면 둘 사이에 정보를 주고받을
수 없으며, 이를 연결하는 공간이 바로 인터넷이다. 또한, 건물에도 고유의 주소가 있는 것처럼, 각 서
버에도 고유의 주소가 있는데 이것이 인터넷 주소 또는 URL이다.

여러분이 네이버에서 경제 기사를 클릭하는 경우를 생각해 보자. 클라이언트는 사용자인 여러분이고,
서버는 네이버이며, URL은 www.naver.com이 된다. 경제 기사를 클릭하는 과정이 요청이며, 클릭 후
해당 페이지를 보여 주는 과정이 응답이다.

클라이언트
(Client)

요청(Request)

응답(Response)

서버
(Server)

그림 7.3 웹 환경 구조

7.2.1 HTTP

클라이언트가 각기 다른 방법으로 데이터를 요청한다면, 서버는 해당 요청을 알아듣지 못할 것이
다. 이를 방지하기 위해 규정된 약속이나 표준에 맞추어 데이터를 요청해야 한다. 이러한 약속을
HTTPHyperText Transfer Protocol라고 한다.

클라이언트가 서버에게 요청의 목적이나 종류를 알리는 방법을 HTTP 요청 방식HTTP request method이라고 한다. HTTP 요청 방식은 크게 **표 7.1**과 같이 GET, POST, PUT, DELETE라는 네 가지로 나눌 수 있지만, 크롤링에는 GET과 POST 방식이 대부분 사용되므로 이 두 가지만 알아도 충분하다. GET 방식과 POST 방식의 차이 및 크롤링 방법은 나중에 다시 자세하게 다룬다.

표 7.1 HTTP 요청 방식과 설명

요청 방식	내용
GET	특정 정보 조회
POST	새로운 정보 등록
PUT	기존 특정 정보 갱신
DELETE	기존 특정 정보 삭제

인터넷을 사용하다 보면 한 번쯤 '이 페이지를 볼 수 있는 권한이 없음(HTTP 오류 403 - 사용할 수 없음)' 또는 '페이지를 찾을 수 없음(HTTP 오류 404 - 파일을 찾을 수 없음)'이라는 오류를 본 적이 있을 것이다. 여기서 403과 404라는 숫자는 클라이언트의 요청에 대한 서버의 응답 상태를 나타내는 HTTP 상태 코드다.

HTTP 상태 코드는 100번대부터 500번대까지 있으며, 성공적으로 응답을 받을 시 200번 코드를 받는다. 각 코드에 대한 내용은 HTTP 상태 코드를 검색하면 확인할 수 있으며, 크롤링 과정에서 오류가 발생할 시 해당 코드를 통해 어떤 부분에서 오류가 발생했는지 확인할 수 있다.

표 7.2 HTTP 상태 코드 그룹별 내용

코드	상태	내용
1xx	Informational (조건부 응답)	요청을 받고, 처리 중에 있음
2xx	Success (성공)	요청을 정상적으로 처리함
3xx	Redirection (리디렉션)	요청 완료를 위해 추가 동작이 필요함
4xx	Client Error (클라이언트 오류)	클라이언트 요청을 처리할 수 없어 오류 발생
5xx	Server Error (서버 오류)	서버에서 처리를 하지 못하여 오류 발생

7.3 HTML과 CSS

클라이언트와 서버가 데이터를 주고받을 때는 디자인이라는 개념이 필요하지 않다. 그러나 응답받은 정보를 사람이 확인하려면 보기 편한 방식으로 바꾸어 줄 필요가 있는데 웹 페이지가 그러한 역할을 한다. 웹 페이지의 제목, 단락, 목록 등 레이아웃을 잡아 주는 데 쓰이는 대표적인 마크업 언어가 HTMLHyperText Markup Language이다. HTML을 통해 잡힌 뼈대에 글자의 색상이나 폰트, 배경색, 배치 등 화면을 꾸며 주는 역할을 하는 것이 CSSCascading Style Sheets다.

우리의 목적은 웹 페이지를 만드는 것이 아니므로 HTML과 CSS에 대해 자세히 알 필요는 없다. 그러나 크롤링하고자 하는 데이터가 웹 페이지의 어떤 태그 내에 위치하고 있는지, 어떻게 크롤링하면 될지 파악하기 위해서는 HTML과 CSS에 대한 기본적인 지식은 알아야 한다.

HTML과 CSS의 실습은 아래 페이지에서 해볼 수 있다.

https://www.w3schools.com/html/tryit.asp?filename=tryhtml_intro

7.3.1 HTML 기본 구조

HTML은 메타 데이터를 나타내는 **head**와 본문을 나타내는 **body**로 나뉜다. head에서 **title**은 웹 페이지에서 나타나는 제목을 나타내며, body 내에는 본문에 들어갈 각종 내용들이 포함되어 있다. w3schools 사이트에서 아래 소스코드를 복사해 왼쪽에 붙여 넣은 후, 상단의 ▮Run ❯▮ 버튼을 클릭해 보자.

```
<html>
<head>
<title>Page Title</title>
</head>

<body>
<h2> This is page heading </h2>
<p> This is first paragraph text </p>
</body>
</html>
```

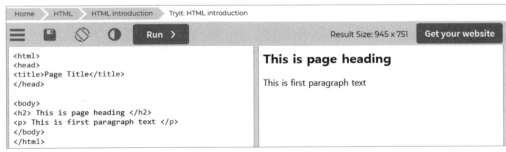

그림 7.4 **HTML 기본 구조**

⟨head⟩ 부분에 입력한 내역은 실습 페이지 구조상 확인되지 않지만, ⟨body⟩ 부분에 입력한 글자들은 오른쪽 결과물 페이지에서 확인할 수 있다. ⟨h2⟩와 ⟨p⟩ 등의 태그가 하는 역할들에 대해서 더욱 자세히 알아보겠다.

7.3.2 태그와 속성

HTML 코드는 태그와 속성, 내용으로 이루어져 있다. 크롤링한 데이터에서 특정 태그의 데이터만을 찾는 방법, 특정 속성의 데이터만을 찾는 방법, 뽑은 자료에서 내용만을 찾는 방법 등 원하는 값을 찾는 방법이 모두 다르기 때문에 태그와 속성에 대해 좀 더 자세히 살펴보겠다.

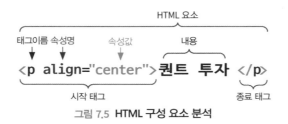

그림 7.5 **HTML 구성 요소 분석**

꺾쇠(◇)로 감싸져 있는 부분을 태그라고 하며, 여는 태그 ◇가 있으면 반드시 이를 닫는 태그인 ⟨/⟩가 쌍으로 있어야 한다. 속성은 해당 태그에 대한 추가적인 정보를 제공해 주는 것으로, 뒤에 속성값이 따라와야 한다. 내용은 우리가 눈으로 보는 텍스트 부분을 의미한다. **그림 7.5**의 HTML 코드는 문단을 나타내는 ⟨p⟩ 태그, 정렬을 나타내는 align 속성과 center 속성값을 통해 가운데 정렬을 지정하며, 내용에는 '퀀트 투자'를 나타내고, ⟨/p⟩ 태그를 통해 태그를 마쳤다.

7.3.3 h 태그와 p 태그

h 태그는 폰트의 크기를 나타내는 태그이며, p 태그는 문단을 나타내는 태그다. 이를 사용한 간단한 예제는 다음과 같다.

```html
<html>
<body>

<h1>Page heading: size 1</h1>
<h2>Page heading: size 2</h2>
<h3>Page heading: size 3</h3>

<p>Quant Portfolio</p>
<p>By Henry</p>

</body>
</html>
```

그림 7.6 **h 태그와 p 태그 예제**

h 태그의 숫자가 작을수록 텍스트 크기는 커지며, 숫자는 1에서 6까지 지원된다. 또한, p 태그를 사용하면 각각의 문단이 만들어진다.

7.3.4 리스트를 나타내는 ul 태그와 ol 태그

ul과 ol 태그는 리스트(글머리 기호)를 만들 때 사용된다. ul은 순서가 없는 리스트(unordered list), ol은 순서가 있는 리스트(ordered list)를 만든다.

```html
<html>
<body>

<h2> Unordered List</h2>
<ul>
  <li>List 1</li>
  <li>List 2</li>
  <li>List 3</li>
</ul>

<h2> Ordered List</h2>
<ol>
  <li>List A</li>
  <li>List B</li>
  <li>List C</li>
  <li>List D</li>
 </ol>

</body>
</html>
```

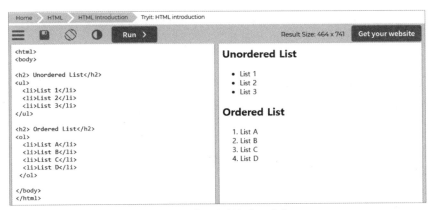

그림 7.7 리스트 관련 태그 예제

ul 태그로 감싼 부분은 글머리 기호가 순서가 없는 ●으로 표현되며, ol 태그로 감싼 부분은 숫자가 순서대로 표현된다. 각각의 리스트는 li를 통해 생성된다.

7.3.5 table 태그

table 태그는 표를 만드는 태그다.

```
<html>
<body>

<h2>Sample Table</h2>

<table>
  <tr>
    <th>Column 1</th>
    <th>Column 2</th>
    <th>Column 3</th>
  </tr>
  <tr>
    <td>1</td>
    <td>2</td>
    <td>3</td>
  </tr>
  <tr>
    <td>A</td>
    <td>B</td>
    <td>C</td>
  </tr>
  <tr>
    <td>a</td>
    <td>b</td>
    <td>c</td>
  </tr>
</table>

</body>
</html>
```

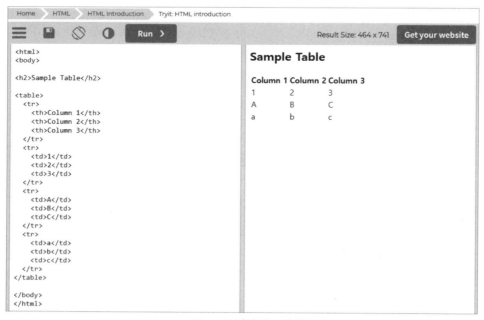

그림 7.8 **표 관련 태그 예제**

table 태그 내의 tr 태그는 각 행을 의미하며, 각 셀의 구분은 th 또는 td 태그를 통해 구분할 수 있다. th 태그는 진하게 표현되므로 주로 표의 제목에 사용되고, td 태그는 표의 내용에 사용된다.

7.3.6 a 태그와 img 태그 및 속성

a 태그와 img 태그는 다른 태그와는 다르게, 혼자 쓰이기보다는 속성과 결합해 사용된다. a 태그는 href 속성과 결합해 다른 페이지의 링크를 걸 수 있다. img 태그는 src 속성과 결합해 이미지를 불러온다.

```html
<html>
<body>

<h2>a tag & href attribute</h2>
<p>HTML links are defined with the a tag.
The link address is specified in the href attribute:</p>

<a href="https://blog.naver.com/leebisu">Henry's Quantopia</a>

<h2>img tag & src attribute</h2>
<p>HTML images are defined with the img tag,
and the filename of the image source is
specified in the src attribute:</p>

<img src="https://www.python.org/static/img/python-logo.png",
width="200",height="100">

</body>
</html>
```

그림 7.9 **a 태그와 src 태그 예제**

a 태그 뒤 href 속성에 연결하려는 웹 페이지 주소를 속성값(https://blog.naver.com/leebisu)으로 입력한 후 내용(Henry's Quantopia)을 입력하면, 내용 텍스트에 웹 페이지의 링크가 추가된다. img 태그 뒤 src

속성의 속성값에는 불러오려는 이미지 주소를 입력하며, width 속성과 height 속성을 통해 이미지의 가로 세로 길이를 조절할 수도 있다. 페이지 내에서 링크된 주소를 모두 찾거나, 모든 이미지를 저장하려고 할 때 속성값을 찾으면 손쉽게 원하는 작업을 할 수 있다.

7.3.7 div 태그

div 태그는 화면의 전체적인 틀(레이아웃)을 만들 때 주로 사용하는 태그다. 단독으로도 사용될 수 있으며, 꾸밈을 담당하는 style 속성과 결합되어 사용되기도 한다.

```html
<html>
<body>

<div style="background-color:black;color:white">
  <h5>First Div</h5>
  <p>Black backgrond, White Color</p>
</div>

<div style="background-color:yellow;color:red">
  <h5>Second Div</h5>
  <p>Yellow backgrond, Red Color</p>
</div>

<div style="background-color:blue;color:grey">
  <h5>Second Div</h5>
  <p>Blue backgrond, Grey Color</p>
</div>

</body>
</html>
```

그림 7.10 div 태그 예제

div 태그를 통해 총 3개의 레이아웃으로 나뉜 것을 알 수 있다. style 속성 중 background-color는 배경 색상을, color는 글자 색상을 의미하며, 각 레이아웃마다 다른 스타일이 적용되었다.

7.3.8 CSS

CSS는 앞서 설명했듯이 웹 페이지를 꾸며 주는 역할을 한다. head에서 각 태그에 CSS 효과를 입력하면 본문의 모든 해당 태그에 CSS 효과가 적용된다. 이처럼 웹 페이지를 꾸미기 위해 특정 요소에 접근하는 것을 셀렉터selector라고 한다.

```
<html>
<head>
<style>
body {background-color: powderblue;}
h4    {color: blue;}
</style>
</head>
<body>

<h4>This is a heading</h4>
<p>This is a first paragraph.</p>
<p>This is a second paragraph.</p>

</body>
</html>
```

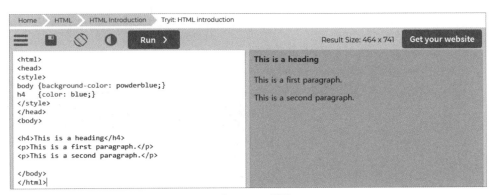

그림 7.11 **css 예제**

head의 style 태그에서 여러 CSS 효과가 정의되었다. 먼저, body의 전체 배경 색상을 powderblue로 설정했으며, h4 태그의 글자 색상은 파란색(blue)으로 설정했다. body 태그 내에서 style에 태그를 주지 않더라도, head에서 정의한 CSS 효과가 모두 적용된다.

7.3.9 클래스와 id

위의 예제에서 클래스 속성을 이용하면 특정 이름을 가진 클래스에 동일한 효과를 적용할 수 있다.

```
<html>
<style>
.language {
  background-color: tomato;
  color: white;
  padding: 10px;
}
.desc {
  background-color: moccasin;
  color: black;
  padding: 10px;
}
</style>

<div>
<h2 class="language">Python</h2>
<p class="desc"> Python is a high-level, general-purpose programming language.</p>
</div>

<div>
<h2>SQL</h2>
<p>SQL is a domain-specific language used in programming and designed for managing data held in a
RDBMS, or for stream processing in a RDBMS. </p>
</div>

<div>
<h2 class="language">R</h2>
<p class="desc">R is a free software environment for statistical computing and graphics.</p>
<div>
</html>
```

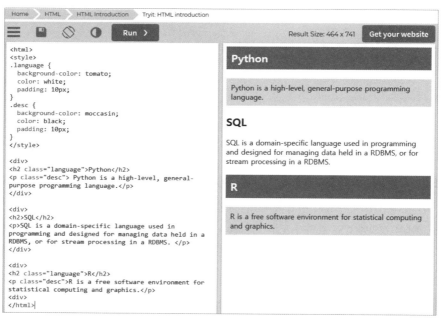

그림 7.12 class 예제

셀렉터를 클래스에 적용할 때는 클래스명 앞에 마침표(.)를 붙여 표현한다. 위 예제에서 language 클래스는 배경 색상이 tomato, 글자 색상은 흰색, 여백은 10px로 정의되었다. desc 클래스는 배경 색상이 moccasin, 글자 색상은 검은색, 여백은 10px로 정의되었다. 본문의 첫 번째(Python)와 세 번째(R) 레이아웃의 h2 태그 뒤에는 language 클래스를, p 태그 뒤에는 desc 클래스를 속성으로 입력했다. 따라서 해당 레이아웃에만 CSS 효과가 적용되며, 클래스 값이 없는 두 번째 레이아웃에는 효과가 적용되지 않는다.

id 또한 이와 비슷한 역할을 한다. HTML 내에서 클래스는 여러 개가 정의될 수 있는 반면, id는 단하나만 사용하기를 권장한다.

```
<html>
<head>
<style>

#myHeader {
  background-color: lightblue;
  color: black;
  padding: 15px;
  text-align: center;
}

</style>
</head>
<body>

<h1 id="myHeader">My Header</h1>

</body>
</html>
```

그림 7.13 **id** 예제

셀렉터를 id에 적용할 때는 id명 앞에 샵(#)를 붙여 표현하며, 페이지에서 한 번만 사용된다는 점을 제외하면 클래스와 사용 방법이 거의 동일하다. 클래스나 id 값을 통해 원하는 내용을 크롤링하는 경우도 많으므로, 각각의 이름 앞에 마침표(.)와 샵(#)을 붙여야 한다는 점을 꼭 기억해야 한다.

> **NOTE** HTML과 관련해 추가적인 정보가 필요하거나 내용이 궁금하다면 아래 웹사이트를 참고하기 바란다.

- w3schools: https://www.w3schools.in/html-tutorial/

8

정적 크롤링 실습

각종 금융 웹사이트에는 주가, 재무정보 등 우리가 원하는 대부분의 주식 정보가 제공되고 있으며, 크롤링을 통해 이러한 데이터를 수집할 수 있다. 크롤링 또는 스크래핑이란 웹사이트에서 원하는 정보를 수집하는 기술이다. 이번 장에서는 크롤링에 대한 간단한 설명과 예제를 살펴보겠다.

NOTE 크롤링을 할 때 주의해야 할 점이 있다. 특정 웹사이트의 페이지를 쉬지 않고 크롤링하는 행위를 무한 크롤링이라고 한다. 무한 크롤링은 해당 웹사이트의 자원을 독점하게 되어 타인의 사용을 막게 되며 웹사이트에 부하를 준다. 일부 웹사이트에서는 동일한 IP로 쉬지 않고 크롤링을 할 경우 접속을 막아 버리는 경우도 있다. 따라서 하나의 페이지를 크롤링한 후 1~2초가량 정지하고 다시 다음 페이지를 크롤링하는 것이 좋다.

또한, 신문 기사나 책, 논문, 사진 등 저작권이 있는 자료를 통해 부당이득을 얻는 등의 행위를 할 경우 법적 제재를 받을 수 있다.

이 책에서 설명하는 크롤링을 통해, 상업적 가치가 있는 데이터에 접근을 시도하여 발생할 수 있는 어떠한 상황에 대해서도 책임을 질 수 없다는 점을 명심하기 바란다.

8.1 GET과 POST 방식 이해하기

우리가 인터넷에 접속해 서버에 파일을 요청(request)하면, 서버는 이에 해당하는 파일을 우리에게 보내준다(response). 크롬과 같은 웹 브라우저는 이러한 과정을 사람이 수행하기 편하고 시각적으로 보기 편하도록 만들어진 것이며, 인터넷 주소는 서버의 주소를 기억하기 쉽게 만든 것이다. 우리가 서버에 데이터를 요청하는 형태는 다양하지만, 크롤링에서는 주로 GET과 POST 방식을 사용한다.

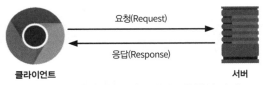

그림 8.1 클라이언트와 서버 간의 요청/응답 과정

8.1.1 GET 방식

GET 방식은 인터넷 주소를 기준으로 이에 해당하는 데이터나 파일을 요청하는 것이다. 주로 클라이언트가 요청하는 쿼리를 앰퍼샌드(&) 또는 물음표(?) 형식으로 결합해 서버에 전달한다.

네이버 홈페이지에 접속한 후 [퀀트]를 검색하면, 주소 끝부분에 [&query=퀀트]가 추가되며 이에 해당하는 페이지의 내용을 보여 준다. 즉 해당 페이지는 GET 방식을 사용하고 있으며, 입력 종류는 query, 입력값은 퀀트임을 알 수 있다.

그림 8.2 네이버 검색 결과

[헤지펀드]를 다시 검색하면, 주소 끝부분이 [&query=헤지펀드&oquery=퀀트…]로 변경된다. 현재 입력값은 헤지펀드, 기존 입력값은 퀀트이며, 이러한 과정을 통해 연관검색어가 생성됨도 유추해 볼 수 있다.

그림 8.3 네이버 재검색 결과

8.1.2 POST 방식

POST 방식은 사용자가 필요한 값을 추가해서 요청하는 방법이다. GET 방식과 달리 클라이언트가 요청하는 쿼리를 body에 넣어서 전송하므로 요청 내역을 직접 볼 수 없다. 동행복권 홈페이지에 접속해 [당첨 결과] 메뉴를 확인해 보자.

- https://www.dhlottery.co.kr/gameResult.do?method=byWin

그림 8.4 **회차별 당첨번호**

이번엔 회차 바로가기를 변경한 후 [조회]를 클릭한다. 페이지의 내용은 선택일 기준으로 변경되었지만, 주소는 변경되지 않고 그대로 남아 있다. GET 방식에서는 입력 항목에 따라 웹 페이지 주소가 변경되었지만, POST 방식을 사용해 서버에 데이터를 요청하는 해당 웹사이트는 그렇지 않은 것을 알 수 있다.

POST 방식의 데이터 요청 과정을 살펴보려면 개발자 도구를 이용해야 하며, 크롬에서는 [F12]키를 눌러 개발자 도구 화면을 열 수 있다. 개발자 도구 화면을 연 상태에서 다시 한번 [조회]를 클릭해 보자. [Network] 탭을 클릭하면, [조회]을 클릭함과 동시에 브라우저와 서버 간의 통신 과정을 살펴볼 수 있다. 이 중 상단의 gameResult.do?method=byWin이라는 항목이 POST 형태임을 알 수 있다.

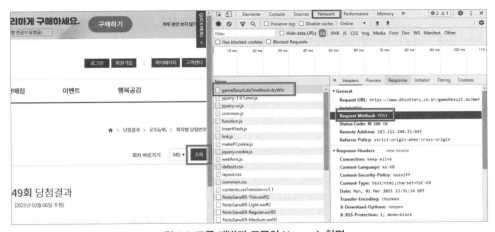

그림 8.5 **크롬 개발자 도구의 Network 화면**

해당 메뉴를 클릭하면 통신 과정을 좀 더 자세히 알 수 있다. [Payload] 탭의 [Form Data]에는 서버에 데이터를 요청하는 내역이 있다. drwNo와 dwrNoList에는 선택한 회차의 숫자가 들어가 있다.

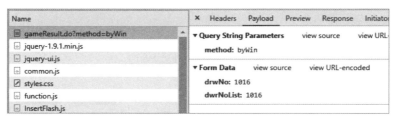

그림 8.6 **POST 방식의 서버 요청 내역**

이처럼 POST 방식은 요청하는 데이터에 대한 쿼리가 GET 방식처럼 URL을 통해 전송되는 것이 아닌 body를 통해 전송되므로, 이에 대한 정보는 웹 브라우저를 통해 확인할 수 없으며, 개발자 도구 화면을 통해 확인해야 한다.

8.2 크롤링 예제

일반적으로 크롤링은 **그림 8.7**의 과정을 따른다. 먼저, request 패키지의 get( ) 또는 post( ) 함수를 이용해 데이터를 요청한 후 HTML 정보를 가져오며, bs4 패키지의 함수들을 이용해 원하는 데이터를 찾는 과정으로 이루어진다. 기본적인 크롤링을 시작으로 GET 방식과 POST 방식으로 데이터를 받는 예제를 학습해 보겠다.

그림 8.7 **일반적인 크롤링 과정**

8.2.1 명언 크롤링하기

크롤링의 간단한 예제로 'Quotes to Scrape' 사이트에 있는 명언을 수집하겠다.

https://quotes.toscrape.com/

해당 사이트에 접속한 후, 명언에 해당하는 부분에 마우스 커서를 올려 둔 후 마우스 오른쪽 버튼을 클릭하고 [검사]를 선택하면 개발자 도구 화면이 나타난다. 여기서 해당 글자가 HTML 내에서 어떤 부분에 위치하는지 확인할 수 있다.

- 각 메모에 해당하는 부분: [class가 quote인 div 태그]
- 명언: 위의 태그 하부의 [class가 text인 span 태그]
- 말한 사람: [span 태그 하단의 class가 author인 small 태그]
- 말한 사람에 대한 정보인 about의 링크: [a 태그 href 속성]의 속성값

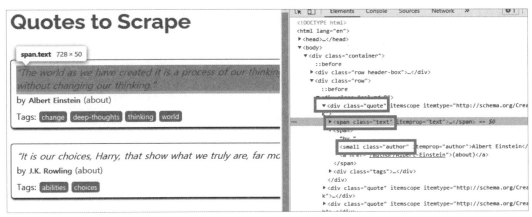

그림 8.8 **Quotes to Scrape의 명언 부분 HTML**

이제 위의 내용을 하나씩 크롤링 해보자. 먼저, 해당 페이지의 내용을 불러온다.

```
import requests as rq

url = 'https://quotes.toscrape.com/'
quote = rq.get(url)

print(quote)
```

```
<Response [200]>
```

url에 해당 주소를 입력한 후 get( ) 함수를 이용해 해당 페이지의 내용을 받았다. 이를 확인해 보면 Response가 200, 즉 데이터를 이상 없이 받았음이 확인된다.

```
quote.content[:1000]
```

```
b'<!DOCTYPE html>\n<html lang="en">\n<head>\n\t<meta charset="UTF-8">\n\t<title>Quotes to Scrape</
title>\n    <link rel="stylesheet" href="/static/bootstrap.min.css">\n    <link rel="stylesheet"
href="/static/main.css">\n</head>\n<body>\n    <div class="container">\n        <div class="row
header-box">\n        <div class="col-md-8">\n                <h1>\n                        <a
href="/" style="text-decoration: none">Quotes to Scrape</a>\n                </h1>\n            </
div>\n        <div class="col-md-4">\n                <p>\n                    \n
<a href="/login">Login</a>\n                \n                </p>\n            </div>\n        </
div>\n    \n\n<div class="row">\n    <div class="col-md-8">\n\n    <div class="quote" itemscope
itemtype="http://schema.org/CreativeWork">\n        <span class="text" itemprop="text">\xe2\x80\
x9cThe world as we have created it is a process of our thinking. It cannot be changed without
changing our thinking.\xe2\x80\x9d</span>\n        <span>by <small class="author" it'
```

content를 통해 받아 온 내용을 확인할 수 있으며, 텍스트 형태로 이루어져 있다. BeautifulSoup( ) 함수를 이용해 원하는 HTML 요소에 접근하기 쉬운 BeautifulSoup 객체로 변경할 수 있다.

```
from bs4 import BeautifulSoup

quote_html = BeautifulSoup(quote.content, 'html.parser')
quote_html.head()
```

```
[<meta charset="utf-8"/>,
 <title>Quotes to Scrape</title>,
 <link href="/static/bootstrap.min.css" rel="stylesheet"/>,
 <link href="/static/main.css" rel="stylesheet"/>]
```

BeautifulSoup( ) 함수 내에 HTML 정보에 해당하는 quote.content와 파싱 방법에 해당하는 html.
parser를 입력하면 개발자 도구 화면에서 보던 것과 비슷한 형태인 BeautifulSoup 객체로 변경되며, 이
를 통해 원하는 요소의 데이터를 읽어 올 수 있다.

NOTE   BeautifulSoup( ) 함수는 다양한 파서를 지원하며, 그 내용은 다음과 같다.

Parser	선언 방법	장점	단점
html.parser	BeautifulSoup(내용, 'html.parser')	설치할 필요 없음 적당한 속도	
lxml HTML parser	BeautifulSoup(내용, 'lxml')	매우 빠름	lxml 추가 설치 필요
lxml XML parser	BeautifulSoup(내용, 'xml')	매우 빠름 유일하게 XML 파싱	lxml 추가 설치 필요
html5lib	BeautifulSoup(내용, 'html5lib')	웹 브라우저와 같은 방식으로 페이지 파싱. 유효한 HTML5 생성	html5lib 추가 설치 필요 매우 느림

8.2.1.1 find( ) 함수를 이용한 크롤링

먼저, BeautifulSoup 모듈의 find( ) 함수를 통해 크롤링하는 법을 알아보자. 우리는 개발자 도구 화면
에서 명언에 해당하는 부분이 [class가 quote인 div 태그 ➡ class가 text인 span 태그]에 위치하고 있음
을 살펴보았다. 이를 활용해 명언만을 추출하는 방법은 다음과 같다.

```
quote_div = quote_html.find_all('div', class_='quote')

quote_div[0]
```

```
<div class="quote" itemscope="" itemtype="http://schema.org/CreativeWork">
<span class="text" itemprop="text">"The world as we have created it is a process of our thinking. It
cannot be changed without changing our thinking."</span>
<span>by <small class="author" itemprop="author">Albert Einstein</small>
<a href="/author/Albert-Einstein">(about)</a>
</span>
<div class="tags">
        Tags:
        <meta class="keywords" content="change,deep-thoughts,thinking,world" itemprop="keywords"/>
<a class="tag" href="/tag/change/page/1/">change</a>
<a class="tag" href="/tag/deep-thoughts/page/1/">deep-thoughts</a>
<a class="tag" href="/tag/thinking/page/1/">thinking</a>
```

```
<a class="tag" href="/tag/world/page/1/">world</a>
</div>
</div>
```

find_all( ) 함수를 이용할 경우 원하는 태그의 내용들을 찾아올 수 있다. 먼저, 태그에 해당하는 'div'
를 입력하고, class 이름인 'quote'를 입력한다. class라는 키워드는 파이썬에서 클래스를 만들 때 사용하
는 키워드이므로 언더바(_)를 통해 중복을 피해 준다. 조건에 만족하는 결과가 리스트 형태로 반환되므
로, 첫 번째 내용만 확인해 보면 div class="quote"에 해당하는 내용을 찾아왔으며, 이제 여기서 [class
가 text인 span 태그]에 해당하는 내용을 추가로 찾도록 하자.

```
quote_span = quote_div[0].find_all('span', class_='text')

quote_span
```

```
[<span class="text" itemprop="text">"The world as we have created it is a process of our thinking.
It cannot be changed without changing our thinking."</span>]
```

다시 한번 find_all( ) 함수를 이용해 원하는 부분('span', class_='text')을 입력하면 우리가 원하던 명
언에 해당하는 내용을 찾을 수 있다.

```
quote_span[0].text
```

```
'"The world as we have created it is a process of our thinking. It cannot be changed without changing
our thinking."'
```

결과물 마지막에 .text를 입력하면 텍스트 데이터만을 출력할 수 있다. for문 중에서 리스트 내포 형태
를 이용하여 명언에 해당하는 부분을 한번에 추출해 보자.

```
quote_div = quote_html.find_all('div', class_ = 'quote')

[i.find_all('span', class_ ='text')[0].text for i in quote_div]
```

```
['"The world as we have created it is a process of our thinking. It cannot be changed without changing our
thinking."',
 '"It is our choices, Harry, that show what we truly are, far more than our abilities."',
 '"There are only two ways to live your life. One is as though nothing is a miracle. The other is as though
everything is a miracle."',
 '"The person, be it gentleman or lady, who has not pleasure in a good novel, must be intolerably stupid."',
 '"Imperfection is beauty, madness is genius and it's better to be absolutely ridiculous than absolutely
boring."',
 '"Try not to become a man of success. Rather become a man of value."',
 '"It is better to be hated for what you are than to be loved for what you are not."',
 '"I have not failed. I've just found 10,000 ways that won't work."',
 '"A woman is like a tea bag; you never know how strong it is until it's in hot water."',
 '"A day without sunshine is like, you know, night."']
```

NOTE find_all( ) 함수가 아닌 find( ) 함수를 사용하면 해당 태그의 첫 번째 내용만을 가져온다.

8.2.1.2 select( ) 함수를 이용한 크롤링

앞의 예제에서는 간단하게 원하는 데이터를 찾았지만, 데이터가 존재하는 곳의 태그를 여러 번 찾아 내려가야 할 경우 find_all( ) 함수를 이용하는 방법은 매우 번거롭다. select( ) 함수의 경우 좀 더 쉬운 방법으로 원하는 데이터가 존재하는 태그를 입력할 수 있다. 위의 동일한 내용을 select( ) 함수를 이용해 크롤링해 보자.

```
quote_text = quote_html.select('div.quote > span.text')

quote_text
```

```
[<span class="text" itemprop="text">"The world as we have created it is a process of our thinking.
It cannot be changed without changing our thinking."</span>,
 <span class="text" itemprop="text">"It is our choices, Harry, that show what we truly are, far
more than our abilities."</span>,
 <span class="text" itemprop="text">"There are only two ways to live your life. One is as though
nothing is a miracle. The other is as though everything is a miracle."</span>,
 <span class="text" itemprop="text">"The person, be it gentleman or lady, who has not pleasure in
a good novel, must be intolerably stupid."</span>,
 <span class="text" itemprop="text">"Imperfection is beauty, madness is genius and it's better to
be absolutely ridiculous than absolutely boring."</span>,
 <span class="text" itemprop="text">"Try not to become a man of success. Rather become a man of
value."</span>,
 <span class="text" itemprop="text">"It is better to be hated for what you are than to be loved for
what you are not."</span>,
 <span class="text" itemprop="text">"I have not failed. I've just found 10,000 ways that won't
work."</span>,
 <span class="text" itemprop="text">"A woman is like a tea bag; you never know how strong it is
until it's in hot water."</span>,
 <span class="text" itemprop="text">"A day without sunshine is like, you know, night."</span>]
```

select( ) 함수 내에 찾고자 하는 태그를 입력하며, 클래스명이 존재할 경우 점(.)을 붙여 준다. 또한, 여러 태그를 찾아 내려가야 할 경우 > 기호를 이용해 순서대로 입력해 주면 된다. 즉 'div.quote > span. text'는 [class가 quote인 div 태그] 중에서 [class가 text인 span 태그]를 찾는다. 이제 텍스트 데이터만 추출해 보자.

```
quote_text_list = [i.text for i in quote_text]

quote_text_list
```

```
['"The world as we have created it is a process of our thinking. It cannot be changed without
changing our thinking."',
 '"It is our choices, Harry, that show what we truly are, far more than our abilities."',
 '"There are only two ways to live your life. One is as though nothing is a miracle. The other is
as though everything is a miracle."',
```

```
'"The person, be it gentleman or lady, who has not pleasure in a good novel, must be intolerably
stupid."',
'"Imperfection is beauty, madness is genius and it's better to be absolutely ridiculous than
absolutely boring."',
'"Try not to become a man of success. Rather become a man of value."',
'"It is better to be hated for what you are than to be loved for what you are not."',
'"I have not failed. I've just found 10,000 ways that won't work."',
'"A woman is like a tea bag; you never know how strong it is until it's in hot water."',
'"A day without sunshine is like, you know, night."']
```

find_all( ) 함수를 이용한 것보다 훨씬 간단하게 원하는 데이터를 찾을 수 있었다.

이번에는 명언을 말한 사람 역시 크롤링해 보자. 해당 데이터는 [class가 quote인 div 태그] 하단의 [span 태그], 다시 하단의 [class가 author인 small 태그]에 위치하고 있다.

```
quote_author = quote_html.select('div.quote > span > small.author')
quote_author_list = [i.text for i in quote_author]

quote_author_list
```

```
['Albert Einstein',
 'J.K. Rowling',
 'Albert Einstein',
 'Jane Austen',
 'Marilyn Monroe',
 'Albert Einstein',
 'André Gide',
 'Thomas A. Edison',
 'Eleanor Roosevelt',
 'Steve Martin']
```

위와 동일한 방법을 이용해 말한 사람 역시 손쉽게 추출할 수 있다.

마지막으로, 말한 사람에 대한 정보인 (about)에 해당하는 링크도 추출해 보자. 해당 주소는 [class가 quote인 div 태그] 하단의 [span 태그], 다시 하단의 [a 태그의 href 속성] 중 속성값에 위치하고 있다.

```
quote_link = quote_html.select('div.quote > span > a')

quote_link
```

```
[<a href="/author/Albert-Einstein">(about)</a>,
 <a href="/author/J-K-Rowling">(about)</a>,
 <a href="/author/Albert-Einstein">(about)</a>,
 <a href="/author/Jane-Austen">(about)</a>,
 <a href="/author/Marilyn-Monroe">(about)</a>,
 <a href="/author/Albert-Einstein">(about)</a>,
 <a href="/author/Andre-Gide">(about)</a>,
 <a href="/author/Thomas-A-Edison">(about)</a>,
 <a href="/author/Eleanor-Roosevelt">(about)</a>,
 <a href="/author/Steve-Martin">(about)</a>]
```

이 중에서 우리는 속성값에 해당하는 정보만 필요하다. 속성값의 경우 HTML 정보 뒤에 [속성]을 입력하면 추출할 수 있다.

```
quote_link[0]['href']
```

```
'/author/Albert-Einstein'
```

모든 속성값을 한 번에 추출한 후, 완전한 URL을 만들기 위해 주소 부분도 합쳐 주도록 하자.

```
['https://quotes.toscrape.com' + i['href'] for i in quote_link]
```

```
['https://quotes.toscrape.com/author/Albert-Einstein',
 'https://quotes.toscrape.com/author/J-K-Rowling',
 'https://quotes.toscrape.com/author/Albert-Einstein',
 'https://quotes.toscrape.com/author/Jane-Austen',
 'https://quotes.toscrape.com/author/Marilyn-Monroe',
 'https://quotes.toscrape.com/author/Albert-Einstein',
 'https://quotes.toscrape.com/author/Andre-Gide',
 'https://quotes.toscrape.com/author/Thomas-A-Edison',
 'https://quotes.toscrape.com/author/Eleanor-Roosevelt',
 'https://quotes.toscrape.com/author/Steve-Martin']
```

8.2.1.3 모든 페이지 데이터 크롤링하기
화면 하단의 [Next→] 부분을 클릭하면 URL이 https://quotes.toscrape.com/page/2/로 바뀌며, 다음 페이지의 내용이 나타난다. 이처럼 웹 페이지 하단에서 다음 페이지 또는 이전 페이지로 넘어가게 해주는 것을 흔히 페이지네이션pagination이라고 한다.

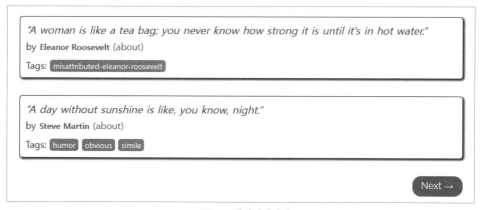

그림 8.9 **페이지네이션**

URL의 'page/' 뒤에 위치하는 숫자를 for문을 이용해 바꿔 준다면, 모든 페이지의 데이터를 크롤링할 수 있다.

```
import requests as rq
from bs4 import BeautifulSoup
import time

text_list = []    ┈┈┈ ❶
author_list = []  ┈┈┈ ❶
infor_list = []   ┈┈┈ ❶

for i in range(1, 100):  ┈┈┈ ❷

    url = f'https://quotes.toscrape.com/page/{i}/'
    quote = rq.get(url)
    quote_html = BeautifulSoup(quote.content, 'html.parser')  ┈┈┈ ❸

    quote_text = quote_html.select('div.quote > span.text')  ┈┈┈ ❹
    quote_text_list = [i.text for i in quote_text]

    quote_author = quote_html.select('div.quote > span > small.author')  ┈┈┈ ❹
    quote_author_list = [i.text for i in quote_author]

    quote_link = quote_html.select('div.quote > span > a')  ┈┈┈ ❹
    qutoe_link_list = ['https://quotes.toscrape.com' + i['href'] for i in quote_link]

    if len(quote_text_list) > 0:  ┈┈┈ ❹

        text_list.extend(quote_text_list)
        author_list.extend(quote_author_list)
        infor_list.extend(qutoe_link_list)  ┈┈┈ ❺
        time.sleep(1)  ┈┈┈ ❻

    else:
        break  ┈┈┈ ❺
```

❶ 명언과 말한 사람, 링크가 들어갈 빈 리스트(text_list, author_list, infor_list)를 만든다.

❷ for문을 1부터 100까지 적용하여 URL을 생성한다.

❸ HTML 정보를 받아 온 후 BeautifulSoup( ) 함수를 통해 파싱한다.

❹ 명언과 말한 사람, 링크에 해당하는 내용을 각각 추출한다.

❺ 해당 웹 페이지는 10페이지까지 데이터가 존재하며, 11페이지부터는 아무런 내용이 없다. 그러나 이러한 정보는 사전에 알 수 없기에 만약 데이터가 있는 경우 위에서 생성한 리스트에 extend( ) 함수를 사용하여 데이터를 추가하며, 그렇지 않을 경우 break를 통해 for문을 종료한다.

❻ 한 번 루프가 돌 때마다 1초간 정지를 준다.

text_list와 author_list, infor_list를 확인해 보면 모든 페이지의 내용이 저장되어 있다. 이제 크롤링한 내용을 데이터프레임 형태로 만들도록 한다.

```
import pandas as pd

pd.DataFrame({'text': text_list, 'author': author_list, 'infor': infor_list})
```

	text	author	infor
0	"The world as we have created it is a process ...	Albert Einstein	https://quotes.toscrape.com/author/Albert-Eins...
1	"It is our choices, Harry, that show what we t...	J.K. Rowling	https://quotes.toscrape.com/author/J-K-Rowling
2	"There are only two ways to live your life. On...	Albert Einstein	https://quotes.toscrape.com/author/Albert-Eins...
3	"The person, be it gentleman or lady, who has ...	Jane Austen	https://quotes.toscrape.com/author/Jane-Austen
4	"Imperfection is beauty, madness is genius and...	Marilyn Monroe	https://quotes.toscrape.com/author/Marilyn-Monroe
...	...	...	...
95	"You never really understand a person until yo...	Harper Lee	https://quotes.toscrape.com/author/Harper-Lee
96	"You have to write the book that wants to be w...	Madeleine L'Engle	https://quotes.toscrape.com/author/Madeleine-L...
97	"Never tell the truth to people who are not wo...	Mark Twain	https://quotes.toscrape.com/author/Mark-Twain
98	"A person's a person, no matter how small."	Dr. Seuss	https://quotes.toscrape.com/author/Dr-Seuss
99	"... a mind needs books as a sword needs a whe...	George R.R. Martin	https://quotes.toscrape.com/author/George-R-R-...

100 rows × 3 columns

8.2.2 금융 속보 크롤링

이번에는 금융 속보의 제목을 추출해 보겠다. 먼저, 네이버 금융에 접속한 후 [뉴스 ➡ 실시간 속보]를
선택하며, URL은 다음과 같다.

https://finance.naver.com/news/news_list.nhn?mode=LSS2D&section_id=101&section_id2=258

이 중 뉴스의 제목에 해당하는 텍스트만 추출해 보자. 개발자 도구 화면을 통해 제목에 해당하는 부
분은 [dl 태그 ➡ class가 articleSubject인 dd 태그 ➡ a 태그 중 title 속성]에 위치하고 있음을 확인할 수
있다.

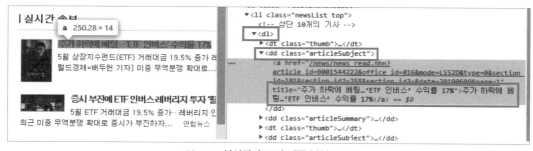

그림 8.10 **실시간 속보의 제목 부분 HTML**

```
import requests as rq
from bs4 import BeautifulSoup
```

```
url = 'https://finance.naver.com/news/news_list.nhn?mode=LSS2D&section_id=101&section_id2=258'
data = rq.get(url) ········· ❶
html = BeautifulSoup(data.content, 'html.parser') ········· ❷
html_select = html.select('dl > dd.articleSubject > a') ········· ❸

html_select[0:3]
```

```
[<a href="/news/news_read.naver?article_id=0013357016&amp;office_id=001&amp;mode=LSS2D&amp;type=0
§ion_id=101§ion_id2=258§ion_id3=&amp;date=20220805&amp;page=1" title="코스피 0.72% 상승한 2,490대
마감">코스피 0.72% 상승한 2,490대 마감</a>,
 <a href="/news/news_read.naver?article_id=0000009613&amp;office_id=648&amp;mode=LSS2D&amp;type=0
§ion_id=101§ion_id2=258§ion_id3=&amp;date=20220805&amp;page=1" title='"국내는 좁다" 롯데헬스케어,
프리미엄 웰니스 글로벌 정조준'>"국내는 좁다" 롯데헬스케어, 프리미엄 웰니스 글로벌 정조준</a>,
 <a href="/news/news_read.naver?article_id=0006261884&amp;office_id=421&amp;mode=LSS2D&amp;type=0
§ion_id=101§ion_id2=258§ion_id3=&amp;date=20220805&amp;page=1" title="[코스피] 17.69p(0.72%) 오른
2490.8 마감">[코스피] 17.69p(0.72%) 오른 2490.8 마감</a>]
```

❶ get( ) 함수를 이용해 페이지의 내용을 받아 온다.

❷ BeautifulSoup( ) 함수를 통해 HTML 정보를 BeautifulSoup 객체로 만든다.

❸ select( ) 함수를 통해 원하는 태그로 접근해 들어간다.

출력된 내용을 살펴보면 우리가 원하는 제목은 title 속성에 위치하고 있다.

```
html_select[0]['title']
```

```
'코스피 0.72% 상승한 2,490대 마감'
```

속성값에 해당하는 내용을 추출했다. 이제 for문으로 묶어 한 번에 제목들을 추출하도록 하겠다.

```
[i['title'] for i in html_select]
```

```
['코스피 0.72% 상승한 2,490대 마감',
 '"국내는 좁다" 롯데헬스케어, 프리미엄 웰니스 글로벌 정조준',
 '[코스피] 17.69p(0.72%) 오른 2490.8 마감',
 '[코스닥] 6.48p(0.79%) 오른 831.64 마감',
 '[달러/원] 환율 11.8원 내린 1298.3원 마감',
 '[속보] 코스피, 17.69포인트(0.72%) 오른 2490.80 마감',
 '셀트리온, 셀트리온헬스케어에 미국 법인 매각[주목 e공시]']
```

8.2.3 표 크롤링하기

우리가 크롤링하고자 하는 데이터가 표 형태로 제공될 경우, 위와 같이 복잡한 과정을 거칠 필요 없이
매우 간단하게 표에 해당하는 내용만 가져올 수 있다. 먼저, 다음 사이트에는 각 국가별 GDP가 표 형
태로 제공되고 있다.

그림 8.11 **국가별 시가 총액 데이터**

해당 내역을 크롤링하는 법은 매우 간단하다.

```
import pandas as pd

url = 'https://en.wikipedia.org/wiki/List_of_countries_by_stock_market_capitalization'    ┄┄┄ ❶
tbl = pd.read_html(url)    ┄┄┄ ❷

tbl[0].head()
```

	Rank	Country	Total market cap (in mil. US$)[2]	Total market cap (% of GDP)[3]	Number of domesticcompanies listed[4]	Year
0	1	United States	40719661	194.5	4266	2020
1	2	China	12214466	83.0	4154	2020
2	3	Japan	6718220	122.2	3754	2020
3	4	Hong Kong	6130420	1768.8	2353	2020
4	5	India	3210000	99.0	5215	2022[5]

❶ URL을 입력한다.

❷ pandas 패키지의 read_html( ) 함수에 URL을 입력하면, 해당 페이지에 존재하는 표를 가져온 후 데이터프레임 형태로 불러온다.

이처럼 표 형태로 존재하는 데이터는 HTML 정보를 불러온 후 태그와 속성을 찾을 필요 없이 read_html( ) 함수를 이용해 매우 손쉽게 불러올 수 있다.

8.2.4 기업 공시 채널에서 오늘의 공시 불러오기

한국거래소 상장공시시스템(kind.krx.co.kr)에 접속한 후 [오늘의 공시 ➡ 전체 ➡ 더보기]를 선택해 전체 공시 내용을 확인할 수 있다.

그림 8.12 **오늘의 공시 확인하기**

해당 페이지에서 날짜를 변경한 후 [검색]을 누르면, 페이지의 내용은 해당일의 공시로 변경되지만 URL은 변경되지 않는다. 이처럼 POST 방식은 요청하는 데이터에 대한 쿼리가 **body**의 형태를 통해 전송되므로, 개발자 도구 화면을 통해 해당 쿼리에 대한 내용을 확인해야 한다.

개발자 도구 화면을 연 상태에서 조회 일자를 원하는 날짜로 선택, [검색]을 클릭한 후 [Network] 탭의 todaydisclosure.do 항목에서 [Headers] 탭의 [General] 부분에는 데이터를 요청하는 서버 주소가, [Payload] 탭의 [Form Data]를 통해 서버에 데이터를 요청하는 내역을 확인할 수 있다. 여러 항목 중 **selDate** 부분이 우리가 선택한 일자로 설정되어 있다.

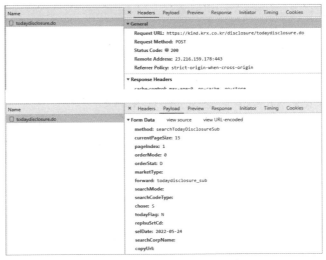

그림 8.13 **POST 방식의 데이터 요청**

POST 방식으로 쿼리를 요청하는 방법을 코드로 나타내면 다음과 같다.

```python
import requests as rq
from bs4 import BeautifulSoup
import pandas as pd

url = 'https://kind.krx.co.kr/disclosure/todaydisclosure.do'          ……… ❶
payload = {
    'method': 'searchTodayDisclosureSub',
    'currentPageSize': '15',
    'pageIndex': '1',
    'orderMode': '0',
    'orderStat': 'D',
    'forward': 'todaydisclosure_sub',
    'chose': 'S',
    'todayFlag': 'N',
    'selDate': '2022-07-27'
}

data = rq.post(url, data=payload)          ……… ❷
html = BeautifulSoup(data.content, 'html.parser')          ……… ❸

# print(html)
```

```html
<section class="scrarea type-00">
<table class="list type-00 mt10" summary="시간, 회사명, 공시제목, 제출인, 차트/주가">
<caption>목록</caption>
<colgroup>
<col width="9%"/>
<col width="22%"/>
<col width="*"/>
<col width="16%"/>
<col width="9%"/>
</colgroup>
<thead>
<tr class="first active" id="title-contents">
</tr>
</thead>
<tbody>
<tr class="first" id="parkman">
<td class="first txc">19:08</td>
<td><img alt="코스닥" class="vmiddle legend" src="/images/common/icn_t_ko.gif"/> <a href="#companysum" id="companysum"
onclick="companysummary_open('07865'); return false;" title="지나인제약"> 지나인제약</a> <img alt="관리종목" class="vmiddle legend"
src="/images/common/icn_t_kwan.gif"> <img alt="투자주의환기종목" class="vmiddle legend" src="/images/common/icn_t_hwan.gif"/> </img></
td>
<td><a href="#viewer" onclick="openDisclsViewer('20220727000647','')" title="기타시장안내(상장적격성 실질심사 사유추가 안내)">기타시장안내
(상장적격성 실질심사 사유추가 안내)</a></td>
```

❶ URL과 쿼리를 입력한다. 쿼리는 딕셔너리 형태로 입력하며, Form Data와 동일하게 입력해 준다. 쿼리 중 marketType과 같이 값이 없는 항목은 입력하지 않아도 된다.

❷ POST( ) 함수를 통해 해당 URL에 원하는 쿼리를 요청한다.

❸ BeautifulSoup( ) 함수를 통해 파싱한다.

읽어 온 데이터를 확인해 보면 엑셀 데이터가 HTML 형태로 나타나 있다. 따라서 이를 변형해 데이터 프레임 형태로 불러오도록 한다.

```python
html_unicode = html.prettify()          ……… ❶
```

```
tbl = pd.read_html(html.prettify())    ······· ❷

tbl[0].head()
```

	Unnamed: 0	Unnamed: 1	Unnamed: 2	Unnamed: 3	Unnamed: 4
0	19:08	지나인제약	기타시장안내(상장적격성 실질심사 사유추가 안내)	코스닥시장본부	공시차트 주가차트
1	19:00	지나인제약	최대주주변경	지나인제약	공시차트 주가차트
2	18:57	지나인제약	최대주주 변경을 수반하는 주식 담보제공 계약 체결	지나인제약	공시차트 주가차트
3	18:45	디딤	[정정] 최대주주 변경을 수반하는 주식 담보제공 계약 체결	디딤	공시차트 주가차트
4	18:39	케이옥션	추가상장(무상증자)	코스닥시장본부	공시차트 주가차트

❶ prettify( ) 함수를 이용해 BeautifulSoup에서 파싱한 파서 트리를 유니코드 형태로 다시 돌려
   준다.

❷ read_html( ) 함수를 통해 표를 읽어 온다.

데이터를 확인하면 화면과 동일한 내용이 들어가 있다. POST 형식의 경우 쿼리 내용을 바꾸어 원하는
데이터를 받을 수 있다. 만일 다른 날짜의 공시를 확인하고자 한다면 위의 코드에서 'selDate'만 해당일
로 변경해 주면 된다.

9

동적 크롤링과 정규 표현식

이번 장에서는 좀 더 복잡한 형태의 데이터를 크롤링하기 위한 동적 크롤링 및 정규 표현식의 사용 방법에 대해 알아보겠다.

9.1 동적 크롤링이란?

지난 장에서 크롤링을 통해 웹사이트의 데이터를 수집하는 방법에 대해 배웠다. 그러나 일반적인 크롤링으로는 정적 데이터, 즉 변하지 않는 데이터만을 수집할 수 있다. 한 페이지 안에서 원하는 정보가 모두 드러나는 것을 정적 데이터라 한다. 반면 입력, 클릭, 로그인 등을 통해 데이터가 바뀌는 것을 동적 데이터라 한다. 예를 들어, 네이버 지도에서 매장을 검색한 후 왼쪽에서 원하는 것을 선택할 때마다 이에 해당하는 내용이 뜬다.

그림 9.1 동적 페이지

이는 웹 페이지에서 사용자가 클릭 등과 같은 조작을 하면 AJAX 호출이 발생하여 그 결과가 페이지의 일부분에만 반영되어 변경되기 때문이다. 즉 매장을 클릭하면 웹브라우저가 연결된 자바스크립트 코드를 실행하여 해당 매장의 상세 정보가 동일한 페이지에 동적으로 표시된다. **그림 9.2**는 정적 페이지와 동적 페이지의 작동 방식의 차이를 나타낸다.

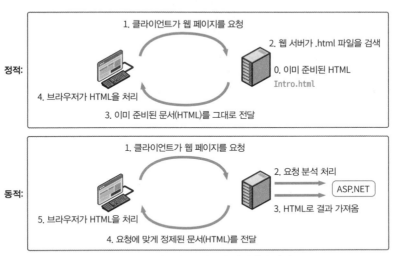

그림 9.2 정적 페이지와 동적 페이지의 차이

셀레늄을 이용할 경우 정적 페이지와 동적 페이지를 모두 크롤링할 수 있다는 강력함이 있지만, 상대적으로 속도가 느리다. 따라서 정적 페이지는 기존의 방법을 이용한 크롤링을, 동적 페이지는 셀레늄을 이용한 크롤링을 하는 것이 일반적이다.

표 9.1 정적 크롤링과 동적 크롤링 비교

구분	정적 크롤링	동적 크롤링
사용 패키지	requests	selenium
수집 커버리지	정적 페이지	정적/동적 페이지
수집 속도	빠름(별도 페이지 조작 필요 X)	상대적으로 느림
파싱 패키지	beautifulsoup	beautifulsoup / selenium

셀레늄Selenium이란 다양한 브라우저(인터넷 익스플로러, 크롬, 사파리 오페라 등) 및 플랫폼에서 웹 응용 프로그램을 테스트할 수 있게 해주는 라이브러리다. 즉 웹 자동화 테스트 용도로 개발이 되었기에 실제 브라우저를 사용하며, 페이지가 변화하는 것도 관찰할 수 있기에 동적 크롤링에 사용할 수 있다.

9.1.1 셀레늄 실습하기

이제 간단한 예제를 통해 셀레늄 사용법을 알아보자.

```python
from selenium import webdriver
from selenium.webdriver.chrome.service import Service
from webdriver_manager.chrome import ChromeDriverManager
from selenium.webdriver.common.by import By
from selenium.webdriver.common.keys import Keys
import time
from bs4 import BeautifulSoup

driver = webdriver.Chrome(service=Service(ChromeDriverManager().install()))
```

그림 9.3 셀레늄: 창 열기

webdriver.Chrome(service=Service(ChromeDriverManager( ).install( ))) 코드를 실행하면 크롬 브라우 저의 버전을 탐색한 다음, 버전에 맞는 웹드라이버를 다운로드하여 해당 경로를 셀레늄에 전달해 준다. 또한, **그림 9.3**과 같이 크롬 창이 열리며, 왼쪽 상단에 'Chrome이 자동화된 테스트 소프트웨어에 의해 제어되고 있습니다'라는 문구가 뜬다. 이제 파이썬 코드를 이용해 해당 페이지를 조작할 수 있다.

```python
url = 'https://www.naver.com/'
driver.get(url)
driver.page_source[1:1000]
```

```
'html lang="ko" class="fzoom" data-dark="false"><head><script async="" src="https://ntm.pstatic.
net/ex/nlog.js"></script><script async="" src="https://ntm.pstatic.net/scripts/ntm_27291e35193e.
js"></script><script async="" type="text/javascript" src="https://ssl.pstatic.net/tveta/libs/
ndpsdk/prod/ndp-core.js"></script> <meta charset="utf-8"> <meta name="Referrer" content="origin">
<meta http-equiv="X-UA-Compatible" content="IE=edge"> <meta name="viewport" content="width=1190">
<title>NAVER</title> <meta name="apple-mobile-web-app-title" content="NAVER"> <meta name="robots"
content="index,nofollow"> <meta name="description" content="네이버 메인에서 다양한 정보와 유용한
컨텐츠를 만나 보세요"> <meta property="og:title" content="네이버"> <meta property="og:url"
content="https://www.naver.com/"> <meta property="og:image" content="https://s.pstatic.net/static/
www/mobile/edit/2016/0705/mobile_212852414260.png"> <meta property="og:description" content="네이버
메인에서 다양한 정보와 유용한 컨텐츠를 만나 보세요"> <meta name="twitter:card" content="'
```

그림 9.4 셀레늄을 이용한 네이버 접속

driver.get( ) 내에 URL 주소를 입력하면 해당 주소로 이동한다. 또한, driver.page_source를 통해 열려 있는 창의 HTML 코드를 확인할 수도 있다. 이제 네이버 메인에서 [뉴스] 버튼을 누르는 동작을 실행해 보자. 개발자 도구 화면을 통해 확인해 보면 [뉴스] 탭은 아래 HTML에 위치하고 있다.

```
<a href="https://news.naver.com/" class="link_service" target="_blank"><span class="service_icon type_news"></span>
<span class="service_name">뉴스</span></a>
```

위 정보를 통해 해당 부분을 클릭해 보자.

그림 9.5 뉴스 탭의 HTML 확인

```
driver.find_element(By.LINK_TEXT, value = '뉴스').click()
```

그림 9.6 뉴스 탭으로 이동

브라우저상에서 보이는 버튼, 검색창, 사진, 표, 동영상 등을 엘리먼트element(요소)라고 한다. find_element( )는 다양한 방법으로 엘리먼트에 접근하게 해주며, By.* 를 통해 어떠한 방법으로 엘리먼트에 접근할지 선언한다. LINK_TEXT의 경우 링크가 달려 있는 텍스트로 접근하며, value = '뉴스', 즉 뉴스라는 단어가 있는 엘리먼트로 접근한다. click( ) 함수는 마우스 클릭을 실행하며 결과적으로 뉴스 탭을 클릭한 후 페이지가 이동되는 것을 확인할 수 있다. find_element( ) 내 접근 방법 및 셀레늄의 각종 동작 제어 방법에 대해서는 나중에 다시 정리하도록 한다.

이제 해당 탭을 닫아보자.

```
driver.switch_to.window(driver.window_handles[1])
driver.close()
```

switch_to.window() 메서드는 인자로 전달된 창의 핸들로 드라이버의 컨트롤을 전환한다. 즉 driver.window_handles[1]를 통해 현재 열린 두 번째 창으로 포커스를 이동한다. 이후 close()를 통해 해당 페이지를 닫는다.

이제 특정 검색어를 검색하는 방법에 대해 알아보자. 먼저, 검색 창의 위치가 어디에 있는지 확인해 보면 query라는 id와 search_input이라는 class에 위치하고 있다.

그림 9.7 **검색 창 위치 확인하기**

```
driver.switch_to.window(driver.window_handles[0])
driver.find_element(By.CLASS_NAME, value = 'search_input').send_keys('퀀트 투자 포트폴리오 만들기')
```

그림 9.8 **검색어 입력하기**

먼저 driver.switch_to.window(driver.window_handles[0])를 통해 현재 탭으로 다시 포커스를 이동한다. find_element( ) 내에 By.CLASS_NAME을 입력하면 클래스명에 해당하는 엘리먼트에 접근하며, 여기서는 검색 창에 접근한다. 그 후 send_keys( ) 내에 텍스트를 입력하면 해당 내용이 웹 페이지에 입력된다. 이제 웹 페이지에서 검색 버튼에 해당하는 돋보기 모양을 클릭하거나 엔터키를 누르면 검색이 실행된다. 먼저, 돋보기 모양의 위치를 확인해 보면 btn_search 클래스에 위치하고 있다.

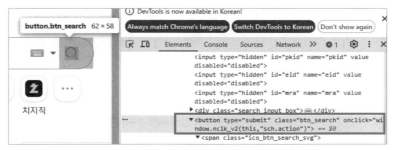

그림 9.9 검색 버튼의 위치 확인

```
driver.find_element(By.CLASS_NAME, value = 'btn_search').send_keys(Keys.ENTER)
```

그림 9.10 엔터키 제어하기

find_element(By.CLASS_NAME, value = 'btn_search')를 통해 검색 버튼에 접근한다. 그 후 send_keys(Keys.ENTER)를 입력하면 엔터키를 누르는 동작이 실행된다. 페이지를 확인해 보면 검색이 실행된 후 결과를 확인할 수 있다.

이번에는 다른 단어를 검색해 보자. 웹에서 기존 검색어 내용을 지운 후, 검색어를 입력하고, 버튼을 클릭해야 한다. 이를 위해 검색어 박스와 검색 버튼의 위치를 찾아보면 다음과 같다.

- 검색어 박스: nx_query id
- 검색 버튼: bt_search 클래스

그림 9.11 검색어 박스와 검색 버튼의 위치 확인

```
driver.find_element(By.ID, value = 'nx_query').clear()          ❶
driver.find_element(By.ID, value = 'nx_query').send_keys('이현열 퀀트')      ❷
driver.find_element(By.CLASS_NAME, value = 'bt_search').click()      ❸
```

그림 9.12 새로운 단어 검색하기

❶ 검색어 박스(nx_query)에 접근한 후, clear( )를 실행하면 모든 텍스트가 지워진다.

❷ send_keys('이현열 퀀트')를 실행하여 새로운 검색어를 입력한다.

❸ 검색 버튼(bt_search)에 접근한 후, click( )를 실행하여 해당 버튼을 클릭한다.

이번에는 블로그에서 [최신순] 버튼을 클릭하는 동작을 실행해 본다. 기존처럼 링크나 클래스명을 통해 엘리먼트에 접근할 수도 있지만, 이번에는 XPATH를 이용해 접근해 보자. XPATH란 XML 중 특정 값의 태그나 속성을 찾기 쉽게 만든 주소다. 예를 들어, 윈도우 탐색기에서는 특정 폴더의 위치가 'C:\Program Files'와 같이 주소처럼 보이며 이는 윈도우의 PATH 문법이다. XML 역시 이와 동일한 개념의 XPATH가 있다. 웹 페이지에서 XPATH를 찾는 법은 다음과 같다.

❶ 개발자 도구 화면에서 위치를 찾고 싶은 부분에서 마우스 우클릭을 한다.

❷ [Copy ➡ Copy Xpath]를 선택한다.

그림 9.13 **XPATH 찾기 및 복사하기**

위 과정을 통해 XPATH가 복사된다. 메모장을 확인해 보면 VEW 부분의 XPATH는 다음과 같다.

//*[@id="snb"]/div[2]/ul/li[1]/div/div/a[2]

이를 이용해 해당 부분을 클릭하는 동작을 실행해 보자. 실행 순서는 [블로그 클릭 → 옵션 클릭 →
최신순 클릭] 순이다.

```
driver.find_element(By.XPATH, value = '//*[@id="lnb"]/div[1]/div/div[1]/div/div[1]/div[1]/a').click()
driver.find_element(By.XPATH, value = '//*[@id="snb"]/div[1]/div/div[2]/a').click()
driver.find_element(By.XPATH, value = '//*[@id="snb"]/div[2]/ul/li[1]/div/div/a[2]').click()
```

그림 9.14 **최신순 정렬**

앞에 제시한 순서대로 클릭하는 동작을 수행하여 검색어가 최신순으로 정렬되었다. 이제 page down 기능을 수행해 보자.

```
driver.execute_script('window.scrollTo(0, document.body.scrollHeight);')
# driver.find_element(By.TAG_NAME, value = 'body').send_keys(Keys.PAGE_DOWN)
```

먼저, document.body.scrollHeight는 웹 페이지의 높이를 나타내는 것으로서, window.scrollTo(0, document.body.scrollHeight);는 웹 페이지의 가장 하단까지 스크롤을 내리라는 자바스크립트 명령어다. driver.execute_script( )를 통해 해당 명령어를 실행하면 웹 페이지가 아래로 스크롤이 이동된다. send_keys(Keys.PAGE_DOWN)는 키보드의 페이지다운(PgDn) 버튼을 누르는 동작이며 이 역시 페이지가 아래로 이동시킨다.

그러나 결과를 살펴보면 스크롤이 끝까지 내려간 후 얼마간의 로딩이 있은 후에 새로운 데이터가 생성된다. 이처럼 유튜브나 인스타그램, 페이스북 등 많은 검색 결과를 보여 줘야 하는 경우 웹 페이지상에서 한 번에 모든 데이터를 보여 주기보다는 스크롤을 가장 아래로 위치하면 로딩을 거쳐 추가적인 결과를 보여 준다. 따라서 스크롤을 한 번만 내리는 것이 아닌 모든 결과가 나올 때까지 내리는 동작을 실행해야 한다.

```
prev_height = driver.execute_script('return document.body.scrollHeight')  ········ ❶

while True:  ········ ❷
    driver.execute_script('window.scrollTo(0, document.body.scrollHeight);')  ········ ❸
    time.sleep(2)  ········ ❹

    curr_height = driver.execute_script('return document.body.scrollHeight')  ········ ❺
    if curr_height == prev_height:
        break  ········ ❻
    prev_height = curr_height  ········ ❼
```

❶ return document.body.scrollHeight은 현재의 창 높이는 반환하는 자바스크립트 명령어이며, 이를 prev_height에 저장한다.

❷ while문을 통해 반복문을 실행한다.

❸ 셀레늄을 통해 페이지의 최하단으로 스크롤을 내린다.

❹ 페이지가 로딩되는 시간을 기다리기 위해 2초간 슬립을 준다.

❺ curr_height에 현재 창 높이를 저장한다.

❻ curr_height와 prev_height가 동일하다는 의미는 페이지가 끝까지 내려왔다는 의미다. 따라서 이 경우 break를 통해 while문을 멈추며, 그렇지 않을 경우 다시 스크롤을 내리는 동작을 반복한다.

❼ prev_height에 새로운 창 높이를 입력한다.

이제 모든 검색 결과가 나타났으면 이전 장에서 살펴보았던 정적 크롤링을 통해 데이터 수집을 할 수 있다. 제목 부분을 확인해 보면 **title_link** 클래스에 위치하고 있으며, 이를 통해 모든 제목을 크롤링해 보자.

```
html = BeautifulSoup(driver.page_source, 'lxml')  ┈┈┈┈ ❶
txt = html.find_all(class_ = 'title_link')  ┈┈┈┈ ❷
txt_list = [i.get_text() for i in txt]  ┈┈┈ ❸

txt_list[0:10]
```

```
['월가의 퀀트투자 바이블, 스마트 베타',
 '신진오님의 시선으로 본 투자의 세계해석(벤저민 그레이엄 현명한 투자자 해석) - 현명한 투자자2 해제(신진오)',
 '2019-1학기 금융공학회 기록',
 '2023년 12월 주식 투자 결산',
 '[독서기록 #34] 헤지펀드 열전 「금융시장에서 돈을 벌고 싶은데, 방법을 모르는 사람들은 꼭 읽어봐야... ',
 '[책] 파이썬을 이용한 퀀트 투자 포트폴리오 만들기 (이현열)',
 '[이런저런 공부] 포트폴리오 최적화의 예',
 '20231122 멱(冪)파레토 독서법',
 '[책] R을 이용한 퀀트 투자 포트폴리오 만들기 (이현열)',
 '에드워드 소프의 생애에 관한 영상']
```

❶ driver.page_source를 통해 현재 웹 페이지의 HTML 정보를 가져올 수 있으며, 이를 BeautifulSoup 객체로 만들어 준다.

❷ find_all( ) 함수를 통해 제목 부분에 위치하는 데이터를 모두 불러온다.

❸ for문을 통해 텍스트만 추출한다.

이처럼 동적 페이지의 경우도 셀레늄을 통해 웹 페이지를 제어한 후 BeautifulSoup 패키지를 사용해 원하는 부분을 추출하면 얼마든지 크롤링할 수 있다.

```
driver.quit()
```

driver.quit( )을 실행하면 열려 있던 페이지가 종료된다.

9.1.2 셀레늄 명령어 정리

마지막으로, 셀레늄의 각종 명령어는 다음과 같다.

9.1.2.1 브라우저 관련

- webdriver.Chrome( ): 브라우저 열기
- driver.close( ): 현재 탭 닫기
- driver.quit( ): 브라우저 닫기
- driver.back( ): 뒤로 가기
- driver.forward( ): 앞으로 가기

9.1.2.2 엘리먼트 접근

driver.find_element(by = 'id', value = 'value') 중 by = 'id' 부분에 해당하는 방법에 따라 엘리먼트에 접근한다. 또한, find_element( )는 해당하는 엘리먼트가 여러 개 있을 경우 첫 번째 요소 하나만을 반환하며, find_elements( )는 여러 엘리먼트가 있을 경우 리스트로 반환한다.

- By.ID: 태그의 ID 값으로 추출
- By.NAME: 태그의 NAME 값으로 추출
- By.XPATH: 태그의 XPATH 값으로 추출
- By.LINK_TEXT: 링크에 존재하는 텍스트로 추출
- By.TAG_NAME: 태그명으로 추출
- By.CLASS_NAME: 태그의 클래스명으로 추출
- By.CSS_SELECTOR: CSS 선택자로 추출

9.1.2.3 동작

엘리먼트에 접근한 후 각종 동작을 수행할 수 있다.

- click( ): 엘리먼트를 클릭
- clear( ): 텍스트 삭제
- send_keys(text): 텍스트 입력
- send_keys(Keys.CONTROL + 'v'): 컨트롤 + v 누르기

9.1.2.4 자바스크립트 코드 실행

execute_script( ) 내에 자바스크립트 코드를 입력하여 여러 가지 동작을 수행할 수 있다.

> NOTE 파이썬 내 셀레늄은 아래 페이지에 상세하게 설명되어 있다.

https://selenium-python.readthedocs.io/

9.2 정규 표현식

정규 표현식(정규식)이란 프로그래밍에서 문자열을 다룰 때 문자열의 일정한 패턴을 표현하는 일종의 형식 언어를 말하며, 영어로는 **regular expression**를 줄여 일반적으로 **regex**라 표현한다. 정규 표현식은 파이썬만의 고유 문법이 아니라 문자열을 처리하는 모든 프로그래밍에서 사용되는 공통 문법이기에 한번 알아두면 파이썬뿐만 아니라 다른 언어에서도 쉽게 적용할 수 있다. 이 책의 내용은 아래 페이지의 내용을 참고하여 작성되었다.

https://docs.python.org/3.10/howto/regex.html

9.2.1 정규 표현식을 알아야 하는 이유

만약 우리가 크롤링한 결과물이 다음과 같다고 하자.

"동 기업의 매출액은 전년 대비 29.2% 늘어났습니다."

만일 이 중에서 [29.2%]에 해당하는 데이터만 추출하려면 어떻게 해야 할까? 얼핏 보기에도 꽤나 복잡한 방법을 통해 클렌징을 해야 한다. 그러나 정규 표현식을 이용할 경우 이는 매우 간단한 작업이다.

```python
import re

data = '동 기업의 매출액은 전년 대비 29.2% 늘어났습니다.'
re.findall('\d+.\d+%', data)
```

```
['29.2%']
```

'\d+.\d+%'라는 표현식은 '숫자.숫자%'의 형태를 나타내는 정규 표현식이며, re 모듈의 `findall( )` 함수를 통해 텍스트에서 해당 표현식의 글자를 추출할 수 있다. 이제 정규 표현식의 종류에는 어떠한 것들이 있는지 알아보자.

9.2.2 메타 문자

프로그래밍에서 메타 문자(meta characters)란 문자가 가진 원래의 의미가 아닌 특별한 용도로 사용되는 문자를 말한다. 정규 표현식에서 사용되는 메타 문자는 다음과 같다.

. ^ $ * + ? { } [ ] ₩ | ( )

정규 표현식에 메타 문자를 사용하면 특별한 기능을 갖는다.

9.2.2.1 문자 클래스([ ])

정규 표현식에서 대괄호([ ])는 **대괄호 안에 포함된 문자들 중 하나와 매치**를 뜻한다. 예를 들어, 'apple', 'blueberry', 'coconut'이 정규 표현식이 [ae]와 어떻게 매치되는지 살펴보자.

- 'apple'에는 정규 표현식 내의 a와 e가 모두 존재하므로 매치된다.
- 'blueberry'에는 e가 존재하므로 매치된다.
- 'coconut'에는 a와 e 중 어느 문자도 포함하고 있지 않으므로 매치되지 않는다.

만일 [ ] 안의 두 문자 사이에 하이픈(-)을 입력하면 두 문자 사이의 범위를 의미한다. 즉 [a-e]라는 정규 표현식은 [abcde]와 동일하며, [0-5]는 [012345]와 동일하다. 흔히 [a-z]는 알파벳 소문자를, [A-Z]는 알파벳 대문자를, [a-zA-Z]는 모든 알파벳을, [0-9]는 모든 숫자를 뜻한다. 또한, [ ] 안의 ^는 반대를 뜻한다. 즉 [^0-9]는 숫자를 제외한 문자만 매치를 뜻하고, [^abc]는 a, b, c를 제외한 모든 문자와 매치를 뜻한다.

자주 사용하는 문자 클래스의 경우 별도의 표기법이 존재하여 훨씬 간단하게 표현할 수 있다.

표 9.2 자주 사용하는 문자 클래스

문자 클래스	설명
\d	숫자와 매치, [0-9]와 동일한 표현식
\D	숫자가 아닌 것 매치, [^0-9]와 동일한 표현식
\s	whitespace(공백) 문자와 매치, [\t\n\r\f\v]와 동일한 표현식
\S	whitespace 문자가 아닌 것과 매치, [^\t\n\r\f\v]와 동일한 표현식
\w	문자+숫자(alphanumeric)와 매치, [a-zA-Z0-9]와 동일한 표현식
\W	문자+숫자(alphanumeric)가 아닌 문자와 매치, [^a-zA-Z0-9]와 동일한 표현식

표 9.2에서 알 수 있듯이 대문자로 표현된 문자 클래스는 소문자로 표현된 것의 반대를 의미한다.

9.2.2.2 모든 문자(.)

Dot(.) 메타 문자는 줄바꿈 문자인 \n을 제외한 모든 문자와 매치되며, Dot 하나당 임의의 한 문자를 나타낸다. 정규 표현식 a.e는 'a+모든 문자+e'의 형태다. 즉 a와 e 문자 사이에는 어떤 문자가 들어가도 모두 매치가 된다. 'abe', 'ace', 'abate', 'ae'의 경우 정규식 a.e와 어떻게 매치되는지 살펴보자.

- 'abe': a와 e 사이에 b라는 문자가 있으므로 정규식과 매치된다.
- 'ace': a와 e 사이에 c라는 문자가 있으므로 정규식과 매치된다.
- 'abate': a와 e 사이에 문자가 하나가 아닌 여러 개가 있으므로 매치되지 않는다.

- 'ae': a와 e 사이에 문자가 없으므로 매치되지 않는다.

만일 정규식이 a[.]c의 형태일 경우는 'a.c'를 의미한다. 즉 a와 c 사이의 dot(.)은 모든 문자를 의미하는 것이 아닌 문자 그대로인 .를 의미한다.

9.2.2.3 반복문

정규 표현식에는 반복을 의미하는 여러 메타 문자가 존재한다. 먼저, *의 경우 * 바로 앞에 있는 문자가 0부터 무한대로 반복될 수 있다는 의미다. ca*t라는 정규식은 c 다음의 a가 0부터 무한대로 반복되고 t로 끝이 난다는 의미로, 'ct', 'cat', 'caat', 'caaaat' 모두 정규식과 매치된다.

반면 메타 문자 +는 최소 1번 이상 반복될 때 사용된다. ca+t라는 정규식은 c 다음의 a가 1번 이상 반복된 후 t로 끝남을 의미하며, 위 예제에서 ct는 a가 없으므로 매치되지 않는다.

메타 문자 { }를 사용하면 반복 횟수를 고정할 수 있다. 즉 {m, n}은 반복 횟수가 m부터 n까지 고정된다. m 또는 n은 생략할 수도 있으며, {3, }의 경우 반복 횟수가 3 이상, {, 3}의 경우 반복 횟수가 3 이하를 의미한다.

메타 문자 ?는 {0, 1}과 동일하다. 즉 ? 앞의 문자가 있어도 되고 없어도 된다는 의미다.

9.2.2.4 기타 메타 문자

이 외에도 정규 표현식에는 다양한 메타 문자가 존재한다.

- |: or과 동일한 의미다. 즉 expr1 | expr2라는 정규식은 expr1 또는 expr2라는 의미로, 둘 중 하나의 형태만 만족해도 매치가 된다.
- ^: 문자열의 맨 처음과 일치함을 의미한다. 즉 ^a 정규식은 a로 시작하는 단어와 매치가 된다.
- $: ^와 반대의 의미로, 문자열의 끝과 매치함을 의미한다. 즉 a$는 a로 끝나는 단어와 매치가 된다.
- \: 메타 문자의 성질을 없앨 때 붙인다. 즉 ^이나 $ 문자를 메타 문자가 아닌 문자 그 자체로 매치하고 싶은 경우 \^, \$의 형태로 사용한다.
- ( ): 괄호 안의 문자열을 하나로 묶어 취급한다.

9.2.3 정규식을 이용한 문자열 검색

대략적인 정규 표현식을 익혔다면, 실제 예제를 통해 문자열을 검색하는 법을 알아보자. 파이썬에서는 re_{regular expression} 모듈을 통해 정규 표현식을 사용할 수 있다. 정규 표현식과 관련된 메서드는 다음과 같다.

- match( ): 시작 부분부터 일치하는 패턴을 찾는다.

- search( ): 첫 번째 일치하는 패턴을 찾는다.

- findall( ): 일치하는 모든 패턴을 찾는다.

- finditer( ): findall( )과 동일하지만 그 결과로 반복 가능한 객체를 반환한다.

간단한 실습을 해보자.

9.2.3.1 match( )

```
import re

p = re.compile('[a-z]+')
type(p)
```

```
re.Pattern
```

파이썬에서는 re 모듈을 통해 정규 표현식을 사용할 수 있으며, re.compile( )을 통해 정규 표현식을 컴파일하여 변수에 저장한 후 사용할 수 있다. [a-z]+는 알파벳 소문자가 1부터 여러 개까지를 의미하는 표현식이다.

```
m = p.match('python')
print(m)
```

```
<re.Match object; span=(0, 6), match='python'>
```

match( ) 함수를 통해 처음부터 정규 표현식과 일치하는 패턴을 찾을 수 있다. python이라는 단어는 알파벳이 여러 개가 있는 경우이므로 match 객체를 반환한다.

```
m.group()
```

```
'python'
```

match 객체 뒤에 group( )을 입력하면 매치된 텍스트만 출력할 수 있다.

```
m = p.match('Use python')
print(m)
```

```
None
```

'Use python이라는 문자열은 맨 처음의 문자 'U'가 대문자로, 소문자를 의미하는 정규 표현식 [a-z]+와는 매치되지 않아 None을 반환한다.

```
m = p.match('PYTHON')
print(m)
```

```
None
```

PYTHON이라는 단어는 대문자이므로 이 역시[a-z]+와는 매치되지 않는다. 이 경우 대문자에 해당하는 [A-Z]+ 표현식을 사용해야 매치가 된다.

```
p = re.compile('[가-힣]+')
m = p.match('파이썬')
print(m)
```

```
<re.Match object; span=(0, 3), match='파이썬'>
```

한글의 경우 알파벳이 아니므로 모든 한글을 뜻하는 [가-힣]+ 표현식을 사용하면 매치가 된다.

9.2.3.2 search( )

search( ) 함수는 첫 번째 일치하는 패턴을 찾는다.

```
p = re.compile('[a-z]+')
m = p.search('python')
print(m)
```

```
<re.Match object; span=(0, 6), match='python'>
```

'python'이라는 문자에 search 메서드를 수행하면 match 메서드를 수행한 것과 결과가 동일하다.

```
m = p.search('Use python')
print(m)
```

```
<re.Match object; span=(1, 3), match='se'>
```

'Use python' 문자의 경우 첫 번째 문자인 'U'는 대문자라 매치가 되지 않지만, 그 이후의 문자열 'se'는 소문자로 구성되어 있기에 매치가 된다. 이처럼 search( )는 문자열의 처음부터 검색하는 것이 아니라 문자열 전체를 검색하며, 첫 번째로 일치하는 패턴을 찾기에 띄어쓰기 이후의 'python'은 매치되지 않는다.

9.2.3.3 findall( )

findall( )은 하나가 아닌 일치하는 모든 패턴을 찾는다.

```
p = re.compile('[a-zA-Z]+')
m = p.findall('Life is too short, You need Python.')
print(m)
```

```
['Life', 'is', 'too', 'short', 'You', 'need', 'Python']
```

이번에는 대소문자 모든 알파벳을 뜻하는 [a-zA-Z]+ 표현식을 입력하였다. 그 후 'Life is too short, You need Python.'이라는 문자에 finall( ) 메서드를 적용하면 정규 표현식과 매치되는 모든 단어를 리스트 형태로 반환한다.

9.2.3.4 finditer()

마지막으로, findall( )과 비슷한 finditer( ) 함수의 결과를 살펴보자.

```
p = re.compile('[a-zA-Z]+')
m = p.finditer('Life is too short, You need Python.')
print(m)
```

```
<callable_iterator object at 0x0000022B9F40E730>
```

결과를 살펴보면 반복 가능한 객체(iterator object)를 반환한다. 이는 for문을 통해 출력할 수 있다.

```
for i in m:
    print(i)
```

```
<re.Match object; span=(0, 4), match='Life'>
<re.Match object; span=(5, 7), match='is'>
<re.Match object; span=(8, 11), match='too'>
<re.Match object; span=(12, 17), match='short'>
<re.Match object; span=(19, 22), match='You'>
<re.Match object; span=(23, 27), match='need'>
<re.Match object; span=(28, 34), match='Python'>
```

9.2.4 정규 표현식 연습해 보기

위에서 배운 것들을 토대로 실제 크롤링 결과물 중 정규 표현식을 사용해 원하는 부분만 찾는 연습해 보자.

```
num = """r\n\t\t\t\t\t\t\t\r\n\t\t\t\t\t\t\t15\r\n\t\t\t\t\t\t\t23\r\n\t\t\t\t\t\t\t29\r\n\
t\t\t\t\t\t\t\t34\r\n\t\t\t\t\t\t\t40\r\n\t\t\t\t\t\t\t44\r\n\t\t\t\t\t\t\t\r\n\t\t\t\t\t\t\t"""
```

위의 HTML 결과물에서 숫자에 해당하는 부분만 추출해 보자.

```
import re

p = re.compile('[0-9]+')
m = p.findall(num)
print(m)
```

```
['15', '23', '29', '34', '40', '44']
```

\n, \t와 같은 문자를 없애는 방법으로 클렌징을 할 수도 있지만, 숫자를 의미하는 '[0-9]+' 정규 표현식을 사용하면 훨씬 간단하게 추출할 수 있다.

```
dt = '> 오늘의 날짜는 2022.12.31 입니다.'
```

이번에는 위의 문장에서 날짜에 해당하는 '2022.12.31' 또는 '20221231'만 추출해 보자.

```
p = re.compile('[0-9]+.[0-9]+.[0-9]+')
p.findall(dt)
```

```
['2022.12.31']
```

정규 표현식 '[0-9]+.[0-9]+.[0-9]+'은 [숫자.숫자.숫자] 형태를 의미하며, 이를 통해 '2022.12.31'을 추출한다.

```
p = re.compile('[0-9]+')
m = p.findall(dt)
print(m)
```

```
['2022', '12', '31']
```

정규 표현식에 [0-9]+를 입력할 경우 숫자가 개별로 추출되므로, 추가적인 작업을 통해 '20221231' 형태로 만들어 주면 된다.

```
''.join(m)
```

```
'20221231'
```

join( ) 함수는 **'구분자'**.join(**리스트**) 형태이므로, 구분자에 ''를 입력하면 리스트 내의 모든 문자를 공백 없이 합쳐서 반환한다.

아래의 웹사이트에서 정규 표현식을 연습하고 테스트할 수 있다. 크롤링 후 자신이 선택하고자 하는 문자를 한 번에 정규 표현식을 이용해 추출하는 것은 초보자 단계에서는 쉬운 일이 아니므로, 아래 웹사이트에서 텍스트를 입력하고 이를 추출하는 정규 표현식을 알아낸 후, 이를 파이썬에 적용하는 것이 훨씬 효율성이 높다.

- https://regexr.com
- https://regex101.com

국내 주식 데이터 수집

이번 장에서는 국내 주식 데이터 중 주식 티커와 섹터별 구성 종목 및 퀀트 투자를 위한 핵심 데이터인 수정주가, 재무제표, 가치지표를 크롤링하는 방법을 알아보겠다.

10.1 최근 영업일 기준 데이터 받기

POST 방식으로 금융 데이터를 제공하는 일부 사이트에서는 쿼리 항목에 특정 날짜를 입력하면(예: 20221230) 해당일의 데이터를 다운로드할 수 있으며, 최근 영업일 날짜를 입력하면 가장 최근의 데이터를 받을 수 있다. 따라서 최근 영업일에 해당하는 항목을 매번 수기로 입력하기보다는 자동으로 반영되게 해야 한다.

네이버 금융의 [국내증시 ➡ 증시자금동향]에는 이전 2영업일에 해당하는 날짜가 있으며, 자동으로 날짜가 업데이트된다. 따라서 해당 부분을 크롤링한 후 날짜에 해당하는 쿼리 항목에 사용하면 된다.

https://finance.naver.com/sise/sise_deposit.nhn

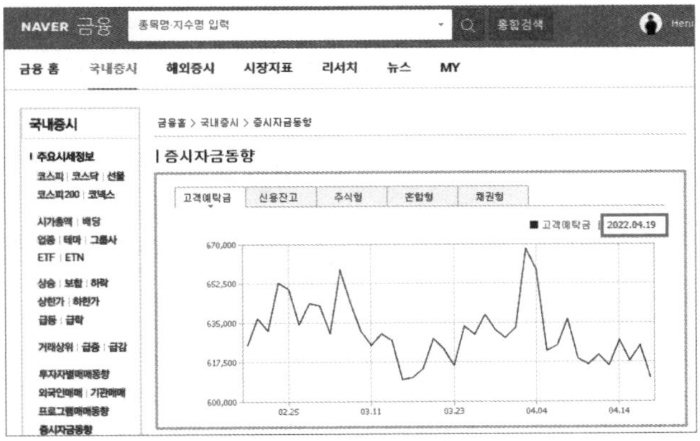

그림 10.1 **최근 영업일 부분**

개발자 도구 화면을 이용해 해당 데이터가 있는 부분을 확인해 보면 [클래스가 subtop_sise_graph2인 div 태그 ➡ 클래스가 subtop_chart_note인 ul 태그 ➡ li 태그 ➡ 클래스가 tah인 span 태그]에 위치해 있다는 걸 알 수 있다. 이를 이용해 해당 데이터를 크롤링한다.

```
import requests as rq
from bs4 import BeautifulSoup

url = 'https://finance.naver.com/sise/sise_deposit.nhn'        ❶
data = rq.get(url)        ❷
data_html = BeautifulSoup(data.content)        ❸
parse_day = data_html.select_one(        ❹
    'div.subtop_sise_graph2 > ul.subtop_chart_note > li > span.tah').text        ❹

print(parse_day)
```

| 2022.08.03

❶ 페이지 주소를 입력한다.

❷ get( ) 함수를 통해 해당 페이지 내용을 받아 온다.

❸ BeautifulSoup( ) 함수를 이용해 해당 페이지의 HTML 내용을 BeautifulSoup 객체로 만든다.

❹ select_one( ) 메서드를 통해 해당 태그의 데이터를 추출하며, text 메서드를 이용해 텍스트 데이터만을 추출한다.

위 과정을 통해 | yyyy.mm.dd 형식의 데이터가 선택된다. 이 중 숫자 부분만을 뽑아 yyyymmdd 형태로 만들어 준다.

```
import re

biz_day = re.findall('[0-9]+', parse_day)        ❶
biz_day = ''.join(biz_day)        ❷

print(biz_day)
```

20220803

❶ findall( ) 메서드 내에 정규 표현식을 이용해 숫자에 해당하는 부분만을 추출한다. '[0-9]+'는 모든 숫자를 의미하는 표현식이다.

❷ join( ) 함수를 통해 숫자를 합쳐 준다.

이를 통해 우리가 원하는 yyyymmdd 형태의 날짜가 만들어졌다. 해당 데이터를 최근 영업일이 필요한 곳에 사용하면 된다.

10.2 한국거래소의 업종분류 현황 및 개별지표 크롤링

주식 관련 데이터를 구하기 위해 가장 먼저 해야 하는 일은 어떠한 종목들이 상장되어 있는가에 대한 정보를 구하는 것이다. 한국거래소에서 제공하는 업종분류 현황과 개별종목 지표 데이터를 이용하면 매우 간단하게 해당 정보를 수집할 수 있다.

- KRX 정보데이터시스템 http://data.krx.co.kr/ 에서 [기본통계 ➡ 주식 ➡ 세부안내] 부분
- [12025] 업종분류 현황: http://data.krx.co.kr/contents/MDC/MDI/mdiLoader/index.
  cmd?menuId=MDC0201020506
- [12021] 개별종목: http://data.krx.co.kr/contents/MDC/MDI/mdiLoader/index.
  cmd?menuId=MDC0201020502

해당 데이터들을 크롤링이 아닌 [Excel] 버튼을 클릭해 엑셀 파일로 받을 수도 있다. 그러나 매번 엑셀
파일을 다운로드하고 이를 불러오는 작업은 상당히 비효율적이며, 크롤링을 이용한다면 해당 데이터를
파이썬에서 바로 불러올 수 있다.

10.2.1 업종분류 현황 크롤링

먼저, 업종분류 현황에 해당하는 페이지에 접속하여 F12를 눌러 개발자 도구 화면을 열고 [다운로드]
버튼을 클릭한 후 [CSV]를 누른다. 개발자 도구 화면의 [Network] 탭에는 **그림 10.2**와 같이 **generate.
cmd**와 **download.cmd** 두 가지 항목이 생긴다.

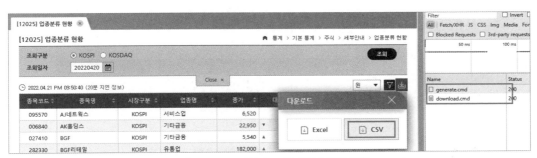

그림 10.2 CSV 다운로드 시 개발자 도구 화면

거래소에서 엑셀 또는 CSV 데이터를 받는 과정은 다음과 같다.

1. http://data.krx.co.kr/comm/fileDn/download_excel/download.cmd에 원하는 항목을 쿼리로 발송하
   면 해당 쿼리에 해당하는 OTP(generate.cmd)를 받는다.
2. 부여받은 OTP를 http://data.krx.co.kr/에 제출하면 이에 해당하는 데이터(download.cmd)를 다운
   로드한다.

먼저, 1번 단계를 살펴보자. [Headers] 탭의 'General' 항목 중 'Request URL' 부분이 원하는 항목을 제
출할 주소다. [Payload] 탭의 Form Data에는 우리가 원하는 항목들이 적혀 있다. 이를 통해 POST 방식
으로 데이터를 요청하면 OTP를 받음을 알 수 있다.

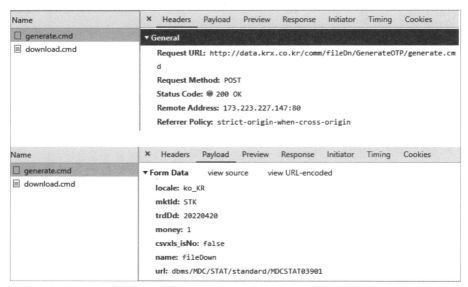

그림 10.3 **OTP 생성 부분**

다음으로, 2번 단계를 살펴보자. 'General' 항목의 'Request URL'은 OTP를 제출할 주소다. 'Form Data' 의 OTP는 1번 단계를 통해 부여받은 OTP에 해당한다. 이 역시 POST 방식으로 데이터를 요청하며 이 를 통해 CSV 파일을 받아 온다.

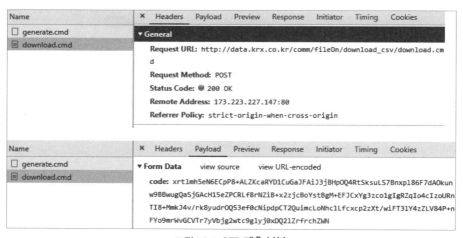

그림 10.4 **OTP 제출 부분**

위 과정 중 OTP를 받아 오는 과정을 코드로 나타내면 다음과 같다.

```
import requests as rq
from io import BytesIO
import pandas as pd

gen_otp_url = 'http://data.krx.co.kr/comm/fileDn/GenerateOTP/generate.cmd'    ········· ❶
gen_otp_stk = {
```

```
    'mktId': 'STK',        2
    'trdDd': biz_day,      3
    'money': '1',
    'csvxls_isNo': 'false',
    'name': 'fileDown',
    'url': 'dbms/MDC/STAT/standard/MDCSTAT03901'
}
headers = {'Referer': 'http://data.krx.co.kr/contents/MDC/MDI/mdiLoader'}        4
otp_stk = rq.post(gen_otp_url, gen_otp_stk, headers=headers).text        5

print(otp_stk)
```

SkqvmXXK0SrilAazghYQaJj7CaiJA9Ue1WbAAO7jNzsRtSksuLS7Bnxpl86F7dAOkunw9BBwugQaSjGAcH15eSN3vF4ZiabecD
u8sGdUJ+0tBgM+EFJCxYg3zco1gIgRZqIo4cIzoURnTI8+MmkJ4m8vFLhSKmM794gFu+ThsO31lY4woqehX8j6OlXFDcfHdV4N
bYo4+D2Rwcfj24VnU3Zpq3ik/Dyw3Fdy0XhJkBI=

❶ gen_otp_url에 원하는 항목을 제출할 URL을 입력한다.

❷ 개발자 도구 화면에 있는 쿼리 내용들을 딕셔너리 형태로 입력한다. 이 중 mktId의 'STK'는 코스피에 해당하며, 코스닥 데이터를 받고자 할 경우 'KSQ'를 입력하면 된다.

❸ 영업일을 뜻하는 trdDd에는 위에서 구한 최근 영업일 데이터를 입력한다.

❹ 헤더 부분에 리퍼러referer를 추가한다. 리퍼러란 링크를 통해서 각각의 웹사이트로 방문할 때 남는 흔적이다. 거래소 데이터를 다운로드하는 과정을 살펴보면 첫 번째 URL에서 OTP를 부여받고, 이를 다시 두 번째 URL에 제출했다. 그런데 이러한 과정의 흔적이 없이 OTP를 바로 두 번째 URL에 제출하면 서버는 이를 로봇으로 인식해 데이터를 주지 않는다. 따라서 헤더 부분에 우리가 거쳐온 과정을 흔적으로 남겨야 데이터를 받을 수 있다. 이러한 리퍼러 주소는 개발자 도구 화면에서도 확인할 수 있다(그림 10.5).

❺ post( ) 함수를 통해 해당 URL에 쿼리를 전송하면 이에 해당하는 데이터를 받으며, 이 중 텍스트에 해당하는 내용만 불러온다.

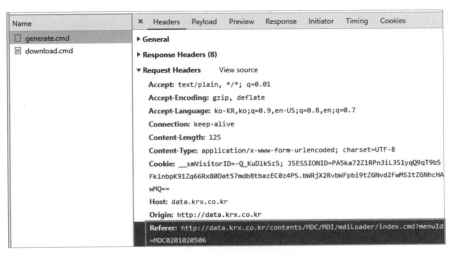

그림 10.5 리퍼러 주소의 확인

앞의 과정을 거쳐 생성된 OTP를 제출하면, 우리가 원하는 데이터를 다운로드할 수 있다.

```
down_url = 'http://data.krx.co.kr/comm/fileDn/download_csv/download.cmd' ········· ❶
down_sector_stk = rq.post(down_url, {'code': otp_stk}, headers=headers) ········· ❷
sector_stk = pd.read_csv(BytesIO(down_sector_stk.content), encoding='EUC-KR') ········· ❸

sector_stk.head()
```

	종목코드	종목명	시장구분	업종명	종가	대비	등락률	시가총액
0	095570	AJ네트웍스	KOSPI	서비스업	7970	-10	-0.13	373173691150
1	006840	AK홀딩스	KOSPI	기타금융	16450	300	1.86	217922378450
2	027410	BGF	KOSPI	기타금융	4215	30	0.72	403446274065
3	282330	BGF리테일	KOSPI	유통업	184500	1000	0.54	3188880657000
4	138930	BNK금융지주	KOSPI	기타금융	6640	0	0.00	2164210033440

❶ OTP를 제출할 URL을 down_url에 입력한다.

❷ post( ) 함수를 통해 위에서 부여받은 OTP 코드를 해당 URL에 제출한다.

❸ 받은 데이터의 content 부분을 BytesIO( )를 이용해 바이너리 스트림 형태로 만든 후, read_csv( ) 함수를 통해 데이터를 읽어 온다. 해당 데이터는 EUC-KR 형태로 인코딩되어 있으므로 이를 선언해 준다.

위 과정을 통해 sector_stk 변수에는 코스피 종목의 산업별 현황 데이터가 저장되었다. 코스닥 시장의 데이터도 동일한 과정을 통해 다운로드받도록 한다.

```
gen_otp_ksq = {
    'mktId': 'KSQ', # 코스닥 입력
    'trdDd': biz_day,
    'money': '1',
    'csvxls_isNo': 'false',
    'name': 'fileDown',
    'url': 'dbms/MDC/STAT/standard/MDCSTAT03901'
}
otp_ksq = rq.post(gen_otp_url, gen_otp_ksq, headers=headers).text

down_sector_ksq = rq.post(down_url, {'code': otp_ksq}, headers=headers)
sector_ksq = pd.read_csv(BytesIO(down_sector_ksq.content), encoding='EUC-KR')

sector_ksq.head()
```

	종목코드	종목명	시장구분	업종명	종가	대비	등락률	시가총액
0	060310	3S	KOSDAQ	기계·장비	2995	-5	-0.17	138583181435
1	054620	APS홀딩스	KOSDAQ	금융	11450	700	6.51	233513830450
2	265520	AP시스템	KOSDAQ	반도체	17600	100	0.57	268953009600

	종목코드	종목명	시장구분	업종명	종가	대비	등락률	시가총액
3	211270	AP위성	KOSDAQ	통신장비	12250	-150	-1.21	184758224000
4	032790	BNGT	KOSDAQ	정보기기	4075	0	0.00	120352455875

코스피 데이터와 코스닥 데이터를 하나로 합친다.

```
krx_sector = pd.concat([sector_stk, sector_ksq]).reset_index(drop=True) ------- ①
krx_sector['종목명'] = krx_sector['종목명'].str.strip() ------- ②
krx_sector['기준일'] = biz_day ------- ③

krx_sector.head()
```

	종목코드	종목명	시장구분	업종명	종가	대비	등락률	시가총액	기준일
0	095570	AJ네트웍스	KOSPI	서비스업	7970	-10	-0.13	373173691150	20220803
1	006840	AK홀딩스	KOSPI	기타금융	16450	300	1.86	217922378450	20220803
2	027410	BGF	KOSPI	기타금융	4215	30	0.72	403446274065	20220803
3	282330	BGF리테일	KOSPI	유통업	184500	1000	0.54	3188880657000	20220803
4	138930	BNK금융지주	KOSPI	기타금융	6640	0	0.00	2164210033440	20220803

① concat( ) 함수를 통해 두 데이터를 합쳐 주며, reset_index( ) 메서드를 통해 인덱스를 리셋시킨
다. 또한, drop=True를 통해 인덱스로 세팅한 열을 삭제한다.

② 종목명에 공백에 있는 경우가 있으므로 strip( ) 메서드를 이용해 이를 제거해 준다.

③ 데이터의 기준일에 해당하는 [기준일] 열을 추가한다.

10.2.2 개별종목 지표 크롤링

개별종목 데이터를 크롤링하는 방법은 위와 매우 유사하며, 요청하는 쿼리 값에만 차이가 있다. 개발
자 도구 화면을 열고 [CSV] 버튼을 클릭해 어떠한 쿼리를 요청하는지 확인해 보자.

그림 10.6 개별지표 OTP 생성 부분

그림 10.6 개별지표 OTP 생성 부분(계속)

OTP를 생성하는 부분인 [generate.cmd]를 확인해 보면 [Payload] 탭의 'tboxisuCd_finder_stkisu0_6', 'isu_Cd', 'isu_Cd2' 등의 항목은 조회 구분의 개별추이 탭에 해당하는 부분이므로 우리가 원하는 전체 데이터를 받을 때는 필요하지 않은 요청값이다. 이를 제외한 요청값을 산업별 현황 예제에 적용하면 해당 데이터 역시 손쉽게 다운로드할 수 있다.

```python
import requests as rq
from io import BytesIO
import pandas as pd

gen_otp_url = 'http://data.krx.co.kr/comm/fileDn/GenerateOTP/generate.cmd'
gen_otp_data = {
    'searchType': '1',
    'mktId': 'ALL',
    'trdDd': biz_day,
    'csvxls_isNo': 'false',
    'name': 'fileDown',
    'url': 'dbms/MDC/STAT/standard/MDCSTAT03501'
}
headers = {'Referer': 'http://data.krx.co.kr/contents/MDC/MDI/mdiLoader'}
otp = rq.post(gen_otp_url, gen_otp_data, headers=headers).text

down_url = 'http://data.krx.co.kr/comm/fileDn/download_csv/download.cmd'
krx_ind = rq.post(down_url, {'code': otp}, headers=headers)

krx_ind = pd.read_csv(BytesIO(krx_ind.content), encoding='EUC-KR')
krx_ind['종목명'] = krx_ind['종목명'].str.strip()
krx_ind['기준일'] = biz_day

krx_ind.head()
```

	종목코드	종목명	종가	대비	등락률	EPS	PER	선행 EPS	선행 PER	BPS	PBR	주당배당금	배당수익률	기준일
0	060310	3S	2995	-5	-0.17	16.0	187.19	NaN	NaN	792.0	3.78	0	0.00	20220803
1	095570	AJ네트웍스	7970	-10	-0.13	1707.0	4.67	988.0	8.07	8075.0	0.99	270	3.39	20220803
2	006840	AK홀딩스	16450	300	1.86	NaN	NaN	NaN	NaN	45961.0	0.36	200	1.22	20220803
3	054620	APS홀딩스	11450	700	6.51	1179.0	9.71	NaN	NaN	10088.0	1.14	100	0.87	20220803
4	265520	AP시스템	17600	100	0.57	3932.0	4.48	3562.0	4.94	12713.0	1.38	240	1.36	20220803

10.2.3 데이터 정리하기

먼저, 두 데이터에 공통으로 존재하지 않는 종목, 즉 하나의 데이터에만 존재하는 종목을 살펴보자.

```
diff = list(set(krx_sector['종목명']).symmetric_difference(set(krx_ind['종목명'])))
print(diff)
```

```
['글로벌에스엠', '한국패러랠', '이지스밸류리츠', 'NH올원리츠', 'JTC', '맵스리얼티1', 'SK리츠', '엑
세스바이오', '엘브이엠씨홀딩스', '에이리츠', '컬러레이', 'ESR켄달스퀘어리츠', '디앤디플랫폼리츠',
'SBI핀테크솔루션즈', '케이탑리츠', '크리스탈신소재', '코오롱티슈진', '로스웰', '모두투어리츠', '미
투젠', '코람코더원리츠', '롯데리츠', '신한알파리츠', '네오이뮨텍', '프레스티지바이오파마', '골든센
츄리', '미래에셋글로벌리츠', '이리츠코크렙', '제이알글로벌리츠', '신한서부티엔디리츠', 'NH프라임리
츠', '미래에셋맵스리츠', '베트남개발1', '코람코에너지리츠', '윙입푸드', '마스턴프리미어리츠', '애
머릿지', '오가닉티코스메틱', '한국ANKOR유전', '잉글우드랩', '바다로19호', '이스트아시아홀딩스',
'씨케이에이치', '맥쿼리인프라', 'GRT', '헝셩그룹', '소마젠', '이지스레지던스리츠']
```

두 데이터의 종목명 열을 세트 형태로 변경한 후 symmetric_difference( ) 메서드를 통해 하나의 데이
터에만 있는 종목을 살펴보면 위와 같다. 해당 종목들은 **선박펀드, 광물펀드, 해외종목** 등 일반적이지
않은 종목들이다. 다음으로 두 데이터를 합쳐 준다.

```
kor_ticker = pd.merge(krx_sector,
                      krx_ind,
                      on=krx_sector.columns.intersection(
                          krx_ind.columns).tolist(),
                      how='outer')

kor_ticker.head()
```

	종목 코드	종목명	시장 구분	업종명	종가	대비	등락률	시가총액	기준일	EPS	PER	선행 EPS	선행 PER	BPS	PBR	주당 배당금	배당 수익률
0	095570	AJ네트웍스	KOSPI	서비스업	7970	-10	-0.13	373173691150	20220803	1707.0	4.67	988.0	8.07	8075.0	0.99	270.0	3.39
1	006840	AK홀딩스	KOSPI	기타금융	16450	300	1.86	217922378450	20220803	NaN	NaN	NaN	NaN	45961.0	0.36	200.0	1.22
2	027410	BGF	KOSPI	기타금융	4215	30	0.72	403446274065	20220803	684.0	6.16	115.0	36.68	16393.0	0.26	110.0	2.61
3	282330	BGF리테일	KOSPI	유통업	184500	1000	0.54	3188880657000	20220803	8547.0	21.59	12336.0	14.96	46849.0	3.94	3000.0	1.63
4	138930	BNK금융지주	KOSPI	기타금융	6640	0	0.00	2164210033440	20220803	2341.0	2.84	2778.0	2.39	28745.0	0.23	560.0	8.43

merge( ) 함수는 on 조건을 기준으로 두 데이터를 하나로 합치며, intersection( ) 메서드를 이용해 공
통으로 존재하는 [종목코드, 종목명, 종가, 대비, 등락률] 열을 기준으로 입력해 준다. 또한, 방법(how)
에는 outer를 입력한다.

마지막으로, 일반적인 종목과 스팩, 우선주, 리츠, 기타 주식을 구분해 준다.

NOTE 스팩(Special Purpose Acquisition Company, SPAC)이란 기업인수를 목적으로 하는 페이퍼컴퍼니를 뜻한
다. 대부분 증권사 주관으로 설립되며, 스팩이 먼저 투자자들의 자금을 모아 주식 시장에 상장이 되고 나면, 그 이후에
괜찮은 비상장기업을 찾아 합병하는 방식으로 최종 기업 인수가 이루어진다.

```
print(kor_ticker[kor_ticker['종목명'].str.contains('스팩|제[0-9]+호')]['종목명'].values)    ──── ❶
```

```
['엔에이치스팩19호' 'DB금융스팩10호' 'DB금융스팩8호' 'DB금융스팩9호' 'IBKS제12호스팩' 'IBKS제13호스팩'
 'IBKS제16호스팩' 'IBKS제17호스팩' 'IBKS제18호스팩' 'SK5호스팩' 'SK6호스팩' '교보10호스팩' '교보11호스팩'
 '교보12호스팩' '교보9호스팩' '대신밸런스제10호스팩' '대신밸런스제11호스팩' '대신밸런스제12호스팩' '미래에
셋대우스팩 5호' '미래에셋대우스팩3호' '미래에셋비전스팩1호' '삼성머스트스팩5호' '삼성스팩4호' '삼성스팩6
호' '상상인제3호스팩' '신영스팩6호' '신영스팩7호' '신한제10호스팩' '신한제6호스팩' '신한제7호스팩' '신한
제8호스팩' '신한제9호스팩' '에스케이증권7호스팩' '에이치엠씨제4호스팩' '에이치엠씨제5호스팩' '엔에이치스
팩20호' '엔에이치스팩22호' '엔에이치스팩23호' '유안타제7호스팩' '유안타제8호스팩' '유진스팩6호' '유진스팩
7호' '유진스팩8호' '이베스트스팩5호' '케이비제20호스팩' '케이비제21호스팩' '케이프이에스제4호' '키움제6호
스팩' '하나금융14호스팩' '하나금융15호스팩' '하나금융16호스팩' '하나금융19호스팩' '하나금융20호스팩' '하
나금융21호스팩' '하나금융22호스팩' '하나머스트7호스팩' '하이제6호스팩' '하이제7호스팩' '한국제10호스팩'
 '한화플러스제2호스팩']
```

```
print(kor_ticker[kor_ticker['종목코드'].str[-1:] != '0']['종목명'].values)    ──── ❷
```

```
['BYC우' 'CJ4우(전환)' 'CJ씨푸드1우' 'CJ우' 'CJ제일제당 우' 'DB하이텍1우' 'DL우' 'DL이앤씨2우(전환)' 'DL이
앤씨우' 'GS우' 'JW중외제약2우B' 'JW중외제약우' 'LG생활건강우' 'LG우' 'LG전자우' 'LG화학우' 'LX하우시스우'
 'LX홀딩스1우' 'NH투자증권우' 'NPC우' 'S-Oil우' 'SK네트웍스우' 'SK디스커버리우' 'SK우' 'SK이노베이션우' 'SK
증권우' 'SK케미칼우' '계양전기우' '금강공업우' '금호건설우' '금호석유우' '깨끗한나라우' '남선알미우' '남
양유업우' '넥센우' '넥센타이어1우B' '노루페인트우' '노루홀딩스우' '녹십자홀딩스2우' '대교우B' '대덕1우'
 '대덕전자1우' '대상우' '대상홀딩스우' '대신증권2우B' '대신증권우' '대원전선우' '대한제당우' '대한항공우'
 '덕성우' '동부건설우' '동양2우B' '동양우' '동원시스템즈우' '두산2우B' '두산우' '두산퓨얼셀1우' '두산퓨얼셀
2우B' '롯데지주우' '롯데칠성우' '미래에셋증권2우B' '미래에셋증권우' '부국증권우' '삼성SDI우' '삼성물산우
B' '삼성전기우' '삼성전자우' '삼성중공우' '삼성화재우' '삼양사우' '삼양홀딩스우' '서울식품우' '성문전자
우' '성신양회우' '세방우' '솔루스첨단소재1우' '솔루스첨단소재2우B' '신영증권우' '신풍제약우' '아모레G3우
(전환)' '아모레G우' '아모레퍼시픽우' '유안타증권우' '유유제약1우' '유유제약2우B' '유한양행우' '유화증권
우' '일양약품우' '진흥기업2우B' '진흥기업우B' '코리아써우' '코리아써키트2우B' '코오롱글로벌우' '코오롱우'
 '코오롱인더우' '크라운제과우' '크라운해태홀딩스우' '태양금속우' '태영건설우' '티와이홀딩스우' '하이트진로
2우B' '하이트진로홀딩스우' '한국금융지주우' '한양증권우' '한진칼우' '한화3우B' '한화솔루션우' '한화우'
 '한화투자증권우' '현대건설우' '현대비앤지스틸우' '현대차2우B' '현대차3우B' '현대차우' '호텔신라우' '흥국화
재2우B' '흥국화재우' '대호특수강우' '루트로닉3우C' '소프트센우' '해성산업1우']
```

```
print(kor_ticker[kor_ticker['종목명'].str.endswith('리츠')]['종목명'].values)    ──── ❸
```

```
['ESR켄달스퀘어리츠' 'NH올원리츠' 'NH프라임리츠' 'SK리츠' '디앤디플랫폼리츠' '롯데리츠' '마스턴프리미어리
츠' '모두투어리츠' '미래에셋글로벌리츠' '미래에셋맵스리츠' '신한서부티엔디리츠' '신한알파리츠' '에이리츠'
 '이지스레지던스리츠' '이지스밸류리츠' '제이알글로벌리츠' '케이탑리츠' '코람코더원리츠' '코람코에너지리
츠']
```

❶ 스팩 종목은 종목명에 '스팩' 또는 '제n호'라는 단어가 들어간다. 따라서 contains( ) 메서드를 통해 종목명에 '스팩'이 들어가거나 정규 표현식을 이용해 '제n호'라는 문자가 들어간 종목명을 찾는다.

❷ 국내 종목 중 종목코드 끝이 0이 아닌 종목은 우선주에 해당한다.

❸ 리츠 종목은 종목명이 '리츠'로 끝난다. 따라서 endswith( ) 메서드를 통해 이러한 종목을 찾는다(메리츠화재 등의 종목도 중간에 리츠라는 단어가 들어가므로 contains( ) 함수를 이용하면 안 된다).

해당 종목들을 구분하여 표기해 준다.

```python
import numpy as np

kor_ticker['종목구분'] = np.where(kor_ticker['종목명'].str.contains('스팩|제[0-9]+호'), '스팩',
                        np.where(kor_ticker['종목코드'].str[-1:] != '0', '우선주',
                        np.where(kor_ticker['종목명'].str.endswith('리츠'), '리츠',
                        np.where(kor_ticker['종목명'].isin(diff), '기타',
                        '보통주'))))     ------- ❶
kor_ticker = kor_ticker.reset_index(drop=True)     ------- ❷
kor_ticker.columns = kor_ticker.columns.str.replace(' ', '')     ------- ❸
kor_ticker = kor_ticker[['종목코드', '종목명', '시장구분', '종가',     ------- ❹
                        '시가총액', '기준일', 'EPS', '선행EPS', 'BPS', '주당배당금', '종목구분']]
kor_ticker = kor_ticker.replace({np.nan: None})     ------- ❺
kor_ticker['기준일'] = pd.to_datetime(kor_ticker['기준일'])     ------- ❻

kor_ticker.head()
```

	종목코드	종목명	시장구분	종가	시가총액	기준일	EPS	선행EPS	BPS	주당배당금	종목구분
0	095570	AJ네트웍스	KOSPI	7970	373173691150	2022-08-03	1707.0	988.0	8075.0	270.0	보통주
1	006840	AK홀딩스	KOSPI	16450	217922378450	2022-08-03	None	None	45961.0	200.0	보통주
2	027410	BGF	KOSPI	4215	403446274065	2022-08-03	684.0	115.0	16393.0	110.0	보통주
3	282330	BGF리테일	KOSPI	184500	3188880657000	2022-08-03	8547.0	12336.0	46849.0	3000.0	보통주
4	138930	BNK금융지주	KOSPI	6640	2164210033440	2022-08-03	2341.0	2778.0	28745.0	560.0	보통주

❶ numpy 패키지의 where( ) 함수를 통해 각 조건에 맞는 종목구분을 입력한다. 종목명에 '스팩' 또는 '제n호'가 포함된 종목은 스팩으로, 종목코드 끝이 0이 아닌 종목은 '우선주'로, 종목명이 '리츠'로 끝나는 종목은 '리츠'로, 선박펀드, 광물펀드, 해외종목 등은 '기타'로, 나머지 종목들은 '보통주'로 구분한다.

❷ reset_index( ) 메서드를 통해 인덱스를 초기화한다.

❸ replace( ) 메서드를 통해 열 이름의 공백을 삭제한다.

❹ 필요한 열만 선택한다.

❺ SQL에는 NaN이 입력되지 않으므로, None으로 변경한다.

❻ 기준일을 to_datetime( ) 메서드를 이용해 yyyymmdd에서 yyyy-mm-dd 형태로 변경한다.

이제 해당 정보를 DB에 저장한다. 먼저, MySQL에서 아래의 쿼리를 입력해 데이터베이스(stock_db)를 만든 후, 국내 티커 정보가 들어갈 테이블(kor_ticker)을 만들어 준다.

```sql
create database stock_db;

use stock_db;
```

```
create table kor_ticker
(
    종목코드 varchar(6) not null,
    종목명 varchar(20),
    시장구분 varchar(6),
    종가 float,
    시가총액 float,
    기준일 date,
    EPS float,
    선행EPS float,
    BPS float,
    주당배당금 float,
    종목구분 varchar(5),
    primary key(종목코드, 기준일)
);
```

종목 코드	종목명	시장 구분	종가	시가 총액	기 준 일	EPS	선행 EPS	BPS	주당배 당금	종목 구분
NULL	NULL	NULL	NULL	NULL	NULL	NULL	NULL	NULL	NULL	NULL

그림 10.7 **국내 티커 정보 테이블 생성**

파이썬에서 아래 코드를 실행하면 다운로드받은 정보가 kor_ticker 테이블에 **upsert** 형태로 저장된다.

```
import pymysql

con = pymysql.connect(user='root',
                      passwd='1234',
                      host='127.0.0.1',
                      db='stock_db',
                      charset='utf8')

mycursor = con.cursor()
query = f"""
    insert into kor_ticker (종목코드,종목명,시장구분,종가,시가총액,기준일,EPS,선행EPS,BPS,주당배당
금,종목구분)
    values (%s,%s,%s,%s,%s,%s,%s,%s,%s,%s,%s) as new
    on duplicate key update
    종목명=new.종목명,시장구분=new.시장구분,종가=new.종가,시가총액=new.시가총액,EPS=new.EPS,선행
EPS=new.선행EPS,
    BPS=new.BPS,주당배당금=new.주당배당금,종목구분 = new.종목구분;
"""

args = kor_ticker.values.tolist()

mycursor.executemany(query, args)
con.commit()

con.close()
```

종목코드	종목명	시장구분	종가	시가총액	기준일	EPS	선행EPS	BPS	주당배당금	종목구분
000020	동화약품	KOSPI	12500	349143000000	2022-05-04	647	NULL	12534	180	보통주
011790	SKC	KOSPI	154000	5831720000000	2022-05-04	6174	5911	55782	1100	보통주
000040	KR모터스	KOSPI	853	82005200000	2022-05-04	NULL	NULL	385	0	보통주
031820	콤텍시스템	KOSPI	1010	122262000000	2022-05-04	28	NULL	1158	0	보통주
000050	경방	KOSPI	15650	429049000000	2022-05-04	872	NULL	30033	125	보통주
019440	세아특수강	KOSPI	17100	146547000000	2022-05-04	3130	NULL	39391	1200	보통주
000060	메리츠화재	KOSPI	44250	5337660000000	2022-05-04	5768	5529	22086	620	보통주
015020	이스타코	KOSPI	1950	83560600000	2022-05-04	38	NULL	1294	0	보통주
000070	삼양홀딩스	KOSPI	84900	727107000000	2022-05-04	30711	NULL	226314	3000	보통주
038290	마크로젠	KOSDAQ	27200	294886000000	2022-05-04	114	NULL	20290	300	보통주
000075	삼양홀딩스우	KOSPI	64600	19642100000	2022-05-04	NULL	NULL	NULL	3050	우선주

그림 10.8 **국내 티커 정보 테이블**

10.3 WICS 기준 섹터 정보 크롤링

일반적으로 주식의 섹터를 나누는 기준은 MSCI와 S&P가 개발한 **GICS**를 가장 많이 사용한다. 국내 종목의 GICS 기준 정보 역시 한국거래소에서 제공하고 있으나, 이는 독점적 지적 재산으로 명시했기에 사용하는 데 무리가 있다. 그러나 지수 제공업체인 FnGuide Index에서는 GICS와 비슷한 **WICS 산업분류**를 발표하고 있다. WICS를 크롤링하여 필요한 정보를 수집해 보자.

http://www.wiseindex.com/Index

먼저, 웹 페이지에 접속해 왼쪽에서 [WISE SECTOR INDEX ➡ WICS ➡ 에너지]를 클릭한다. 그 후 [Components] 탭을 클릭하면 해당 섹터의 구성종목을 확인할 수 있다.

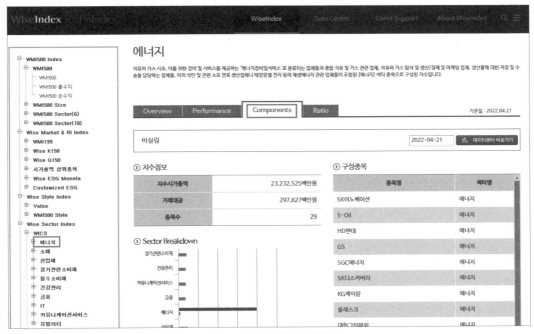

그림 10.9 **WICS 기준 구성종목**

개발자 도구 화면(그림 10.10)을 통해 해당 페이지의 데이터 전송 과정을 살펴보자. 일자를 선택하면 [Network] 탭의 'GetIndexComponets' 항목에 데이터 전송 과정이 나타난다. Request URL은 데이터를 가져오는 주소이며, 이를 분석하면 다음과 같다.

http://www.wiseindex.com/Index/GetIndexComponets?ceil_yn=0&dt=20210210&sec_cd=G10

1. http://www.wiseindex.com/Index/GetIndexComponets: 데이터를 요청하는 url이다.

2. ceil_yn = 0: 실링 여부를 나타내며, 0은 비실링을 의미한다.

3. dt=20220419: 조회 일자를 나타낸다.

4. sec_cd=G10: 섹터 코드를 나타낸다.

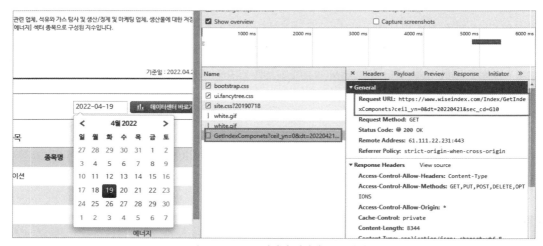

그림 10.10 WICS 페이지 개발자 도구 화면

이번에는 Request URL에 해당하는 페이지를 열어 보자.

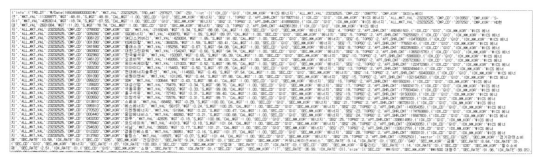

그림 10.11 WICS 데이터 페이지

페이지에 출력된 글자들이 보이지만 매우 특이한 형태로 구성되어 있는데, 이는 JSON 형식의 데이터다. 기존에 우리가 살펴보았던 대부분의 웹 페이지는 HTML 형식으로 표현되었다. HTML 형식은 문법이 복잡하고 표현 규칙이 엄격해 데이터의 용량이 커지는 단점이 있다. 반면 JSON 형식은 문법이 단순하고 데이터의 용량이 작아 빠른 속도로 데이터를 교환할 수 있다. 파이썬에서는 json 패키지를 사용해 매우 손쉽게 JSON 형식의 데이터를 크롤링할 수 있다.

```python
import json
import requests as rq
import pandas as pd

url = f'''http://www.wiseindex.com/Index/GetIndexComponets?ceil_yn=0&dt={biz_day}&sec_cd=G10'''
data = rq.get(url).json()

type(data)
```

```
dict
```

❶ f-string 포매팅을 이용해 dt 부분에는 위에서 구한 최근 영업일 데이터를 입력하여 URL을 생성한다.

❷ get( ) 함수를 통해 페이지의 내용을 받아 오며, json( ) 메서드를 통해 JSON 데이터만 불러올 수 있다.

파이썬에서는 JSON 데이터가 딕셔너리 형태로 변경된다. 어떠한 키가 있는지 확인해 보자.

```python
print(data.keys())
```

```
dict_keys(['info', 'list', 'sector', 'size'])
```

'info', 'list', 'sector', 'size' 중 list에는 해당 섹터의 구성종목 정보가 포함되어 있고, sector에는 각종 섹터의 코드 정보가 포함되어 있다. 하나씩 확인해 보자.

```python
data['list'][0]
```

```
{'IDX_CD': 'G10',
 'IDX_NM_KOR': 'WICS 에너지',
 'ALL_MKT_VAL': 22486171,
 'CMP_CD': '096770',
 'CMP_KOR': 'SK이노베이션',
 'MKT_VAL': 9579432,
 'WGT': 42.6,
 'S_WGT': 42.6,
 'CAL_WGT': 1.0,
 'SEC_CD': 'G10',
 'SEC_NM_KOR': '에너지',
 'SEQ': 1,
 'TOP60': 3,
 'APT_SHR_CNT': 51780716}
```

```
data['sector']
```

```
[{'SEC_CD': 'G25', 'SEC_NM_KOR': '경기관련소비재', 'SEC_RATE': 10.89, 'IDX_RATE': 0},
 {'SEC_CD': 'G35', 'SEC_NM_KOR': '건강관리', 'SEC_RATE': 10.47, 'IDX_RATE': 0},
 {'SEC_CD': 'G50', 'SEC_NM_KOR': '커뮤니케이션서비스', 'SEC_RATE': 8.46, 'IDX_RATE': 0},
 {'SEC_CD': 'G40', 'SEC_NM_KOR': '금융', 'SEC_RATE': 7.82, 'IDX_RATE': 0},
 {'SEC_CD': 'G10', 'SEC_NM_KOR': '에너지', 'SEC_RATE': 1.99, 'IDX_RATE': 100.0},
 {'SEC_CD': 'G20', 'SEC_NM_KOR': '산업재', 'SEC_RATE': 11.93, 'IDX_RATE': 0},
 {'SEC_CD': 'G55', 'SEC_NM_KOR': '유틸리티', 'SEC_RATE': 1.26, 'IDX_RATE': 0},
 {'SEC_CD': 'G30', 'SEC_NM_KOR': '필수소비재', 'SEC_RATE': 2.56, 'IDX_RATE': 0},
 {'SEC_CD': 'G15', 'SEC_NM_KOR': '소재', 'SEC_RATE': 8.09, 'IDX_RATE': 0},
 {'SEC_CD': 'G45', 'SEC_NM_KOR': 'IT', 'SEC_RATE': 36.53, 'IDX_RATE': 0}]
```

list 부분의 데이터를 데이터프레임 형태로 변경한다.

```
data_pd = pd.json_normalize(data['list'])

data_pd.head()
```

	IDX_CD	IDX_NM_KOR	ALL_MKT_VAL	CMP_CD	CMP_KOR	MKT_VAL	WGT	S_WGT	CAL_WGT	SEC_CD	SEC_NM_KOR	SEQ	TOP60	APT_SHR_CNT
0	G10	WICS 에너지	22486171	096770	SK이노베이션	9579432	42.60	42.60	1.0	G10	에너지	1	3	51780716
1	G10	WICS 에너지	22486171	010950	S-Oil	3674027	16.34	58.94	1.0	G10	에너지	2	3	41655633
2	G10	WICS 에너지	22486171	267250	HD현대	2530306	11.25	70.19	1.0	G10	에너지	3	3	44236128
3	G10	WICS 에너지	22486171	078930	GS	2011664	8.95	79.14	1.0	G10	에너지	4	3	49245150
4	G10	WICS 에너지	22486171	112610	씨에스윈드	1360281	6.05	85.19	1.0	G10	에너지	5	3	23615986

pandas 패키지의 json_normalize( ) 함수를 이용하면 JSON 형태의 데이터를 데이터프레임 형태로 매우 쉽게 변경할 수 있다. 이제 for문을 이용하여 URL의 sec_cd=에 해당하는 부분만 변경하면 모든 섹터의 구성종목을 매우 쉽게 얻을 수 있다.

```
import time
import json
import requests as rq
import pandas as pd
from tqdm import tqdm

sector_code = [
    'G25', 'G35', 'G50', 'G40', 'G10', 'G20', 'G55', 'G30', 'G15', 'G45'
]

data_sector = []  ┄┄┄┄ ❶

for i in tqdm(sector_code):  ┄┄┄┄ ❸
    url = f'''http://www.wiseindex.com/Index/GetIndexComponets?ceil_yn=0&dt={biz_day}&sec_cd={i}'''
    data = rq.get(url).json()
    data_pd = pd.json_normalize(data['list'])

    data_sector.append(data_pd)  ┄┄┄┄ ❷
```

```
    time.sleep(2)

kor_sector = pd.concat(data_sector, axis = 0)  ……… ❹
kor_sector = kor_sector[['IDX_CD', 'CMP_CD', 'CMP_KOR', 'SEC_NM_KOR']]  ……… ❺
kor_sector['기준일'] = biz_day  ……… ❻
kor_sector['기준일'] = pd.to_datetime(kor_sector['기준일'])  ……… ❻
```

❶ 섹터 정보가 들어갈 빈 리스트(data_sector)를 만든다.

❷ for문의 i에 섹터 코드를 입력하여 모든 섹터의 구성종목을 다운로드받은 후 append( ) 메서드를 통해 리스트에 추가한다.

❸ tqdm( ) 함수를 통해 진행 상황을 출력한다.

❹ concat( ) 함수를 이용해 리스트 내의 데이터프레임을 합친다.

❺ 필요한 열(섹터 코드, 티커, 종목명, 섹터명)만 선택한다.

❻ 데이터의 기준일에 해당하는 [기준일] 열을 추가한 후 datetime 형태로 변경한다.

이제 SQL에 해당 정보가 들어갈 테이블을 만들어 준 후 저장을 해준다.

```
use stock_db;

create table kor_sector
(
    IDX_CD varchar(3),
    CMP_CD varchar(6),
    CMP_KOR varchar(20),
    SEC_NM_KOR varchar(10),
    기준일 date,
    primary key(CMP_CD, 기준일)
);
```

먼저, MySQL에서 국내 섹터정보가 들어갈 테이블(kor_sector)을 만들어 준다.

```
import pymysql

con = pymysql.connect(user='root',
                      passwd='1234',
                      host='127.0.0.1',
                      db='stock_db',
                      charset='utf8')

mycursor = con.cursor()
query = f"""
    insert into kor_sector (IDX_CD, CMP_CD, CMP_KOR, SEC_NM_KOR, 기준일)
    values (%s,%s,%s,%s,%s) as new
    on duplicate key update
    IDX_CD = new.IDX_CD, CMP_KOR = new.CMP_KOR, SEC_NM_KOR = new.SEC_NM_KOR
"""
```

```
args = kor_sector.values.tolist()

mycursor.executemany(query, args)
con.commit()

con.close()
```

파이썬에서 위 코드를 실행하면 다운로드받은 정보가 kor_sector 테이블에 upsert 형태로 저장된다.

IDX_CD	CMP_CD	CMP_KOR	SEC_NM_KOR	기준일
G35	000020	동화약품	건강관리	2022-05-04
G25	000040	KR모터스	경기관련소비재	2022-05-04
G25	000050	경방	경기관련소비재	2022-05-04
G40	000060	메리츠화재	금융	2022-05-04
G30	000070	삼양홀딩스	필수소비재	2022-05-04
G30	000080	하이트진로	필수소비재	2022-05-04
G35	000100	유한양행	건강관리	2022-05-04
G20	000120	CJ대한통운	산업재	2022-05-04
G30	000140	하이트진로홀딩스	필수소비재	2022-05-04
G20	000150	두산	산업재	2022-05-04
G15	000180	성창기업지주	소재	2022-05-04
G15	000210	DL	소재	2022-05-04

그림 10.12 **섹터 테이블**

10.4 수정주가 크롤링

주가 데이터는 투자를 함에 있어 반드시 필요한 데이터이며, 인터넷에서 주가를 수집할 수 있는 방법은 매우 많다. 그러나 일반적인 주가를 구할 수 있는 방법은 많지만, 퀀트 투자를 위한 백테스트나 종목 선정을 위해서는 수정주가가 필요하다. 수정주가가 필요한 이유를 알아보기 위해 실제 사례를 살펴보자. 삼성전자는 2018년 5월 기존의 1주를 50주로 나누는 액면분할을 실시했고, 265만 원이던 주가는 다음날 50분의 1인 5만 3천 원으로 거래되었다. 이러한 이벤트를 고려하지 않고 주가만 살펴본다면 마치 −98% 수익률을 기록한 것 같지만, 투자자 입장에서는 1주이던 주식이 50주로 늘어났기 때문에 자산에는 아무런 변화가 없다. 이를 고려하는 방법은 액면분할 전 모든 주가를 50으로 나누어 연속성을 갖게 만드는 것이며, 이를 '수정주가'라고 한다. 따라서 백테스트 또는 퀀트 지표 계산에는 수정주가가 사용되어야 하며, 네이버 금융에서 제공하는 정보를 통해 모든 종목의 수정주가를 손쉽게 구할 수 있다.

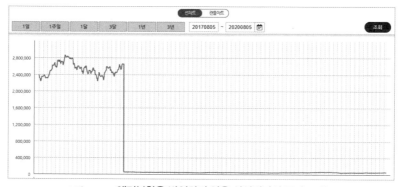

그림 10.13 **액면분할을 반영하지 않은 삼성전자의 주가 그래프**

10.4.1 개별종목 주가 크롤링

먼저, 네이버 금융에서 특정종목(예: 삼성전자)의 [차트] 탭을 선택한다.

https://finance.naver.com/item/fchart.nhn?code=005930

해당 차트는 주가 데이터를 받아와 화면에 그래프를 그려 주는 형태다. 따라서 데이터가 어디에서 오는 지 알기 위해 개발자 도구 화면을 이용한다. 화면을 연 상태에서 [일]을 선택하면 나오는 항목 중 가장 상단 항목 [siseJson.naver?symbol=..]의 **Request URL**이 주가 데이터를 요청하는 주소다.

그림 10.14 네이버 금융 차트의 통신 기록

URL은 다음과 같다.

https://api.finance.naver.com/siseJson.naver?symbol=005930&requestType=1&startTime=20200214&endTime=20220422&timeframe=day

위 페이지에 접속하면 그림 10.15와 같이 날짜별로 시가, 고가, 저가, 종가, 거래량, 외국인소진율이 있 으며, 주가는 모두 수정주가 기준이다. URL에서 'symbol=' 뒤에 6자리 티커만 변경하면 해당 종목의 주가 데이터가 있는 페이지로 이동할 수 있으며, 이를 통해 우리가 원하는 모든 종목의 수정주가 데이 터를 크롤링할 수 있다. 또한, 'startTime='에는 시작일자를, 'endTime='에는 종료일자를 입력하여 원하 는 기간만큼의 데이터를 받을 수도 있다.

```
[['날짜', '시가', '고가', '저가', '종가', '거래량', '외국인소진율'],

["20200214", 60900, 61900, 60200, 61800, 13276067, 57.19],
["20200217", 61600, 62000, 61200, 61500, 8740596, 57.18],
["20200218", 60800, 60900, 59700, 59800, 16674266, 57.14],
["20200219", 59800, 60400, 59400, 60200, 12951496, 57.11],
["20200220", 60700, 61300, 59600, 60000, 14591924, 57.09],
["20200221", 58800, 59800, 58500, 59200, 13777393, 57.14],
["20200224", 57400, 58100, 56800, 56800, 25627537, 56.99],
["20200225", 56200, 58000, 56200, 57900, 23805408, 56.92],
["20200226", 56000, 57000, 56000, 56500, 25483102, 56.78],
["20200227", 56300, 56900, 55500, 55900, 23209541, 56.72],
["20200228", 55000, 55500, 54200, 54200, 30054227, 56.62],
["20200302", 54300, 55500, 53600, 55000, 30403412, 56.51],
["20200303", 56700, 56900, 55100, 55400, 30330295, 56.47],
["20200304", 54800, 57600, 54600, 57400, 24765728, 56.51],
```

그림 10.15 주가 데이터 페이지

본격적인 주가 데이터 수집을 위해 먼저 DB에서 티커 데이터를 불러오자.

```python
from sqlalchemy import create_engine
import pandas as pd

engine = create_engine('mysql+pymysql://root:1234@127.0.0.1:3306/stock_db')  ········ ❶
query = """
select * from kor_ticker
where 기준일 = (select max(기준일) from kor_ticker)  ········ ❷
        and 종목구분 = '보통주';
"""
ticker_list = pd.read_sql(query, con=engine)  ········ ❸
engine.dispose()  ········ ❹

ticker_list.head()
```

	종목코드	종목명	시장구분	종가	시가총액	기준일	EPS	선행EPS	BPS	주당배당금	종목구분
0	000020	동화약품	KOSPI	10600.0	2.960740e+11	2022-08-03	647.0	NaN	12534.0	180.0	보통주
1	000040	KR모터스	KOSPI	703.0	6.758530e+10	2022-08-03	NaN	NaN	385.0	0.0	보통주
2	000050	경방	KOSPI	12850.0	3.522860e+11	2022-08-03	872.0	NaN	30033.0	125.0	보통주
3	000060	메리츠화재	KOSPI	36150.0	4.222390e+12	2022-08-03	5768.0	6211.0	22086.0	620.0	보통주
4	000070	삼양홀딩스	KOSPI	72500.0	6.209100e+11	2022-08-03	30711.0	NaN	226314.0	3000.0	보통주

❶ create_engine( ) 함수를 통해 데이터베이스에 접속하기 위한 엔진을 만든다.

❷ 티커 데이터를 불러오는 쿼리를 작성하며, 가장 최근 일자에 해당하는 내용을 불러오기 위해 서브쿼리에 select max(기준일) from kor_ticker를 입력한다. 또한, 종목구분에서 보통주에 해당하는 종목만 선택한다.

❸ read_sql( ) 함수를 통해 해당 쿼리를 보낸 후 데이터를 받아 온다.

❹ 접속을 종료한다.

이제 위에서 살펴본 주가 데이터 페이지를 크롤링하겠다.

```python
from dateutil.relativedelta import relativedelta
import requests as rq
from io import BytesIO
from datetime import date

i = 0  ········ ❶
ticker = ticker_list['종목코드'][i]  ········ ❷
fr = (date.today() + relativedelta(years=-5)).strftime("%Y%m%d")  ········ ❸
to = (date.today()).strftime("%Y%m%d")  ········ ❸

url = f'''https://fchart.stock.naver.com/siseJson.nhn?symbol={ticker}&requestType=1  ········ ❹
&startTime={fr}&endTime={to}&timeframe=day'''  ········ ❹

data = rq.get(url).content  ········ ❺
```

```
data_price = pd.read_csv(BytesIO(data))  ──────── ❻

data_price.head()
```

	['날짜'	'시가'	'고가'	'저가'	'종가'	'거래량'	'외국인소진율']	Unnamed: 7
0	["20170807"	8330.0	8410.0	8320.0	8380.0	35043.0	7.84]	NaN
1	["20170808"	8380.0	8380.0	8290.0	8330.0	28242.0	7.82]	NaN
2	["20170809"	8330.0	8330.0	8150.0	8150.0	93844.0	7.76]	NaN
3	["20170810"	8150.0	8280.0	8120.0	8200.0	54760.0	7.77]	NaN
4	["20170811"	8150.0	8250.0	7980.0	8130.0	128133.0	7.73]	NaN

❶ 먼저, i = 0을 입력한다. 향후 for문을 통해 i 값만 변경하면 모든 종목의 주가를 다운로드할 수 있다.

❷ ticker_list['종목코드'][i]를 통해 원하는 종목의 티커를 선택한다.

❸ 시작일(fr)과 종료일(to)에 해당하는 날짜를 만들어 준다. today( ) 메서드를 이용해 오늘 날짜를 불러온 후, 시작일은 relativedelta( ) 클래스를 이용해 5년을 빼준다(본인이 원하는 기간만큼을 빼주면 된다). 그 후 strftime( ) 메서드를 통해 'yyyymmdd' 형식을 만들어 준다. 종료일은 오늘 날짜를 그대로 사용한다.

❹ 티커, 시작일, 종료일을 이용해 주가 데이터가 있는 URL을 생성한다.

❺ get( ) 함수를 통해 페이지의 데이터를 불러온 후, content 부분을 추출한다.

❻ BytesIO( )를 이용해 바이너리 스트림 형태로 만든 후, read_csv( ) 함수를 통해 데이터를 읽어온다.

결과를 확인해 보면 날짜 및 주가, 거래량, 외국인소진율 데이터가 추출된다. 추가적으로 클렌징 작업을 해주도록 하겠다.

```
import re

price = data_price.iloc[:, 0:6]  ──────── ❶
price.columns = ['날짜', '시가', '고가', '저가', '종가', '거래량']  ──────── ❷
price = price.dropna()  ──────── ❸
price['날짜'] = price['날짜'].str.extract('(\d+)')  ──────── ❹
price['날짜'] = pd.to_datetime(price['날짜'])  ──────── ❺
price['종목코드'] = ticker  ──────── ❻

price.head()
```

	날짜	시가	고가	저가	종가	거래량	종목코드
0	2017-08-07	8330.0	8410.0	8320.0	8380.0	35043.0	000020
1	2017-08-08	8380.0	8380.0	8290.0	8330.0	28242.0	000020

	날짜	시가	고가	저가	종가	거래량	종목코드
2	2017-08-09	8330.0	8330.0	8150.0	8150.0	93844.0	000020
3	2017-08-10	8150.0	8280.0	8120.0	8200.0	54760.0	000020
4	2017-08-11	8150.0	8250.0	7980.0	8130.0	128133.0	000020

1. iloc( ) 인덱서를 통해 날짜와 가격(시가, 고가, 저가, 종가), 거래량에 해당하는 데이터만을 선택한다.

2. 열 이름을 변경한다.

3. dropna( ) 함수를 통해 NA 데이터를 삭제한다.

4. extract( ) 메서드 내에 정규 표현식을 이용해 날짜 열에서 숫자만을 추출한다.

5. '날짜' 열을 datetime 형태로 변경한다.

6. '종목코드' 열에 티커를 입력한다.

데이터를 확인해 보면 우리에게 필요한 형태로 정리되었다.

10.4.2 전 종목 주가 크롤링

위 과정을 응용해 모든 종목의 주가를 크롤링한 후 DB에 저장하는 과정을 살펴보겠다. 먼저, SQL에서 주가가 저장될 테이블(kor_price)을 만들어 준다.

```
use stock_db;

create table kor_price
(
    날짜 date,
    시가 double,
    고가 double,
    저가 double,
    종가 double,
    거래량 double,
    종목코드 varchar(6),
    primary key(날짜, 종목코드)
);
```

이제 파이썬에서 아래 코드를 실행하면 for문을 통해 전 종목 주가가 DB에 저장된다.

```
# 패키지 불러오기
import pymysql
from sqlalchemy import create_engine
import pandas as pd
from datetime import date
from dateutil.relativedelta import relativedelta
import requests as rq
import time
from tqdm import tqdm
```

```
from io import BytesIO

# DB 연결  ········ ❶
engine = create_engine('mysql+pymysql://root:1234@127.0.0.1:3306/stock_db')
con = pymysql.connect(user='root',
                      passwd='1234',
                      host='127.0.0.1',
                      db='stock_db',
                      charset='utf8')
mycursor = con.cursor()

# 티커 리스트 불러오기  ········ ❷
ticker_list = pd.read_sql("""
select * from kor_ticker
where 기준일 = (select max(기준일) from kor_ticker)
      and 종목구분 = '보통주';
""", con=engine)

# DB 저장 쿼리  ········ ❸
query = """
    insert into kor_price (날짜, 시가, 고가, 저가, 종가, 거래량, 종목코드)
    values (%s,%s,%s,%s,%s,%s,%s) as new
    on duplicate key update
    시가 = new.시가, 고가 = new.고가, 저가 = new.저가,
    종가 = new.종가, 거래량 = new.거래량;
"""

# 오류 발생 시 저장할 리스트 생성
error_list = []  ········ ❹

# 전 종목 주가 다운로드 및 저장
for i in tqdm(range(0, len(ticker_list))):  ········ ❺

    # 티커 선택
    ticker = ticker_list['종목코드'][i]

    # 시작일과 종료일
    fr = (date.today() + relativedelta(years=-5)).strftime("%Y%m%d")
    to = (date.today()).strftime("%Y%m%d")

    # 오류 발생 시 이를 무시하고 다음 루프로 진행
    try:

        # url 생성
        url = f'''https://fchart.stock.naver.com/siseJson.nhn?symbol={ticker}&requestType=1
&startTime={fr}&endTime={to}&timeframe=day'''

        # 데이터 다운로드
        data = rq.get(url).content
        data_price = pd.read_csv(BytesIO(data))

        # 데이터 클렌징
        price = data_price.iloc[:, 0:6]
        price.columns = ['날짜', '시가', '고가', '저가', '종가', '거래량']
        price = price.dropna()
        price['날짜'] = price['날짜'].str.extract('(\d+)')
```

```
        price['날짜'] = pd.to_datetime(price['날짜'])
        price['종목코드'] = ticker

        # 주가 데이터를 DB에 저장
        args = price.values.tolist()
        mycursor.executemany(query, args)
        con.commit()

    except:

        # 오류 발생 시 error_list에 티커 저장하고 넘어가기 ─────── ⑥
        print(ticker)
        error_list.append(ticker)

    # 타임슬립 적용 ───── ⑦
    time.sleep(2)

# DB 연결 종료 ─────── ⑧
engine.dispose()
con.close()
```

❶ DB에 연결한다.

❷ 기준일이 최대, 즉 최근일 기준 보통주에 해당하는 티커 리스트(ticker_list)만 불러온다.

❸ DB에 저장할 쿼리(query)를 입력한다.

❹ 오류 발생 시 저장할 리스트(error_list)를 만든다.

❺ for문을 통해 전 종목 주가를 다운로드받으며, 진행 상황을 알기 위해 tqdm( ) 함수를 이용한다.

❻ URL 생성, 데이터 다운로드 및 데이터 클렌징 및 DB에 저장은 위와 동일하며, try except문을 통해 오류 발생 시 티커를 출력 후 error_list에 저장한다.

❼ 무한 크롤링을 방지하기 위해 한 번의 루프가 끝날 때마다 타임슬립을 적용한다.

❽ 모든 작업이 끝나면 DB와의 연결을 종료한다.

작업이 끝난 후 SQL의 kor_price 테이블을 확인해 보면 전 종목 주가가 저장되어 있다. 시간이 지나 위 코드를 다시 실행하면 upsert 형식을 통해 수정된 주가는 update를, 새로 입력된 주가는 insert를 한다.

날짜	시가	고가	저가	종가	거래량	종목코드
2017-05-10	9440	9460	9200	9210	120807	000020
2017-05-10	4512	4512	4459	4484	284582	000040
2017-05-10	14700	15350	14600	14850	81584	000050
2017-05-10	18300	18400	18000	18350	371503	000060
2017-05-10	129000	133500	126000	126000	27656	000070
2017-05-10	21650	22050	21450	21600	537978	000080
2017-05-10	39069	39149	38506	38749	533742	000100
2017-05-10	172000	179000	171500	178500	133117	000120
2017-05-10	11250	11550	11250	11250	41362	000140
2017-05-10	78616	79955	77985	78143	66114	000150
2017-05-10	2970	3000	2960	2960	110365	000180
2017-05-10	72379	74096	72379	72831	188667	000210
2017-05-10	4905	4905	4832	4858	9690	000220
2017-05-10	17936	18119	17662	17800	32304	000230
2017-05-10	20900	21500	20650	20900	173867	000240

그림 10.16 **주가 테이블**

10.5 재무제표 크롤링

주가와 더불어 재무제표와 가치지표 역시 투자에 있어 핵심이 되는 데이터다. 해당 데이터는 여러 웹사이트에서 구할 수 있으며, 국내 데이터 제공업체인 FnGuide에서 운영하는 Company Guide 웹사이트에서 손쉽게 구할 수 있다.

http://comp.fnguide.com/

10.5.1 재무제표 다운로드

먼저, 웹사이트에서 개별종목의 재무제표를 탭을 선택하면 포괄손익계산서, 재무상태표, 현금흐름표 항목이 있으며, 티커에 해당하는 A005930 뒤의 주소는 불필요한 내용이므로, 이를 제거한 주소로 접속한다. A 뒤의 6자리 티커만 변경한다면 해당 종목의 재무제표 페이지로 이동하게 된다.

http://comp.fnguide.com/SVO2/ASP/SVD_Finance.asp?pGB=1&gicode=A005930

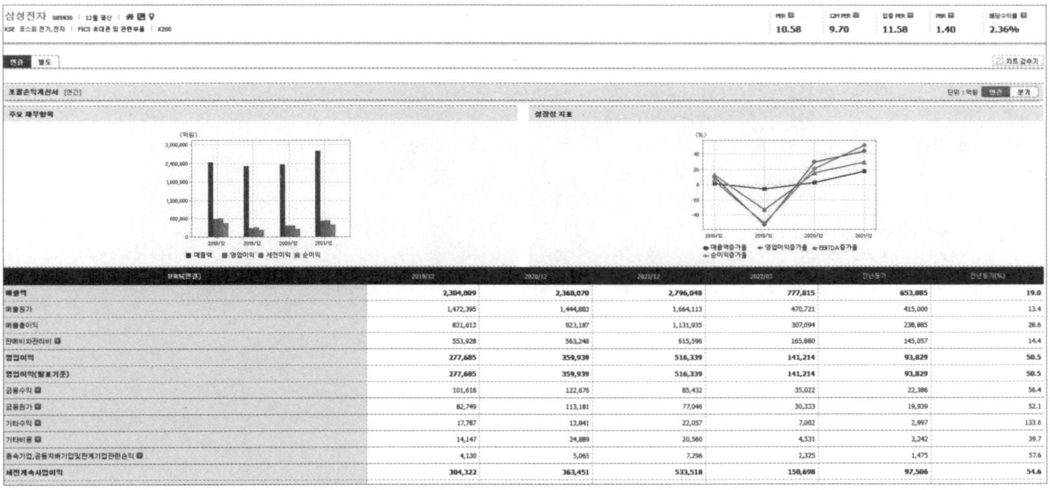

그림 10.17 **Company Guide** 화면

우리가 원하는 재무제표 항목들은 모두 표 형태로 제공되고 있으므로, pandas 패키지의 read_html( ) 함수를 이용해 쉽게 추출할 수 있다. 먼저, 삼성전자 종목의 페이지 내용을 불러오자.

```
from sqlalchemy import create_engine
import pandas as pd

engine = create_engine('mysql+pymysql://root:1234@127.0.0.1:3306/stock_db')
query = """
select * from kor_ticker ------- ❶
```

```
where 기준일 = (select max(기준일) from kor_ticker)
    and 종목구분 = '보통주';
"""
ticker_list = pd.read_sql(query, con=engine)
engine.dispose()

i = 0
ticker = ticker_list['종목코드'][i]

url = f'http://comp.fnguide.com/SVO2/ASP/SVD_Finance.asp?pGB=1&gicode=A{ticker}'    ⸺⸺ ❷
data = pd.read_html(url, displayed_only=False)    ⸺⸺ ❸

[item.head(3) for item in data]
```

```
[  IFRS(연결)   2019/12   2020/12   2021/12   2022/03   전년동기   전년동기(%)
0     매출액    3072.0    2721.0    2930.0     853.0    718.0      18.7
1    매출원가    1856.0    1334.0    1437.0     406.0    360.0      12.9
2   매출총이익    1216.0    1387.0    1493.0     447.0    358.0      24.6,
   IFRS(연결)   2021/06   2021/09   2021/12   2022/03   전년동기   전년동기(%)
0     매출액     758.0     691.0     763.0     853.0    718.0      18.7
1    매출원가     374.0     348.0     355.0     406.0    360.0      12.9
2   매출총이익     384.0     343.0     408.0     447.0    358.0      24.6,
                 IFRS(연결)   2019/12   2020/12   2021/12   2022/03
0                     자산    3764.0    4338.0    4478.0    4600.0
1   유동자산계산에 참여한 계정 펼치기    2355.0    2227.0    2202.0    2287.0
2                   재고자산     334.0     395.0     362.0     357.0,
                 IFRS(연결)   2021/06   2021/09   2021/12   2022/03
0                     자산    4471.0    4479.0    4478.0    4600.0
1   유동자산계산에 참여한 계정 펼치기    2274.0    2180.0    2202.0    2287.0
2                   재고자산     431.0     420.0     362.0     357.0,
          IFRS(연결)   2019/12   2020/12   2021/12   2022/03
0    영업활동으로인한현금흐름     133.0     522.0     360.0     166.0
1           당기순손익      91.0     287.0     196.0      58.0
2  법인세비용차감전계속사업이익       NaN       NaN       NaN       NaN,
          IFRS(연결)   2021/06   2021/09   2021/12   2022/03
0    영업활동으로인한현금흐름      63.0      48.0     161.0     166.0
1           당기순손익      70.0       8.0      62.0      58.0
2  법인세비용차감전계속사업이익       NaN       NaN       NaN       NaN]
```

❶ 티커 리스트를 불러와 첫 번째 티커를 선택한다.

❷ 재무제표 페이지에 해당하는 URL을 생성한다.

❸ read_html( ) 함수를 통해 표 데이터만을 가져온다. 페이지를 살펴보면 [+] 버튼을 눌러야만 표시가 되는 항목도 있으므로, displayed_only = False를 통해 해당 항목들도 모두 가져온다.

표 10.1 재무제표 표 내역

순서	내용	순서	내용
0	포괄손익계산서(연간)	3	재무상태표(분기)
1	포괄손익계산서(분기)	4	현금흐름표(연간)
2	재무상태표(연간)	5	현금흐름표(분기)

위의 과정을 거치면 총 6개의 표가 들어오게 되며, 그 내용은 표 10.1과 같다.

먼저, 연간 기준 포괄손익계산서, 재무상태표, 현금흐름표의 열 이름을 살펴보자.

```
print(data[0].columns.tolist(), '\n',
      data[2].columns.tolist(), '\n',
      data[4].columns.tolist()
     )
```

```
['IFRS(연결)', '2019/12', '2020/12', '2021/12', '2022/03', '전년동기', '전년동기(%)']
 ['IFRS(연결)', '2019/12', '2020/12', '2021/12', '2022/03']
 ['IFRS(연결)', '2019/12', '2020/12', '2021/12', '2022/03']
```

포괄손익계산서 표에는 '전년동기', '전년동기(%)' 열이 있으며, 이는 필요하지 않은 내용이므로 삭제해 주어야 한다.

```
data_fs_y = pd.concat(  ⋯⋯ ❷
    [data[0].iloc[:, ~data[0].columns.str.contains('전년동기')], data[2], data[4]])  ⋯⋯ ❶
data_fs_y = data_fs_y.rename(columns={data_fs_y.columns[0]: "계정"})  ⋯⋯ ❸

data_fs_y.head()
```

	계정	2019/12	2020/12	2021/12	2022/03
0	매출액	3072.0	2721.0	2930.0	853.0
1	매출원가	1856.0	1334.0	1437.0	406.0
2	매출총이익	1216.0	1387.0	1493.0	447.0
3	판매비와 관리비 계산에 참여한 계정 펼치기	1120.0	1155.0	1269.0	356.0
4	인건비	400.0	415.0	468.0	134.0

❶ 포괄손익계산서 중 '전년동기'라는 글자가 들어간 열을 제외한 데이터를 선택한다.

❷ concat( ) 함수를 이용해 포괄손익계산서, 재무상태표, 현금흐름표 3개 표를 하나로 묶는다.

❸ rename( ) 메서드를 통해 첫 번째 열 이름(IFRS 또는 IFRS(연결))을 '계정'으로 변경한다.

결산마감 이전에 해당 페이지를 크롤링할 경우 연간 재무제표 데이터에 분기 재무제표 데이터가 들어오기도 하므로, 연간 재무제표에 해당하는 열만을 선택해야 한다. 각 종목별 결산월은 해당 페이지의 상단에서 확인할 수 있다.

그림 10.18 **종목별 결산월**

이제 해당 데이터를 크롤링해 보겠다.

```python
import requests as rq
from bs4 import BeautifulSoup
import re

page_data = rq.get(url)  ········· ❶
page_data_html = BeautifulSoup(page_data.content, 'html.parser')

fiscal_data = page_data_html.select('div.corp_group1 > h2')  ········· ❷
fiscal_data_text = fiscal_data[1].text  ········· ❸
fiscal_data_text = re.findall('[0-9]+', fiscal_data_text)  ········· ❸

print(fiscal_data_text)  ········· ❹
```

```
['12']
```

❶ get( ) 함수를 통해 페이지의 데이터를 불러온 후, content 부분을 BeautifulSoup 객체로 만든다.

❷ 결산월 항목은 [corp_group1 클래스의 div 태그 하부의 h2 태그]에 존재하므로, select( ) 함수를 이용해 추출한다.

❸ fiscal_data 중 첫 번째는 종목코드에 해당하고, 두 번째가 결산 데이터에 해당하므로 해당 부분을 선택해 텍스트만 추출한다.

❹ 'n월 결산' 형태로 텍스트가 구성되어 있으므로, 정규 표현식을 이용해 숫자에 해당하는 부분만 추출한다.

이를 통해 결산월에 해당하는 부분만이 선택된다. 이를 이용해 연간 재무제표에 해당하는 열만 선택해 보자.

```python
data_fs_y = data_fs_y.loc[:, (data_fs_y.columns == '계정') |
                          (data_fs_y.columns.str[-2:].isin(fiscal_data_text))]
data_fs_y.head()
```

	계정	2019/12	2020/12	2021/12
0	매출액	3072.0	2721.0	2930.0
1	매출원가	1856.0	1334.0	1437.0
2	매출총이익	1216.0	1387.0	1493.0
3	판매비와 관리비 계산에 참여한 계정 펼치기	1120.0	1155.0	1269.0
4	인건비	400.0	415.0	468.0

열 이름이 '계정', 그리고 재무제표의 월이 결산월과 같은 부분만 선택한다. 이제 추가적으로 클렌징해야 하는 사항은 다음과 같다.

```
data_fs_y[data_fs_y.loc[:, ~data_fs_y.columns.isin(['계정'])].isna().all(
    axis=1)].head()
```

	계정	2019/12	2020/12	2021/12
10	기타원가성비용	NaN	NaN	NaN
18	대손충당금환입액	NaN	NaN	NaN
19	매출채권처분이익	NaN	NaN	NaN
20	당기손익-공정가치 측정금융자산 관련 이익	NaN	NaN	NaN
23	금융자산손상차손환입	NaN	NaN	NaN

먼저, 재무제표 값 중에서 모든 연도의 데이터가 NaN인 항목이 있다. 이는 재무제표 계정은 있으나 해당 종목들은 데이터가 없는 것들이므로 삭제해도 된다.

```
data_fs_y['계정'].value_counts(ascending=False).head()
```

```
기타            4
배당금수익         3
파생상품이익        3
이자수익          3
법인세납부(-)      3
Name: 계정, dtype: int64
```

또한, 동일한 계정명이 여러 번 반복된다. 이러한 계정은 대부분 중요하지 않은 것들이므로, 하나만 남겨 두도록 한다. 이 외에도 클렌징이 필요한 내용들을 함수로 구성하면 다음과 같다.

```
def clean_fs(df, ticker, frequency):  ········ ❶

    df = df[~df.loc[:, ~df.columns.isin(['계정'])].isna().all(axis=1)]  ········ ❷
    df = df.drop_duplicates(['계정'], keep='first')  ········ ❸
    df = pd.melt(df, id_vars='계정', var_name='기준일', value_name='값')  ········ ❹
    df = df[~pd.isnull(df['값'])]  ········ ❺
    df['계정'] = df['계정'].replace({'계산에 참여한 계정 펼치기': ''}, regex=True)  ········ ❻
    df['기준일'] = pd.to_datetime(df['기준일'],
                             format='%Y-%m') + pd.tseries.offsets.MonthEnd()  ········ ❼
    df['종목코드'] = ticker  ········ ❽
    df['공시구분'] = frequency  ········ ❾

    return df
```

❶ 입력값으로는 데이터프레임, 티커, 공시구분(연간/분기)이 필요하다.

❷ 먼저, 모든 연도의 데이터가 NaN인 항목은 제외한다.

❸ 계정명이 중복되는 경우 drop_duplicates( ) 함수를 이용해 첫 번째에 위치하는 데이터만 남긴다.

❹ melt( ) 함수를 이용해 열로 긴 데이터를 행으로 긴 데이터로 변경한다.

❺ 계정값이 없는 항목은 제외한다.

❻ [계산에 참여한 계정 펼치기]라는 글자는 페이지의 [+]에 해당하는 부분이므로 replace( ) 메서드를 통해 제거한다.

❼ to_datetime( ) 메서드를 통해 기준일을 'yyyy-mm' 형태로 바꾼 후, MonthEnd( )를 통해 월말에 해당하는 일을 붙인다.

❽ '종목코드' 열에는 티커를 입력한다.

❾ '공시구분' 열에는 연간 또는 분기에 해당하는 값을 입력한다.

연간 재무제표 항목에 위 함수를 적용하면 다음과 같은 결과를 확인할 수 있다.

```
data_fs_y_clean = clean_fs(data_fs_y, ticker, 'y')

data_fs_y_clean.head()
```

	계정	기준일	값	종목코드	공시구분
0	매출액	2019-12-31	3072.0	000020	y
1	매출원가	2019-12-31	1856.0	000020	y
2	매출총이익	2019-12-31	1216.0	000020	y
3	판매비와 관리비	2019-12-31	1120.0	000020	y
4	인건비	2019-12-31	400.0	000020	y

클렌징 처리가 된 데이터가 세로로 긴 형태로 변경되었다. 이제 분기 재무제표도 클렌징 처리를 해보자.

```
# 분기 데이터

data_fs_q = pd.concat(
    [data[1].iloc[:, ~data[1].columns.str.contains('전년동기')], data[3], data[5]])
data_fs_q = data_fs_q.rename(columns={data_fs_q.columns[0]: "계정"})
data_fs_q_clean = clean_fs(data_fs_q, ticker, 'q')

data_fs_q_clean.head()
```

	계정	기준일	값	종목코드	공시구분
0	매출액	2021-06-30	758.0	000020	q
1	매출원가	2021-06-30	374.0	000020	q
2	매출총이익	2021-06-30	384.0	000020	q
3	판매비와 관리비	2021-06-30	312.0	000020	q
4	인건비	2021-06-30	116.0	000020	q

분기 데이터는 결산월에 해당하는 부분을 선택할 필요가 없으며, 이를 제외하고는 모든 과정이 연간 재무제표의 항목과 동일하다.

```
data_fs_bind = pd.concat([data_fs_y_clean, data_fs_q_clean])
```

concat( ) 함수를 통해 두 테이블을 하나로 묶어 준다.

10.5.2 전 종목 재무제표 크롤링

위 과정을 응용해 모든 종목의 재무제표를 크롤링한 후 DB에 저장하는 과정을 살펴보겠다. 먼저, SQL
에서 재무제표가 저장될 테이블(kor_fs)을 만들어 준다.

```
use stock_db;

create table kor_fs
(
    계정 varchar(30),
    기준일 date,
    값 float,
    종목코드 varchar(6),
    공시구분 varchar(1),
    primary key(계정, 기준일, 종목코드, 공시구분)
)
```

이제 파이썬에서 아래 코드를 실행하면 for문을 통해 전 종목 재무제표가 DB에 저장된다.

```
# 패키지 불러오기
import pymysql
from sqlalchemy import create_engine
import pandas as pd
import requests as rq
from bs4 import BeautifulSoup
import re
from tqdm import tqdm
import time

# DB 연결 ------ ❶
engine = create_engine('mysql+pymysql://root:1234@127.0.0.1:3306/stock_db')
con = pymysql.connect(user='root',
                      passwd='1234',
                      host='127.0.0.1',
                      db='stock_db',
                      charset='utf8')
mycursor = con.cursor()

# 티커 리스트 불러오기 ------ ❷
ticker_list = pd.read_sql("""
select * from kor_ticker
where 기준일 = (select max(기준일) from kor_ticker)
      and 종목구분 = '보통주';
""", con=engine)

# DB 저장 쿼리 ------ ❸
```

```python
query = """
    insert into kor_fs (계정, 기준일, 값, 종목코드, 공시구분)
    values (%s,%s,%s,%s,%s) as new
    on duplicate key update
    값=new.값
"""

# 오류 발생 시 저장할 리스트 생성
error_list = []  ········ ④


# 재무제표 클렌징 함수
def clean_fs(df, ticker, frequency):

    df = df[~df.loc[:, ~df.columns.isin(['계정'])].isna().all(axis=1)]
    df = df.drop_duplicates(['계정'], keep='first')
    df = pd.melt(df, id_vars='계정', var_name='기준일', value_name='값')
    df = df[~pd.isnull(df['값'])]
    df['계정'] = df['계정'].replace({'계산에 참여한 계정 펼치기': ''}, regex=True)
    df['기준일'] = pd.to_datetime(df['기준일'],
                             format='%Y-%m') + pd.tseries.offsets.MonthEnd()
    df['종목코드'] = ticker
    df['공시구분'] = frequency

    return df


# for loop
for i in tqdm(range(0, len(ticker_list))):  ········ ⑤

    # 티커 선택
    ticker = ticker_list['종목코드'][i]

    # 오류 발생 시 이를 무시하고 다음 루프로 진행
    try:  ········ ⑥

        # url 생성
        url = f'http://comp.fnguide.com/SVO2/ASP/SVD_Finance.asp?pGB=1&gicode=A{ticker}'

        # 데이터 받아 오기
        data = pd.read_html(url, displayed_only=False)

        # 연간 데이터
        data_fs_y = pd.concat([
            data[0].iloc[:, ~data[0].columns.str.contains('전년동기')], data[2],
            data[4]
        ])
        data_fs_y = data_fs_y.rename(columns={data_fs_y.columns[0]: "계정"})

        # 결산년 찾기
        page_data = rq.get(url)
        page_data_html = BeautifulSoup(page_data.content, 'html.parser')

        fiscal_data = page_data_html.select('div.corp_group1 > h2')
        fiscal_data_text = fiscal_data[1].text
        fiscal_data_text = re.findall('[0-9]+', fiscal_data_text)
```

```python
        # 결산년에 해당하는 계정만 남기기
        data_fs_y = data_fs_y.loc[:, (data_fs_y.columns == '계정') | (
            data_fs_y.columns.str[-2:].isin(fiscal_data_text))]

        # 클렌징
        data_fs_y_clean = clean_fs(data_fs_y, ticker, 'y')

        # 분기 데이터
        data_fs_q = pd.concat([
            data[1].iloc[:, ~data[1].columns.str.contains('전년동기')], data[3],
            data[5]
        ])
        data_fs_q = data_fs_q.rename(columns={data_fs_q.columns[0]: "계정"})

        data_fs_q_clean = clean_fs(data_fs_q, ticker, 'q')

        # 2개 합치기
        data_fs_bind = pd.concat([data_fs_y_clean, data_fs_q_clean])

        # 재무제표 데이터를 DB에 저장
        args = data_fs_bind.values.tolist()
        mycursor.executemany(query, args)
        con.commit()

    except:    ┄┄┄┄ ❻

        # 오류 발생 시 해당 종목명을 저장하고 다음 루프로 이동
        print(ticker)
        error_list.append(ticker)

    # 타임슬립 적용    ┄┄┄┄ ❼
    time.sleep(2)

# DB 연결 종료    ┄┄┄┄ ❽
engine.dispose()
con.close()
```

❶ DB에 연결한다.

❷ 기준일이 최대, 즉 최근일 기준 보통주에 해당하는 티커 리스트(ticker_list)만 불러온다.

❸ DB에 저장할 쿼리(query)를 입력한다.

❹ 오류 발생 시 저장할 리스트(error_list)를 만든다.

❺ for문을 통해 전 종목 재무제표를 다운로드받으며, 진행 상황을 알기 위해 **tqdm( )** 함수를 이용한다.

❻ URL 생성, 데이터 다운로드 및 데이터 클렌징 및 DB에 저장은 위와 동일하며, try except문을 통해 오류 발생 시 티커를 출력 후 error_list에 저장한다.

❼ 무한 크롤링을 방지하기 위해 한 번의 루프가 끝날 때마다 타임슬립을 적용한다.

❽ 모든 작업이 끝나면 DB와의 연결을 종료한다.

작업이 끝난 후 SQL의 kor_fs 테이블을 확인해 보면 전 종목의 재무제표가 저장되어 있다. 시간이 지나 앞의 코드를 다시 실행하면 upsert 형식을 통해 수정된 재무제표는 update를, 새로 입력된 재무제표는 insert를 한다.

계정	기준일	값	종목 코드	공시 구분
(재무활동으로 인...	2019-12-31	6	007330	y
(재무활동으로 인...	2020-12-31	38	007330	y
(재무활동으로 인...	2021-03-31	2	007330	q
(재무활동으로 인...	2021-12-31	6	007330	y
(재무활동으로인한...	2018-12-31	420	000040	y
(재무활동으로인한...	2018-12-31	5254	000050	y
(재무활동으로인한...	2018-12-31	162	000060	y
(재무활동으로인한...	2018-12-31	2640	000070	y
(재무활동으로인한...	2018-12-31	2407	000080	y
(재무활동으로인한...	2018-12-31	296	000100	y
(재무활동으로인한...	2018-12-31	13293	000120	y
(재무활동으로인한...	2018-12-31	3553	000140	y
(재무활동으로인한...	2018-12-31	65115	000150	y
(재무활동으로인한...	2018-12-31	2040	000180	y
(재무활동으로인한...	2018-12-31	32365	000210	y
(재무활동으로인한...	2018-12-31	108	000220	y
(재무활동으로인한...	2018-12-31	0	000230	y

그림 10.19 재무제표 테이블

10.6 가치지표 계산

위에서 구한 재무제표 데이터를 이용해 가치지표를 계산할 수 있다. 흔히 가치지표로는 'PER', 'PBR', 'PCR', 'PSR', 'DY'가 사용된다.

표 10.2 가치지표의 종류

지표	설명	필요한 재무제표 데이터
PER	Price to Earnings Ratio	Earnings(순이익)
PBR	Price to Book Ratio	Book Value(순자산)
PCR	Price to Cash Flow Ratio	Cash Flow(영업활동현금흐름)
PSR	Price to Sales Ratio	Sales(매출액)
DY	Dividend Yield	Dividened(배당)

가치지표의 경우 연간 재무제표 기준으로 계산할 경우 다음 재무제표가 발표될 때까지 1년이나 기다려야 한다. 반면 분기 재무제표는 3개월마다 발표되므로 최신 정보를 훨씬 빠르게 반영할 수 있다는 장점이 있으므로 일반적으로 최근 4분기 데이터를 이용해 계산하는 TTM_{Trailing Twelve Months} 방법을 많이 사용한다. 먼저, 예제로 삼성전자의 가치지표를 계산해 보자.

```
# 패키지 불러오기
from sqlalchemy import create_engine
import pandas as pd
```

```
# DB 연결 ------- ❶
engine = create_engine('mysql+pymysql://root:1234@127.0.0.1:3306/stock_db')

# 티커 리스트 -------- ❷
ticker_list = pd.read_sql("""
select * from kor_ticker
where 기준일 = (select max(기준일) from kor_ticker)
    and 종목구분 = '보통주';
""", con=engine)

# 삼성전자 분기 재무제표 ------- ❸
sample_fs = pd.read_sql("""
select * from kor_fs
where 공시구분 = 'q'
and 종목코드 = '005930'
and 계정 in ('당기순이익', '자본', '영업활동으로인한현금흐름', '매출액');
""", con=engine)

engine.dispose() -------- ❹
```

❶ DB에 연결한다.

❷ 티커 리스트를 불러온다.

❸ 삼성전자의 분기공시 자료 중 가치지표 계산에 필요한 항목들만 불러온다.

❹ DB와의 연결을 종료한다.

```
sample_fs = sample_fs.sort_values(['종목코드', '계정', '기준일'])

sample_fs.head()
```

	계정	기준일	값	종목코드	공시구분
0	당기순이익	2021-06-30	96345.0	005930	q
1	당기순이익	2021-09-30	122933.0	005930	q
2	당기순이익	2021-12-31	108379.0	005930	q
3	당기순이익	2022-03-31	113246.0	005930	q
4	매출액	2021-06-30	636716.0	005930	q

먼저, sort_values( ) 함수를 통해 재무제표 데이터를 종목코드, 계정, 기준일 순으로 정렬한다.

```
sample_fs['ttm'] = sample_fs.groupby(  -------- ❶
    ['종목코드', '계정'], as_index=False)['값'].rolling(window=4,  -------- ❶❷
                                        min_periods=4).sum()['값']

sample_fs
```

	계정	기준일	값	종목코드	공시구분	ttm
0	당기순이익	2021-06-30	96345.0	005930	q	NaN
1	당기순이익	2021-09-30	122933.0	005930	q	NaN
2	당기순이익	2021-12-31	108379.0	005930	q	NaN
3	당기순이익	2022-03-31	113246.0	005930	q	440903.0
4	매출액	2021-06-30	636716.0	005930	q	NaN
5	매출액	2021-09-30	739792.0	005930	q	NaN
6	매출액	2021-12-31	765655.0	005930	q	NaN
7	매출액	2022-03-31	777815.0	005930	q	2919978.0
8	영업활동으로인한현금흐름	2021-06-30	120865.0	005930	q	NaN
9	영업활동으로인한현금흐름	2021-09-30	185815.0	005930	q	NaN
10	영업활동으로인한현금흐름	2021-12-31	206345.0	005930	q	NaN
11	영업활동으로인한현금흐름	2022-03-31	104531.0	005930	q	617556.0
12	자본	2021-06-30	2823240.0	005930	q	NaN
13	자본	2021-09-30	2967660.0	005930	q	NaN
14	자본	2021-12-31	3049000.0	005930	q	NaN
15	자본	2022-03-31	3152910.0	005930	q	11992810.0

❶ 종목코드와 계정을 기준으로 groupby( ) 함수를 통해 그룹을 묶으며, as_index=False를 통해 그룹 라벨을 인덱스로 사용하지 않는다.

❷ rolling( ) 메서드를 통해 4개 기간씩 합계를 구하며, min_periods 인자를 통해 데이터가 최소 4개는 있을 경우에만 값을 구한다. 즉 4개 분기 데이터를 통해 TTM 값을 계산하며, 12개월치 데이터가 없을 경우는 계산을 하지 않는다.

```
import numpy as np

sample_fs['ttm'] = np.where(sample_fs['계정'] == '자본',
                            sample_fs['ttm'] / 4, sample_fs['ttm'])  ┄┄┄┄ ❶
sample_fs = sample_fs.groupby(['계정', '종목코드']).tail(1)  ┄┄┄┄ ❷

sample_fs.head()
```

	계정	기준일	값	종목코드	공시구분	ttm
3	당기순이익	2022-03-31	113246.0	005930	q	440903.0
7	매출액	2022-03-31	777815.0	005930	q	2919978.0
11	영업활동으로인한현금흐름	2022-03-31	104531.0	005930	q	617556.0
15	자본	2022-03-31	3152910.0	005930	q	2998202.5

❶ '자본' 항목은 재무상태표에 해당하는 항목이므로 합이 아닌 4로 나누어 평균을 구하며, 타 항목은 4분기 기준 합을 그대로 사용한다.

❷ 계정과 종목코드별 그룹을 나눈 후 tail(1) 함수를 통해 가장 최근 데이터만 선택한다.

가치지표 중 분모에 해당하는 재무제표 값들을 계산했으며, 분자에 해당하는 시가총액은 티커 리스트에서 구할 수 있다.

```python
sample_fs_merge = sample_fs[['계정', '종목코드', 'ttm']].merge(
    ticker_list[['종목코드', '시가총액', '기준일']], on='종목코드')
sample_fs_merge['시가총액'] = sample_fs_merge['시가총액']/100000000

sample_fs_merge.head()
```

	계정	종목코드	ttm	시가총액	기준일
0	당기순이익	005930	440903.0	3659480.0	2022-08-03
1	매출액	005930	2919978.0	3659480.0	2022-08-03
2	영업활동으로인한현금흐름	005930	617556.0	3659480.0	2022-08-03
3	자본	005930	2998202.5	3659480.0	2022-08-03

위에서 계산한 테이블과 티커 리스트 중 필요한 열만 선택해 테이블을 합친다. 재무제표 데이터의 경우 단위가 억 원인 반면 시가총액은 원이므로, 시가총액을 억으로 나눠 단위를 맞춰 준다.

```python
sample_fs_merge['value'] = sample_fs_merge['시가총액'] / sample_fs_merge['ttm']
sample_fs_merge['지표'] = np.where(
    sample_fs_merge['계정'] == '매출액', 'PSR',
    np.where(
        sample_fs_merge['계정'] == '영업활동으로인한현금흐름', 'PCR',
        np.where(sample_fs_merge['계정'] == '자본', 'PBR',
                 np.where(sample_fs_merge['계정'] == '당기순이익', 'PER', None))))

sample_fs_merge
```

	계정	종목코드	ttm	시가총액	기준일	value	지표
0	당기순이익	005930	440903.0	3659480.0	2022-08-03	8.299966	PER
1	매출액	005930	2919978.0	3659480.0	2022-08-03	1.253256	PSR
2	영업활동으로인한현금흐름	005930	617556.0	3659480.0	2022-08-03	5.925746	PCR
3	자본	005930	2998202.5	3659480.0	2022-08-03	1.220558	PBR

분자(시가총액)를 분모(TTM 기준 재무제표 데이터)로 나누어 가치지표를 계산한 후, 각 지표명을 입력한다.

마지막으로, 배당수익률의 경우 티커 리스트의 데이터를 통해 계산할 수 있다.

```
ticker_list_sample = ticker_list[ticker_list['종목코드'] == '005930'].copy()
ticker_list_sample['DY'] = ticker_list_sample['주당배당금'] / ticker_list_sample['종가']

ticker_list_sample.head()
```

	종목코드	종목명	시장구분	종가	시가총액	기준일	EPS	선행EPS	BPS	주당배당금	종목구분	DY
260	005930	삼성전자	KOSPI	61300.0	3.659480e+14	2022-08-03	5777.0	5900.0	43611.0	1444.0	보통주	0.023556

티커 리스트의 각종 데이터 중 주당배당금을 종가로 나누면 현재시점 기준 배당수익률을 쉽게 계산할 수 있다.

10.6.1 전 종목 가치지표 계산

위 코드를 응용해 전 종목 가치지표를 계산해 보자. 먼저, SQL에서 가치지표가 저장될 테이블(kor_value)을 만들어 준다.

```
use stock_db;

create table kor_value
(
종목코드 varchar(6),
기준일 date,
지표 varchar(3),
값 double,
primary key (종목코드, 기준일, 지표)
);
```

이제 파이썬에서 재무 데이터를 이용해 가치지표를 계산한다.

```
# 패키지 불러오기
import pymysql
from sqlalchemy import create_engine
import pandas as pd
import numpy as np

# DB 연결 ------- ①
engine = create_engine('mysql+pymysql://root:1234@127.0.0.1:3306/stock_db')
con = pymysql.connect(user='root',
                      passwd='1234',
                      host='127.0.0.1',
                      db='stock_db',
                      charset='utf8')
mycursor = con.cursor()

# 분기 재무제표 불러오기 ------- ②
kor_fs = pd.read_sql("""
select * from kor_fs
where 공시구분 = 'q'
```

```
and 계정 in ('당기순이익', '자본', '영업활동으로인한현금흐름', '매출액');
""", con=engine)

# 티커 리스트 불러오기 ........ ❷
ticker_list = pd.read_sql("""
select * from kor_ticker
where 기준일 = (select max(기준일) from kor_ticker)
and 종목구분 = '보통주';
""", con=engine)

engine.dispose()
```

❶ DB에 연결한다.

❷ 분기 재무제표와 티커 리스트를 불러온다.

```
# TTM 구하기
kor_fs = kor_fs.sort_values(['종목코드', '계정', '기준일']) ........ ❶
kor_fs['ttm'] = kor_fs.groupby(['종목코드', '계정'], as_index=False)['값'].rolling(
    window=4, min_periods=4).sum()['값'] ........ ❷

# 자본은 평균 구하기 ........ ❸
kor_fs['ttm'] = np.where(kor_fs['계정'] == '자본', kor_fs['ttm'] / 4,
                         kor_fs['ttm'])
kor_fs = kor_fs.groupby(['계정', '종목코드']).tail(1) ........ ❹
```

❶ sort_values( ) 함수를 통해 종목코드, 계정, 기준일순으로 정렬을 한다.

❷ 종목코드와 계정별 그룹을 묶은 후, 롤링 합을 통해 TTM 값을 구한다.

❸ '자본' 항목은 재무상태표에 해당하는 항목이므로 합이 아닌 평균을 구하며, 타 항목은 4분기
  기준 합을 그대로 사용한다.

❹ tail(1)을 통해 최근 데이터를 선택한다.

이제 티커 리스트의 시가총액 데이터를 이용해 가치지표를 계산해 주도록 한다.

```
kor_fs_merge = kor_fs[['계정', '종목코드',
                       'ttm']].merge(ticker_list[['종목코드', '시가총액', '기준일']],
                                     on='종목코드') ........ ❶
kor_fs_merge['시가총액'] = kor_fs_merge['시가총액'] / 100000000 ........ ❷

kor_fs_merge['value'] = kor_fs_merge['시가총액'] / kor_fs_merge['ttm'] ........ ❸
kor_fs_merge['value'] = kor_fs_merge['value'].round(4)
kor_fs_merge['지표'] = np.where(
    kor_fs_merge['계정'] == '매출액', 'PSR', ........ ❹
    np.where(
        kor_fs_merge['계정'] == '영업활동으로인한현금흐름', 'PCR', ........ ❹
        np.where(kor_fs_merge['계정'] == '자본', 'PBR', ........ ❹
                 np.where(kor_fs_merge['계정'] == '당기순이익', 'PER', None))))
```

```
kor_fs_merge.rename(columns={'value': '값'}, inplace=True)  ⑤
kor_fs_merge = kor_fs_merge[['종목코드', '기준일', '지표', '값']]
kor_fs_merge = kor_fs_merge.replace([np.inf, -np.inf, np.nan], None)  ⑥

kor_fs_merge.head(4)
```

	종목코드	기준일	지표	값
0	000020	2022-08-03	PER	14.9532
1	000020	2022-08-03	PSR	0.9660
2	000020	2022-08-03	PCR	6.7597
3	000020	2022-08-03	PBR	0.8314

❶ TTM 기준으로 계산된 재무제표 테이블과 티커 리스트 테이블을 합친다.

❷ 시가총액을 억 원으로 나눈다.

❸ 시가총액을 재무데이터 값으로 나누어 가치지표를 계산한 후, 반올림을 한다.

❹ 각 계정에 맞게 계정명(PSR, PCR, PER, PBR)을 적는다.

❺ rename( ) 메서드를 통해 'value'라는 열 이름을 '값'으로 변경한다.

❻ 필요한 열만 선택한 후, replace( ) 메서드를 통해 inf와 nan를 None으로 변경한다.

계산된 가치지표를 데이터베이스에 저장하자.

```
query = """
    insert into kor_value (종목코드, 기준일, 지표, 값)
    values (%s,%s,%s,%s) as new
    on duplicate key update
    값=new.값
"""

args_fs = kor_fs_merge.values.tolist()
mycursor.executemany(query, args_fs)
con.commit()
```

가치지표를 kor_value 테이블에 upsert 방식으로 저장한다. 마지막으로, 배당수익률의 경우 티커 리스트를 통해 한 번에 계산할 수 있다.

```
ticker_list['값'] = ticker_list['주당배당금'] / ticker_list['종가']  ❶
ticker_list['값'] = ticker_list['값'].round(4)
ticker_list['지표'] = 'DY'  ❷
dy_list = ticker_list[['종목코드', '기준일', '지표', '값']]  ❸
dy_list = dy_list.replace([np.inf, -np.inf, np.nan], None)  ❹
dy_list = dy_list[dy_list['값'] != 0]  ❺

dy_list.head()
```

	종목코드	기준일	지표	값
0	000020	2022-08-03	DY	0.0170
2	000050	2022-08-03	DY	0.0097
3	000060	2022-08-03	DY	0.0172
4	000070	2022-08-03	DY	0.0414
5	000080	2022-08-03	DY	0.0256

❶ 주당배당금을 종가로 나누어 배당수익률을 계산한 후, 반올림을 한다.

❷ '지표'열에 'DY'라는 글자를 입력한다.

❸ 원하는 열만 선택한다.

❹ inf와 nan은 None으로 변경한다.

❺ 주당배당금이 0원인 종목은 값이 0으로 계산되므로, 이를 제외한 종목만 선택한다.

```
args_dy = dy_list.values.tolist()
mycursor.executemany(query, args_dy)
con.commit()

engine.dispose()
con.close()
```

배당수익률 역시 kor_value 테이블에 upsert 방식으로 저장한 후, DB와의 연결을 종료한다.

종목코드	기준일	지표	값
000020	2022-07-22	DY	0.0167
000020	2022-07-22	PBR	0.8471
000020	2022-07-22	PCR	6.8872
000020	2022-07-22	PER	15.2354
000020	2022-07-22	PSR	0.9842
000040	2022-07-22	PBR	1.4194
000040	2022-07-22	PCR	-8.3058
000040	2022-07-22	PER	-5.4946
000040	2022-07-22	PSR	0.5102
000050	2022-07-22	DY	0.0098
000050	2022-07-22	PBR	0.4647

그림 10.20 **가치지표 테이블**

CHAPTER

11

전 세계 주식 데이터 수집

퀀트 투자의 장점은 데이터만 있다면 동일한 투자 전략을 전 세계 모든 국가에 적용할 수 있다는 점이다. 이번 장에서는 전 세계 종목의 티커 수집, 주가, 재무제표, 가치지표를 다운로드하는 방법에 대해 알아보겠다.

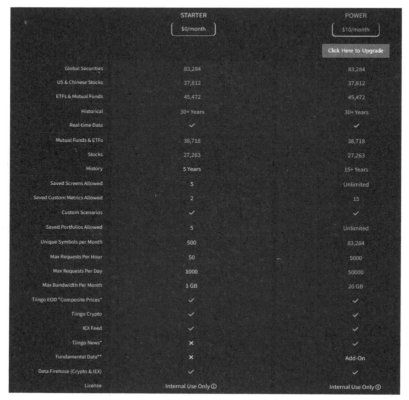

그림 11.1 Tiingo의 유/무료 서비스 비교

11.1 유료 데이터 벤더 이용하기

미국 시장의 데이터만 필요할 경우 유료 데이터 벤더를 이용하는 것도 좋은 방법이다. 미국에는 금융 데이터를 API로 제공하는 수많은 업체가 있으며, 팅고Tiingo의 경우는 월 $10만 지불하면 미국과 중국의 4만여 개 종목에 대한 데이터를 API 형태로 받을 수 있다. 이는 상장 폐지된 종목을 커버할 뿐만 아니라, API를 이용하므로 크롤링과는 비교할 수 없는 속도로 데이터를 받을 수 있다는 장점이 있다. 이 외에도 알파 밴티지Alpha Vantage, 퀀들Quandl, 폴리곤Polygon 등 수많은 데이터 벤더가 존재한다.

Tiingo는 무료 계정도 하루 1,000회까지 API 요청을 할 수 있으며, 파이썬에서 사용할 수 있는 패키지도 있으므로 이를 사용해 데이터를 수집해 보겠다.

11.1.1 가입 및 API token 받기

먼저, https://api.tiingo.com/ 사이트에 접속하여 오른쪽 상단의 [Sign-up]을 클릭해 회원 가입을 한다. 그후 로그인을 한 후 오른쪽 상단에서 본인의 ID를 클릭한 후 [Account]를 선택, 왼쪽 메뉴의 [API] 부분에서 [Token]을 클릭하면 본인의 API token을 확인할 수 있다.

그림 11.2 **API token 확인**

발급받은 토큰을 PC에 저장할 경우, keyring 패키지를 이용하면 안전하게 저장할 수 있다. 패키지를 이용해 암호나 키 값을 저장하는 법은 다음과 같다.

```
import keyring

keyring.set_password('System', 'User Name', 'Password')
```

[System]에는 시스템 종류, [User Name]에는 본인의 이름, [Password]에는 발급받은 API Key를 입력한다. 한 번 입력된 값은 계속 저장되어 있다. 저장한 키를 불러오는 법은 다음과 같다.

```
api_key = keyring.get_password('System', 'User Name')
```

이제 'System'에는 'Tiingo', 'User Name'에는 본인의 이름, 'Password'에는 위에서 발급받은 API Token 을 입력해 토큰을 저장하자.

```
import keyring

keyring.set_password('tiingo', 'User Name', 'Your API Token')
```

11.1.2 데이터 다운로드

Tiingo 패키지를 이용해 데이터를 받아 보겠다. 데이터를 받기 위해 API 접속 환경을 세팅한다.

```
from tiingo import TiingoClient
import pandas as pd
import keyring

api_key = keyring.get_password('tiingo', 'Henry')
config = {}
config['session'] = True
config['api_key'] = api_key
client = TiingoClient(config)
```

API token을 불러온 후, 접속 환경에 해당하는 config에 이를 입력한다.

먼저, Tiingo에서 제공하는 종목은 어떠한 것이 있는지 티커 정보들을 확인해 보자.

```
tickers = client.list_stock_tickers()
tickers_df = pd.DataFrame.from_records(tickers)

tickers_df.head()
```

	ticker	exchange	assetType	priceCurrency	startDate	endDate
0	000001	SHE	Stock	CNY	2007-01-04	2022-08-04
1	000002	SHE	Stock	CNY	2007-01-04	2022-08-04
2	000003	SHE	Stock	CNY		
3	000004	SHE	Stock	CNY	2007-08-31	2022-08-04
4	000005	SHE	Stock	CNY	2007-08-31	2022-08-04

list_stock_tickers( ) 메서드를 통해 티커 정보를 받아 올 수 있다. ticker(티커), exchange(거래소), assetType(주식 종류), priceCurrency(거래 통화), startDate(시작일), endDate(마감일) 정보가 표시된다. 거래 소와 통화별 종목이 몇 개 있는지 확인해 보자.

```
tickers_df.groupby(['exchange', 'priceCurrency'])['ticker'].count()
```

```
exchange    priceCurrency
            USD              2462
AMEX        USD                69
ASX         USD              2058
BATS        USD                 8
CSE         USD                32
EXPM        USD              1720
LSE         USD                13
NASDAQ      USD             12168
NYSE        USD              7669
NYSE ARCA   USD                66
NYSE MKT    USD               384
NYSE NAT    USD                 4
OTCBB       USD               594
OTCCE       USD              1163
OTCGREY     USD              3313
OTCMKTS     USD              1203
OTCQB       USD              1366
OTCQX       USD               770
PINK        USD             14048
SHE         CNY              2401
            HKD                53
            USD               154
SHG         CNY              1807
            USD               176
Name: ticker, dtype: int64
```

이 중 마이너 거래소나 장외 거래소의 경우 정보를 받아도 우리나라의 증권사를 통해서는 실제로 거래를 할 수 없을 수도 있다. 따라서 실제 거래할 수 있는 거래소 데이터만 필터링한 후 해당 종목들을 받는 것이 효율적이다.

각 종목의 상세 정보를 확인해 보도록 하며, 예로서 애플(AAPL)을 이용한다.

```
ticker_metadata = client.get_ticker_metadata("AAPL")
print(ticker_metadata)
```

```
{'ticker': 'AAPL', 'name': 'Apple Inc', 'description': "Apple Inc. (Apple) designs, manufactures
and markets mobile communication and media devices, personal computers, and portable digital music
players, and a variety of related software, services, peripherals, networking solutions, and third-
party digital content and applications. The Company's products and services include iPhone, iPad,
Mac, iPod, Apple TV, a portfolio of consumer and professional software applications, the iOS and
OS X operating systems, iCloud, and a variety of accessory, service and support offerings. The
Company also delivers digital content and applications through the iTunes Store, App StoreSM,
iBookstoreSM, and Mac App Store. The Company distributes its products worldwide through its retail
stores, online stores, and direct sales force, as well as through third-party cellular network
carriers, wholesalers, retailers, and value-added resellers. In February 2012, the Company acquired
app-search engine Chomp.", 'startDate': '1980-12-12', 'endDate': '2022-08-04', 'exchangeCode':
'NASDAQ'}
```

get_ticker_metadata( ) 메서드 내에 티커를 입력하면 티커, 종목명, 사업 내역 등 대략적인 정보를 받아올 수 있다.

이제 주가를 받아 보자.

```
historical_prices = client.get_dataframe("AAPL",
                                        startDate='2017-08-01',
                                        frequency='daily')

historical_prices.head()
```

date	close	high	low	open	volume	adjClose	adjHigh	adjLow	adjOpen	adjVolume	divCash	splitFactor
2017-08-01 00:00:00+00:00	150.05	150.22	148.4100	149.10	24725526	35.505368	35.545594	35.117306	35.280576	98902104	0.0	1.0
2017-08-02 00:00:00+00:00	157.14	159.75	156.1600	159.28	69222793	37.183030	37.800617	36.951138	37.689404	276891172	0.0	1.0
2017-08-03 00:00:00+00:00	155.57	157.21	155.0200	157.05	26000738	36.811530	37.199593	36.681388	37.161733	104002952	0.0	1.0
2017-08-04 00:00:00+00:00	156.39	157.40	155.6900	156.07	20349532	37.005562	37.244552	36.839925	36.929842	81398128	0.0	1.0
2017-08-07 00:00:00+00:00	158.81	158.92	156.6701	157.06	21870321	37.578191	37.604219	37.071840	37.164100	87481284	0.0	1.0

get_dataframe( ) 메서드 내에 티커를 입력하면 close(종가), high(고가), low(저가), open(시가), volumne(거래량) 및 수정주가와 divCash(현금 배당), splitFactor(주식분할 조정계수)까지 데이터를 받을 수 있다.

이번에는 일별 가치지표를 받아 보자(무료 계정의 경우 다우존스 30 지수에 포함되는 종목 정보만 제공한다).

```
fundamentals_daily = client.get_fundamentals_daily('AAPL')
fundamentals_daily_df = pd.DataFrame.from_records(fundamentals_daily)

fundamentals_daily_df.head()
```

	date	marketCap	enterpriseVal	peRatio	pbRatio	trailingPEG1Y
0	2019-08-05T00:00:00.000Z	8.737383e+11	9.316263e+11	16.357022	9.222566	-2.412661
1	2019-08-06T00:00:00.000Z	8.902785e+11	9.481665e+11	16.666667	9.397153	-2.458333
2	2019-08-07T00:00:00.000Z	8.994976e+11	9.573856e+11	16.839255	9.494463	-2.483790
3	2019-08-08T00:00:00.000Z	9.193368e+11	9.772248e+11	17.210660	9.703872	-2.538572
4	2019-08-09T00:00:00.000Z	9.083100e+11	9.661980e+11	17.004230	9.587481	-2.508124

get_fundamentals_daily( ) 메서드 내에 티커를 입력하면 일간 시가총액, 기업가치, PER, PBR, PEG

정보가 JSON 형태로 받아지며, from_records( ) 메서드를 통해 데이터프레임 형태로 변경해 준다.

마지막으로, 재무제표를 받아 보자.

```
fundamentals_stmnts = client.get_fundamentals_statements(  ········ ❶
    'AAPL', startDate='2019-01-01', asReported=True, fmt='csv')

df_fs = pd.DataFrame([x.split(',') for x in fundamentals_stmnts.split('\n')])  ········ ❷
df_fs.columns = df_fs.iloc[0]  ········ ❸
df_fs = df_fs[1:]  ········ ❸
df_fs.set_index('date', drop=True, inplace=True)  ········ ❹
df_fs = df_fs[df_fs.index != '']  ········ ❺

df_fs.head()
```

date	year	quarter	statementType	dataCode	value
2022-07-29	2022	3	cashFlow	ncff	-27445000000.0
2022-07-29	2022	3	balanceSheet	liabilitiesCurrent	129873000000.0
2022-07-29	2022	3	balanceSheet	deferredRev	7728000000.0
2022-07-29	2022	3	cashFlow	ncfi	4234000000.0
2022-07-29	2022	3	incomeStatement	netinc	19442000000.0

❶ get_fundamentals_statements( ) 메서드 내에 티커를 입력하면 재무제표의 세부 항목을 받을 수 있다. 또한, fmt는 포맷 형태를 의미하며, JSON으로 받을 경우 형태가 지나치게 복잡하므로 CSV로 받는 것이 좋다.

❷ 텍스트 형태로 데이터가 들어오므로, 클렌징을 통해 데이터프레임 형태로 변경한다.

❸ 첫 번째 행을 열 이름으로 지정한 후, 해당 행은 삭제한다.

❹ 'date' 열을 인덱스로 지정한다.

❺ 'date'가 비어 있는 부분이 있으므로 이를 제거한다.

결과를 확인해 보면 연간 재무제표와 분기 재무제표의 상세 정보가 다운로드될 뿐만 아니라 발표 날짜 또한 제공된다. 이처럼 유료 벤더를 이용하면 티커 및 주가, 재무제표, 가치지표를 매우 쉽고 빠르게 받을 수 있다.

Tiingo의 API 사용법 및 파이썬 패키지 사용법은 아래 페이지에 나와 있다.

- Tiingo API: https://api.tiingo.com/documentation/general/overview
- 파이썬 패키지: https://github.com/hydrosquall/tiingo-python

11.2 티커 수집하기

이번에는 크롤링을 통해 데이터를 수집하는 방법에 대해 알아보겠다. 우리나라는 한국거래소를 통해 티커를 손쉽게 수집할 수 있지만, 해외의 경우는 그렇지 않다. 먼저, 우리나라와 달리 국가별로 거래소가 여러 개인 경우도 있으며, 홈페이지에 상장 종목 리스트를 제공하지 않는 경우도 많기 때문이다.

다행히 투자자들이 많이 참조하는 사이트인 인베스팅닷컴(https://www.investing.com/)에서는 전 세계 주식 및 각종 금융 데이터를 제공하고 있다. 이 중 스크리닝 기능을 활용하면 각 국가별 티커 리스트를 수집할 수 있다. 먼저, 인베스팅닷컴에 접속한 후 [Markets ➡ Stocks ➡ Stock Screener]에 접속한다.

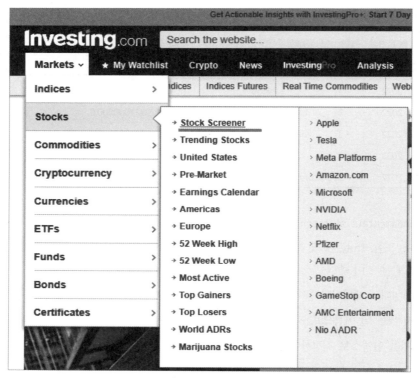

그림 11.3 **인베스팅닷컴의 주식 스크리너**

페이지를 접속하면 미국 종목들이 나타나며, URL은 다음과 같다.

```
https://www.investing.com/stock-screener/?sp=country::5|sector::a|industry::a|equityType::a%3Ceq_market_cap;1
```

하단에 표로 나타나는 정보 중 Symbol이 티커에 해당하며, 이를 통해 티커를 손쉽게 수집할 수 있다. 다음으로 국가를 Japan(일본)으로 선택하고, Equity Type은 ORD(보통주)를 선택하자.

하단의 표가 일본 종목들로 바뀌며 URL 역시 다음과 같이 바뀐다.

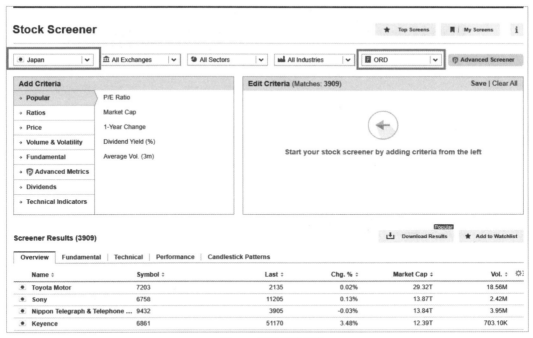

그림 11.4 일본 국가 선택

즉 기존 URL 중 국가에 해당하는 'country' 부분이 5에서 35로, 주식 종류에 해당하는 'equityType' 부분이 a에서 ORD로 변경되었다. 해당 페이지는 동적으로 페이지가 바뀌므로 셀레늄을 통해 크롤링을 해야 한다. 예제로 미국의 보통주 전 종목 정보를 크롤링해 보자.

```python
from selenium import webdriver
from selenium.webdriver.chrome.service import Service
from webdriver_manager.chrome import ChromeDriverManager  ┈┈┈ ❶
from selenium.webdriver.common.by import By
from bs4 import BeautifulSoup
import math
import pandas as pd

driver = webdriver.Chrome(service=Service(ChromeDriverManager().install()))
url = 'https://www.investing.com/stock-screener/?sp=country::5|sector::a|industry::a|equityType::O
RD%3Ceq_market_cap;1'  ┈┈┈ ❷
driver.get(url)  ┈┈┈ ❸
```

❶ 먼저, 크롬 드라이버를 설정한다.

❷ 미국 보통주에 해당하는 URL을 입력한다.

❸ 해당 페이지를 연다.

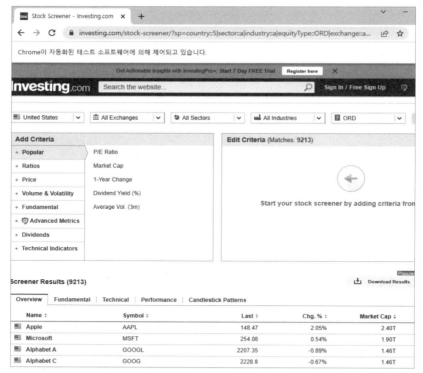

그림 11.5 셀레늄을 이용한 스크리너 접속

다음으로 HTML 정보를 가져온다.

```
html = BeautifulSoup(driver.page_source, 'lxml')
```

HTML 정보에 해당하는 **driver.page_source**를 BeautifulSoup 객체로 만들어 준다. 이제 우리가 찾고자 하는 데이터를 하나씩 살펴보자. 먼저, 각 국가별 코드를 살펴보자. 개발자 도구 화면에서 'newBtnDropdown noHover' 클래스 하단의 'li 태그의 'data-value' 속성을 살펴보면 국가별 코드와 국가명이 적혀 있다.

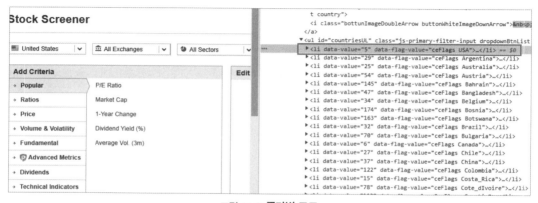

그림 11.6 국가별 코드

이번에는 위젯에서 선택되어 있는 국가명을 확인해 보자. 'newBtnDropdown noHover' 클래스 하단의 'input' 태그의 'value' 속성의 속성명에는 국가명이 적혀 있다. 이를 코드를 통해 찾아보자.

그림 11.7 국가명 확인

```
html.find(class_='js-search-input inputDropDown')['value']
```

```
'United States'
```

이번에는 종목들의 정보가 있는 표를 확인하자. 클래스명이 'genTbl openTbl resultsStockScreenerTbl elpTbl'인 표 중 'tbody' 부분에 해당 데이터가 위치하고 있다. 이 정보를 이용해 해당 표 데이터를 선택하자.

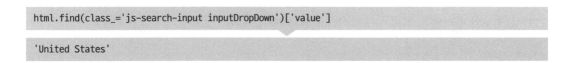

그림 11.8 종목 표

```
html_table = html.select('table.genTbl.openTbl.resultsStockScreenerTbl.elpTbl')
```

```
print(html_table[0])
```

```
<label class="pointer" for="SS_35" title="Price to Book (MRQ)">
  Price to Book (MRQ) </label>
</li>
<li class="displayNone">
<input data-column-name="pr2tanbk_us" id="SS_36"
onclick="columnsSettings_stock_screener.onCheckboxClick(this);" type="checkbox"
value="pr2tanbk_us"/>
<label class="pointer" for="SS_36" title="Price to Tangible Book (MRQ)">
Price to Tangible Book (MRQ) </label>
</li>
<li class="displayNone">
<input data-column-name="epschngyr_us" id="SS_37"
onclick="columnsSettings_stock_screener.onCheckboxClick(this);" type="checkbox"
value="epschngyr_us"/>
<label class="pointer" for="SS_37" title="EPS(MRQ) vs Qtr. 1 Yr. Ago">
EPS(MRQ) vs Qtr. 1 Yr. Ago </label>
</li>
<li class="displayNone">
<input data-column-name="ttmepschg_us" id="SS_38"
onclick="columnsSettings_stock_screener.onCheckboxClick(this);" type="checkbox"
value="ttmepschg_us"/>
<label class="pointer" for="SS_38" title="EPS(TTM) vs TTM 1 Yr. Ago">
EPS(TTM) vs TTM 1 Yr. Ago </label>
</li>
<li class="displayNone">
```

select 함수를 이용해 table 태그 중 해당 클래스명을 찾은 후 출력하면, 종목 정보들이 담긴 표의 HTML 정보가 출력된다. 이제 이를 데이터프레임 형태로 변환해 보자.

```
df_table = pd.read_html(html_table[0].prettify())
df_table_result = df_table[0]
```

prettify( ) 메서드를 이용해 BeautifulSoup에서 파싱한 파서 트리parser tree를 유니코드 형태로 다시 돌려준 후, read_html( ) 함수를 통해 표를 읽어 온다. Variable Explorer 창에서 df_table_result 변수를 확인해 보자.

Index	Unnamed	Name	Symbol	Exchange	Sector	
0	nan	Apple	AAPL	NASDAQ	Information Technology	Technology Hardware
1	nan	Microsoft	MSFT	NASDAQ	Information Technology	Software
2	nan	Alphabet C	GOOG	NASDAQ	Communication Services	Interactive Media &
3	nan	Alphabet A	GOOGL	NASDAQ	Communication Services	Interactive Media &
4	nan	Amazon.com	AMZN	NASDAQ	Consumer Discretionary	Internet & Direct M
5	nan	Tesla	TSLA	NASDAQ	Consumer Discretionary	Automobiles
6	nan	Berkshire Hathaway B	BRKb	NYSE	Financial	Diversified Financi
7	nan	Berkshire Hathaway A	BRKa	NYSE	Financial	Diversified Financi
8	nan	UnitedHealth	UNH	NYSE	Healthcare	Health Care Provide
9	nan	NVIDIA	NVDA	NASDAQ	Information Technology	Semiconductors & Se
10	nan	J&J	JNJ	NYSE	Healthcare	Pharmaceuticals
11	nan	Visa A	V	NYSE	Information Technology	IT Services
12	nan	Meta Platforms	META	NASDAQ	Communication Services	Interactive Media &
13	nan	Exxon Mobil	XOM	NYSE	Energy	Oil, Gas & Consumab

그림 11.9 크롤링 결과 확인

결과를 살펴보면 웹 페이지에 있는 내역 외에도 Exchange(거래소), Sector, Industy 등 추가적인 정보를 확인할 수 있다. 이 중 필요한 열만 선택하자.

```
df_table_select = df_table[0][['Name', 'Symbol', 'Exchange', 'Sector', 'Market Cap']]
df_table_select.head()
```

	Name	Symbol	Exchange	Sector	Market Cap
0	Apple	AAPL	NASDAQ	Information Technology	2.66T
1	Microsoft	MSFT	NASDAQ	Information Technology	2.12T
2	Alphabet A	GOOGL	NASDAQ	Communication Services	1.55T
3	Alphabet C	GOOG	NASDAQ	Communication Services	1.52T
4	Amazon.com	AMZN	NASDAQ	Consumer Discretionary	1.45T

마지막으로, 종목 정보가 몇 페이지까지 있는지 확인해야 한다. 웹 페이지의 'Screener Results' 글자 뒤에는 해당 국가에 총 몇 종목이 있는지 출력된다. 한 페이지에는 총 50종목이 출력되므로 해당 숫자를 50으로 나눈 후 올림을 하면 총 페이지 수를 계산할 수 있다. 해당 정보는 'js-total-results' 클래스에 위치하고 있으며, 이를 이용해 페이지 수를 계산해 보자.

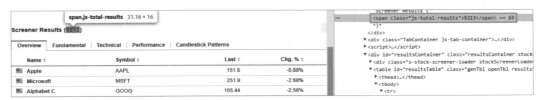

그림 11.10 **종목 수 확인**

```
end_num = driver.find_element(By.CLASS_NAME, value = 'js-total-results').text
print(math.ceil(int(end_num) / 50))
```

```
185
```

마지막으로, 드라이브를 종료해 준다.

```
driver.quit()
```

11.2.1 전 종목 티커 크롤링

위 과정을 통해 국가별 전 종목의 티커 및 관련 정보를 수집하는 방법과 페이지 수를 계산할 수 있었다. 이제 for문을 이용해 미국의 전 종목 티커를 크롤링해 보겠다.

```
from selenium import webdriver
from selenium.webdriver.chrome.service import Service
from webdriver_manager.chrome import ChromeDriverManager
from selenium.webdriver.common.by import By
```

```
from selenium.webdriver.support import expected_conditions as EC
from selenium.webdriver.support.ui import WebDriverWait
from bs4 import BeautifulSoup
from datetime import datetime
import math
import pandas as pd
import numpy as np
from tqdm import tqdm
import time


driver = webdriver.Chrome(service=Service(ChromeDriverManager().install()))  ┄┄┄┄ ❶
nationcode = '5'  ┄┄┄┄ ❷
url = f'''https://investing.com/stock-screener/?sp=country::
{nationcode}|sector::a|industry::a|equityType::ORD%3Ceq_market_cap;1'''  ┄┄┄┄ ❸
driver.get(url)  ┄┄┄┄ ❹


WebDriverWait(driver, 10).until(EC.visibility_of_element_located(
    (By.XPATH, '//*[@id="resultsTable"]/tbody')))  ┄┄┄┄ ❺


end_num = driver.find_element(By.CLASS_NAME, value='js-total-results').text
end_num = math.ceil(int(end_num) / 50)  ┄┄┄┄ ❻
```

❶ 크롬 드라이브를 불러온다.

❷ 국가 코드는 미국에 해당하는 '5'를 입력한다.

❸ 먼저, 첫 페이지에 해당하는 URL을 생성한다.

❹ 셀레늄으로 해당 페이지를 연다.

❺ 'Screener Results'에 해당하는 부분은 종목이 들어 있는 표가 로딩된 이후 나타난다. 따라서 WebDriverWait( ) 함수를 통해 해당 표가 로딩될 때까지 기다리며, 표의 XPATH는 '//*[@id="resultsTable"]/tbody'다.

❻ 종목 수에 해당하는 부분을 크롤링한 후, 이를 통해 페이지 수를 계산한다.

이제 for문을 통해 모든 페이지의 데이터를 크롤링해 보자.

```
all_data_df = []  ┄┄┄┄ ❶

for i in tqdm(range(1, end_num + 1)):  ┄┄┄┄ ❷

    url = f'''https://investing.com/stock-screener/?sp=country::
        {nationcode}|sector::a|industry::a|equityType::ORD%3Ceq_market_cap;{i}'''  ┄┄┄┄ ❸
    driver.get(url)

    try:
        WebDriverWait(driver, 10).until(EC.visibility_of_element_located(  ┄┄┄┄ ❹
            (By.XPATH, '//*[@id="resultsTable"]/tbody')))
    except:
        time.sleep(1)
        driver.refresh()  ┄┄┄┄ ❹
        WebDriverWait(driver, 10).until(EC.visibility_of_element_located(
```

```
            (By.XPATH, '//*[@id="resultsTable"]/tbody')))

    html = BeautifulSoup(driver.page_source, 'lxml')

    html_table = html.select(
        'table.genTbl.openTbl.resultsStockScreenerTbl.elpTbl')  ------- ❺
    df_table = pd.read_html(html_table[0].prettify())
    df_table_select = df_table[0][['Name', 'Symbol',
                                    'Exchange', 'Sector', 'Market Cap']]  ------- ❻

    all_data_df.append(df_table_select)  ------- ❼

    time.sleep(2)  ------- ❽

all_data_df_bind = pd.concat(all_data_df, axis=0)  ------- ❾

data_country = html.find(class_='js-search-input inputDropDown')['value']
all_data_df_bind['country'] = data_country  ------- ❿
all_data_df_bind['date'] = datetime.today().strftime('%Y-%m-%d')  ------- ⓫
all_data_df_bind = all_data_df_bind[~all_data_df_bind['Name'].isnull()]  ------- ⓬
all_data_df_bind = all_data_df_bind[all_data_df_bind['Exchange'].isin(  ------- ⓭
    ['NASDAQ', 'NYSE', 'NYSE Amex'])]
all_data_df_bind = all_data_df_bind.drop_duplicates(['Symbol'])  ------- ⓮
all_data_df_bind.reset_index(inplace=True, drop=True)  ------- ⓯
all_data_df_bind = all_data_df_bind.replace({np.nan: None})  ------- ⓰

driver.quit()  ------- ⓱
```

❶ 빈 리스트(all_data_df)를 생성한다.

❷ for문을 통해 전체 페이지에서 종목명과 티커 등의 정보를 크롤링한다.

❸ f-string을 통해 각 페이지에 해당하는 URL을 생성한 후 페이지를 연다.

❹ WebDriverWait( ) 함수를 통해 표가 로딩될 때까지 기다린다. 또한, 간혹 페이지 오류가 발생할 때가 있으므로, try except문을 이용해 오류 발생 시 1초간 기다린 후 refresh( )를 통해 새로 고침을 하여 다시 표가 로딩되길 기다린다.

❺ HTML 정보를 불러온 후, 표에 해당하는 부분을 선택한다.

❻ 원하는 열만 선택한다.

❼ append( ) 메서드를 통해 해당 표를 리스트에 추가한다.

❽ 2초간 일시 정지를 한다.

❾ for문이 끝나면 concat( ) 함수를 통해 리스트 내 모든 데이터프레임을 행으로 묶어 준다.

❿ 국가명에 해당하는 부분을 추출한 뒤, 'country' 열에 입력한다.

⓫ 'date' 열에 오늘 날짜를 입력한다.

⓬ 일부 종목의 경우 종목명이 빈칸으로 들어오므로 이를 제거한다.

⓭ 'Exchange' 열에서 거래가 가능한 거래소만 선택한다.

⑭ 일부 종목의 경우 중복된 결과가 들어오기도 하므로 drop_duplicates( ) 메서드를 통해 Symbol
이 겹치는 경우 1개만 남겨 준다.

⑮ reset_index( ) 메서드를 통해 인덱스를 초기화한다.

⑯ nan을 None으로 변경한다.

⑰ 드라이브를 종료한다.

마지막으로, 위 데이터프레임을 SQL에 저장해 준다. 먼저, SQL에서 다음의 쿼리를 통해 테이블(global_
ticker)을 만든다.

```sql
use stock_db;

create table global_ticker
(
    Name varchar(50) not null,
    Symbol varchar(30),
    Exchange varchar(30),
    Sector varchar(40),
    'Market Cap' varchar(10),
    country varchar(20),
    date date,
    primary key(Symbol, country, date)
);
```

위에서 구한 티커 데이터를 해당 테이블에 저장한다.

```python
import pymysql

con = pymysql.connect(user='root',
                      passwd='1234',
                      host='127.0.0.1',
                      db='stock_db',
                      charset='utf8')

mycursor = con.cursor()
query = """
    insert into global_ticker (Name, Symbol, Exchange, Sector, `Market Cap`, country, date)
    values (%s,%s,%s,%s,%s,%s,%s) as new
    on duplicate key update
    name=new.name,Exchange=new.Exchange,Sector=new.Sector,
    `Market Cap`=new.`Market Cap`;
"""

args = all_data_df_bind.values.tolist()

mycursor.executemany(query, args)
con.commit()

con.close()
```

	Name	Symbol	Exchange	Sector	Market Cap	country	date
▶	Agilent Technologies	A	NYSE	Healthcare	34.59B	United States	2022-07-15
	Alcoa	AA	NYSE	Materials	7.53B	United States	2022-07-15
	Asia Broadband	AABB	OTC Markets	Materials	495.03M	United States	2022-07-15
	Ares Acquisition	AAC	NYSE	Financial	1.23B	United States	2022-07-15
	Armada Acquisition I	AACI	NASDAQ	Financial	204.62M	United States	2022-07-15
	American Commerce	AACS	OTC Markets	Industrials	150.00K	United States	2022-07-15
	Aurora Solar Technologies	AACTF	OTC Markets	Information Technology	9.95M	United States	2022-07-15
	Aadi Bioscience	AADI	NASDAQ	Healthcare	267.85M	United States	2022-07-15
	All American Gld Crp	AAGC	OTC Markets	Materials	1.18M	United States	2022-07-15
	America Great Health	AAGH	OTC Markets	Healthcare	337.44M	United States	2022-07-15

그림 11.11 글로벌 티커 테이블

NOTE nationcode 부분만 변경하면 모든 국가의 티커 리스트 역시 동일한 방법으로 다운로드받을 수 있다.

11.3 주가 다운로드

야후 파이낸스에서는 전 세계 주가(한국 포함)를 제공하고 있다.

https://finance.yahoo.com/

사이트에서 종목 티커를 검색한 후 [Historical Data] 탭을 선택하면 확인 및 다운로드가 가능하다. 또한 야후 API를 통해 해당 데이터를 손쉽게 다운로드할 수 있는 패키지들이 있으므로, 이를 이용해 먼저 애플(AAPL)의 주가를 내려받아 보도록 하자.

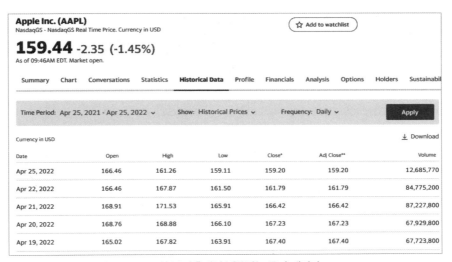

그림 11.12 야후에서 제공하는 주가 데이터

```
import yfinance as yf

price = yf.download('AAPL')
price.head()
```

```
[*******************100%*********************]  1 of 1 completed
```

	Open	High	Low	Close	Adj Close	Volume
Date						
1980-12-12	0.128348	0.128906	0.128348	0.128348	0.099584	469033600
1980-12-15	0.122210	0.122210	0.121652	0.121652	0.094388	175884800
1980-12-16	0.113281	0.113281	0.112723	0.112723	0.087461	105728000
1980-12-17	0.115513	0.116071	0.115513	0.115513	0.089625	86441600
1980-12-18	0.118862	0.119420	0.118862	0.118862	0.092224	73449600

yfinance 패키지의 download() 함수 내에 티커를 입력하면 주가 정보를 매우 손쉽게 받을 수 있다. [1 of 1 completed] 부분에 해당하는 진행과정을 출력하고 싶지 않을 시, progress=False 인자를 추가하면 된다.

```
price = yf.download('AAPL', progress = False)
```

start 인자를 추가하면 데이터 다운로드 기간을 변경할 수도 있다. 2000년 1월 1일부터 데이터를 받는 법은 다음과 같다.

```
price = yf.download('AAPL', start = '2000-01-01', progress = False)
price.head()
```

	Open	High	Low	Close	Adj Close	Volume
Date						
2000-01-03	0.936384	1.004464	0.907924	0.999442	0.849468	535796800
2000-01-04	0.966518	0.987723	0.903460	0.915179	0.777850	512377600
2000-01-05	0.926339	0.987165	0.919643	0.928571	0.789232	778321600
2000-01-06	0.947545	0.955357	0.848214	0.848214	0.720933	767972800
2000-01-07	0.861607	0.901786	0.852679	0.888393	0.755083	460734400

미국이 아닌 국가의 경우 단순히 티커만 입력할 경우 데이터를 받을 수 없다. 예를 들어 일본의 '도쿄 일렉트론'은 일본 내에서 티커가 '8035'이며, 야후 파이낸스에서 이를 검색해보자.

그림 11.13 **중복 티커**

우리가 원하는 도쿄 일렉트론뿐만 아니라 홍콩에 상장된 'Janco Holdings Limited'라는 주식 역시 티커가 8035이다. 이처럼 각기 다른 국가에서 중복된 티커가 사용되는 경우가 종종 발생되므로, 야후 파이낸스 혹은 여러 벤더의 경우 '티커.국가코드' 형태를 통해 이들을 구분한다. 야후 파이낸스에서 일본의 국가코드는 'T'다. 이를 이용해 도쿄 일렉트론의 주가를 받는 법은 다음과 같다.

```
price = yf.download("8035.T", progress = False)
price.head()
```

Date	Open	High	Low	Close	Adj Close	Volume
2000-01-04	13800.0	14000.0	12890.0	13010.0	11311.805664	231000
2000-01-05	11510.0	12140.0	11020.0	11950.0	10390.168945	672000
2000-01-06	12000.0	12600.0	11000.0	11020.0	9581.561523	688000
2000-01-07	10800.0	11530.0	10530.0	10920.0	9494.613281	1203000
2000-01-10	10920.0	10920.0	10920.0	10920.0	9494.613281	0

> **NOTE**
> - 미국의 경우는 국가 코드가 필요없이 단순히 티커만 입력하면 된다.
> - 국내 주가 역시 야후 파이낸스를 통해 다운로드받을 수 있다. 그러나 일부 중소형주의 경우 데이터가 존재하지 않는 문제가 있어 국내 사이트를 이용해 수집하는 것을 권장한다.

11.3.1 전 종목 주가 다운로드

미국 데이터 역시 국내 전종목 주가를 다운로드하고 DB에 저장했던 것과 동일하게 for문을 이용하면 된다. 먼저 SQL에서 주가 데이터에 해당하는 테이블(global_price)을 만든다.

```
use stock_db;

create table global_price
(
    Date date,
    High double,
    Low double,
    Open double,
    Close double,
    Volume double,
    `Adj Close` double,
    ticker varchar(20),
    primary key(Date, ticker)
);
```

파이썬에서 다음 코드를 실행하면 for문을 통해 전 종목 주가가 DB에 저장된다.

```python
# 패키지 불러오기
import pymysql
from sqlalchemy import create_engine
import pandas as pd
import yfinance as yf
import time
from tqdm import tqdm

# DB 연결 ········ ❶
engine = create_engine('mysql+pymysql://root:1234@127.0.0.1:3306/stock_db')
con = pymysql.connect(user='root',
                      passwd='1234',
                      host='127.0.0.1',
                      db='stock_db',
                      charset='utf8')

mycursor = con.cursor()

# 티커 리스트 불러오기 ········ ❷
ticker_list = pd.read_sql("""
select * from global_ticker
where date = (select max(date) from global_ticker)
and country = 'United States';
""", con=engine)

# DB 저장 쿼리 ········ ❸
query = """
    insert into global_price (Date, High, Low, Open, Close, Volume, `Adj Close`, ticker)
    values (%s, %s,%s,%s,%s,%s,%s,%s) as new
    on duplicate key update
    High = new.High, Low = new.Low, Open = new.Open, Close = new.Close,
    Volume = new.Volume, `Adj Close` = new.`Adj Close`;
"""

# 오류 발생 시 저장할 리스트 생성
error_list = []  ········ ❹

# 전 종목 주가 다운로드 및 저장
for i in tqdm(range(0, len(ticker_list))):  ········ ❺

    # 티커 선택
    ticker = ticker_list['Symbol'][i]

    # 오류 발생 시 이를 무시하고 다음 루프로 진행
    try:

        # 주가 다운로드
        price = yf.download(ticker, progress=False)  ········ ❻

        # 데이터 클렌징
        price = price.reset_index()
        price['ticker'] = ticker

        # 주가 데이터를 DB에 저장
        args = price.values.tolist()
```

```
        mycursor.executemany(query, args)
        con.commit()

    except:

        # 오류 발생 시 error_list에 티커 저장하고 넘어가기 ········ ❼
        print(ticker)
        error_list.append(ticker)

    # 타임슬립 적용
    time.sleep(2) ········ ❽

# DB 연결 종료
engine.dispose() ········ ❾
con.close()
```

❶ DB에 연결한다.

❷ 기준일이 최대, 즉 최근일 기준 보통주에 해당하며, 미국 종목의 리스트(ticker_list)만 불러온다.

❸ DB에 저장할 쿼리(query)를 입력한다.

❹ 페이지 오류, 통신 오류 등 오류가 발생한 티커명을 저장할 리스트(error_list)를 만든다.

❺ for문을 통해 전 종목 주가를 다운로드하며, 진행 상황을 알기 위해 tqdm( ) 함수를 이용한다.

❻ DataReader( ) 함수를 통해 야후 파이낸스에서 주가를 받은 후 클렌징 처리한다. 그 후 주가 데이터를 DB에 저장한다.

❼ try except문을 통해 오류 발생 시 'error_list'에 티커를 저장한다.

❽ 무한 크롤링을 방지하기 위해 한 번의 루프가 끝날 때마다 타임슬립을 적용한다.

❾ 모든 작업이 끝나면 DB와의 연결을 종료한다.

	Date	High	Low	Open	Close	Volume	Adj_Close	ticker
▶	2017-05-15	56.7599983215332	56.0099983215332	56.06999969482422	56.70000076293945	1472200	54.51689147949219	A
	2017-05-15	32.5	31.969999313354492	32.16999816894531	32.029998779296875	2384000	31.92494773864746	AA
	2017-05-15	14.270000457763672	14.130000114440918	14.199999809265137	14.149999618530273	236900	8.972443580627441	AAIC
	2017-05-15	46.9900016784668	45.689998626708984	45.70000076293945	46.68000030517578	5534500	45.306114196777344	AAL
	2017-05-15	3.630000114440918	3.549999952316284	3.5999999046325684	3.5999999046325684	6800	3.5117440223693848	AAME
	2017-05-15	66.4000015258789	63.25	65.80000305175781	64.01000213623047	3112500	64.01000213623047	AAOI
	2017-05-15	36.849998474121094	36.29999923706055	36.29999923706055	36.599998474121094	85900	35.351707458496094	AAON
	2017-05-15	147.14999389648438	144.49000549316406	144.66000366210938	145.85000610351562	1097700	140.7787322998047	AAP
	2017-05-15	39.162498474121094	38.76250076293945	39.002498626708984	38.92499923706055	104038800	36.848976135253906	AAPL
	2017-05-15	39.689998626708984	39.1399938964844	39.369998931884766	39.310001373291016	176900	34.00178146362305	AAT
	2017-05-15	3.549999952316284	3.450000047683716	3.5	3.549999952316284	18000	3.3248260021209717	AATC
	2017-05-15	1.4800000190734863	1.2999999523162842	1.4800000190734863	1.3600000143051147	445100	1.3600000143051147	AAU
	2017-05-15	50.349998474121094	49.099998474121094	49.79999923706055	49.400001525878906	196000	49.400001525878906	AAWW

그림 11.14 **글로벌 주가 테이블**

작업이 종료된 후 'error_list'에는 오류가 발생해 다운로드하지 못한 종목들이 입력되어 있다. 이는 페이지 오류나 통신 오류 때문일 수도 있으며, 인베스팅닷컴에는 존재하지만 야후 파이낸스에는 존재하지 않는 종목일 수도 있다.

미국이 아닌 타 국가의 경우 티커의 중복 방지를 위해 ticker 열에 국가코드도 함께 입력한 후 DB에 저장하는 것을 추천한다.

11.4 재무제표 다운로드

재무제표 역시 야후 파이낸스에서 구할 수 있으며, [Financials] 탭을 클릭하면 연간 및 분기 기준 재무제표를 제공하고 있다. 해당 데이터를 다운로드할 수 있는 여러 패키지가 존재하며, 이 책에서는 그중에서 yahooquery 패키지를 사용하도록 하겠다. 해당 패키지의 자세한 설명은 아래 사이트에서 확인할 수 있다. 예시로 애플(AAPL)의 종목정보 및 재무제표를 받아보도록 하겠다.

https://yahooquery.dpguthrie.com//

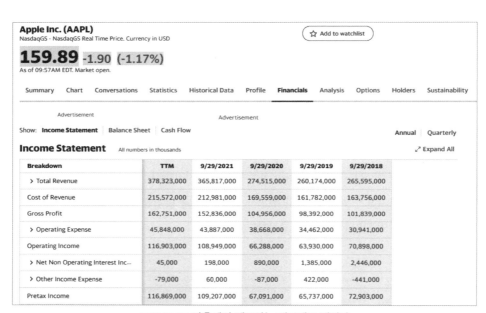

그림 11.15 야후에서 제공하는 재무제표 데이터

```python
from yahooquery import Ticker
import numpy as np

data = Ticker('AAPL')
data.asset_profile
```

```
{'AAPL': {'address1': 'One Apple Park Way',
  'city': 'Cupertino',
  'state': 'CA',
  'zip': '95014',
  'country': 'United States',
  'phone': '408 996 1010',
```

```
 'website': 'https://www.apple.com',
 'industry': 'Consumer Electronics',
 'industryDisp': 'Consumer Electronics',
 'sector': 'Technology',
 'longBusinessSummary': 'Apple Inc. designs, manufactures, and markets smartphones, personal
computers, tablets, wearables, and accessories worldwide.

    #생략

The company also sells its products through its retail and online
stores, and direct sales force; and third-party cellular network carriers, wholesalers, retailers,
and resellers. Apple Inc. was incorporated in 1977 and is headquartered in Cupertino, California.',
 'fullTimeEmployees': 164000,
 'companyOfficers': [{'maxAge': 1,
   'name': 'Mr. Timothy D. Cook',
   'age': 61,
   'title': 'CEO & Director',
   'yearBorn': 1961,
   'fiscalYear': 2022,
   'totalPay': 16425933,
   'exercisedValue': 0,
   'unexercisedValue': 0},
  {'maxAge': 1,
   'name': 'Mr. Luca  Maestri',
   'age': 59,
   'title': 'CFO & Sr. VP',
   'yearBorn': 1963,
   'fiscalYear': 2022,
   'totalPay': 5019783,
   'exercisedValue': 0,
   'unexercisedValue': 0},

    #생략

  {'maxAge': 1,
   'name': 'Mr. Greg  Joswiak',
   'title': 'Sr. VP of Worldwide Marketing',
   'exercisedValue': 0,
   'unexercisedValue': 0}],
 'auditRisk': 4,
 'boardRisk': 1,
 'compensationRisk': 5,
 'shareHolderRightsRisk': 1,
 'overallRisk': 1,
 'governanceEpochDate': '2023-05-01 09:00:00',
 'compensationAsOfEpochDate': '2022-12-31 09:00:00',
 'maxAge': 86400}}
```

yahooquery 패키지의 Ticker() 함수 내에 티커를 입력하면, 해당 종목에 대한 각종 정보를 받을 수 있다. 먼저 asset_profile 부분에는 기업에 대한 정보가 나타난다.

```
data.summary_detail
```

```
{'AAPL': {'maxAge': 1,
 'priceHint': 2,
 'previousClose': 172.07,
 'open': 171.71,
 'dayLow': 170.422,
 'dayHigh': 172.925,
 'regularMarketPreviousClose': 172.07,
 'regularMarketOpen': 171.71,

 #생략

 'currency': 'USD',
 'fromCurrency': None,
 'toCurrency': None,
 'lastMarket': None,
 'coinMarketCapLink': None,
 'algorithm': None,
 'tradeable': False}}
```

summary_detail 부분에는 가격, 배당, 밸류에이션 등 주요 지표가 나타난다.

```
data_fs_q.head()
```

symbol	Date	Open	High	Low	Close	Volume	Adj Close	dividends
AAPL	2023-01-03	130.279999	130.899994	124.169998	125.070000	112117500	124.706833	0.0
	2023-01-04	126.889999	128.660004	125.080002	126.360001	89113600	125.993095	0.0
	2023-01-05	127.129997	127.769997	124.760002	125.019997	80962700	124.656982	0.0
	2023-01-06	126.010002	130.289993	124.889999	129.619995	87754700	129.243622	0.0
	2023-01-09	130.470001	133.410004	129.889999	130.149994	70790800	129.772079	0.0

history() 부분을 통해 주가를 받을 수도 있다.

재무제표 데이터의 경우 data.balance_sheet(), data.cash_flow(), data.income_statement() 을 통해 재무상태표, 현금흐름표, 손익계산서를 각각 받을 수도 있지만, data.all_financial_data()을 통해 세 개의 테이블을 한 번에 받을 수도 있다.

```
data_y = data.all_financial_data(frequency = 'a')
data_y
```

	asOfDate	period Type	currency Code	Accounts Payable	Accounts Receivable	...	Total Operating Income AsReported	TotalRevenue	Tradeand OtherPayables NonCurrent	Working Capital
symbol										
AAPL	2019-09-30	12M	USD	4.623600e+10	2.292600e+10	...	6.393000e+10	2.601740e+11	2.954500e+10	5.710100e+10
AAPL	2020-09-30	12M	USD	4.229600e+10	1.612000e+10	...	6.628800e+10	2.745150e+11	2.817000e+10	3.832100e+10
AAPL	2021-09-30	12M	USD	5.476300e+10	2.627800e+10	...	1.089490e+11	3.658170e+11	2.468900e+10	9.355000e+09
AAPL	2022-09-30	12M	USD	6.411500e+10	2.818400e+10	...	1.194370e+11	3.943280e+11	1.665700e+10	-1.857700e+10

4 rows × 155 columns

all_financial_data()를 입력하면 세 개의 재무제표를 한 번에 받을 수 있으며, 인자에 frequency = 'a'를 입력하면 연간annual 재무제표를 받는다. 이는 가로로 긴 형태이므로 클렌징 처리를 해주도록 한다.

```python
data_y.reset_index(inplace = True)
data_y = data_y.loc[:, ~data_y.columns.isin(['periodType', 'currencyCode'])]
data_y = data_y.melt(id_vars = ['symbol', 'asOfDate'])
data_y = data_y.replace([np.nan], None)
data_y['freq'] = 'y'
data_y.columns = ['ticker', 'date', 'account', 'value', 'freq']

data_y.head()
```

	ticker	date	account	value	freq
0	AAPL	2019-09-30	AccountsPayable	46236000000.0	y
1	AAPL	2020-09-30	AccountsPayable	42296000000.0	y
2	AAPL	2021-09-30	AccountsPayable	54763000000.0	y
3	AAPL	2022-09-30	AccountsPayable	64115000000.0	y
4	AAPL	2019-09-30	AccountsReceivable	22926000000.0	y

❶ 인덱스를 초기화한다.

❷ 불필요한 열을 제외한다.

❸ melt() 함수를 통해 세로로 긴 형태로 만든다.

❹ nan을 None으로 변경한다.

❺ freq 열에 연간에 해당하는 'y'를 입력한다.

❻ 열 이름을 변경한다.

이처럼 해외 종목의 재무제표 데이터도 매우 쉽게 다운로드할 수 있다. 분기별 재무제표를 받는 법도 이와 같으며, 인자만 frequency = 'q'로 변경하면 된다.

```python
data_q = data.all_financial_data(frequency = 'q')
data_q.reset_index(inplace = True)
data_q = data_q.loc[:, ~data_q.columns.isin(['periodType', 'currencyCode'])]
data_q = data_q.melt(id_vars = ['symbol', 'asOfDate'])
data_q = data_q.replace([np.nan], None)
data_q['freq'] = 'q'
data_q.columns = ['ticker', 'date', 'account', 'value', 'freq']

data_q.head()
```

	ticker	date	account	value	freq
0	AAPL	2022-03-31	AccountsPayable	52682000000.0	q
1	AAPL	2022-06-30	AccountsPayable	48343000000.0	q
2	AAPL	2022-09-30	AccountsPayable	64115000000.0	q
3	AAPL	2022-12-31	AccountsPayable	57918000000.0	q
4	AAPL	2023-03-31	AccountsPayable	42945000000.0	q

11.4.1 전 종목 재무제표 다운로드

for문을 이용하여 전 종목 재무제표를 다운로드하도록 하겠다. 먼저, SQL에서 재무제표 데이터에 해당하는 테이블(global_fs)을 만든다.

```sql
use stock_db;

create table global_fs
(
    ticker varchar(20),
    date date,
    account varchar(100),
    value double,
    freq varchar(1),

    primary key(ticker, date, account, freq)
);
```

이제 파이썬에서 다음 코드를 실행하면 for문을 통해 전 종목 재무제표가 DB에 저장된다.

```python
# 패키지 불러오기
from sqlalchemy import create_engine
import pymysql
import pandas as pd
from yahooquery import Ticker
```

```python
import time
from tqdm import tqdm
import numpy as np

# DB 연결 ------ ❶
engine = create_engine('mysql+pymysql://root:1234@127.0.0.1:3306/stock_db')
con = pymysql.connect(user='root',
                      passwd='1234',
                      host='127.0.0.1',
                      db='stock_db',
                      charset='utf8')

mycursor = con.cursor()

# 티커 리스트 불러오기 ------ ❷
ticker_list = pd.read_sql("""
select * from global_ticker
where date = (select max(date) from global_ticker)
and country = 'United States';
""", con=engine)

# DB 저장 쿼리 ------ ❸
query_fs = """
    insert into global_fs (ticker, date, account, value, freq)
    values (%s,%s,%s,%s,%s) as new
    on duplicate key update
    value = new.value;
"""

# 오류 발생 시 저장할 리스트 생성 ------ ❹
error_list = []

# 전 종목 주가 다운로드 및 저장
for i in tqdm(range(0, len(ticker_list))): ------ ❺

    # 티커 선택
    ticker = ticker_list['Symbol'][i] ------ ❻

    # 오류 발생 시 이를 무시하고 다음 루프로 진행
    try:

        # 정보 다운로드
        data = Ticker(ticker)

        # 연간 재무제표
        data_y = data.all_financial_data(frequency = 'a')
        data_y.reset_index(inplace = True)
        data_y = data_y.loc[:, ~data_y.columns.isin(['periodType', 'currencyCode'])]
        data_y = data_y.melt(id_vars = ['symbol', 'asOfDate'])
        data_y = data_y.replace([np.nan], None)
        data_y['freq'] = 'y'
        data_y.columns = ['ticker', 'date', 'account', 'value', 'freq']

        # 분기 재무제표
        data_q = data.all_financial_data(frequency = 'q')
```

```
        data_q.reset_index(inplace = True)
        data_q = data_q.loc[:, ~data_q.columns.isin(['periodType', 'currencyCode'])]
        data_q = data_q.melt(id_vars = ['symbol', 'asOfDate'])
        data_q = data_q.replace([np.nan], None)
        data_q['freq'] = 'q'
        data_q.columns = ['ticker', 'date', 'account', 'value', 'freq']

        # 데이터 합치기
        data_fs = pd.concat([data_y, data_q], axis=0)  ──────── ❼

        # 재무제표 데이터를 DB에 저장  ──────── ❽
        args = data_fs.values.tolist()
        mycursor.executemany(query_fs, args)
        con.commit()

    except:

        # 오류 발생시 error_list에 티커 저장하고 넘어가기
        print(ticker)
        error_list.append(ticker)

    # 타임슬립 적용
    time.sleep(2)  ──────── ❾

# DB 연결 종료
engine.dispose()
con.close(()  ──────── ❿
```

❶ DB에 연결한다.

❷ 기준일이 최대, 즉 최근일 기준 보통주에 해당하며, 미국 종목의 리스트(ticker_list)만 불러온다.

❸ DB에 저장할 쿼리(query)를 입력한다.

❹ 페이지 오류, 통신 오류 등 오류가 발생한 티커명을 저장할 리스트(error_list)를 만든다.

❺ for문을 통해 전종목 재무제표를 다운로드하며, 진행 상황을 알기 위해 tqdm() 함수를 이용한다.

❻ Ticker() 함수를 이용해 종목 데이터를 받은 후 연간 및 분기 재무제표를 구한다.

❼ 이후, 두 테이블을 concat() 함수를 통해 행으로 묶어준다.

❽ 재무제표 데이터를 DB에 저장한다.

❾ 무한 크롤링을 방지하기 위해 한 번의 루프가 끝날 때마다 타임슬립을 적용한다.

❿ 모든 작업이 끝나면 DB와의 연결을 종료한다.

NOTE 미국 종목들의 가치지표는 국내 재무제표 데이터를 이용해 가치지표를 계산했던 것과 동일한 방법으로 계산할 수 있으므로, 이는 생략하도록 한다.

account	date	value	freq	ticker
accountsPayable	2017-12-31	61084000	y	AEHL
accountsPayable	2018-03-31	3420000	y	ACST
accountsPayable	2018-03-31	124450	y	AEMD
accountsPayable	2018-05-31	1762000	y	AEHR
accountsPayable	2018-06-30	5108414	y	ABST
accountsPayable	2018-06-30	39069000	y	ACB
accountsPayable	2018-06-30	135400000	y	ADP
accountsPayable	2018-08-31	1348802000	y	ACN
accountsPayable	2018-09-29	55888000000	y	A
accountsPayable	2018-09-29	55888000000	y	AA
accountsPayable	2018-09-29	55888000000	y	AAC
accountsPayable	2018-09-29	55888000000	y	AACI
accountsPayable	2018-09-29	55888000000	y	AADI

그림 11.16 글로벌 재무제표 테이블

투자 참고용 데이터 수집

이번 장에서는 주식과 재무제표 같은 금융 데이터 외에 투자에 도움이 될 수 있는 기업의 공시 내용 및 각종 투자 지표를 수집하는 방법에 대해 알아보겠다.

12.1 DART의 Open API를 이용한 데이터 수집하기

DARTData Analysis, Retrieval and Transfer System는 금융감독원 전자 공시 시스템으로, 상장법인 등이 공시 서류를 인터넷으로 제출하고, 투자자 등 이용자는 제출 즉시 인터넷을 통해 조회할 수 있도록 하는 종합적 기업 공시 시스템이다. 홈페이지에서도 각종 공시 내역을 확인할 수 있지만, 해당 사이트에서 제공하는 API를 이용할 경우 더욱 쉽게 공시 내용을 수집할 수 있다.

12.1.1 API Key 발급 및 추가하기

먼저, https://opendart.fss.or.kr/에서 회원가입을 한 후 [인증키 신청/관리] ➡ [인증키 신청]을 통해 API Key를 발급받아야 한다.

그림 12.1 OpenAPI 인증키 신청

계정을 생성하고 이메일을 통해 이용자 등록을 한 후 로그인을 한다. 그 후 [오픈API 이용현황]을 살펴보면 **API Key** 부분에 발급받은 Key가 있으며, 금일 몇 번의 API를 요청했는지가 [일일이용현황]에 나
온다. 하루 총 10,000번까지 데이터를 요청할 수 있다.

그림 12.2 **오픈API 이용현황**

다음으로, 발급받은 API Key를 keyring 패키지를 이용해 저장한다.

```python
import keyring

keyring.set_password('dart_api_key', 'User Name', 'Password')
```

12.1.2 고유번호 다운로드

오픈API에서 각 기업의 데이터를 받기 위해서는 종목에 해당하는 고유번호를 알아야 한다. 이에 대한
자세한 내용은 홈페이지(https://opendart.fss.or.kr/)에서 [개발가이드 ➡ 공시정보 ➡ 고유번호] 화면에 설
명되어 있다.

그림 12.3 **오픈API 개발가이드**

앞 페이지의 내용을 코드로 나타내 보자.

```
import keyring
import requests as rq
from io import BytesIO
import zipfile

api_key = keyring.get_password('dart_api_key', 'Henry')  ------- ❶
codezip_url = f'''https://opendart.fss.or.kr/api/corpCode.xml?crtfc_key={api_key}'''  ------- ❷
codezip_data = rq.get(codezip_url)  ------- ❸
codezip_data.headers  ------- ❹
```

```
{'Cache-Control': 'no-cache, no-store', 'Connection': 'keep-alive', 'Set-Cookie':
'WMONID=NmegwAjGz5g; Expires=Sat, 05-Aug-2023 18:25:47 GMT; Path=/', 'Pragma': 'no-cache',
'Expires': '0', 'Content-Transfer-Encoding': 'binary', 'Content-Disposition': ': attachment;
filename=CORPCODE.zip', 'Date': 'Fri, 05 Aug 2022 09:25:47 GMT', 'Content-Type': 'application/
x-msdownload;charset=UTF-8', 'Content-Length': '1598998'}
```

❶ get_password( ) 함수를 통해 API Key를 불러온다.

❷ https://opendart.fss.or.kr/api/corpCode.xml?crtfc_key= 뒤에 본인의 API 키를 입력한다.

❸ get( ) 함수를 통해 해당 페이지 내용을 받는다.

❹ 헤더를 확인해 보면 'attachment; filename=CORPCODE.zip', 즉 파일이 첨부되어 있다. 이에 대해 좀 더 자세히 알아보자.

```
codezip_data.headers['Content-Disposition']
```

```
': attachment; filename=CORPCODE.zip'
```

headers의 'content-disposition' 부분을 확인해 보면 'CORPCODE.zip' 파일이 첨부되어 있다. 해당 파일의 압축을 풀어 첨부된 내용을 확인해 보자.

```
codezip_file = zipfile.ZipFile(BytesIO(codezip_data.content))
codezip_file.namelist()
```

```
['CORPCODE.xml']
```

BytesIO( )를 통해 바이너리스트림 형태로 만든 후, ZipFile( ) 함수를 통해 압축을 풀어 준다. namelist( )를 통해 파일명을 확인해 보면 'CORPCODE.xml'라는 파일이 존재하며, 이를 불러오도록 하자.

```
import xmltodict
import json
import pandas as pd

code_data = codezip_file.read('CORPCODE.xml').decode('utf-8')  ------- ❶
```

```
data_odict = xmltodict.parse(code_data)  ──────── ❷
data_dict = json.loads(json.dumps(data_odict))  ──── ❸
data = data_dict.get('result').get('list')  ─────── ❹
corp_list = pd.DataFrame(data)  ───────── ❺

corp_list.head()
```

	corp_code	corp_name	stock_code	modify_date
0	00434003	다코	None	20170630
1	00434456	일산약품	None	20170630
2	00430964	굿앤엘에스	None	20170630
3	00432403	한라판지	None	20170630
4	00388953	크레디피아제이십오차유동화전문회사	None	20170630

❶ read( ) 메서드를 통해 'CORPCODE.xml' 파일을 불러온 후, decode( ) 메서드를 통해 UTF-8 형태로 변경한다.

❷ xmltodict 패키지의 parse( ) 함수를 이용해 딕셔너리 형태로 변경한다.

❸ 위 데이터를 dumps( ) 함수를 통해 JSON 형태로 바꿔 준 후, loads( ) 함수를 통해 불러온다.

❹ get( ) 함수를 통해 result 내에서 list 부분만 불러온다.

❺ 데이터프레임 형태로 변경해 준다.

해당 데이터의 길이를 확인해 보자.

```
len(corp_list)
```

```
94742
```

```
corp_list[corp_list['stock_code'].isin([None])].head()
```

	corp_code	corp_name	stock_code	modify_date
0	00434003	다코	None	20170630
1	00434456	일산약품	None	20170630
2	00430964	굿앤엘에스	None	20170630
3	00432403	한라판지	None	20170630
4	00388953	크레디피아제이십오차유동화전문회사	None	20170630

len( ) 함수를 통해 종목 수를 확인해 보면 거래소의 상장 종목수보다 훨씬 많으며, 이는 stock_code 열이 빈 종목, 즉 거래소에 상장되지 않은 종목도 포함되어 있기 때문이다. 따라서 해당 데이터는 삭제하여 거래소 상장 종목만을 남긴 후 DB에 저장한다.

```
import pymysql
from sqlalchemy import create_engine

corp_list = corp_list[~corp_list.stock_code.isin(
    [None])].reset_index(drop=True)

engine = create_engine('mysql+pymysql://root:1234@127.0.0.1:3306/stock_db')
corp_list.to_sql(name='dart_code', con=engine, index=True, if_exists='replace')
```

index	corp_code	corp_name	stock_code	modify_dat
0	00260985	한빛네트	036720	20170630
1	00264529	엔플렉스	040130	20170630
2	00358545	동서정보기술	055000	20170630
3	00231567	애드모바일	032600	20170630
4	00247939	씨모스	037600	20170630
5	00359614	리더컴	056140	20170630
6	00153551	허메스홀딩스	012400	20170630
7	00344746	유티엑스	045880	20170630
8	00261188	글로포스트	037830	20170630
9	00268020	쏠라엔텍	030390	20170630
10	00269287	보흥	041320	20170630

그림 12.4 **고유번호 테이블**

12.1.3 공시 데이터

12.1.3.1 전체 종목의 공시 데이터 수집

먼저, 전체 종목의 공시를 수집하도록 하며, 개발가이드는 [개발가이드 ➡ 공시정보 ➡ 공시검색]에 나와 있다. 각종 요청 인자를 통해 URL을 생성 후 전송하여, 요청에 맞는 데이터를 받을 수 있다. 공시검색에 해당하는 인자는 **그림 12.5**와 같다.

▪ 요청 인자

키	명칭	타입	필수여부	값설명
crtfc_key	API 인증키	STRING(40)	Y	발급받은 인증키(40자리)
corp_code	고유번호	STRING(8)	N	공시대상회사의 고유번호(8자리) ※ 개발가이드 > 공시정보 > 고유번호 API조회 가능
bgn_de	시작일	STRING(8)	N	검색시작 접수일자(YYYYMMDD) : 없으면 종료일(end_de) 고유번호(corp_code)가 없는 경우 검색기간은 3개월로 제한
end_de	종료일	STRING(8)	N	검색종료 접수일자(YYYYMMDD) : 없으면 당일
last_reprt_at	최종보고서 검색여부	STRING(1)	N	최종보고서만 검색여부(Y or N) 기본값 : N (정정이 있는 경우 최종정정만 검색)
pblntf_ty	공시유형	STRING(1)	N	(※ 상세 유형 참조 : pblntf_ty)
pblntf_detail_ty	공시상세유형	STRING(4)	N	(※ 상세 유형 참조 : pblntf_detail_ty)
corp_cls	법인구분	STRING(1)	N	법인구분 : Y(유가), K(코스닥), N(코넥스), E(기타) ※ 없으면 전체조회, 복수조건 불가
sort	정렬	STRING(4)	N	접수일자: date 회사명 : crp 보고서명 : rpt 기본값 : date
sort_mth	정렬방법	STRING(4)	N	오름차순(asc), 내림차순(desc) 기본값 : desc
page_no	페이지 번호	STRING(5)	N	페이지 번호(1~n) 기본값 : 1
page_count	페이지 별 건수	STRING(3)	N	페이지당 건수(1~100) 기본값 : 10, 최대값 : 100

그림 12.5 **오픈API 요청 인자 예시**

페이지 하단에서 인자를 입력 후 [검색]을 누르면 **그림 12.6**과 같이 각 인자에 맞게 생성된 URL과 그
결과를 볼 수 있다.

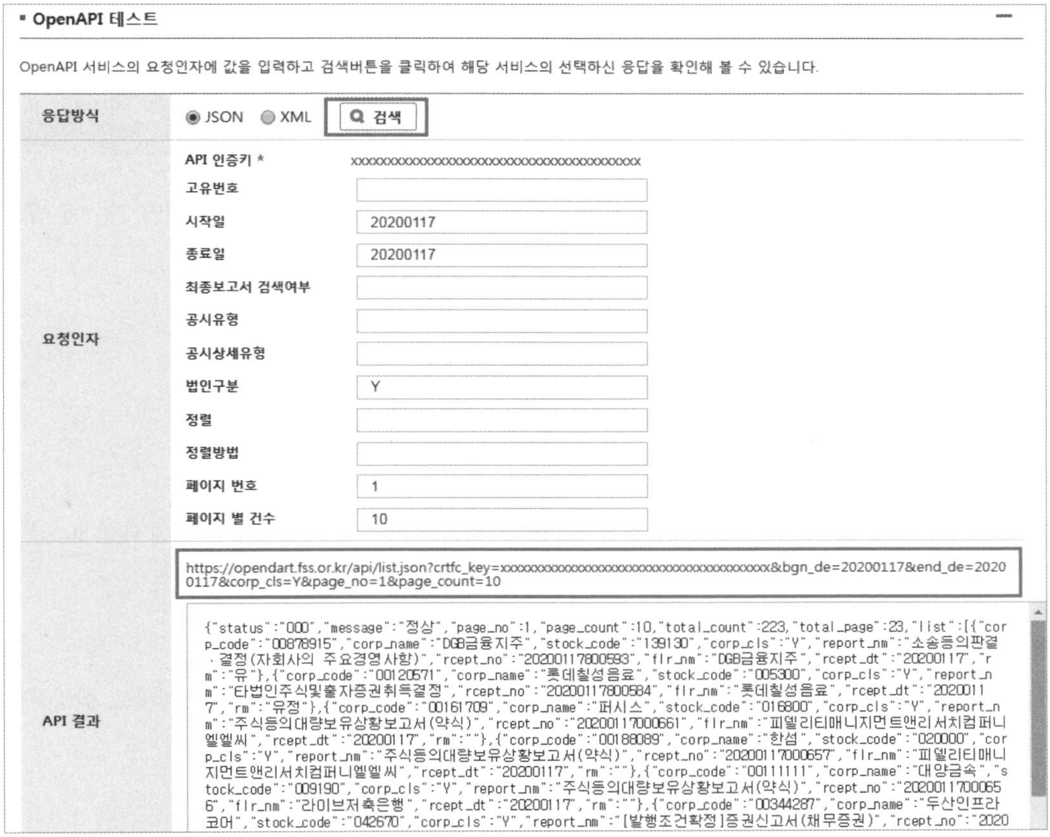

그림 12.6 **오픈API 테스트 예시**

이를 참조하여 시작일과 종료일을 토대로 최근 공시 100건에 해당하는 URL을 생성한다.

```python
from datetime import date
from dateutil.relativedelta import relativedelta

bgn_date = (date.today() + relativedelta(days=-7)).strftime("%Y%m%d")    ------- ❶
end_date = (date.today()).strftime("%Y%m%d")

notice_url = f'''https://opendart.fss.or.kr/api/list.json?crtfc_key={api_key}    ------- ❷
&bgn_de={bgn_date}&end_de={end_date}&page_no=1&page_count=100'''    ------- ❶

notice_data = rq.get(notice_url)    ------- ❸
notice_data_df = notice_data.json().get('list')    ------- ❹
notice_data_df = pd.DataFrame(notice_data_df)    ------- ❺

notice_data_df.tail()
```

	corp_code	corp_name	stock_code	corp_cls	report_nm	rcept_no	flr_nm	rcept_dt	rm
95	00372688	티사이언티픽	057680	K	증권발행결과(자율공시) (제3자배정 유상증자)	20220805900490	티사이언티픽	20220805	코
96	00113465	하나증권		E	증권발행실적보고서	20220805000463	하나증권	20220805	
97	00113465	하나증권		E	증권발행실적보고서	20220805000462	하나증권	20220805	
98	00355548	한국테크놀로지	053590	K	주식등의대량보유상황보고서(일반)	20220805000460	한국이노베이션	20220805	
99	00132868	성안	011300	Y	최대주주등소유주식변동신고서	20220805800507	성안	20220805	유

❶ 'bgn_date'에는 현재로부터 일주일 전 날짜를, 'end_date'는 오늘 날짜를, 페이지별 건수에 해당하는 'page_count'에는 100을 입력한다.

❷ 홈페이지에 나와 있는 예시에 맞게 URL을 작성해 준다.

❸ get( ) 함수를 통해 해당 페이지 내용을 받는다.

❹ json( ) 함수를 통해 JSON 데이터를 불러온 후, list 부분만을 선택한다.

❺ 데이터프레임 형태로 변경한다.

데이터를 확인해 보면 우리가 원하는 공시 정보, 즉 일주일 전부터 오늘까지 전체 종목에 대한 100건의 공시 정보를 받을 수 있다.

12.1.3.2 특정 기업의 공시 데이터 수집

이번에는 고유번호를 추가하여 전체 종목이 아닌 원하는 기업의 공시만 받도록 한다. 예시로, 삼성전자의 공시 데이터를 수집하겠으며, 삼성전자의 고유번호는 '00126380'이다.

```
corp_list[corp_list['corp_name'] == '삼성전자']
```

	corp_code	corp_name	stock_code	modify_date
2432	00126380	삼성전자	005930	20220509

```
bgn_date = (date.today() + relativedelta(days=-30)).strftime("%Y%m%d")  ········ ❶
end_date = (date.today()).strftime("%Y%m%d")
corp_code = '00126380'  ········ ❶

notice_url_ss = f'''https://opendart.fss.or.kr/api/list.json?crtfc_key={api_key}  ········ ❷
&corp_code={corp_code}&bgn_de={bgn_date}&end_de={end_date}&page_no=1&page_count=100'''

notice_data_ss = rq.get(notice_url_ss)
notice_data_ss_df = notice_data_ss.json().get('list')
notice_data_ss_df = pd.DataFrame(notice_data_ss_df)

notice_data_ss_df.tail()
```

	corp_code	corp_name	stock_code	corp_cls	report_nm	rcept_no	flr_nm	rcept_dt	rm
18	00126380	삼성전자	005930	Y	임원·주요주주특정증권등소유상황보고서	20220707000377	김도형	20220707	
19	00126380	삼성전자	005930	Y	기업설명회(IR)개최(안내공시)	20220707800073	삼성전자	20220707	유
20	00126380	삼성전자	005930	Y	연결재무제표기준영업(잠정)실적(공정공시)	20220707800057	삼성전자	20220707	유정
21	00126380	삼성전자	005930	Y	임원·주요주주특정증권등소유상황보고서	20220706000249	박종만	20220706	
22	00126380	삼성전자	005930	Y	임원·주요주주특정증권등소유상황보고서	20220706000082	홍형선	20220706	

❶ 시작일을 과거 30일로 수정하였으며, 기존 URL에 종목코드에 해당하는 '&corp_code=' 부분을 추가한다.

❷ 그 이후 진행 과정은 이전과 동일하다.

데이터 중 'rcept_no'는 공시번호에 해당하며, 해당 데이터를 이용해 공시에 해당하는 URL에 접속하여 내역을 확인할 수도 있다.

```
notice_url_exam = notice_data_ss_df.loc[0, 'rcept_no']
notice_dart_url = f'http://dart.fss.or.kr/dsaf001/main.do?rcpNo={notice_url_exam}'

print(notice_dart_url)
```

```
http://dart.fss.or.kr/dsaf001/main.do?rcpNo=20220803000274
```

dart 홈페이지의 공시에 해당하는 URL과 공시번호를 합쳐 준다. 위 URL에 접속하여 해당 공시를 좀 더 자세하게 확인할 수 있다.

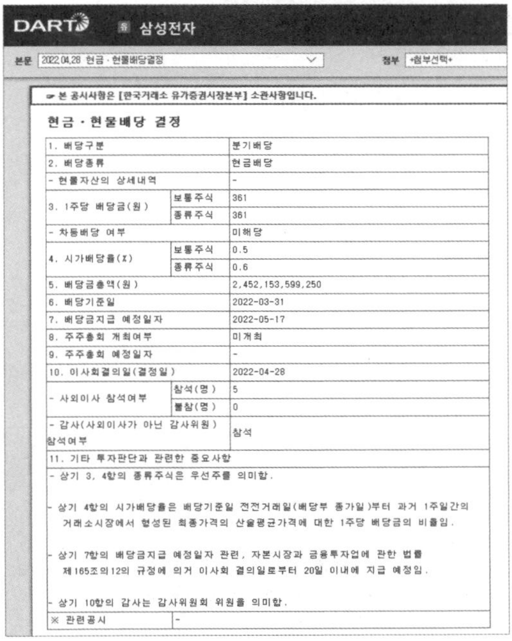

그림 12.7 공시 정보의 확인

12.1.4 사업보고서 주요 정보

API를 이용하여 사업보고서의 주요 정보 역시 다운로드받을 수 있으며, 제공하는 목록은 다음과 같다.

개발가이드

- 공시정보
- **사업보고서 주요정보**
- 상장기업 재무정보
- 지분공시 종합정보
- 주요사항보고서 주요정보
- 증권신고서 주요정보

사업보고서 주요정보 목록

⌂ > 개발가이드 > 사업보고서 주요정보 목록

번호	API명	상세기능	개발가이드
1	조건부 자본증권 미상환 잔액	정기보고서(사업, 분기, 반기보고서) 내에 조건부 자본증권 미상환 잔액을 제공합니다.	바로가기
2	미등기임원 보수현황	정기보고서(사업, 분기, 반기보고서) 내에 미등기임원 보수현황을 제공합니다.	바로가기
3	회사채 미상환 잔액	정기보고서(사업, 분기, 반기보고서) 내에 회사채 미상환 잔액을 제공합니다.	바로가기
4	단기사채 미상환 잔액	정기보고서(사업, 분기, 반기보고서) 내에 단기사채 미상환 잔액을 제공합니다.	바로가기
5	기업어음증권 미상환 잔액	정기보고서(사업, 분기, 반기보고서) 내에 기업어음증권 미상환 잔액을 제공합니다.	바로가기
6	채무증권 발행실적	정기보고서(사업, 분기, 반기보고서) 내에 채무증권 발행실적을 제공합니다.	바로가기
7	사모자금의 사용내역	정기보고서(사업, 분기, 반기보고서) 내에 사모자금의 사용내역을 제공합니다.	바로가기
8	공모자금의 사용내역	정기보고서(사업, 분기, 반기보고서) 내에 공모자금의 사용내역을 제공합니다.	바로가기
9	이사·감사 전체의 보수현황(주주총회 승인금액)	정기보고서(사업, 분기, 반기보고서) 내에 이사·감사 전체의 보수현황(주주총회 승인금액)을 제공합니다.	바로가기

그림 12.8 **사업보고서 주요 정보 목록**

이 중 예시로서 [배당에 관한 사항]을 다운로드받도록 하자. URL 생성에 필요한 요청 인자는 다음과 같다.

표 12.1 배당에 관한 사항 주요 인자

키	명칭	설명
crtfc_key	API 인증키	발급받은 인증키
corp_code	고유번호	공시대상회사의 고유번호(8자리)
bsns_year	사업연도	사업연도(4자리)
reprt_code	보고서 코드	1분기보고서 : 11013 반기보고서 : 11012 3분기보고서 : 11014 사업보고서 : 11011

이를 바탕으로 삼성전자의 2021년 사업보고서를 통해 배당에 관한 사항을 살펴보자.

```python
corp_code = '00126380'
bsns_year = '2021'
reprt_code = '11011'

url_div = f'''https://opendart.fss.or.kr/api/alotMatter.json?crtfc_key={api_key}
&corp_code={corp_code}&bsns_year={bsns_year}&reprt_code={reprt_code}'''
```

```
div_data_ss = rq.get(url_div)
div_data_ss_df = div_data_ss.json().get('list')
div_data_ss_df = pd.DataFrame(div_data_ss_df)

div_data_ss_df.head()
```

	rcept_no	corp_cls	corp_code	corp_name	se	thstrm	frmtrm	lwfr	stock_knd
0	20220308000798	Y	00126380	삼성전자	주당액면가액(원)	100	100	100	NaN
1	20220308000798	Y	00126380	삼성전자	(연결)당기순이익(백만원)	39,243,791	26,090,846	21,505,054	NaN
2	20220308000798	Y	00126380	삼성전자	(별도)당기순이익(백만원)	30,970,954	15,615,018	15,353,323	NaN
3	20220308000798	Y	00126380	삼성전자	(연결)주당순이익(원)	5,777	3,841	3,166	NaN
4	20220308000798	Y	00126380	삼성전자	현금배당금총액(백만원)	9,809,438	20,338,075	9,619,243	NaN

API 인증키, 고유번호, 사업연도, 보고서 코드에 해당하는 데이터를 입력하여 URL을 생성하고, 앞에서 했던 것과 동일한 방식으로 데이터를 불러온다. 데이터를 확인해 보면, 사업보고서 중 배당에 관한 사항만이 나타나 있다. 위 URL의 'alotMatter' 부분을 각 사업보고서에 해당하는 값으로 변경해 주면 다른 정보 역시 동일한 방법으로 수집할 수 있다.

12.2 FRED 데이터 다운로드

미국 연방준비은행에서 관리하는 FRED_{Federal Reserve Economic Data}는 미국 및 각국의 중요 경제지표 데이터를 살펴볼 때 가장 많이 참조되는 곳 중 하나다. 50만 9,000여 개의 방대한 데이터를 API 형태로 제공하고 있으며, pandas_datareader 패키지의 DataReader() 함수를 이용하면 이곳에서 제공하는 여러 데이터를 쉽게 받을 수 있다.

12.2.1 장단기 금리차

장기로 돈을 빌리는 것이 단기로 빌리는 것보다 위험하므로 금리 역시 높아야 하는 것이 당연하며, 이러한 장기금리와 단기금리 간의 차이를 기간 프리미엄_{term premium}이라고 한다. 그러나 가끔씩 장기금리가 단기금리보다 낮아지는 현상이 발생하며, 이는 주요 금융시장 및 경제지표 가운데 경기침체에 대한 예측력이 가장 정확한 것으로 알려져 있다. 실제로 미국에서는 1960년 이후 발생한 모든 경기침체에 앞서 장단기 금리가 역전되어 음수가 되었다.

FRED에서 각 항목별 코드를 찾는 방법은 매우 간단하다. 먼저, FRED 웹사이트(https://fred.stlouisfed.org/)에서 원하는 데이터를 검색한다. 만일 '10년-2년 장단기 금리차에 해당하는 코드를 찾고자 한다면 [10-Year Treasury Constant Maturity Minus 2-Year Treasury Constant Maturity]를 검색하여 해당 페이지로 이동한다. 이 중 그림 12.9에서 네모로 표시한 [T10Y2Y]가 10년 금리와 2년 금리차의 코드에 해당한다. 동일한 방법으로 10년 금리와 3개월 금리 차이에 해당하는 [10-Year Treasury Constant

Maturity Minus 3-Month Treasury Constant Maturity]를 검색해 보면 해당 코드가 [T10Y3M]임을 알 수 있다.

그림 12.9 **FRED 코드 확인**

해당 데이터를 다운로드받아 보자.

```
import pandas_datareader as web
import pandas as pd

t10y2y = web.DataReader('T10Y2Y', 'fred', start='1990-01-01')
t10y3m = web.DataReader('T10Y3M', 'fred', start='1990-01-01')

rate_diff = pd.concat([t10y2y, t10y3m], axis=1)
rate_diff.columns = ['10Y - 2Y', '10Y - 3M']

rate_diff.tail()
```

DATE	10Y - 2Y	10Y - 3M
2022-07-29	-0.22	0.26
2022-08-01	-0.30	0.04
2022-08-02	-0.31	0.19
2022-08-03	-0.37	0.21
2022-08-04	-0.35	0.18

데이터 출처에 해당하는 부분에 'fred'를 입력하면 FRED의 API를 통해 데이터를 받아 올 수 있다. 장단기 금리차를 주가지수와 비교해 그려 보자.

```python
import matplotlib.pyplot as plt
import numpy as np

# 주가지수 다운로드
sp = web.DataReader('^GSPC', 'yahoo', start='1990-01-01')

plt.rc('font', family='Malgun Gothic')
plt.rc('axes', unicode_minus=False)

fig, ax1 = plt.subplots(figsize=(10, 6))

ax1.plot(t10y2y, color = 'black', linewidth = 0.5, label = '10Y-2Y')
ax1.plot(t10y3m, color = 'gray', linewidth = 0.5, label = '10Y-3M')
ax1.axhline(y=0, color='r', linestyle='dashed')
ax1.set_ylabel('장단기 금리차')
ax1.legend(loc = 'lower right')

ax2 = ax1.twinx()
ax2.plot(np.log(sp['Close']), label = 'S&P500')
ax2.set_ylabel('S&P500 지수(로그)')
ax2.legend(loc = 'upper right')

plt.show()
```

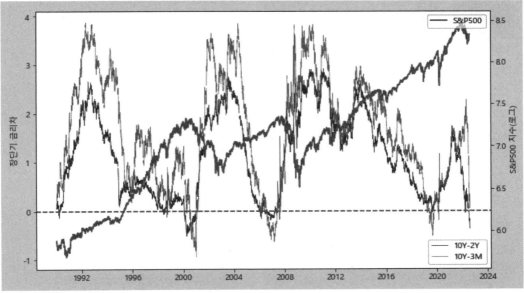

2000년 IT 버블, 2008년 금융위기, 2020년 코로나로 인한 하락 직전에는 항상 장단기 금리차가 음수를 기록했다.

12.2.2 기대 인플레이션

기대 인플레이션이란 현재 정보를 바탕으로 미래에 예상되는 인플레이션이다. 이는 다음과 같이 계산된다.

$$기대\ 인플레이션 = 10년물\ 미국\ 국채금리 - 10년물\ 물가연동국채(TIPS)\ 금리$$

만일 향후 인플레이션이 올 것이라고 사람들이 전망한다면, 물가연동국채를 매수하므로 물가연동국채의 가격이 상승하고 해당 금리는 하락하게 될 것이다. 따라서 물가연동국채의 금리가 하락할수록 기대 인플레이션은 상승한다. 기대 인플레이션 역시 자산의 가격에 매우 크게 영향을 미치는 요소이며, FED의 목표 중 하나가 인플레이션을 2%로 유지하는 것이므로, 해당 지표의 위치를 통해 FED의 향후 움직임 및 자산 가격의 변동을 예측할 수 있다. FRED에서 기대 인플레이션에 해당하는 코드는 [T10YIE]다. 해당 데이터를 받아 보자.

```
import pandas_datareader as web
import pandas as pd

bei = web.DataReader('T10YIE', 'fred', start='1990-01-01')

bei.tail()
```

| | T10YIE |
DATE	
2022-07-29	2.53
2022-08-01	2.51
2022-08-02	2.48
2022-08-03	2.50
2022-08-04	2.46

이번에는 그래프로 나타내 보자.

```
import matplotlib.pyplot as plt

bei.plot(figsize=(10, 6), grid=True)
plt.axhline(y=2, color='r', linestyle='-')

plt.show()
```

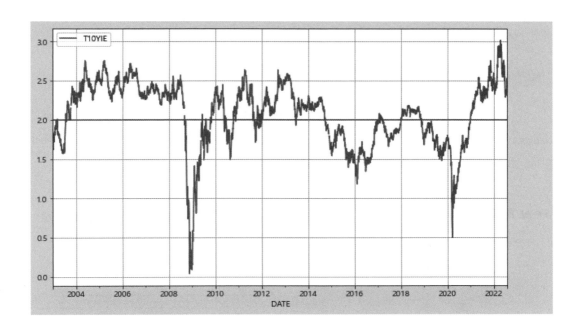

12.3 Fear & Greed Index

CNN에서는 발표하는 Fear & Greed Index(공포와 탐욕 지수)는 투자 심리를 반영하는 대표적인 지수다. 해당 지수는 총 7개 지표를 이용해 계산된다.

1. 주가의 강도
2. 시장의 모멘텀
3. 주가의 확산 정도
4. 시장 변동성
5. 안전 자산에 대한 수요
6. 풋옵션과 콜옵션 비율
7. 투기 등급에 대한 수요

위 7개 지표를 합산하여 0점에서 100점 사이의 점수를 구하며, 점수가 낮을수록 시장이 공포에 휩싸여 있음을, 점수가 높을수록 시장이 탐욕에 물들어 있음을 나타낸다.

그림 12.10 Fear & Greed Index

해당 지표는 아래 사이트에서 확인할 수 있다.

https://money.cnn.com/data/fear-and-greed/

개발자 도구 화면을 통해 현재 점수가 위치하는 곳을 찾아보면, 클래스 이름이 [market-fng-gauge__ dial-number-value]이며, 내용이 동적으로 계속 변하기에 정적 크롤링이 아닌 동적 크롤링을 이용해야 한다. 셀레늄을 사용해 해당 지표를 크롤링해 보자.

그림 12.11 해당 지표의 태그 확인

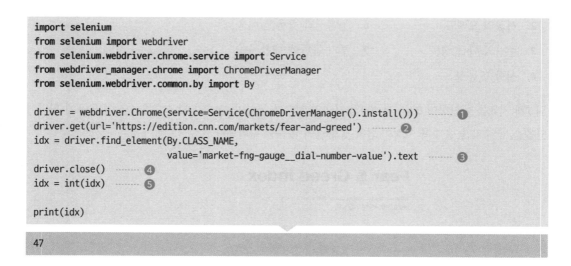

❶ 크롬 드라이버를 로드한다.

❷ 해당 URL을 브라우저에 띄운다.

❸ 클래스명이 'market-fng-gauge__dial-number-value'인 곳을 찾은 후, 텍스트를 추출한다.

❹ 브라우저를 닫는다.

❺ 지표가 문자형이므로 정수형으로 변경한다.

해당 지표를 통해 투자 심리를 객관적으로 판단할 수 있다. **'공포에 사서 탐욕에 팔아라'**라는 투자 격언이 있듯이, 지표가 지나치게 낮은 공포 구간에서는 오히려 매수를, 지표가 지나치게 높은 탐욕 구간에서는 투자비중을 줄이는 선택을 할 수 있다.

포트폴리오 구성,
백테스트 및 매매하기

CHAPTER 13   퀀트 전략을 이용한 종목 선정 307

CHAPTER 14   포트폴리오 구성 전략 367

CHAPTER 15   트레이딩을 위한 기술적 지표 385

CHAPTER 16   백테스팅 시뮬레이션 393

CHAPTER 17   증권사 API 연결과 매매하기 421

13

퀀트 전략을 이용한
종목 선정

투자에 필요한 주가, 재무제표, 가치지표 데이터가 준비되었다면 퀀트 전략을 이용해 투자할 종목을 선정해야 한다. 퀀트 투자는 크게 포트폴리오 운용 전략과 트레이딩 전략으로 나눌 수 있다. 포트폴리오 운용 전략은 과거 주식 시장을 분석해 좋은 주식의 기준을 찾아낸 후 해당 기준에 만족하는 종목을 매수하거나, 이와 반대에 있는 나쁜 주식을 공매도하기도 한다. 투자의 속도가 느리며, 다수의 종목을 하나의 포트폴리오로 구성해 운용하는 특징이 있다. 반면 트레이딩 전략은 주식이 오르거나 내리는 움직임을 연구한 후 각종 지표를 이용해 매수 또는 매도하는 전략이다. 투자의 속도가 빠르며 소수의 종목을 대상으로 한다. 이번 장에서는 퀀트 전략을 이용한 종목 선정에 대해 알아보며, 트레이딩 전략에 대해서는 이후 장에서 살펴볼 것이다.

표 13.1 **퀀트 투자 종류의 비교**

기준	포트폴리오 운용 전략	트레이딩 전략
투자 철학	규칙에 기반한 투자	규칙에 기반한 투자
투자 목적	좋은 주식을 매수	좋은 시점을 매수
학문적 기반	경제학, 통계학 등	통계학, 공학, 정보처리 등
투자의 속도	느림	빠름

NOTE SQL에 데이터베이스를 구축하지 않은 상태에서 이번 장을 실습하고자 할 경우 아래 URL에서 실습용 데이터 다운로드 및 불러오는 방법을 참조하기 바란다.

https://github.com/hyunyulhenry/quant_py/tree/main/data

13.1 팩터 이해하기

하나 또는 소수의 주식만을 연구해서 주식이 오르거나 내리는 공통적인 이유를 찾는 것은 불가능에 가깝지만, 그룹으로 살펴보면 어느 정도 파악할 수 있다. 어떠한 특성, 예를 들어 기업의 크기별로 주식들을 묶은 후 수익률을 살펴보면, 크기가 큰 기업의 수익률이 좋았는지 아니면 작은 기업의 수익률이 좋았는지 알 수 있다. 즉 오르는 주식과 내리는 주식은 애초에 가지고 있는 특성이 다르며 그로 인해 수익률에도 차이가 있다. 이처럼 주식의 수익률에 영향을 미치는 특성들을 '팩터factor'라고 하며, 주식의 수익률은 이러한 팩터들로 대부분 설명된다. 주식이 가지고 있는 특성만 제대로 알아도 오를 만한 주식을 선별하거나, 또는 내릴 만한 주식을 걸러낼 수 있다.

그러나 단순히 특성을 기준으로 수익률이 높거나 낮다고 해서 팩터로 인정되는 것은 아니다. 팩터로 인정되고 전략으로 사용되기 위해서는 아래의 조건을 충족해야 한다.

- 지속성: 오랜 기간, 그리고 여러 경제 상황에서도 꾸준히 작동해야 한다. 몇 달 또는 몇 년 동안의 기간에서만 작동한다면 우연의 결과일 가능성이 매우 크다.
- 범용성: 특정 국가에서만 작동하는 것이 아닌 다양한 국가, 지역, 섹터, 자산군에서도 작동해야 한다. 전 세계 중 한국에서만 작동하는 전략이라면 이 역시 우연일 가능성이 크다.
- 이해 가능성: 전략이 작동하는 이유 및 지속 가능한지에 대한 설명이 가능해야 한다. 수익률이 높은 이유를 경제학이나 이론적으로 설명할 수 있어야 앞으로도 수익률이 높을 것이라 믿을 수 있다. 이유가 없는 효과는 우연 또는 과최적화의 결과일 가능성이 매우 높다.
- 강건성: 같은 팩터라면 비슷한 정의(예: 가치주를 정의하는 PBR, PER, PSR 등) 모두에서 작동해야 한다. 전략이 작동하는 이유가 명확하다면 정의가 약간씩 달라도 당연히 작동해야 하며, 결과 역시 비슷해야 한다.
- 투자 가능성: 이론적으로만 작동하는 것이 아닌 실제로 투자가 가능해야 한다. 아무리 좋은 전략도 수수료, 세금, 법률적인 문제 등으로 실제 투자가 불가능하다면 돈을 벌 수 없기 때문이다.

퀀트 운용 전략에서는 팩터의 강도가 양인 종목들로 구성한 포트폴리오는 향후 수익률이 높을 것으로 예상되어 매수를 하며, 팩터의 강도가 음인 종목들로 구성한 포트폴리오는 반대로 향후 수익률이 낮을 것으로 예상되어 매수를 하지 않거나 공매도를 한다. 이번 장에서는 투자에 많이 활용되는 기본적인 팩터들에 대해 알아보고, 우리가 구한 데이터를 바탕으로 각 팩터별 투자 종목을 선택하는 방법을 알아보겠다.

13.2 베타 이해하기

투자자들이라면 누구나 한 번은 베타beta라는 용어를 들어봤을 것이다. 기본적으로 전체 주식시장의 움직임은 개별 주식의 수익률에 가장 크게 영향을 주는 팩터일 수밖에 없다. 아무리 좋은 주식도 주식시장이 폭락한다면 같이 떨어지며, 아무리 나쁜 주식도 주식시장이 상승한다면 대부분 같이 오르기 마련이다.

개별 주식이 전체 주식시장의 변동에 반응하는 정도를 나타낸 값이 베타다. 베타가 1이라는 뜻은 주식시장과 움직임이 정확히 같다는 뜻으로서 시장 그 자체를 나타낸다. 베타가 1.5라는 뜻은 주식시장이 수익률이 +1%일 때 개별 주식의 수익률은 +1.5% 움직이며, 반대로 주식시장의 수익률이 -1%일 때 개별 주식의 수익률은 -1.5% 움직인다는 뜻이다. 반면 베타가 0.5라면 주식시장 수익률의 절반 정도만 움직인다.

표 13.2 베타에 따른 개별 주식의 수익률 움직임

베타	주식시장이 +1%일 경우	주식시장이 -1%일 경우
0.5	+0.5%	-0.5%
1.0	+1.0%	-1.0%
1.5	+1.5%	-1.5%

이처럼 베타가 큰 주식은 주식시장보다 수익률의 움직임이 크며, 반대로 베타가 낮은 주식은 주식시장보다 수익률의 움직임이 작다. 따라서 일반적으로 상승장이 기대될 때는 베타가 큰 주식에, 하락장이 기대될 때는 베타가 낮은 주식에 투자하는 것이 좋다.

주식시장에서 베타는 통계학의 회귀분석모형에서 기울기를 나타내는 베타와 의미가 같다. 회귀분석모형은 $y = a + bx$ 형태로 나타나며, 회귀계수인 b는 x의 변화에 따른 y의 변화의 기울기다. 이를 주식에 적용한 모형이 자산가격결정모형Capital Asset Pricing Model, CAPM이며, 그 식은 다음과 같다.

$$회귀분석모형: y = a + bx$$
$$자산가격결정모형: R_i = R_f + \beta_i \times R_m - R_f$$

먼저, 회귀분석모형의 상수항인 a에 해당하는 부분은 무위험 수익률을 나타내는 R_f다. 독립변수인 x에 해당하는 부분은 무위험 수익률 대비 주식시장의 초과 수익률을 나타내는 시장위험 프리미엄인 $R_m - R_f$다. 종속변수인 y에 해당하는 부분은 개별주식의 수익률을 나타내는 R_i이며, 최종적으로 회귀계수인 b에 해당하는 부분은 개별주식의 베타다.

표 13.3 회귀분석모형과 자산가격결정모형의 비교

구분	회귀분석모형	자산가격결정모형
상수항	a	R_f (무위험 수익률)
독립변수	x	$R_m - R_f$ (시장위험 프리미엄)
종속변수	y	R_i (개별주식의 수익률)
회귀계수	b	β_i (개별주식의 베타)

통계학에서 회귀계수는 $\beta = \frac{cov(x,y)}{\sigma_x^2}$ 형태로 구할 수 있으며, x와 y에 각각 시장수익률과 개별주식의 수익률을 대입할 경우 개별주식의 베타는 $\beta_i = \rho(i,m) \times \frac{\sigma_i}{\sigma_m}$ 형태로 구할 수 있다. 그러나 이러한 수식을 모르더라도 파이썬에서는 함수를 이용해 간단히 베타를 구할 수 있다.

13.2.1 베타 계산하기

베타를 구하는 방법을 알아보기 위해 주식시장에 대한 대용치로 KOSPI 지수를, 개별주식으로는 전통적 고베타주인 증권주를 이용한다.

```python
import yfinance as yf
import pandas as pd

tickers = ['^KS11', '039490.KS']  ········ ❶

all_data = {}
for ticker in tickers:
    all_data[ticker] = yf.download(ticker,
                                   start="2016-01-01",
                                   end='2021-12-31')  ········ ❷

prices = pd.DataFrame({tic: data['Close'] for tic, data in all_data.items()})  ········ ❸
ret = prices.pct_change().dropna()  ········ ❹
```

❶ KOSPI 코드(^KS11)와 증권주인 키움증권의 티커(039490.KS)를 입력한다.

❷ download( ) 함수를 이용하여 해당 티커들의 2016년부터 2021년까지 데이터를 다운로드받는다.

❸ 종가(Close)에 해당하는 열만 선택한 후, 데이터프레임 형태로 만들어 준다.

❹ pct_change( ) 함수를 통해 수익률을 계산한 후, NA 데이터는 삭제한다.

```python
import statsmodels.api as sm

ret['intercept'] = 1  ········ ❶
reg = sm.OLS(ret[['039490.KS']], ret[['^KS11', 'intercept']]).fit()  ········ ❷❸
```

증권주를 대상으로 베타를 구하기 위한 회귀분석을 실시한다. 자산가격결정모형의 수식인 $R_i = R_f + \beta_i \times R_m - R_f$에서 편의를 위해 무위험 수익률인 R_f를 0으로 가정하면, $R_i = \beta_i \times R_m$의 형태로 나타낼 수 있다. 이 중 R_m는 독립변수인 주식시장의 수익률을 의미하고, R_i는 종속변수인 개별 주식의 수익률을 의미한다.

❶ 먼저, 알파를 계산하기 위해 intercept(절편)에 해당하는 열에 1을 입력한다.

❷ 종속변수에는 증권주, 독립변수에는 KOSPI 지수 수익률 및 절편을 입력한다.

❸ statsmodels 패키지의 OLS( ) 함수를 통해 손쉽게 선형회귀분석을 실시할 수 있으며, 회귀분석의 결과를 reg 변수에 저장한다.

```
reg.summary()
```

Dep. Variable:	039490.KS	R-squared:	0.369
Model:	OLS	Adj. R-squared:	0.369
Method:	Least Squares	F-statistic:	860.1
Date:	Fri, 05 Aug 2022	Prob (F-statistic):	3.07e-149
Time:	21:27:12	Log-Likelihood:	3691.2
No. Observations:	1472	AIC:	-7378.
Df Residuals:	1470	BIC:	-7368.
Df Model:	1		
Covariance Type:	nonrobust		

OLS Regression Results

	coef	std err	t	P>|t|	[0.025	0.975]
^KS11	1.4333	0.049	29.328	0.000	1.337	1.529
intercept	0.0002	0.001	0.376	0.707	−0.001	0.001

Omnibus:	223.609	Durbin-Watson:	2.217
Prob(Omnibus):	0.000	Jarque-Bera (JB):	589.755
Skew:	0.812	Prob(JB):	8.64e-129
Kurtosis:	5.642	Cond. No.	95.1

NOTES:
[1] Standard Errors assume that the covariance matrix of the errors is correctly specified.

```
print(reg.params)
```

```
^KS11        1.433309
intercept    0.000193
dtype: float64
```

summary( ) 메서드는 회귀분석 결과의 요약 정보를 보여 준다. 또한, reg.params를 통해 베타(^KS11) 및 알파(intercept)에 해당하는 값만 선택할 수도 있다.

회귀분석의 결과 테이블 중 베타를 나타내는 부분은 coef다. 베타값이 약 1.43으로 높아 증권주의 특성인 고베타주임이 확인되며, t값 또한 약 29로서 유의성을 가르는 2보다 크므로 결과가 유의하다고 볼 수 있다. 반면 알파(intercept)는 0.0002 수준이며 t값 역시 0.376으로 매우 낮아, 증권주의 수익률은 주식 시장에 대한 노출도인 베타를 제외하고 나면 초과 수익이 없다고 볼 수 있다.

13.3 밸류 전략

가치주 효과란 내재 가치 대비 낮은 가격의 주식(저PER, 저PBR 등)이, 내재 가치 대비 비싼 주식(고PER, 고PBR)보다 수익률이 높은 현상을 뜻한다. 가치주 효과가 발생하는 원인은 바로 사람들이 가치주(저밸류에이션)를 기피하고, 성장주(고밸류에이션)를 선호하기 때문이다. 달리 말하면 사람들이 기피한 주식이 가치주가 되었다고 할 수도 있다. 가치주는 일반적으로 차입비율이 높고, 수익의 변동성이 크며, 경기가 좋지 않을 때 더 위험한 경향이 있다. 사람들은 이처럼 위험한 주식에 필요 이상으로 과민 반응을 보인다. 그로 인해 주가가 하락하고 가치주가 되는 것이다. 반면, 인간은 익숙한 것을 안전하다고 착각하는 경향이 있다. 최근 성과가 좋은 주식은 여러 매체를 통해 접하기 쉬운데, 이런 주식을 안전하다고 착각해 많은 사람이 매수에 나선다. 그로 인해 주가가 상승하고 고평가주가 된다. 보고 싶은 것만 보는 확증 편향으로 인해 투자자들은 위험하다고 생각되는 가치주가 망할 것 같은 이유만 찾아 더욱 기피하고, 안전하다고 생각되는 성장주는 영원히 상승할 것 같은 이유만 찾아 더욱 선호한다. 그러나 가치주가 생각보다 위험하지 않다는 것을, 성장주가 너무 많이 상승해 안전하지 않다는 것을 깨닫는 순간 주가는 원래 수준으로 회귀하기 마련이고, 이로 인해 가치주 효과가 발생한다.

13.3.1 DataReader( ) 함수를 이용한 팩터 데이터 다운로드

주식시장 내에서 실제로 가치주 효과가 있는지 데이터로 확인해 볼 필요가 있다. 파마-프렌치 3팩터Fama-French 3Factor로 유명한 케네스 프렌치Kenneth French 교수의 데이터 라이브러리data library에는 각종 팩터에 관한 수익률이 매월 업데이트되고 있다.

https://mba.tuck.dartmouth.edu/pages/faculty/ken.french/data_library.html

또한, DataReader( ) 함수를 이용하면 해당 사이트의 데이터를 불러올 수 있어, 팩터 데이터를 매우 쉽게 분석할 수 있다. 먼저, 어떠한 팩터 데이터가 있는지 확인해 보자.

```python
import pandas_datareader.data as web
from pandas_datareader.famafrench import get_available_datasets

datasets = get_available_datasets()
datasets[1:20]
```

```
['F-F_Research_Data_Factors_weekly',
 'F-F_Research_Data_Factors_daily',
 'F-F_Research_Data_5_Factors_2x3',
 'F-F_Research_Data_5_Factors_2x3_daily',
 'Portfolios_Formed_on_ME',
 'Portfolios_Formed_on_ME_Wout_Div',
 'Portfolios_Formed_on_ME_Daily',
 'Portfolios_Formed_on_BE-ME',
 'Portfolios_Formed_on_BE-ME_Wout_Div',
```

```
 'Portfolios_Formed_on_BE-ME_Daily',
 'Portfolios_Formed_on_OP',
 'Portfolios_Formed_on_OP_Wout_Div',
 'Portfolios_Formed_on_OP_Daily',
 'Portfolios_Formed_on_INV',
 'Portfolios_Formed_on_INV_Wout_Div',
 'Portfolios_Formed_on_INV_Daily',
 '6_Portfolios_2x3',
 '6_Portfolios_2x3_Wout_Div',
 '6_Portfolios_2x3_weekly']
```

이 중 원하는 데이터의 이름을 찾는 법은 다음과 같다. 먼저, 홈페이지에서 원하는 팩터를 검색한 후, [CSV] 글자에서 마우스를 우클릭해 [링크 주소 복사]를 누른다.

그림 13.1 프렌치 라이브러리에서 주소 확인하기

PBR에 따른 수익률에 해당하는 'Portfolios Formed on Book-to-Market'의 다운로드 링크를 메모장 등에서 확인해 보면 다음과 같다.

https://mba.tuck.dartmouth.edu/pages/faculty/ken.french/ftp/Portfolios_Formed_on_BE-ME_CSV.zip

이 중 끝부분의 'Portfolios_Formed_on_BE-ME_CSV'에서 '_CSV'를 제외한 글자인 'Portfolios_Formed_on_BE-ME'를 DataReader() 함수 내에 입력하면 해당 데이터가 다운로드된다.

13.3.2 PBR별 포트폴리오의 수익률

먼저, 기업의 가치 여부를 판단할 때 가장 많이 사용되는 지표인 PBR을 기준으로 구성된 포트폴리오의 수익률을 비교해 보겠다. 프렌치 라이브러리에서 해당 데이터의 이름은 'Portfolios_Formed_on_BE-ME'다. B/M에서 B는 장부가치(Book Value), M는 시장가치(Market Value)로, 이는 PBR의 역수라고 생각해도 된다. 즉 해당 값이 높을수록 저PBR 주식을 의미한다.

```
import pandas_datareader.data as web

df_pbr = web.DataReader('Portfolios_Formed_on_BE-ME',
                        'famafrench',
                        start='1900-01-01')
df_pbr[0].head()
```

Date	<= 0	Lo 30	Med 40	Hi 30	Lo 20	Qnt 2	Qnt 3	Qnt 4	Hi 20	Lo 10	Dec 2	Dec 3	Dec 4	Dec 5	Dec 6	Dec 7	Dec 8	Dec 9	Hi 10
1926-07	12.07	5.55	1.92	1.06	3.17	5.41	1.77	2.44	0.60	4.55	1.27	11.40	1.68	1.50	2.09	2.73	1.58	0.63	0.52
1926-08	-9.73	2.65	2.64	6.09	1.00	4.01	2.05	4.58	7.10	0.18	2.17	6.40	2.38	1.58	2.63	4.46	4.94	8.31	3.92
1926-09	-15.16	1.28	0.06	-0.71	-1.05	3.05	-0.30	-0.17	-1.46	-0.09	-2.39	6.32	0.73	-0.89	0.38	-0.28	0.17	-2.16	0.44
1926-10	-5.63	-3.60	-2.42	-3.59	-2.89	-2.96	-2.21	-4.18	-4.28	-3.80	-1.60	-5.01	-1.41	-2.31	-2.10	-4.65	-2.80	-5.46	-1.17
1926-11	5.58	3.13	2.92	3.13	4.11	2.57	1.89	3.96	2.48	6.04	1.41	1.11	3.63	1.97	1.80	4.00	3.85	2.77	1.76

딕셔너리 형태에 여러 개의 테이블이 존재하며, 이 중 키값이 0인 데이터가 PBR을 기준으로 종목을 나눈 후 시가총액가중 방식으로 포트폴리오를 구성하였을 때의 월간 수익률을 의미한다. 각 열에 대한 설명은 다음과 같다.

- 〈=0: PBR이 0 이하인 기업들의 포트폴리오
- Lo 30, Med 40, Hi 30: PBR 기준 상위 30%, 30-70%, 하위 30%로 나눈 포트폴리오
- Lo 20, Qnt 2, Qnt 3, Qnt 4, Hi 20: PBR 기준 상위 20%, 20-40%, 40-60%, 60-80%, 80-100%로 나눈 포트폴리오
- Lo 10, Dec 2, Dec 3, …, Dec 9, Hi 19: PBR 기준 상위 10%씩으로 나눈 포트폴리오

이 중 20%씩 나눈 [Lo 20, Qnt 2, Qnt 3, Qnt 4, Hi 20] 열만 선택하여 누적 수익률을 확인해 보자.

```python
import matplotlib.pyplot as plt
from matplotlib import cm

plt.rc('font', family='Malgun Gothic')  ┄┄┄┄┄ ❶
plt.rc('axes', unicode_minus=False)  ┄┄┄┄┄ ❶

df_pbr_vw = df_pbr[0].loc[:, ['Lo 20', 'Qnt 2', 'Qnt 3', 'Qnt 4', 'Hi 20']]  ┄┄┄┄┄ ❷
df_pbr_cum = (1 + df_pbr_vw / 100).cumprod()  ┄┄┄┄┄ ❸
df_pbr_cum.plot(figsize=(10, 6),
                colormap=cm.jet,
                legend='reverse',
                title='PBR별 포트폴리오의 누적 수익률')
plt.show()
```

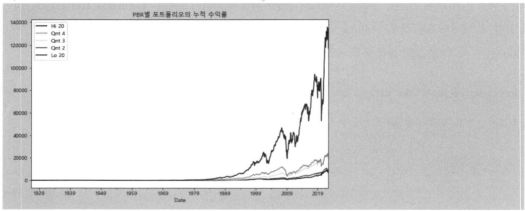

❶ 폰트 설정 및 유니코드 마이너스 기호를 쓰지 않도록 설정해 준다.

❷ 원하는 열만 선택한다.

❸ 해당 사이트의 데이터는 1이 1%를 의미하므로, 올바른 계산을 위해 100으로 나누어 준 후 cumprod( ) 메서드를 통해 누적 수익률을 계산한다.

누적 수익률을 확인해 보면, B/M 값이 높을수록, 즉 PBR이 낮을수록(Hi 20) 수익률이 높은 가치주 효과가 확인된다. 그러나 Hi 20과 다른 포트폴리오 간의 수익률 차이가 너무 커 제대로 된 비교가 되지 않는다. 이처럼 y축을 단순 수익률로 볼 경우 장기적인 성장률을 왜곡시키므로, 로그 수익률로 나타내는 것이 일반적이다. 단순 수익률(r)과 로그 수익률(R) 간의 관계는 다음과 같다.

$$1+r = e^R$$
$$ln(1+r) = R$$

즉 단순 수익률에 1을 더한 후 로그를 취하면 로그 수익률을 구할 수 있다. 또한, 단순 수익률은 누적 수익률을 계산할 때 $(1+r_1) \times (1+r_2) \times \cdots \times (1+r_n)$처럼 곱을 해 나가지만 로그 수익률은 $(R_1 + R_2 + \cdots + R_n)$처럼 더하면 된다. 이는 아래의 관계 때문이다.

$$(1+r_1)(1+r_2) = e^{R_1} e^{R_2} = e^{R_1 + R_2}$$
$$ln[(1+r_1)(1+r_2)] = R_1 + R_2$$

위의 관계를 이용해 로그 차트로 다시 나타내 보자.

```python
import numpy as np

df_pbr_cum = np.log(1+df_pbr_vw/100).cumsum()
df_pbr_cum.plot(figsize=(10, 6),
                colormap=cm.jet,
                legend='reverse',
                title='PBR별 포트폴리오의 누적 수익률')

plt.show()
```

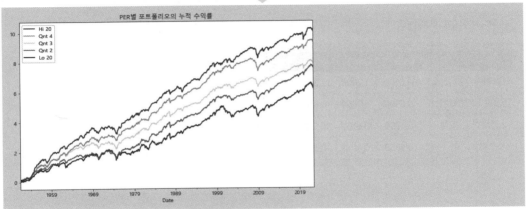

log( ) 함수를 이용해 로그 수익률을 계산해 준 후 cumsum( ) 메서드를 통해 누적합을 구했다. 로그 수익률로 살펴보면 앞의 그래프보다 장기적인 성장률이 훨씬 더 잘 비교가 된다. 이번에는 PBR별 포트폴리오의 간단한 성과를 비교해 보자. 연율화 수익률(기하), 연율화 수익률(산술), 연율화 변동성 및 샤프지수를 구하는 함수를 만들면 다음과 같다.

```python
import pandas as pd

def factor_stat(df):

    n = len(df)  ……… ❶

    ret_ari = (df / 100).mean(axis=0) * 12  ……… ❷
    ret_geo = (1 + df / 100).prod()**(12 / n) - 1  ……… ❸
    vol = (df / 100).std(axis=0) * np.sqrt(12)  ……… ❹
    sharp = ret_ari / vol  ……… ❺

    stat = pd.DataFrame(
        [ret_ari, ret_geo, vol, sharp],  ……… ❻
        index=['연율화 수익률(산술)', '연율화 수익률(기하)', '연율화 변동성', '샤프지수']).round(4)

    stat.iloc[0:3, ] = stat.iloc[0:3, ] * 100  ……… ❼

    return stat
```

❶ len( ) 함수를 통해 행 개수를 구한다.

❷ 각 열의 연간 산술평균(ret_ari)을 구한다.

❸ 각 열의 연간 기하평균(ret_geo)을 구한다.

❹ 각 열의 변동성(vol)을 구한다.

❺ 기하평균에서 변동성을 나누어 샤프지수를 구한다.

❻ 하나의 데이터프레임으로 묶은 후 반올림을 한다.

❼ 산술 수익률, 기하 수익률, 변동성 항목은 100을 곱해 퍼센트 형태로 나타낸다.

해당 함수를 PBR별 포트폴리오에 적용해 보자.

```
factor_stat(df_pbr_vw)
```

	Lo 20	Qnt 2	Qnt 3	Qnt 4	Hi 20
연율화 수익률(산술)	11.0100	11.2000	12.2000	12.8100	15.8500
연율화 수익률(기하)	9.6300	9.9000	10.8500	10.9200	12.9300
연율화 변동성	18.7900	18.6100	19.5100	22.3600	27.8100
샤프지수	0.5858	0.6018	0.6256	0.5731	0.5699

Hi 20, 즉 PBR이 가장 낮은 종목들로 구성된 포트폴리오의 수익률이 가장 높으며, 반대로 Low 20, 즉 PBR이 가장 높은 종목들로 구성된 포트폴리오의 수익률은 가장 낮다.

프렌치 라이브러리에는 B/M(PBR) 외에도 E/P(PER), CF/P(PCR) 데이터도 존재하므로, 해당 지표 역시 누적 수익률을 확인해 보자. 먼저, PER의 역수에 해당하는 E/P 지표의 누적 수익률은 다음과 같다.

```
df_per = web.DataReader('Portfolios_Formed_on_E-P',
                        'famafrench',
                        start='1900-01-01')
df_per_vw = df_per[0].loc[:, ['Lo 20', 'Qnt 2', 'Qnt 3', 'Qnt 4', 'Hi 20']]
df_per_cum = np.log(1 + df_per_vw / 100).cumsum()
df_per_cum.plot(figsize=(10, 6),
                colormap=cm.jet,
                legend='reverse',
                title='PER별 포트폴리오의 누적 수익률')
plt.show()
```

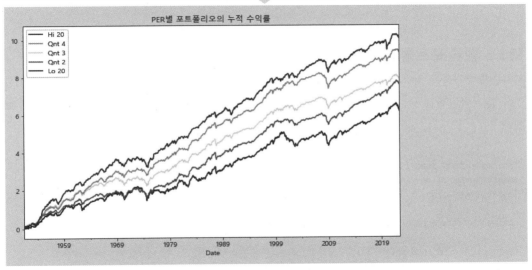

Hi 20, 즉 PER가 낮을수록 수익률이 높다. 이번에는 PCR의 역수에 해당하는 CF/P 지표의 누적 수익률을 살펴보자.

```
df_pcr = web.DataReader('Portfolios_Formed_on_CF-P',
                        'famafrench',
                        start='1900-01-01')
df_pcr_vw = df_pcr[0].loc[:, ['Lo 20', 'Qnt 2', 'Qnt 3', 'Qnt 4', 'Hi 20']]
df_pcr_cum = np.log(1 + df_pcr_vw / 100).cumsum()
df_pcr_cum.plot(figsize=(10, 6),
                colormap=cm.jet,
                legend='reverse',
                title='PCR별 포트폴리오의 누적 수익률')
plt.show()
```

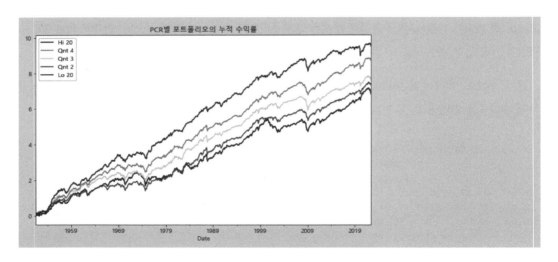

역시나 Hi 20, 즉 PCR이 낮을수록 수익률이 높다. 즉 PBR뿐만 아니라 PER, PCR과 같은 모든 지표에서 가치주 효과가 나타난다.

13.3.3 밸류 포트폴리오 구하기

가치주에 투자하는 것이 훨씬 수익률이 높다는 점을 확인하였으니, 국내 종목들 중 가치주에는 어떠한 것이 있는 확인해 보자. 먼저, 국내 기업 중 전통적인 가치지표인 PER와 PBR이 낮은 종목을 선정해 보겠다.

```python
from sqlalchemy import create_engine
import pandas as pd
import numpy as np

engine = create_engine('mysql+pymysql://root:1234@127.0.0.1:3306/stock_db')

ticker_list = pd.read_sql("""
select * from kor_ticker
where 기준일 = (select max(기준일) from kor_ticker)
      and 종목구분 = '보통주';
""", con=engine)

value_list = pd.read_sql("""
select * from kor_value
where 기준일 = (select max(기준일) from kor_value);
""", con=engine)

engine.dispose()
```

먼저, DB에서 티커 테이블과 가치지표 테이블을 불러온다.

```python
value_list.loc[value_list['값'] <= 0, '값'] = np.nan       ──── ①
value_pivot = value_list.pivot(index='종목코드', columns='지표', values='값')   ──── ②
data_bind = ticker_list[['종목코드', '종목명']].merge(value_pivot,       ──── ③
```

```
                                    how='left',
                                    on='종목코드')

data_bind.head()
```

	종목코드	종목명	DY	PBR	PCR	PER	PSR
0	000020	동화약품	0.0170	0.8314	6.7597	14.9532	0.9660
1	000040	KR모터스	NaN	1.3430	NaN	NaN	0.4828
2	000050	경방	0.0097	0.4666	9.8130	11.5126	0.8860
3	000060	메리츠화재	0.0172	1.9039	3.8105	5.6745	NaN
4	000070	삼양홀딩스	0.0414	0.2568	3.0723	2.6045	0.1923

❶ 일부 종목은 가치지표가 0보다 작은 경우(예: 적자기업의 경우 PER가 음수, 또는 배당수익률이 0%인 종목)가 있으며 이러한 데이터는 nan으로 변경한다.

❷ pivot( ) 함수를 통해 가치지표 테이블을 가로로 긴 형태로 변경한다.

❸ merge( ) 함수를 통해 티커 테이블과 가치지표 테이블을 합친다.

이제 PER와 PBR이 낮은 종목을 찾아본다.

```
value_rank = data_bind[['PER', 'PBR']].rank(axis = 0) ········ ❶
value_sum = value_rank.sum(axis = 1, skipna = False).rank() ········ ❷
data_bind.loc[value_sum <= 20, ['종목코드', '종목명', 'PER', 'PBR']] ········ ❸
```

	종목코드	종목명	PER	PBR
41	000880	한화	1.3062	0.1055
66	001390	KG케미칼	1.4431	0.2173
95	001940	KISCO홀딩스	1.1537	0.1651
97	002030	아세아	1.4143	0.1617
158	003380	하림지주	1.5678	0.2296
264	005990	매일홀딩스	1.3967	0.1862
270	006120	SK디스커버리	1.9001	0.2238
375	009970	영원무역홀딩스	1.2914	0.2135
524	017940	E1	1.9544	0.2208
580	023590	다우기술	1.0623	0.1893
672	032190	다우데이타	0.5644	0.0931
746	036000	예림당	1.5409	0.2203
781	037400	우리엔터프라이즈	1.2032	0.2630
1317	088350	한화생명	1.9060	0.1517
1365	092230	KPX홀딩스	1.7471	0.1831
1449	101360	이엔드디	0.2104	0.2104
1632	139480	이마트	1.2827	0.2436
1656	146320	비씨엔씨	0.3056	0.3056
2005	267320	나인테크	0.3453	0.3453

❶ rank( ) 함수를 통해 PER와 PBR 열의 순위를 구하며, axis = 0을 입력하여 순위는 열 방향으로 구한다. 즉 PER 내에서의 순위, PBR 내에서의 순위를 구한다.

❷ sum( ) 함수 내에 axis = 1를 통해 위에서 구한 순위를 행 방향으로 값을 더하며, skipna = False 를 통해 NA가 있는 종목은 제외한다. 그 후 다시 rank( ) 함수를 통해 순위의 합 기준으로 다시 순위를 구한다.

❸ value_sum <= 20, 즉 순위가 낮은 20 종목을 선택한다. 이는 PER과 PBR가 낮은 종목이라고 볼 수 있다.

전통적으로 PER와 PBR이 낮은 지주회사가 많이 분포되어 있다.

13.3.4 여러 지표 결합하기

이번에는 가치지표에 해당하는 모든 지표, 즉 PER, PBR, PCR, PSR, DY를 고려한 밸류 포트폴리오를 만들어 보겠다. 먼저, 각 지표별 상관관계를 살펴보자.

```python
import matplotlib.pyplot as plt
import seaborn as sns

value_list_copy = data_bind.copy()
value_list_copy['DY'] = 1 / value_list_copy['DY']
value_list_copy = value_list_copy[['PER', 'PBR', 'PCR', 'PSR', "DY"]]
value_rank_all = value_list_copy.rank(axis=0)
mask = np.triu(value_rank_all.corr())

mask = np.triu(value_rank_all.corr())
fig, ax = plt.subplots(figsize=(10, 6))
sns.heatmap(value_rank_all.corr(),
            annot=True,
            mask=mask,
            annot_kws={"size": 16},
            vmin=0,
            vmax=1,
            center=0.5,
            cmap='coolwarm',
            square=True)
ax.invert_yaxis()
plt.show()
```

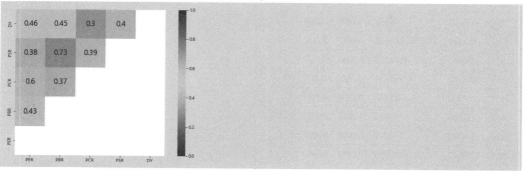

❶ PER, PBR, PCR, PSR의 경우 값이 낮을수록 가치주에 해당하지만, DY의 경우 값이 높을수록 배당수익률이 높은 가치주에 해당한다. 따라서 DY에 역수를 취해 순서를 맞춰 준다.

❷ 각 지표의 순위를 열 방향으로 구한다.

❸ heatmap( ) 함수를 통해 지표별 상관관계를 히트맵으로 나타낸다.

비슷한 가치지표임에도 불구하고 서로 간의 상관관계가 꽤 낮은 지표도 있다. 따라서 지표를 통합적으로 고려하면 분산 효과를 기대할 수도 있다.

```
value_sum_all = value_rank_all.sum(axis=1, skipna=False).rank()  ········ ❶
data_bind.loc[value_sum_all <= 20]  ········ ❷
```

	종목코드	종목명	DY	PBR	PCR	PER	PSR
4	000070	삼양홀딩스	0.0414	0.2568	3.0723	2.6045	0.1923
8	000140	하이트진로홀딩스	0.0380	0.2536	0.9281	3.6280	0.1227
41	000880	한화	0.0264	0.1055	0.4383	1.3062	0.0401
49	001040	CJ	0.0294	0.1386	0.8642	2.7092	0.0640
66	001390	KG케미칼	0.0180	0.2173	1.2267	1.4431	0.0730
95	001940	KISCO홀딩스	0.0283	0.1651	1.5962	1.1537	0.1301
96	002020	코오롱	0.0216	0.3052	1.0309	1.6598	0.0588
97	002030	아세아	0.0242	0.1617	1.5127	1.4143	0.1423
139	002990	금호건설	0.0958	0.4872	1.8678	2.2622	0.1495
155	003300	한일홀딩스	0.0495	0.1774	2.2620	4.4796	0.1869
185	004020	현대제철	0.0303	0.2446	2.2555	2.4833	0.1768
264	005990	매일홀딩스	0.0167	0.1862	1.0899	1.3967	0.0668
322	007860	서연	0.0143	0.1806	0.8709	2.3993	0.0640
325	008060	대덕	0.0445	0.1667	0.7072	3.0016	0.1565
358	009410	태영건설	0.0515	0.3761	0.6515	4.3292	0.0937
375	009970	영원무역홀딩스	0.0418	0.2135	2.0210	1.2914	0.1869
379	010100	한국프랜지	0.0345	0.3058	1.3562	4.5940	0.0746
724	034730	SK	0.0370	0.2526	2.9644	1.9668	0.1496
1230	078930	GS	0.0490	0.2853	2.3694	2.1344	0.1654
1373	093050	LF	0.0359	0.3278	1.5438	2.7666	0.2646

❶ 위에서 구한 5개 지표들의 순위를 더한 후 다시 순위를 매긴다.

❷ 최종 순위가 낮은 20종목을 선택한다. 즉 하나의 지표보다 5개 지표가 골고루 낮은 종목을 선택한다.

단순 저PER, 저PBR 포트폴리오와 달리 지주회사가 아닌 종목들도 포함되어 있다.

13.4 모멘텀 전략

투자에서 모멘텀이란 주가 또는 이익의 추세로서, 상승 추세의 주식은 지속적으로 상승하며 하락 추세의 주식은 지속적으로 하락하는 현상을 말한다. 모멘텀의 종류는 크게 기업의 이익에 대한 추세를 나타내는 이익 모멘텀과 주가의 모멘텀에 대한 가격 모멘텀이 있으며, 이 중에서 3개월에서 12개월 가격 모멘텀을 흔히 모멘텀이라고 한다. 즉 과거 12개월 수익률이 높았던 종목이 계속해서 상승하는 현상을 모멘텀이라 한다.

[NOTE] 계산 기간에 따른 가격 모멘텀의 종류

- 단기 모멘텀: 최근 한 주 또는 1개월 수익률이 높을(낮을)수록 차월 수익률이 낮은(높은) 현상. 단기 수익률 반전 현상이라고도 함.
- 중기 모멘텀: 최근 3~12개월 수익률이 높았던 주식이 향후에도 지속적으로 상승하는 현상.
- 장기 모멘텀: 최근 3~5년 수익률이 낮았던 종목들이, 수익률이 높았던 종목보다 성과가 높은 현상. 장기 수익률 반전 현상이라고도 함.

모멘텀 효과가 발생하는 이유는 기업의 가치 변화에 대한 사람들의 반응 때문이다. 기업의 이익이 증가하면 내재가치(펀더멘털 가치) 역시 증가하고, 이러한 가치는 그림 13.2에서 실선으로 표시된 바와 같이 즉각적으로 변한다. 반면, 점선으로 표시된 주식의 가격은 늘 새로운 정보에 반응해 상승하기는 하지만, 초기에는 이익에 대한 과소 반응으로 인해 상승폭이 낮으며 그 이후 계속해서 상승한다. 주식의 가격이 가치에 수렴하기 위해 상승하다 보면 투자자들의 주목을 끌기 마련이며, 양떼 효과로 인해 따라서 투자하는 이들이 많아진다. 그 결과, 과잉 반응이 발생해 주가는 계속해서 상승하며 모멘텀 효과가 발생한다. 그러나 투자자들이 기업의 가치에 비해 주가가 너무 비싸졌다고 판단하는 순간, 주가는 하락하기 시작하며 반전이 이루어진다.

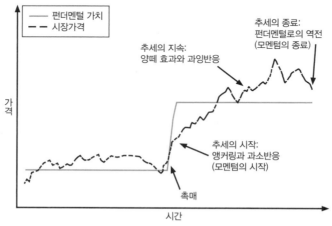

그림 13.2 내재가치 변화에 따른 시장가격의 반응
출처: Hurst, Ooi and Pedersen(2013)

13.4.1 모멘텀별 포트폴리오의 수익률

최근 12개월 수익률을 기준으로 구성된 포트폴리오의 수익률을 비교해 보겠다. 프렌치 라이브러리에서 해당 데이터의 이름은 '10_Portfolios_Prior_12_2'다.

```python
import pandas_datareader.data as web
import numpy as np
import matplotlib.pyplot as plt
from matplotlib import cm

df_mom = web.DataReader('10_Portfolios_Prior_12_2',
                        'famafrench',
                        start='1900-01-01')
df_mom_vw = df_mom[0]
df_mom_cum = np.log(1 + df_mom_vw / 100).cumsum()

plt.rc('font', family='Malgun Gothic')
plt.rc('axes', unicode_minus=False)

df_mom_cum.plot(figsize=(10, 6),
                colormap=cm.jet,
                legend='reverse',
                title='모멘텀별 포트폴리오의 누적 수익률')
plt.show()
```

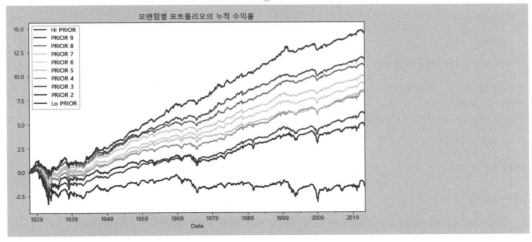

모멘텀별 포트폴리오의 누적 수익률을 확인해 보면, 최근 12개월 수익률이 높을수록(Hi PRIOR) 향후에도 지속적으로 수익률이 높으며, 최근 12월 수익률이 낮을수록(Lo PRIOR) 향후에도 수익률이 낮은 '모멘텀 현상'이 존재한다. 이번에는 앞서 작성한 factor_stat( ) 함수를 이용해 포트폴리오별 통곗값을 확인해 보자.

```python
factor_stat(df_mom_vw)
```

	Lo PRIOR	PRIOR 2	PRIOR 3	PRIOR 4	PRIOR 5	PRIOR 6	PRIOR 7	PRIOR 8	PRIOR 9	Hi PRIOR
연율화 수익률(산술)	3.8100	8.7600	9.1000	10.8900	10.6900	11.460	12.1600	13.2900	14.1900	17.7300
연율화 수익률(기하)	-1.6900	5.1200	6.4900	8.9200	9.0000	9.930	10.8700	12.2500	13.0200	16.3100
연율화 변동성	34.1600	28.0600	24.0600	21.9300	20.4900	19.970	18.9300	18.3400	19.3700	22.2900
샤프지수	0.1115	0.3121	0.3784	0.4966	0.5219	0.574	0.6423	0.7246	0.7327	0.7953

13.4.2 모멘텀 포트폴리오 구하기

최근 12개월 수익률이 높은 주식에 투자하는 것이 훨씬 수익률이 높다는 점을 확인하였으니, 국내 종목들 중 모멘텀 주식에는 어떠한 것이 있는 확인해 보자.

```python
from sqlalchemy import create_engine
import pandas as pd

engine = create_engine('mysql+pymysql://root:1234@127.0.0.1:3306/stock_db')

ticker_list = pd.read_sql(
"""
select * from kor_ticker
where 기준일 = (select max(기준일) from kor_ticker)
    and 종목구분 = '보통주';
""", con=engine)


price_list = pd.read_sql(
"""
select 날짜, 종가, 종목코드
from kor_price
where 날짜 >= (select (select max(날짜) from kor_price) - interval 1 year);
""", con=engine)

engine.dispose()

price_list.head()
```

	날짜	종가	종목코드
0	2021-08-05	15100.0	000020
1	2021-08-05	1235.0	000040
2	2021-08-05	13850.0	000050
3	2021-08-05	25900.0	000060
4	2021-08-05	112000.0	000070

먼저, DB에서 티커 테이블과 가격 테이블을 불러온다. 가격의 경우 where 날짜 >= (select (select max(날짜) from kor_price) - interval 1 year) 부분을 통해 테이블에서 최근일 기준 1년 전의 날짜를 구한 후, 해당일 이후인 최근 1년치 가격 정보만 불러온다.

```
price_pivot = price_list.pivot(index='날짜', columns='종목코드', values='종가')
price_pivot.iloc[0:5, 0:5]
```

종목코드 날짜	000020	000040	000050	000060	000070
2021-08-05	15100.0	1235.0	13850.0	25900.0	112000.0
2021-08-06	14900.0	1225.0	14550.0	25700.0	112000.0
2021-08-09	15250.0	1200.0	14550.0	25150.0	109500.0
2021-08-10	14950.0	1195.0	14200.0	25400.0	112000.0
2021-08-11	14850.0	1180.0	14250.0	25500.0	109000.0

pivot( ) 함수를 통해 가격 테이블을 가로로 긴 형태로 변경한다.

```
ret_list = pd.DataFrame(data=(price_pivot.iloc[-1] / price_pivot.iloc[0]) - 1,  ⋯⋯⋯ ❶
                        columns=['return'])
data_bind = ticker_list[['종목코드', '종목명']].merge(ret_list, how='left', on='종목코드')  ⋯⋯⋯ ❷

data_bind.head()
```

	종목코드	종목명	return
0	000020	동화약품	-0.284768
1	000040	KR모터스	-0.425101
2	000050	경방	-0.046931
3	000060	메리츠화재	0.399614
4	000070	삼양홀딩스	-0.341071

❶ 가격 테이블(price_pivot)에서 가장 끝 행(price_pivot.iloc[-1])을 가장 첫 행(price_pivot. iloc[0])으로 나누어 각 종목의 12개월 수익률을 구한 후, 데이터프레임 형태로 만든다.

❷ 티커 테이블에 해당 내역을 합친다.

이제 12개월 수익률이 높은 종목을 찾아보자.

```
momentum_rank = data_bind['return'].rank(axis=0, ascending=False)  ⋯⋯⋯ ❶
data_bind[momentum_rank <= 20]  ⋯⋯⋯ ❷
```

	종목코드	종목명	return
208	004690	삼천리	1.122905
257	005860	한일사료	1.327511
314	007660	이수페타시스	1.215265
420	011700	한신기계	1.321990
503	016710	대성홀딩스	1.280840
505	016790	카나리아바이오	10.205433
957	052020	에스티큐브	1.277481
974	053050	지에스이	1.423267
1000	054210	이랜텍	1.731421
1019	056090	이노시스	2.150558
1128	066970	엘앤에프	1.129904
1169	069920	아이에스이커머스	1.241153
1346	090710	휴림로봇	1.966981
1456	101730	위메이드맥스	2.989455
1508	112040	위메이드	1.851725
1546	121600	나노신소재	1.340136
1584	128540	에코캡	1.530799
1609	134580	탑코미디어	1.690583
1946	249420	일동제약	1.477273
2245	373200	하인크코리아	2.129707

❶ rank( ) 함수를 통해 12개월 수익률 열의 순위를 구하며, 모멘텀의 경우 지표가 높을수록 좋으므로 ascending = False 인자를 통해 내림차순으로 순위를 구한다.

❷ 'momentum_rank <= 20', 즉 모멘텀이 높은 20종목을 선택한다.

마지막으로, 해당 종목들의 가격 그래프를 확인해 보자.

```
price_momentum = price_list[price_list['종목코드'].isin(
    data_bind.loc[momentum_rank <= 20, '종목코드'])]

import matplotlib.pyplot as plt
import seaborn as sns

plt.rc('font', family='Malgun Gothic')
g = sns.relplot(data=price_momentum,
            x='날짜',
            y='종가',
            col='종목코드',
            col_wrap=5,
            kind='line',
```

```
            facet_kws={
                'sharey': False,
                'sharex': True
            })
g.set(xticklabels=[])
g.set(xlabel=None)
g.set(ylabel=None)
g.fig.set_figwidth(15)
g.fig.set_figheight(8)
plt.subplots_adjust(wspace=0.5, hspace=0.2)
plt.show()
```

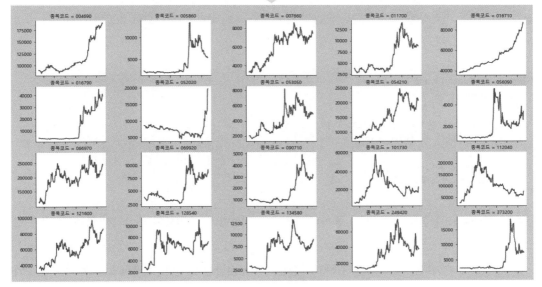

13.4.3 K-Ratio

12개월 수익률 기준 모멘텀 종목들의 주가 그래프를 보면 단순히 수익률만으로 종목을 선택할 경우 다음과 같은 종목 또한 포함된다.

1. 장기간 수익률이 횡보하다가 최근 주가가 급등하여 누적 수익률 역시 높게 나타나는 종목
2. 이미 몇 달 전에 주가가 급등한 후 최근에는 하락세이지만, 누적 수익률 자체는 높게 나타나는 종목

반면, 좋은 모멘텀 주식이란 단순히 많이 상승한 것이 아닌, 꾸준하게 상승하는 종목이다. 하나의 예를 살펴보자.

동일한 누적 수익률을 가진 두 종목이 있다고 가정해 보자. A의 경우 상승폭이 작다가 최근 급등하여 누적 수익률이 높아진 경우다. 반면, B의 경우 꾸준하게 상승하여 누적 수익률이 높아진 경우다. 이 중 꾸준하게 상승한 B가 더 뛰어난 모멘텀 주식이라고 볼 수 있

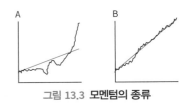

그림 13.3 **모멘텀의 종류**

다. 이처럼 꾸준한 상승을 측정하기 위해 실무에서는 단순 12개월 수익률이 아닌 3~12개월 수익률을 같이 보거나, 변동성을 함께 고려하기도 한다. 그중 모멘텀의 꾸준함을 측정하는 지표 가운데 하나가 'K-Ratio'다. 해당 지표는 다음과 같다.

$$K\text{-}Ratio = \frac{\text{누적 수익률의 기울기}}{\text{표준 오차}}$$

누적 수익률이 높을수록 기울기도 커져 분자는 커진다. 또한, 추세가 꾸준할수록 표준 오차가 작아 분모는 작아진다. 따라서 추세가 꾸준하게 많이 상승할수록 K-Ratio는 증가한다. 먼저, K-Ratio를 측정하는 법을 살펴보자.

```python
import statsmodels.api as sm
import numpy as np

ret = price_pivot.pct_change().iloc[1:]         ········ ❶
ret_cum = np.log(1 + ret).cumsum()         ········ ❷

x = np.array(range(len(ret)))         ········ ❸
y = ret_cum.iloc[:, 0].values         ········ ❸
```

❶ pct_change( ) 함수를 통해 각 종목의 수익률을 계산하며, 수익률이 계산되지 않는 첫 번째 행은 제외한다.

❷ 수익률에 1을 더한 후 로그를 취하고, 해당 값의 누적합을 구한다. 결과적으로 로그 누적 수익률을 계산한다.

❸ x축에는 기간에 해당하는 값을, y축에는 첫 번째 종목의 로그 누적 수익률에 해당하는 값을 입력한다.

이제 해당 종목의 K-Ratio를 구해 보자.

```python
reg = sm.OLS(y, x).fit()
reg.summary()
```

Dep. Variable:	y	R-squared (uncentered):	0.767
Model:	OLS	Adj. R-squared (uncentered):	0.766
Method:	Least Squares	F-statistic:	807.8
Date:	Fri, 05 Aug 2022	Prob (F-statistic):	1.57e-79
Time:	21:27:37	Log-Likelihood:	219.47
No. Observations:	246	AIC:	−436.9
Df Residuals:	245	BIC:	−433.4
Df Model:	1		
Covariance Type:	nonrobust		

OLS Regression Results

	coef	std err	t	P>|t|	[0.025	0.975]
x1	−0.0013	4.47e−05	−28.423	0.000	−0.001	−0.001

Omnibus:	8.013	Durbin-Watson:	0.104
Prob(Omnibus):	0.018	Jarque-Bera (JB):	12.363
Skew:	0.164	Prob(JB):	0.00207
Kurtosis:	4.048	Cond. No.	1.00

NOTES:
[1] R² is computed without centering (uncentered) since the model does not contain a constant.
[2] Standard Errors assume that the covariance matrix of the errors is correctly specified.

OLS( ) 함수를 통해 회귀분석을 실시한다. 결과표의 'coef'는 기울기를, 'std err'는 표준 오차를 나타낸다.

```
print(reg.params, reg.bse, (reg.params / reg.bse))
```

```
[-0.00127156] [4.47376881e-05] [-28.42258455]
```

reg.params과 reg.bse를 통해 기울기와 표준오차를 추출할 수 있으며, 이 2개를 나눈 값이 K-Ratio다. 이를 이용해 모든 종목의 K-Ratio를 계산한다.

```
x = np.array(range(len(ret)))
k_ratio = {}  ········ ❶

for i in range(0, len(ticker_list)):  ········ ❷

    ticker = data_bind.loc[i, '종목코드']

    try:  ········ ❸
        y = ret_cum.loc[:, price_pivot.columns == ticker]
        reg = sm.OLS(y, x).fit()
        res = float(reg.params / reg.bse)
    except:  ········ ❸
        res = np.nan

    k_ratio[ticker] = res

k_ratio_bind = pd.DataFrame.from_dict(k_ratio, orient='index').reset_index()  ········ ❹
k_ratio_bind.columns = ['종목코드', 'K_ratio']

k_ratio_bind.head()
```

	종목코드	K_ratio
0	000020	−28.422585
1	000040	−64.848605
2	000050	2.501597
3	000060	28.585126
4	000070	−72.720990

❶ x축에 해당하는 값과, 빈 딕셔너리(k_ratio)를 만든다.

❷ for문을 통해 모든 종목에 대한 K-Ratio를 구한다.

❸ 해당 종목이 상장한 지 1년이 되지 않아 K-Ratio를 구할 수 없을 경우 try except문을 통해 nan을 저장한다.

❹ from_dict( ) 메서드를 통해 딕셔너리를 데이터프레임 형태로 변경한다.

이제 K-Ratio가 높은 종목을 찾아보자.

```
data_bind = data_bind.merge(k_ratio_bind, how='left', on='종목코드')
k_ratio_rank = data_bind['K_ratio'].rank(axis=0, ascending=False)
data_bind[k_ratio_rank <= 20]
```

	종목코드	종목명	return	K_ratio
51	001070	대한방직	0.172178	43.772480
125	002710	TCC스틸	1.099533	57.613128
147	003100	선광	1.047668	96.243087
193	004250	NPC	0.567881	42.230256
218	004890	동일산업	0.600000	59.401851
225	005010	휴스틸	0.500000	36.122372
314	007660	이수페타시스	1.215265	61.223590
402	011070	LG이노텍	0.568233	41.270171
503	016710	대성홀딩스	1.280840	100.657403
514	017390	서울가스	0.766784	70.054746
974	053050	지에스이	1.423267	52.213864
1000	054210	이랜텍	1.731421	83.068202
1128	066970	엘앤에프	1.129904	40.497085
1238	079550	LIG넥스원	1.004520	69.862628
1499	109860	동일금속	0.807283	76.292037
1531	117580	대성에너지	0.735791	37.180676
1546	121600	나노신소재	1.340136	57.357731
1618	137400	피엔티	0.792857	42.863412
1946	249420	일동제약	1.477273	37.525955
2212	353200	대덕전자	0.788991	69.976213

단순 모멘텀(12개월 수익률)과 동일하게 K-Ratio도 높을수록 좋으므로 내림차순 기준으로 순위를 구한다. 이제 해당 종목들의 가격 그래프를 확인해 보자.

```
k_ratio_momentum = price_list[price_list['종목코드'].isin(
    data_bind.loc[k_ratio_rank <= 20, '종목코드'])]
```

```
plt.rc('font', family='Malgun Gothic')
g = sns.relplot(data=k_ratio_momentum,
                x='날짜',
                y='종가',
                col='종목코드',
                col_wrap=5,
                kind='line',
                facet_kws={
                    'sharey': False,
                    'sharex': True
                })
g.set(xticklabels=[])
g.set(xlabel=None)
g.set(ylabel=None)
g.fig.set_figwidth(15)
g.fig.set_figheight(8)
plt.subplots_adjust(wspace=0.5, hspace=0.2)
plt.show()
```

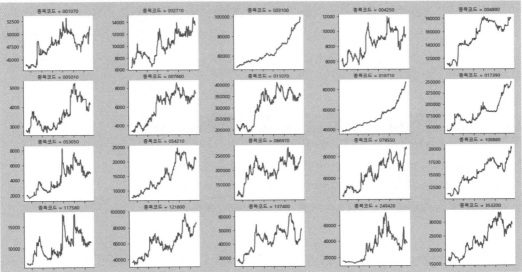

기존 단순 모멘텀에 비해 훨씬 더 꾸준하게 우상향하는 종목들이 선택되었다.

13.5 퀄리티 전략

벤저민 그레이엄Benjamin Graham 이후 유지되고 있는 기본적 분석 또는 가치 투자자들의 가장 중요한 투자 지표 중 하나는 기업의 우량성quality이다. 벤저민 그레이엄은 종목 선정에 있어 유동 자산이 풍부하여 재무적으로 건전하고, 꾸준하게 이익을 달성하는 기업을 강조했다. 최고의 투자자로 꼽히는 워런 버핏Warren Buffett의 종목 선정 기준 역시 실적의 강력한 성장 추세와 높은 자기자본 이익률로 알려져 있다.

그러나 어떠한 지표가 기업의 우량성을 나타내는지 한마디로 정의하기에는 너무나 주관적이고 광범위해 쉽지 않다. 연구에 따르면 수익성, 성장성, 안정성이 높은 주식일수록 수익률이 높은 경향이 있다. 이 외에도 학계 또는 업계에서 사용되는 우량성 관련 지표는 다음과 같이 요약할 수 있다.

1. 수익성: 기업이 돈을 얼마나 잘 버는가(ROE, ROA, 매출총이익률 등)
2. 수익의 안정성: 기업이 얼마나 안정적으로 돈을 버는가(ROE의 변동성 등)
3. 재무 구조: 기업의 재무 구조가 얼마나 안전한가(차입 비율 등)
4. 이익의 성장: 기업의 이익 증가율이 얼마나 되는가(전년 대비 ROE 증가율 등)
5. 재무 신뢰도: 재무제표를 얼마나 신뢰할 수 있는가(회계 처리 방법 등)
6. 배당: 얼마나 주주 친화적인가(배당금, 신주 발행, 자사주 매입 등)
7. 투자: 얼마나 신사업에 투자를 하는가(총자산의 증가 등)

이 중 사람들이 가장 중요하게 여기는 것은 바로 수익성이다. 돈을 벌지 못하는 기업은 지속될 수 없기 때문이다. 기업의 규모가 크면 당연히 돈을 더 많이 벌기 때문에 단순히 수익의 양이 아닌, 기업의 규모에 비해 얼마를 버는지 표준화를 통해 비교해야 한다. 표 13.4는 널리 사용되고 있는 수익성 지표들이다.

표 13.4 **수익성 지표**

지표	설명	분자	분모
ROE(Return on Equity)	자기자본이익률	당기순이익	자본
ROA(Return on Asset)	총자산이익률	당기순이익	자산
ROIC(Return on Invested Capital)	투하자본이익률	당기순이익	투하자본
GP(Gross Profitability)	매출총이익률	매출총이익	자산 또는 자본

우량주 효과가 발생하는 이유 역시 사람들의 반응과 관계가 있다. 기업의 수익성이 높을 경우, 투자자들은 이익이 다시 원래 수준으로 빠르게 돌아갈 것이라 생각하지만, 실제로는 수익성이 높은 기업은 계속해서 높은 수익성을 보이는 경향이 있다. 반대로 기업의 수익성이 낮은 경우, 투자자들은 이익이 반등할 것이라 생각하지만 나쁜 기업은 계속해서 나쁜 경향이 있다.

13.5.1 수익성별 포트폴리오의 수익률

영업수익성을 기준으로 구성된 포트폴리오의 수익률을 비교해 보겠다. 프렌치 라이브러리에서 해당 데이터의 이름은 'Portfolios_Formed_on_OP'다. 단, 수익성 항목이 들어간 데이터들은 pandas_datareader 패키지에서 불러올 경우 인코딩 문제로 인해 오류가 발생하므로, 홈페이지에서 직접 파일을 다운로드받도록 한다.

```
import pandas as pd
import numpy as np
```

```
import matplotlib.pyplot as plt
from matplotlib import cm

url = 'https://mba.tuck.dartmouth.edu/pages/faculty/ken.french/ftp/Portfolios_Formed_on_OP_CSV.
zip'  ┈┈┈ ❶
df_op = pd.read_csv(url, skiprows=24, encoding='cp1252', index_col=0)  ┈┈┈ ❷
end_point = np.where(pd.isna(df_op.iloc[:, 2]))[0][0]  ┈┈┈ ❸
df_op_vw = df_op.iloc[0:end_point][[
    'Lo 20', 'Qnt 2', 'Qnt 3', 'Qnt 4', 'Hi 20'
]].apply(pd.to_numeric)  ┈┈┈ ❹
df_op_cum = np.log(1 + df_op_vw / 100).cumsum()

plt.rc('font', family='Malgun Gothic')
plt.rc('axes', unicode_minus=False)

df_op_cum.plot(figsize=(10, 6),
               colormap=cm.jet,
               legend='reverse',
               title='수익성별 포트폴리오의 누적 수익률')  ┈┈┈ ❺
plt.show()
```

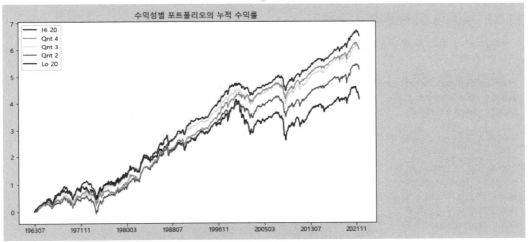

❶ zip 파일 링크를 입력한다.

❷ read_csv( ) 함수 내에 zip 파일 링크를 입력하면, 압축 파일 내의 CSV 파일을 불러올 수 있다.
  또한, 상위 행 24개는 데이터에 대한 설명이므로 skiprows 인자를 통해 무시해 주며, 인코딩은
  cp1252로, 인덱스는 첫 번째 열로 설정한다.

❸ 파일 내에는 월별 수익률, 연간 수익률, 포트폴리오 내 종목수 등 수많은 테이블이 포함되어 있
  다. 이 중 시가총액가중방식 포트폴리오에 해당하는 부분만 찾기 위해 isna( ) 함수를 통해 처
  음으로 na가 나타나는 지점(end_point)을 찾는다.

❹ 시가총액가중방식 수익률에 해당하는 부분만 선택하며, 20%씩 나눈 열을 선택한다. 그 후
  apply(pd.to_numeric)를 통해 모든 열을 숫자 형태로 변경한다.

❺ 로그 누적 수익률을 계산한다.

누적 수익률을 확인해 보면, 수익성이 높을수록(Hi 20) 향후에도 지속적으로 수익률이 높으며, 수익성이 낮을수록(Lo 20) 향후에도 수익률이 낮은 '퀄리티 현상'이 존재한다. 이번에는 포트폴리오별 통곗값을 확인해 보자.

```
factor_stat(df_op_vw)
```

	Lo 20	Qnt 2	Qnt 3	Qnt 4	Hi 20
연율화 수익률(산술)	8.9900	10.2100	11.3900	11.3900	12.2800
연율화 수익률(기하)	7.2800	9.2900	10.6800	10.7000	11.6600
연율화 변동성	19.5000	16.0300	15.3800	15.3200	15.4600
샤프지수	0.4612	0.6372	0.7403	0.7431	0.7942

수익성이 높을수록 수익률이 높고 변동성이 낮음을 확인할 수 있다.

13.5.2 우량성 포트폴리오 구하기

이번에는 국내 종목들 중 우량성(수익성)이 높은 종목은 어떠한 것이 있는지 확인해 보자.

```python
from sqlalchemy import create_engine
import pandas as pd
import numpy as np

engine = create_engine('mysql+pymysql://root:1234@127.0.0.1:3306/stock_db')

ticker_list = pd.read_sql("""
select * from kor_ticker
where 기준일 = (select max(기준일) from kor_ticker)
and 종목구분 = '보통주';
""", con=engine)

fs_list = pd.read_sql("""
select * from kor_fs
where 계정 in ('당기순이익', '매출총이익', '영업활동으로인한현금흐름', '자산', '자본')
and 공시구분 = 'q';
""", con=engine)

engine.dispose()
```

먼저, DB에서 티커 테이블과 재무제표 테이블 중 수익성을 계산하는 데 필요한 계정(당기순이익, 매출총이익, 영업활동으로인한현금흐름, 자산, 자본 / 분기 데이터)을 불러온다. 각종 수익성 지표들을 계산해 보자.

```python
fs_list = fs_list.sort_values(['종목코드', '계정', '기준일'])
fs_list['ttm'] = fs_list.groupby(['종목코드', '계정'], as_index=False)['값'].rolling(
    window=4, min_periods=4).sum()['값']
fs_list_clean = fs_list.copy()
```

```
fs_list_clean['ttm'] = np.where(fs_list_clean['계정'].isin(['자산', '자본']),
                                fs_list_clean['ttm'] / 4, fs_list_clean['ttm'])
fs_list_clean = fs_list_clean.groupby(['종목코드', '계정']).tail(1)

fs_list_pivot = fs_list_clean.pivot(index='종목코드', columns='계정', values='ttm')
fs_list_pivot['ROE'] = fs_list_pivot['당기순이익'] / fs_list_pivot['자본']
fs_list_pivot['GPA'] = fs_list_pivot['매출총이익'] / fs_list_pivot['자산']
fs_list_pivot['CFO'] = fs_list_pivot['영업활동으로인한현금흐름'] / fs_list_pivot['자산']

quality_list = ticker_list[['종목코드', '종목명']].merge(fs_list_pivot,
                                                how='left',
                                                on='종목코드')

quality_list.round(4).head()
```

	종목코드	종목명	당기순이익	매출총이익	영업활동으로인한현금흐름	자본	자산	ROE	GPA	CFO
0	000020	동화약품	198.0	1582.0	438.0	3561.25	4507.00	0.0556	0.3510	0.0972
1	000040	KR모터스	−130.0	181.0	−86.0	503.25	1727.50	−0.2583	0.1048	−0.0498
2	000050	경방	306.0	1440.0	359.0	7550.75	12790.00	0.0405	0.1126	0.0281
3	000060	메리츠화재	7441.0	NaN	11081.0	22177.50	271524.00	0.3355	NaN	0.0408
4	000070	삼양홀딩스	2384.0	7047.0	2021.0	24182.25	44074.75	0.0986	0.1599	0.0459

❶ sort_values( ) 메서드를 통해 정렬을 한다.

❷ '종목코드'와 '계정'별로 그룹을 묶은 후 TTM 값을 구하기 위해 rolling( ) 메서드를 통해 4분기 합을 구한다. min_periods=4를 통해 4분기 데이터가 없는 경우는 계산하지 않는다.

❸ 자산과 자본의 경우 재무상태표 항목이므로 합이 아닌 평균을 구하며, 나머지 항목은 합을 그대로 사용한다.

❹ tail(1)을 통해 종목코드와 계정별 최근 데이터만 선택한다.

❺ pivot( ) 함수를 통해 가로로 긴 형태로 변경한다.

❻ 수익성 지표에 해당하는 ROE, GPA, CFO를 각각 구한다.

❼ 티커 테이블과 합쳐 준다.

이제 각 수익성 지표의 순위를 구한다.

```
quality_list_copy = quality_list[['ROE', 'GPA', 'CFO']].copy()
quality_rank = quality_list_copy.rank(ascending=False, axis=0)
```

수익성 지표의 경우 값이 높을수록 좋으므로 ascending = False를 통해 내림차순 기준 순위를 구한다. 각 지표별 상관관계를 살펴보자.

```
import matplotlib.pyplot as plt
import seaborn as sns
```

```
mask = np.triu(quality_rank.corr())
fig, ax = plt.subplots(figsize=(10, 6))
sns.heatmap(quality_rank.corr(),
            annot=True,
            mask=mask,
            annot_kws={"size": 16},
            vmin=0,
            vmax=1,
            center=0.5,
            cmap='coolwarm',
            square=True)
ax.invert_yaxis()
plt.show()
```

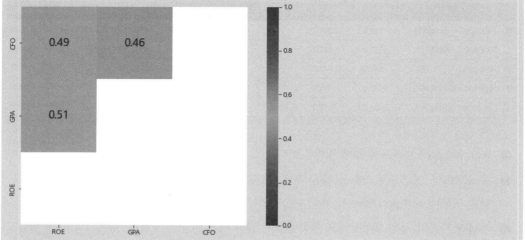

비슷한 수익성 지표임에도 불구하고 서로 간의 상관관계가 꽤 낮다. 따라서 지표를 통합적으로 고려하면 분산효과를 기대할 수 있다. 수익성이 높은 종목을 선택해 보자.

```
quality_sum = quality_rank.sum(axis=1, skipna=False).rank() ········· ❶
quality_list.loc[quality_sum <= 20, ········· ❷
                 ['종목코드', '종목명', 'ROE', 'GPA', 'CFO']].round(4)
```

	종목코드	종목명	ROE	GPA	CFO
46	000990	DB하이텍	0.4055	0.4520	0.2979
407	011200	HMM	0.9067	0.5889	0.5699
1038	058630	엠게임	0.3126	0.7389	0.2155
1133	067160	아프리카TV	0.3782	0.7456	0.3509
1283	084650	랩지노믹스	0.7156	0.8150	0.2906
1335	089970	에이피티씨	0.3756	0.4857	0.4497
1406	096530	씨젠	0.5233	0.7301	0.4055
1489	108320	LX세미콘	0.4598	0.6625	0.3586

	종목코드	종목명	ROE	GPA	CFO
1617	137310	에스디바이오센서	0.5246	0.5600	0.3779
1666	150900	파수	0.2609	0.6655	0.3823
1758	194480	데브시스터즈	0.3083	1.3381	0.2407
1794	205470	휴마시스	1.6078	1.4010	1.1184
1831	215000	골프존	0.3250	0.6746	0.3084
1834	215200	메가스터디교육	0.2664	0.6105	0.2788
1874	225190	삼양옵틱스	0.3365	0.5404	0.3173
1875	225220	제놀루션	0.4199	0.5523	0.2622
1959	253840	수젠텍	0.6624	0.6154	0.2457
2048	287410	제이시스메디칼	0.6294	0.9214	0.3265
2200	348210	넥스틴	0.3430	0.5315	0.2658
2267	383220	F&F	0.6814	1.0472	0.3961

❶ 위에서 구한 3개 지표들의 순위를 더한 후 다시 순위를 매긴다.

❷ 최종 순위가 낮은 20종목을 선택한다. 즉 하나의 지표보다 3개 지표가 골고루 낮은 종목을 선택한다.

13.6 마법 공식

하나의 팩터만을 보고 투자하는 것보다, 둘 또는 그 이상의 팩터를 결합해 투자해야 훨씬 좋은 포트폴리오를 구성할 수 있으며, 이러한 방법을 멀티팩터multifactor라고 한다. 그중에서도 밸류와 퀄리티의 조합은 전통적으로 많이 사용된 방법이며, 대표적인 예가 조엘 그린블라트Joel Greenblatt의 '마법 공식Magic Formula'이다. 이에 앞서, 퀄리티와 밸류 간의 관계, 마법 공식의 정의와 구성 방법을 알아보겠다.

13.6.1 퀄리티와 밸류 간의 관계

투자의 정석 중 하나는 좋은 기업을 싸게 사는 것이다. 이를 팩터의 관점에서 이해하면 퀄리티 팩터quality factor와 밸류 팩터value factor로 이해할 수도 있다.

여러 논문에 따르면 흔히 밸류 팩터와 퀄리티 팩터는 반대의 관계에 있다. 먼저, 가치주들은 위험이 크기 때문에 시장에서 소외를 받아 저평가가 이루어지는 것이며, 이러한 위험에 대한 대가로 밸류 팩터의 수익률이 높다. 반대로, 사람들은 우량주에 기꺼이 프리미엄을 지불하려 하기 때문에 퀄리티 팩터의 수익률이 높기도 하다. 이는 마치 동전의 양면과 같지만, 장기적으로 가치주와 우량주 모두 우수한 성과를 기록한다. 먼저, 퀄리티 지표인 매출총이익과 밸류 지표인 PBR을 통해 둘 사이의 관계를 확인해 보자.

```python
from sqlalchemy import create_engine
import pandas as pd
import numpy as np

engine = create_engine('mysql+pymysql://root:1234@127.0.0.1:3306/stock_db')

value_list = pd.read_sql("""
select * from kor_value
where 기준일 = (select max(기준일) from kor_value)
and 지표 = 'PBR';
""", con=engine)

fs_list = pd.read_sql("""
select * from kor_fs
where 계정 in ('매출총이익', '자산')  ········· ❶
and 공시구분 = 'y';
""", con=engine)

engine.dispose()

# 밸류 지표
value_list.loc[value_list['값'] < 0, '값'] = np.nan  ········· ❷
value_pivot = value_list.pivot(index='종목코드', columns='지표', values='값')

# 퀄리티 지표
fs_list = fs_list.sort_values(['종목코드', '계정', '기준일'])
fs_list = fs_list.groupby(['종목코드', '계정']).tail(1)
fs_list_pivot = fs_list.pivot(index='종목코드', columns='계정', values='값')
fs_list_pivot['GPA'] = fs_list_pivot['매출총이익'] / fs_list_pivot['자산']  ········· ❸

# 데이터 합치기
bind_rank = value_pivot['PBR'].rank().to_frame().merge(  ········· ❹
    fs_list_pivot['GPA'].rank(ascending=False), how='inner', on='종목코드')

# 상관관계
bind_rank.corr()  ········· ❺
```

	PBR	GPA
PBR	1.00000	-0.11797
GPA	-0.11797	1.00000

❶ DB에서 밸류 테이블 중 PBR 데이터와 재무제표 테이블 중 매출총이익, 자산 항목(연간 재무제표 기준)을 불러온다.

❷ 밸류 지표가 음수인 경우 nan으로 변환한 후, 피벗을 한다.

❸ 재무제표 데이터 중 가장 최근 데이터를 이용해 매출총이익률을 구한다.

❹ 두 지표의 순위를 각각 구한 후 merge( ) 함수를 통해 하나로 합친다. 매출총이익률의 경우 내림 차순으로 순위를 구한다.

⑤ corr( ) 함수를 통해 순위의 상관관계를 구한다.

PBR과 GPA 간에는 음의 상관관계가 있음이 확인된다. 이번에는 PBR의 분위수별 GPA 평균값을 구해보자.

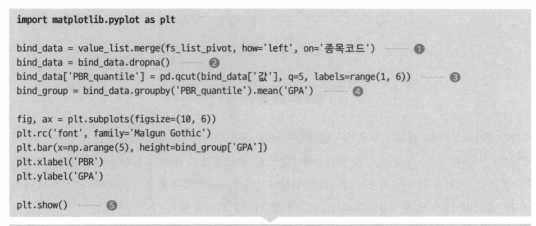

```python
import matplotlib.pyplot as plt

bind_data = value_list.merge(fs_list_pivot, how='left', on='종목코드')  ──── ①
bind_data = bind_data.dropna()  ──── ②
bind_data['PBR_quantile'] = pd.qcut(bind_data['값'], q=5, labels=range(1, 6))  ──── ③
bind_group = bind_data.groupby('PBR_quantile').mean('GPA')  ──── ④

fig, ax = plt.subplots(figsize=(10, 6))
plt.rc('font', family='Malgun Gothic')
plt.bar(x=np.arange(5), height=bind_group['GPA'])
plt.xlabel('PBR')
plt.ylabel('GPA')

plt.show()  ──── ⑤
```

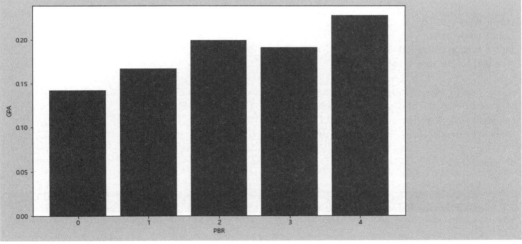

❶ 밸류와 재무제표 테이블을 하나로 합친다.

❷ dropna( )를 통해 NA가 있는 데이터는 제거한다.

❸ qcut( ) 함수를 이용해 PBR을 5분위수로 나누어 준다.

❹ groupby( ) 함수를 통해 PBR의 분위수별 그룹을 묶어 준 후, 각 그룹별 GPA의 평균을 구한다.

❺ 그래프로 나타낸다.

그림에서 알 수 있듯이 PBR이 낮을수록 GPA도 낮으며, 즉 가치주일수록 우량성은 떨어진다. 반면에 PBR이 높을수록 GPA도 높으며, 이는 주식의 가격이 비쌀수록 우량성도 높다는 뜻이다. 이를 이용해 밸류 팩터와 퀄리티 팩터 간의 관계를 나타내면 다음과 같다.

밸류 팩터

	Expensive	Cheap
Junk	② Worst	① Value
Quality	③ Quality	④ Best

퀄리티 팩터

그림 13.4 **밸류 팩터와 퀄리티 팩터 간의 관계**

주가가 쌀수록(저밸류) 기업의 우량성은 떨어지며(①번), 반대로 기업의 우량성이 좋으면 주식은 비싼 경향(③번)이 있다. 물론, 우량성도 떨어지고 비싸기만 한 주식(②번)을 사려는 사람은 아마 없을 것이다. 결과적으로, 우리가 원하는 최고의 주식은 우량성이 있으면서도 가격은 싼 주식(④번)이다. 프렌치 라이브러리의 데이터를 이용해 4개 포트폴리오의 수익률 차이를 확인해 보자.

```python
import pandas as pd
import numpy as np
import matplotlib.pyplot as plt
from matplotlib import cm

url = 'https://mba.tuck.dartmouth.edu/pages/faculty/ken.french/ftp/25_Portfolios_BEME_OP_5x5_CSV.zip'
df_qv = pd.read_csv(url, skiprows=21, encoding='cp1252', index_col=0)
end_point = np.where(pd.isna(df_qv.iloc[:, 2]))[0][0]
df_qv = df_qv.iloc[0:end_point].apply(pd.to_numeric)


df_qv.head()
```

	LoBM LoOP	BM1 OP2	BM1 OP3	BM1 OP4	LoBM HiOP	BM2 OP1	BM2 OP2	BM2 OP3	BM2 OP4	BM2 OP5	...	BM4 OP1	BM4 OP2	BM4 OP3	BM4 OP4	BM4 OP5	HiBM LoOP	BM5 OP2	BM5 OP3	BM5 OP4	HiBM HiOP
196307	1,5667	2,3959	0,1563	−1,2606	0,6103	0,9993	1,3035	0,2018	−0,6785	−1,7133	...	−1,7649	−0,2315	−5,2519	1,2625	2,4473	−2,0068	1,4799	2,3818	−1,7646	−1,0694
196308	5,9311	2,5545	6,4142	5,5784	5,8709	1,5049	3,8605	4,5227	5,0715	5,8196	...	7,9667	6,3687	15,6138	4,1357	11,9795	5,5811	5,4168	2,7514	6,3988	3,4264
196309	−5,0591	−4,6972	1,3918	−1,8821	−1,2090	−2,0466	−3,4478	0,5906	−2,3127	−4,7340	...	−1,5994	−0,3443	3,7048	−1,3282	−8,4785	−2,6077	−4,7089	−0,3835	−0,4710	−2,9148
196310	−2,1803	−3,7151	0,8348	3,9774	7,2644	−0,5754	1,9820	2,5652	−0,9068	2,6782	...	2,8179	0,5102	9,8940	6,6686	18,9219	1,2333	2,5739	2,0845	−2,1846	8,5136
196311	−3,1118	0,0362	−0,9976	1,0218	−2,6709	−5,2223	0,4643	2,0600	−1,0086	−1,9512	...	0,3664	−1,8246	−4,4502	0,9625	5,1808	1,0473	−2,4117	−1,6163	−0,4706	−2,8375

5 rows × 25 columns

'25_Portfolios_BEME_OP_5x5'에 해당하는 데이터를 받아보면 밸류와 퀄리티 기준 각각 5분위로 나뉜 총 25개의 포트폴리오가 존재한다. 하나의 포트폴리오로 수익률을 살펴보기에는 포트폴리오 내 구성 종목수가 너무 작으므로, 여러 포트폴리오의 평균을 통해 최종 포트폴리오를 구해 보자.

```python
df_qv_quality = df_qv.loc[:, ['LoBM HiOP', 'BM2 OP5', 'BM3 OP5']].mean(axis=1) # Quality
df_qv_value = df_qv.loc[:, ['HiBM LoOP', 'BM5 OP2', 'BM5 OP3']].mean(axis=1) # Value
df_qv_worst = df_qv.loc[:, ['LoBM LoOP', 'BM1 OP2', 'BM2 OP1', 'BM2 OP2']].mean(axis=1) # Worst
```

```
df_qv_best = df_qv.loc[:, ['BM5 OP4', 'HiBM HiOP', 'BM4 OP4', 'BM4 OP5']].mean(axis=1) # Best
df_qv_bind = pd.concat([df_qv_quality, df_qv_value, df_qv_worst, df_qv_best], axis=1)
df_qv_bind.columns = ['Quality', 'Value', 'Worst', 'Best']
df_qv_bind_cum = np.log(1 + df_qv_bind / 100).cumsum()

plt.rc('font', family='Malgun Gothic')
df_qv_bind_cum.plot(figsize=(10, 6),
                    colormap=cm.jet,
                    legend='reverse',
                    title='퀄리티/밸류별 누적 수익률')
plt.show()
```

아래의 기준별로 포트폴리오를 선택한 후 수익률의 평균을 구한다.

- Quality: 밸류 기준 하위 1, 2, 3분위에서 수익성 상위 1분위(높은 퀄리티/높은 밸류에이션)
- Value: 밸류 기준 상위 1분위에서 수익성 하위 1, 2, 3분위(낮은 밸류에이션/낮은 퀄리티)
- Worst: 밸류 기준 하위 1, 2분위에서 수익성 하위 1, 2분위(높은 밸류에이션/낮은 퀄리티)
- Best: 밸류 기준 상위 1, 2분위에서 수익성 상위 1, 2분위(낮은 밸류에이션/높은 퀄리티)

결과를 살펴보면 Worst 포트폴리오의 수익률이 가장 낮다. 밸류와 퀄리티는 비슷하게 좋은 모습을 보이며, 두 가지 팩터를 동시에 고려할 경우 가장 높은 수익률을 보인다.

13.6.2 마법 공식 이해하기

마법 공식이란 고담 캐피털Gotham Capital의 설립자이자 전설적인 투자자 조엘 그린블라트Joel Greenblatt에 의해 알려진 투자 방법이다. 그는 본인의 책《주식시장을 이기는 작은 책(The little book that still beats the market)》에서 투자를 하는 데 있어 중요한 두 가지 지표가 있으며, 이를 혼합하면 뛰어난 성과를 기록할 수 있다고 말했다.

첫 번째 지표는 '이익수익률earnings yield'로서 기업의 수익을 기업의 가치로 나눈 값이다. 이는 PER의 역수와 비슷하며, 밸류 지표 중 하나다. 두 번째 지표는 '투하자본 수익률return on capital'로서 기업의 수익을 투자한 자본으로 나눈 값이다. 이는 ROE와도 비슷하며, 퀄리티 지표 중 하나다. 마법 공식은 이 두 가지 지표의 순위를 각각 구한 후 순위의 합 기준 상위 30~50개 종목을 1년간 보유한 후 매도하는 전략이다.

해당 전략은 국내 투자자들에게도 많이 사랑받는 전략이지만 두 지표를 계산하기 위한 데이터를 수집하기 어려워 많은 투자자가 이율 대신 PER를 사용하고, 투하자본 수익률 대신 ROE를 사용한다. 그러나 우리가 수집한 데이터를 통해 충분히 원래의 마법 공식을 구현할 수 있다.

표 13.5 마법 공식의 구성 요소

팩터	Value	Quality
지표	이익수익률(earnings yield)	투하자본 수익률(return on capital)
계산	$\dfrac{\text{이자 및 법인세 차감전이익}}{\text{기업 가치}}$	$\dfrac{\text{이자 및 법인세 차감전이익}}{\text{투하 자본}}$

13.6.3 마법 공식 포트폴리오

재무제표 항목을 통해 이율과 투하자본 수익률을 계산하고, 이를 통해 마법 공식 포트폴리오를 구성해보자.

```
from sqlalchemy import create_engine
import pandas as pd
import numpy as np

engine = create_engine('mysql+pymysql://root:1234@127.0.0.1:3306/stock_db')

ticker_list = pd.read_sql("""
select * from kor_ticker
where 기준일 = (select max(기준일) from kor_ticker)
and 종목구분 = '보통주';
""", con=engine)

fs_list = pd.read_sql("""
select * from kor_fs
where 계정 in ('매출액', '당기순이익', '법인세비용', '이자비용', '현금및현금성자산',
'부채', '유동부채', '유동자산', '비유동자산', '감가상각비')
and 공시구분 = 'q';
""", con=engine)  ⸺ ❶

engine.dispose()

fs_list = fs_list.sort_values(['종목코드', '계정', '기준일'])
fs_list['ttm'] = fs_list.groupby(['종목코드', '계정'], as_index=False)['값'].rolling(
    window=4, min_periods=4).sum()['값']
```

```python
fs_list_clean = fs_list.copy()
fs_list_clean['ttm'] = np.where(
    fs_list_clean['계정'].isin(['부채', '유동부채', '유동자산', '비유동자산']),
    fs_list_clean['ttm'] / 4, fs_list_clean['ttm'])  ········ ❷

fs_list_clean = fs_list_clean.groupby(['종목코드', '계정']).tail(1)
fs_list_pivot = fs_list_clean.pivot(index='종목코드', columns='계정', values='ttm')  ········ ❸

data_bind = ticker_list[['종목코드', '종목명', '시가총액']].merge(fs_list_pivot,
                                                    how='left',
                                                    on='종목코드')  ········ ❹
data_bind['시가총액'] = data_bind['시가총액'] / 100000000  ········ ❺

data_bind.head()
```

	종목코드	종목명	시가총액	감가상각비	당기순이익	매출액	법인세비용	부채	비유동자산	유동부채	유동자산	이자비용	현금 및 현금성 자산
0	000020	동화약품	2960.740	107.0	198.0	3065.0	66.0	945.25	2271.00	686.00	2235.75	4.0	2152.0
1	000040	KR모터스	675.853	33.0	-130.0	1400.0	NaN	1224.00	1020.25	995.00	707.50	69.0	902.0
2	000050	경방	3522.860	406.0	306.0	3976.0	72.0	5239.50	11511.00	2507.25	1279.25	42.0	798.0
3	000060	메리츠화재	42223.900	NaN	7441.0	NaN	2866.0	249346.25	NaN	NaN	NaN	406.0	NaN
4	000070	삼양홀딩스	6209.100	NaN	2384.0	32289.0	786.0	19892.75	27118.50	9580.25	16956.50	276.0	8312.0

❶ 티커 테이블과 재무제표 테이블 중 마법 공식을 계산하는 데 필요한 항목을 가져온다.

❷ 재무제표 항목별 TTM값을 구하며, 재무상태표 항목(부채, 유동부채, 유동자산, 비유동자산)은 평균값을 구한다.

❸ pivot( ) 함수를 통해 데이터를 피벗한다.

❹ 티커 테이블과 재무제표 테이블을 합친다.

❺ 티커 테이블에 있던 시가총액의 경우 원 단위인 반면, 재무제표 테이블의 숫자는 억 단위이므로 단위를 맞춰 준다.

먼저, 밸류 지표에 해당하는 이익수익률을 계산한다. 이익수익률은 이자 및 법인세 차감전이익(EBIT)을 기업가치(시가총액 + 순차입금)로 나눈 값이다. 이를 분해하면 다음과 같다.

$$
\begin{aligned}
\text{이익 수익률} &= \frac{\text{이자 및 법인세 차감전이익}}{\text{기업 가치}} \\[2mm]
&= \frac{\text{이자 및 법인세 차감전이익}}{\text{시가총액} + \text{순차입금}} \\[2mm]
&= \frac{\text{당기순이익} + \text{법인세} + \text{이자비용}}{\text{시가총액} + \text{총부채} - \text{여유자금}} \\[2mm]
&= \frac{\text{당기순이익} + \text{법인세} + \text{이자비용}}{\text{시가총액} + \text{총부채} - (\text{현금} - max(0, \text{유동부채} - \text{유동자산} + \text{현금}))}
\end{aligned}
$$

앞의 수식에 맞게 각 종목별 이익수익률을 계산해 본다.

```
# 분자(EBIT)
magic_ebit = data_bind['당기순이익'] + data_bind['법인세비용'] + data_bind['이자비용']  ········ ❶

# 분모  ········ ❷
magic_cap = data_bind['시가총액']
magic_debt = data_bind['부채']

## 분모: 여유자금
magic_excess_cash = data_bind['유동부채'] - data_bind['유동자산'] + data_bind[
    '현금및현금성자산']
magic_excess_cash[magic_excess_cash < 0] = 0
magic_excess_cash_final = data_bind['현금및현금성자산'] - magic_excess_cash

magic_ev = magic_cap + magic_debt - magic_excess_cash_final

# 이익수익률
magic_ey = magic_ebit / magic_ev  ········ ❸
```

❶ 분자 부분인 이자 및 법인세 차감전이익은 당기순이익에 법인세비용과 이자비용을 더해 계산한다.

❷ 분모 부분은 시가총액, 총 부채, 여유자금 총 세 가지로 구성되어 있다. 시가총액과 총부채는 재무제표 데이터를 그대로 사용하며, 여유자금의 경우 세 단계를 통해 계산한다.

❸ 분자와 분모 부분을 나누어 주면 이익수익률을 계산할 수 있다.

다음으로, 퀄리티 지표에 해당하는 투하자본 수익률을 계산한다. 해당 값은 이자 및 법인세 차감전이익 (EBIT)을 투하자본(IC)으로 나누어 계산되며, 이를 분해하면 다음과 같다.

$$투하자본\ 수익률 = \frac{이자\ 및\ 법인세\ 차감전이익}{투하자본}$$

$$= \frac{당기순이익 + 법인세 + 이자비용}{(유동자산 - 유동부채) + (비유동자산 - 감가상각비)}$$

```
# 투하자본 수익률
magic_ic = (data_bind['유동자산'] - data_bind['유동부채']) + (data_bind['비유동자산'] -
                                data_bind['감가상각비'])
magic_roc = magic_ebit / magic_ic
```

투하자본 수익률은 비교적 쉽게 계산할 수 있다. 분모에 해당하는 투하자본은 재무제표 항목을 그대로 사용하면 되며, 분자인 이자 및 법인세 차감전이익은 위에서 이미 구해 둔 값을 사용하면 된다.

이제 두 지표를 활용해 마법 공식 포트폴리오를 구성하겠다.

```
# 열 입력하기 ------ ❶
data_bind['이익수익률'] = magic_ey
data_bind['투하자본 수익률'] = magic_roc

magic_rank = (magic_ey.rank(ascending=False, axis=0) +
              magic_roc.rank(ascending=False, axis=0)).rank(axis=0) ------ ❷
data_bind.loc[magic_rank <= 20, ['종목코드', '종목명', '이익수익률', '투하자본 수익률']].round(4) ------ ❸
```

	종목코드	종목명	이익수익률	투하자본 수익률
184	004000	롯데정밀화학	0.4503	0.3579
317	007700	F&F홀딩스	1.6710	1.2130
407	011200	HMM	0.5993	0.6362
422	011780	금호석유	0.4158	0.4678
816	039560	다산네트웍스	0.5179	0.3019
1033	058430	포스코스틸리온	0.3880	0.4522
1283	084650	랩지노믹스	0.7232	0.8998
1406	096530	씨젠	0.4194	0.6506
1432	100030	모바일리더	0.3472	0.5361
1472	104480	티케이케미칼	0.5441	0.6698
1489	108320	LX세미콘	0.3263	0.5993
1571	124560	태웅로직스	0.3576	0.9140
1617	137310	에스디바이오센서	0.4681	0.7114
1794	205470	휴마시스	0.6531	2.0810
1875	225220	제놀루션	0.4734	0.5274
1879	225590	패션플랫폼	0.4558	0.2912
1959	253840	수젠텍	0.4493	0.7822
2057	290270	휴네시온	0.4491	0.4851
2083	298020	효성티앤씨	0.3389	0.7508

❶ '이익수익률'과 '투하자본 수익률' 열에 위에서 계산한 값을 입력한다.

❷ 두 열의 순위를 각각 구한 후, 이 두 값을 합친다. 그 후 다시 합 기준으로 순위를 구한다.

❸ 최종 순위가 20위 이내인 종목을 선택한다.

전체 종목과 선택된 종목들의 차이를 시각화해 보자.

```
import matplotlib.pyplot as plt
import seaborn as sns

data_bind['투자구분'] = np.where(magic_rank <= 20, '마법 공식', '기타')
```

```
plt.subplots(1, 1, figsize=(10, 6))
sns.scatterplot(data=data_bind,
                x='이익수익률',
                y='투하자본 수익률',
                hue='투자구분',
                style='투자구분',
                s=200)
plt.xlim(0, 1)
plt.ylim(0, 1)
plt.show()
```

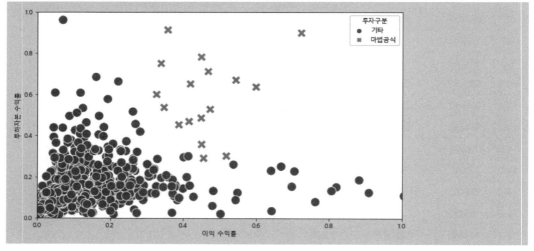

전체 종목 중 마법 공식에 해당하는 종목들이 오른쪽 상단, 즉 이익수익률이 높고 투하자본 수익률도 높은 지점에 위치하고 있다.

13.7 섹터 중립 포트폴리오

팩터 전략의 단점 중 하나는 선택된 종목들이 특정 섹터로 쏠리는 경우가 있다는 점이다. 특히 과거 수익률을 토대로 종목을 선정하는 모멘텀 전략은 특정 섹터의 호황기에 동일한 섹터의 모든 종목이 함께 움직이는 경향이 있어 이러한 쏠림이 심할 수 있다.

먼저, 12개월 모멘텀을 이용한 포트폴리오 구성 방법을 다시 살펴보자.

```
from sqlalchemy import create_engine
import pandas as pd
from scipy.stats import zscore

engine = create_engine('mysql+pymysql://root:1234@127.0.0.1:3306/stock_db')

ticker_list = pd.read_sql("""
select * from kor_ticker
where 기준일 = (select max(기준일) from kor_ticker)
     and 종목구분 = '보통주';
```

```
""", con=engine)

sector_list = pd.read_sql("""
select * from kor_sector
where 기준일 = (select max(기준일) from kor_sector) ;
""", con=engine)

price_list = pd.read_sql("""
select 날짜, 종가, 종목코드
from kor_price
where 날짜 >= (select (select max(날짜) from kor_price) - interval 1 year);
""", con=engine)

engine.dispose()

price_pivot = price_list.pivot(index='날짜', columns='종목코드', values='종가')
ret_list = pd.DataFrame(data=(price_pivot.iloc[-1] / price_pivot.iloc[0]) - 1,
                        columns=['return'])
```

DB에서 티커 테이블과 섹터 테이블, 가격 테이블을 불러온 후, 12개월 수익률을 구한다.

```
data_bind = ticker_list[['종목코드',
                         '종목명']].merge(sector_list[['CMP_CD', 'SEC_NM_KOR']],
                                        how='left',
                                        left_on='종목코드',
                                        right_on='CMP_CD').merge(ret_list,
                                                                 how='left',
                                                                 on='종목코드')

data_bind.head()
```

	종목코드	종목명	CMP_CD	SEC_NM_KOR	return
0	000020	동화약품	000020	건강관리	-0.284768
1	000040	KR모터스	000040	경기관련소비재	-0.425101
2	000050	경방	000050	경기관련소비재	-0.046931
3	000060	메리츠화재	000060	금융	0.399614
4	000070	삼양홀딩스	000070	필수소비재	-0.341071

티커 테이블과 섹터 테이블, 수익률 테이블을 하나로 합쳐 준다.

```
import matplotlib.pyplot as plt

data_bind['rank'] = data_bind['return'].rank(axis=0, ascending=False) ------- ❶
sector_count = pd.DataFrame(data_bind.loc[data_bind['rank'] <= 20,
                                          'SEC_NM_KOR'].value_counts()) ------- ❷
plt.rc('font', family='Malgun Gothic') ------- ❸
sector_count.plot.barh(figsize=(10, 6), legend=False) ------- ❹
plt.gca().invert_yaxis() ------- ❺
```

```
for y, x in enumerate(sector_count['count']):
    plt.annotate(str(x), xy=(x, y), va='center')  ········ ⑥
```

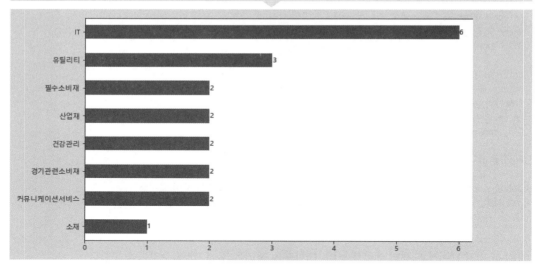

❶ rank( ) 함수를 통해 12개월 수익률 열의 순위를 구하며, 모멘텀의 경우 지표가 높을수록 좋으므로 ascending = False 인자를 통해 내림차순으로 순위를 구한다.

❷ 모멘텀이 높은 20종목들의 섹터를 선택한 후, value_counts( ) 메서드를 통해 섹터별 개수를 구한다.

❸ 폰트를 지정한다.

❹ barh( ) 함수를 통해 수평 막대 그래프를 그린다.

❺ 숫자가 큰 막대가 위로 가게 하기 위해 gca( ).invert_yaxis( )를 이용해 순서를 뒤집어 준다.

❻ annotate( ) 함수를 이용해 각 막대의 끝에 개수에 해당하는 글자를 추가한다.

간혹 특정 섹터의 모멘텀이 매우 좋을 경우, 해당 섹터에 쏠림이 심한 경우가 있다. 이러한 섹터 쏠림 현상을 제거한 섹터 중립 포트폴리오를 구성해 보자.

```
data_bind.loc[data_bind['SEC_NM_KOR'].isnull(), 'SEC_NM_KOR'] = '기타'  ········ ❶
data_bind['z-score'] = data_bind.groupby(
    'SEC_NM_KOR', dropna=False)['return'].transform(lambda x: zscore(x, nan_policy='omit'))  ········ ❷
data_bind['z-rank'] = data_bind['z-score'].rank(axis=0, ascending=False)
sector_neutral_count = pd.DataFrame(data_bind.loc[data_bind['z-rank'] <= 20,
                                                  'SEC_NM_KOR'].value_counts())  ········ ❸

plt.rc('font', family='Malgun Gothic')  ········ ❹
sector_neutral_count.plot.barh(figsize=(10, 6), legend=False)
plt.gca().invert_yaxis()

for y, x in enumerate(sector_neutral_count['count']):
    plt.annotate(str(x), xy=(x, y), va='center')  ········ ❺
```

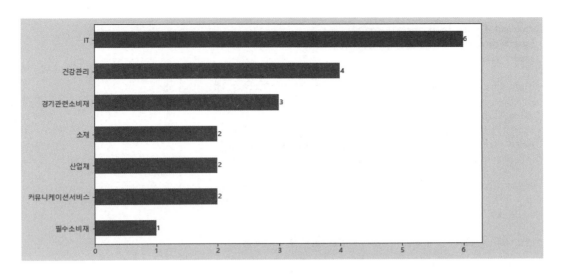

❶ 섹터 정보가 비어 있는 종목에는 섹터를 '기타'로 입력한다.

❷ 먼저, groupby( ) 함수를 통해 섹터별 그룹을 묶는다. 그 후 apply( ) 함수를 통해 수익률 열에 대해 그룹별로 Z-Score를 구해 정규화해 준다. Z-Score는 $\frac{x-\mu}{\sigma}$로 계산된다.

❸ 정규화된 모멘텀이 높은 20종목의 섹터를 선택한 후, value_counts( ) 메서드를 통해 섹터별 개수를 구한다.

❹ 폰트를 지정한다.

❺ 그림으로 나타낸다.

이처럼 groupby( ) 함수를 통해 손쉽게 그룹별 중립화를 할 수 있으며, 글로벌 투자를 하는 경우에는 지역, 국가, 섹터별로도 중립화된 포트폴리오를 구성하기도 한다.

13.8 이상치 데이터 처리 및 팩터의 결합

훨씬 안정적인 퀀트 포트폴리오를 구성하기 위해서는 팩터 데이터를 어떻게 처리하여 결합할지에 대해서도 알고 있어야 하므로, 이러한 점에 대해 살펴보자.

모든 데이터 분석에서 중요한 문제 중 하나가 이상치outlier(극단치) 데이터를 어떻게 처리할 것인가다. 과거 12개월 수익률이 10배인 주식이 과연 모멘텀 관점에서 좋기만 한 주식인지, ROE가 100%를 넘는 주식이 과연 퀄리티 관점에서 좋기만 한 주식인지 고민이 되기 마련이다. 따라서 이러한 이상치를 제외하고 분석할지, 포함해서 분석할지를 판단해야 한다. 만일 이상치를 포함한다면 그대로 사용할 것인지, 보정해 사용할 것인지도 판단해야 한다.

우리가 가지고 있는 PBR 데이터에서 이상치 데이터를 탐색해 보자.

```
from sqlalchemy import create_engine
import pandas as pd
import numpy as np

engine = create_engine('mysql+pymysql://root:1234@127.0.0.1:3306/stock_db')

value_list = pd.read_sql("""
select * from kor_value
where 기준일 = (select max(기준일) from kor_value);
""", con=engine)

engine.dispose()

value_pbr = value_list[value_list['지표'] == 'PBR']

print(value_pbr['값'].max(), '\n', value_pbr['값'].min())
```

```
90.7855
 -8.796
```

먼저, 밸류 테이블을 불러온 후 PBR 데이터만 선택한다. PBR의 최댓값과 최솟값을 확인해 보면 값이 매우 큰 것을 확인할 수 있다.

```
import matplotlib.pyplot as plt

value_pbr['값'].plot.hist(bins=100, figsize=(10, 6))
plt.xlim(0, 40)
plt.show()
```

국내 종목들의 PBR을 히스토그램으로 그려보면 오른쪽으로 꼬리가 매우 긴 분포를 보인다. 이는 PBR 이 극단적으로 큰 이상치 데이터가 있기 때문이다. 이처럼 모든 팩터 데이터에는 극단치가 있기 마련이며, 이를 처리하는 방법을 알아보자.

13.8.1 트림: 이상치 데이터 삭제

트림trim은 이상치 데이터를 삭제하는 방법이다. 앞의 예제에서 이상치에 해당하는 상하위 1% 데이터를 삭제하겠다.

```
q_low = value_pbr['값'].quantile(0.01)
q_hi = value_pbr['값'].quantile(0.99)

value_trim = value_pbr.loc[(value_pbr['값'] > q_low) & (value_pbr['값'] < q_hi),
                           ['값']]

value_trim.plot.hist(figsize=(10, 6), bins=100, legend=False)
plt.show()
```

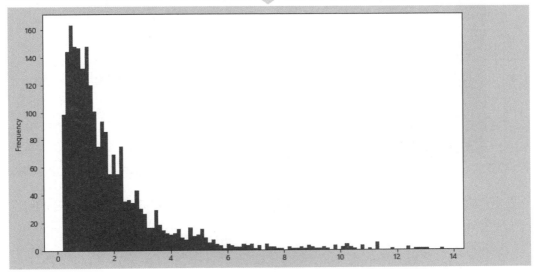

quantile( ) 함수를 통해 백분위를 구한 후 상하위 1%에 해당하는 데이터를 제외한 데이터만 선택했다. 결과적으로 지나치게 PBR이 낮은 종목과 높은 종목은 제거되어 x축의 스케일이 많이 줄어든 모습이다.

평균이나 분산같이 통곗값을 구하는 과정에서는 이상치 데이터를 제거하는 것이 바람직할 수 있다. 그러나 팩터를 이용해 포트폴리오를 구하는 과정에서 해당 방법은 조심스럽게 사용되어야 한다. 데이터의 손실이 발생하게 되며, 제거된 종목 중 정말로 좋은 종목이 있을 수도 있기 때문이다.

13.8.2 윈저라이징: 이상치 데이터 대체

이상치 데이터를 다른 데이터로 대체하는 윈저라이징Winsorizing 방법을 사용할 수도 있다. 예를 들어, 상위 1%를 초과하는 데이터는 1% 값으로 대체하며, 하위 1% 미만의 데이터는 1% 데이터로 대체한다. 즉 좌우로 울타리를 쳐놓고 해당 범위를 넘어가는 값을 강제로 울타리에 맞춰 준다.

```
value_winsor = value_pbr[['값']].copy()
value_winsor.loc[value_winsor["값"] < q_low, '값'] = q_low
value_winsor.loc[value_winsor["값"] > q_hi, '값'] = q_hi

fig, ax = plt.subplots(figsize=(10, 6))
n, bins, patches = plt.hist(value_winsor, bins=100)
patches[0].set_fc('red')
patches[-1].set_fc('red')
plt.show()
```

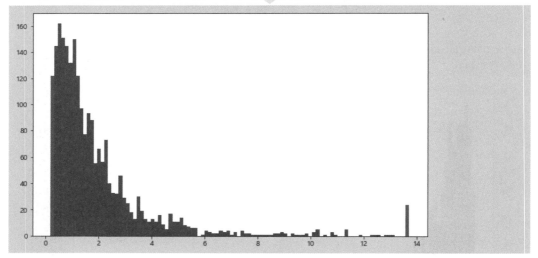

이번에는 값이 상하위 1%를 벗어나는 경우, 1%에 해당하는 값으로 대체하였다. 그림을 살펴보면 x축 양 끝부분의 막대('red')가 길어진 것을 확인할 수 있다.

13.8.3 팩터의 결합 방법

앞서 밸류 지표의 결합, 퀄리티 지표의 결합, 마법 공식 포트폴리오를 구성할 때는 단순히 순위를 더하는 방법을 사용했다. 물론, 투자 종목수가 얼마 되지 않거나, 개인 투자자의 입장에서는 이러한 방법이 가장 단순하면서도 효과적일 수 있다. 그러나 전문투자자가 포트폴리오를 구성하거나 팩터를 분석하는 업무를 할 경우 이처럼 단순히 순위를 더하는 방법은 여러 가지 문제를 안고 있다.

각 밸류 지표의 순위를 구한 후 히스토그램으로 나타내 보자.

```
value_pivot = value_list.pivot(index='종목코드', columns='지표', values='값')
value_rank = value_pivot.rank(axis=0)

fig, axes = plt.subplots(5, 1, figsize=(10, 6), sharex=True)
for n, ax in enumerate(axes.flatten()):
    ax.hist(value_rank.iloc[:, n])
    ax.set_title(value_rank.columns[n], size=12)

fig.tight_layout()
```

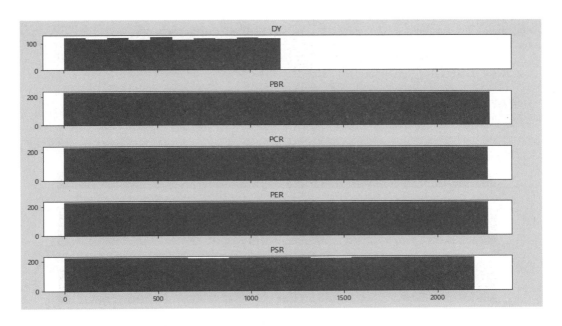

그림에서 알 수 있듯이 순위를 구하는 것의 가장 큰 장점은 극단치로 인한 효과가 사라진다는 점과 균등한 분포를 가진다는 점이다. 그러나 각 지표의 x축을 보면 최댓값이 서로 다르다. 이는 지표별 결측치로 인해 유효 데이터의 개수가 달라 나타나는 현상이다.

```
value_pivot.isna().sum()
```

```
지표
DY      1121
PBR        0
PCR       10
PER       10
PSR       85
dtype: int64
```

각 열의 na 개수를 확인해 보면 그 결과가 모두 다르며, 특히 배당 수익률의 경우 절반 정도가 na 데이터다. 따라서 서로 다른 범위의 분포를 단순히 합치는 것은 좋은 방법이 아니다. 예를 들어, A, B, C, D 팩터에 각각 비중을 25%, 25%, 25%, 25% 부여해 포트폴리오를 구성한다고 가정해 보자. 각 순위는 분포의 범위가 다르므로, 순위와 비중의 가중평균을 통해 포트폴리오를 구성하면 왜곡된 결과를 발생시킨다.

이러한 문제를 해결하는 가장 좋은 방법은 순위를 구한 후 이를 Z-Score로 정규화하는 것이다.

```
from scipy.stats import zscore

value_rank_z = value_rank.apply(zscore, nan_policy='omit')
```

```
fig, axes = plt.subplots(5, 1, figsize=(10, 6), sharex=True, sharey=True)
for n, ax in enumerate(axes.flatten()):
    ax.hist(value_rank_z.iloc[:, n])
    ax.set_title(value_rank.columns[n], size=12)

fig.tight_layout()
plt.show()
```

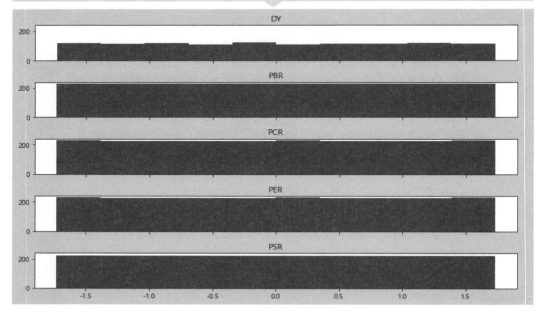

앞서 구해진 순위에 **apply(zscore)** 함수를 통해 정규화를 해준다. 기본적으로 순위의 분포가 가진 극단치 효과가 사라지는 점과 균등 분포의 장점을 유지하고 있으며, 분포의 범위 역시 거의 동일하게 바뀌었다. 이처럼 여러 팩터를 결합해 포트폴리오를 구성하고자 하는 경우, 먼저 각 팩터(지표)별 순위를 구한 후 이를 정규화한 뒤 더해야 왜곡 효과가 제거되어 안정적인 포트폴리오가 된다.

$$Z - Score(Rank(Factor\,A)) + Z - Score(Rank(Factor\,B)) + \cdots + Z - Score(Rank(Factor\,N))$$

13.9 멀티팩터 포트폴리오

앞에서 배웠던 팩터 이론들과 결합 방법들을 응용해 멀티팩터 포트폴리오를 구성해 보자. 각 팩터에 사용되는 지표는 다음과 같다.

- 퀄리티: 자기자본이익률(ROE), 매출총이익(GPA), 영업활동현금흐름(CFO)
- 밸류: PER, PBR, PSR, PCR, DY
- 모멘텀: 12개월 수익률, K-Ratio

```
from sqlalchemy import create_engine
import pandas as pd
import numpy as np
import statsmodels.api as sm
from scipy.stats import zscore
import matplotlib.pyplot as plt

engine = create_engine('mysql+pymysql://root:1234@127.0.0.1:3306/stock_db')

ticker_list = pd.read_sql("""
select * from kor_ticker
where 기준일 = (select max(기준일) from kor_ticker)
        and 종목구분 = '보통주';
""", con=engine)

fs_list = pd.read_sql("""
select * from kor_fs
where 계정 in ('당기순이익', '매출총이익', '영업활동으로인한현금흐름', '자산', '자본')
and 공시구분 = 'q';
""", con=engine)

value_list = pd.read_sql("""
select * from kor_value
where 기준일 = (select max(기준일) from kor_value);
""", con=engine)

price_list = pd.read_sql("""
select 날짜, 종가, 종목코드
from kor_price
where 날짜 >= (select (select max(날짜) from kor_price) - interval 1 year);
""", con=engine)

sector_list = pd.read_sql("""
select * from kor_sector
where 기준일 = (select max(기준일) from kor_sector);
""", con=engine)

engine.dispose()
```

먼저, 티커, 재무제표, 가치지표, 주가, 섹터 테이블을 불러온다.

```
fs_list = fs_list.sort_values(['종목코드', '계정', '기준일'])
fs_list['ttm'] = fs_list.groupby(['종목코드', '계정'], as_index=False)['값'].rolling(
    window=4, min_periods=4).sum()['값']
fs_list_clean = fs_list.copy()
fs_list_clean['ttm'] = np.where(fs_list_clean['계정'].isin(['자산', '자본']),
                                fs_list_clean['ttm'] / 4, fs_list_clean['ttm'])
fs_list_clean = fs_list_clean.groupby(['종목코드', '계정']).tail(1)

fs_list_pivot = fs_list_clean.pivot(index='종목코드', columns='계정', values='ttm')
fs_list_pivot['ROE'] = fs_list_pivot['당기순이익'] / fs_list_pivot['자본']
fs_list_pivot['GPA'] = fs_list_pivot['매출총이익'] / fs_list_pivot['자산']
```

```
fs_list_pivot['CFO'] = fs_list_pivot['영업활동으로인한현금흐름'] / fs_list_pivot['자산']

fs_list_pivot.round(4).head()
```

계정 종목코드	당기순이익	매출총이익	영업활동으로인한현금흐름	자본	자산	ROE	GPA	CFO
000020	198.0	1582.0	438.0	14245.0	4507.00	0.0139	0.3510	0.0972
000040	-130.0	181.0	-86.0	2013.0	1727.50	-0.0646	0.1048	-0.0498
000050	306.0	1440.0	359.0	30203.0	12790.00	0.0101	0.1126	0.0281
000060	7441.0	NaN	11081.0	88710.0	271524.00	0.0839	NaN	0.0408
000070	2384.0	7047.0	2021.0	96729.0	44074.75	0.0246	0.1599	0.0459

퀄리티 지표를 계산하기 위해 TTM 기준 ROE, GPA, CFO를 계산한다.

```
value_list.loc[value_list['값'] <= 0, '값'] = np.nan
value_pivot = value_list.pivot(index='종목코드', columns='지표', values='값')

value_pivot.head()
```

지표 종목코드	DY	PBR	PCR	PER	PSR
000020	0.0170	0.8314	6.7597	14.9532	0.9660
000040	NaN	1.3430	NaN	NaN	0.4828
000050	0.0097	0.4666	9.8130	11.5126	0.8860
000060	0.0172	1.9039	3.8105	5.6745	NaN
000070	0.0414	0.2568	3.0723	2.6045	0.1923

가치 지표의 경우 음수를 제거한 후 행으로 긴 형태로 변경한다.

```
price_pivot = price_list.pivot(index='날짜', columns='종목코드', values='종가')
ret_list = pd.DataFrame(data=(price_pivot.iloc[-1] / price_pivot.iloc[0]) - 1,
                        columns=['12M'])

ret = price_pivot.pct_change().iloc[1:]
ret_cum = np.log(1 + ret).cumsum()

x = np.array(range(len(ret)))
k_ratio = {}

for i in range(0, len(ticker_list)):

    ticker = ticker_list.loc[i, '종목코드']

    try:
```

```
        y = ret_cum.loc[:, price_pivot.columns == ticker]
        reg = sm.OLS(y, x).fit()
        res = float(reg.params / reg.bse)
    except:
        res = np.nan

    k_ratio[ticker] = res

k_ratio_bind = pd.DataFrame.from_dict(k_ratio, orient='index').reset_index()
k_ratio_bind.columns = ['종목코드', 'K_ratio']

k_ratio_bind.head()
```

	종목코드	K_ratio
0	000020	-28.422585
1	000040	-64.848605
2	000050	2.501597
3	000060	28.585126
4	000070	-72.720990

먼저, 가격 테이블을 이용해 최근 12개월 수익률을 구한다. 또한, 로그 누적 수익률을 통해 각 종목별 K-Ratio를 계산한다.

```
data_bind = ticker_list[['종목코드', '종목명']].merge(
    sector_list[['CMP_CD', 'SEC_NM_KOR']],
    how='left',
    left_on='종목코드',
    right_on='CMP_CD').merge(
        fs_list_pivot[['ROE', 'GPA', 'CFO']], how='left',
      on='종목코드').merge(value_pivot, how='left',
                    on='종목코드').merge(ret_list, how='left',
                            on='종목코드').merge(k_ratio_bind,
                                    how='left',
                                    on='종목코드')  ········· ❶

data_bind.loc[data_bind['SEC_NM_KOR'].isnull(), 'SEC_NM_KOR'] = '기타'  ········· ❷
data_bind = data_bind.drop(['CMP_CD'], axis=1)  ········· ❸

data_bind.round(4).head()
```

	종목코드	종목명	SEC_NM_KOR	ROE	GPA	CFO	DY	PBR	PCR	PER	PSR	12M	K_ratio
0	000020	동화약품	건강관리	0.0139	0.3510	0.0972	0.0170	0.8314	6.7597	14.9532	0.9660	-0.2848	-28.4226
1	000040	KR모터스	경기관련소비재	-0.0646	0.1048	-0.0498	NaN	1.3430	NaN	NaN	0.4828	-0.4251	-64.8486
2	000050	경방	경기관련소비재	0.0101	0.1126	0.0281	0.0097	0.4666	9.8130	11.5126	0.8860	-0.0469	2.5016
3	000060	메리츠화재	금융	0.0839	NaN	0.0408	0.0172	1.9039	3.8105	5.6745	NaN	0.3996	28.5851
4	000070	삼양홀딩스	필수소비재	0.0246	0.1599	0.0459	0.0414	0.2568	3.0723	2.6045	0.1923	-0.3411	-72.7210

❶ 티커, 섹터, 퀄리티, 밸류, 12개월 수익률, K-ratio 테이블을 하나로 합친다.

❷ 섹터 정보가 없는 경우 '기타'를 입력한다.

❸ CMP_CD(종목코드)는 중복되는 열이므로 drop( ) 메서드를 통해 제거한다.

이번에는 각 섹터별로 아웃라이어(outlier)를 제거한 후 순위와 Z-Score를 구하는 함수(col_clean)를 만들어 보겠다.

```
def col_clean(df, cutoff=0.01, asc=False):  ⋯⋯ ❶

    q_low = df.quantile(cutoff)  ⋯⋯ ❷
    q_hi = df.quantile(1 - cutoff)  ⋯⋯ ❷

    df_trim = df[(df > q_low) & (df < q_hi)]  ⋯⋯ ❸

    if asc == False:
        df_z_score = df_trim.rank(axis=0, ascending=False).apply(  ⋯⋯ ❹
            zscore, nan_policy='omit')
    if asc == True:
        df_z_score = df_trim.rank(axis=0, ascending=True).apply(  ⋯⋯ ❹
            zscore, nan_policy='omit')

    return(df_z_score)
```

❶ cutoff, 즉 아웃라이어는 1%로 설정하며, asc는 False로 설정한다.

❷ 아웃라이어 기준에 해당하는 q_low와 q_hi을 계산한다.

❸ 트림 방법을 통해 이상치 데이터를 제외한 값을 선택한다.

❹ 만일 asc가 False일 경우 순위를 ascending = False, 즉 내림차순으로 계산한다. 만일 asc가 True일 경우에는 순위를 ascending = True, 즉 오름차순으로 계산한다. 그 후 apply( ) 메서드를 통해 zscore를 계산한다.

이제 해당 함수를 각 팩터에 적용해 보자.

```
data_bind_group = data_bind.set_index(['종목코드',
                            'SEC_NM_KOR'].groupby('SEC_NM_KOR', as_index=False)

data_bind_group.head(1).round(4)
```

종목코드	SEC_NM_KOR	종목명	ROE	GPA	CFO	DY	PBR	PCR	PER	PSR	12M	K_ratio
000020	건강관리	동화약품	0.0139	0.3510	0.0972	0.0170	0.8314	6.7597	14.9532	0.9660	-0.2848	-28.4226
000040	경기관련소비재	KR모터스	-0.0646	0.1048	-0.0498	NaN	1.3430	NaN	NaN	0.4828	-0.4251	-64.8486
000060	금융	메리츠화재	0.0839	NaN	0.0408	0.0172	1.9039	3.8105	5.6745	NaN	0.3996	28.5851
000070	필수소비재	삼양홀딩스	0.0246	0.1599	0.0459	0.0414	0.2568	3.0723	2.6045	0.1923	-0.3411	-72.7210
000120	산업재	CJ대한통운	0.0108	0.0108	0.0261	NaN	0.6631	11.1268	15.3994	0.2290	-0.3743	-55.9473

종목코드	SEC_NM_KOR	종목명	ROE	GPA	CFO	DY	PBR	PCR	PER	PSR	12M	K_ratio
000180	소재	성창기업지주	-0.0005	0.0438	0.0133	NaN	0.2710	15.4922	NaN	0.7151	-0.2564	-31.4239
000440	에너지	중앙에너비스	0.0021	0.1665	-0.0264	0.0155	2.1630	NaN	257.1800	2.0124	0.2661	23.6275
000660	IT	SK하이닉스	0.0443	0.2425	0.2436	0.0158	1.1870	3.2661	6.6921	1.5212	-0.1792	-12.5019
003480	유틸리티	한진중공업홀딩스	-0.0088	0.0645	0.0640	0.0250	0.3339	1.0334	NaN	0.1102	-0.3069	-26.2107
003560	커뮤니케이션서비스	IHQ	-0.0127	0.2403	0.0383	NaN	0.9275	12.5575	NaN	1.9992	-0.5912	-67.9837
003620	기타	쌍용차	0.8676	0.0586	0.0522	NaN	NaN	4.2138	NaN	0.1592	0.0000	NaN

먼저, 종목코드와 섹터정보(SEC_NM_KOR)를 인덱스로 설정한 후, 섹터에 따른 그룹을 묶어 준다. 첫 번째로 퀄리티 지표의 Z-Score를 계산해 보자.

```
z_quality = data_bind_group[['ROE', 'GPA', 'CFO'
                ]].apply(lambda x: col_clean(x, 0.01, False)).sum(    ┄┄┄ ❶❷
                        axis=1, skipna=False).to_frame('z_quality')   ┄┄┄ ❷
data_bind = data_bind.merge(z_quality, how='left', on=['종목코드', 'SEC_NM_KOR'])   ┄┄┄ ❸

data_bind.round(4).head()
```

	종목코드	종목명	SEC_NM_KOR	ROE	GPA	CFO	DY	PBR	PCR	PER	PSR	12M	K_ratio	z_quality
0	000020	동화약품	건강관리	0.0139	0.3510	0.0972	0.0170	0.8314	6.7597	14.9532	0.9660	-0.2848	-28.4226	-2.4348
1	000040	KR모터스	경기관련소비재	-0.0646	0.1048	-0.0498	NaN	1.3430	NaN	NaN	0.4828	-0.4251	-64.8486	3.5057
2	000050	경방	경기관련소비재	0.0101	0.1126	0.0281	0.0097	0.4666	9.8130	11.5126	0.8860	-0.0469	2.5016	0.4161
3	000060	메리츠화재	금융	0.0839	NaN	0.0408	0.0172	1.9039	3.8105	5.6745	NaN	0.3996	28.5851	NaN
4	000070	삼양홀딩스	필수소비재	0.0246	0.1599	0.0459	0.0414	0.2568	3.0723	2.6045	0.1923	-0.3411	-72.7210	-0.7954

❶ 섹터별 그룹으로 묶인 테이블에서 퀄리티 지표에 해당하는 ROE, GPA, CFO 열을 선택한 후, 위에서 만든 col_clean( ) 함수를 적용하면 아웃라이어를 제거한 후 순위의 Z-Score를 계산한다

❷ sum( ) 함수를 통해 Z-Score의 합을 구하며, to_frame( ) 메서드를 통해 데이터프레임 형태로 변경한다.

❸ data_bind 테이블과 합치며, z_quality 열에는 퀄리티 지표의 Z-Score가 표시된다.

두 번째로 밸류 지표의 Z-Score를 계산해 보자.

```
value_1 = data_bind_group[['PBR', 'PCR', 'PER',
                    'PSR']].apply(lambda x: col_clean(x, 0.01, True))   ┄┄┄ ❶
value_2 = data_bind_group[['DY']].apply(lambda x: col_clean(x, 0.01, False))   ┄┄┄ ❷

z_value = value_1.merge(value_2, on=['종목코드', 'SEC_NM_KOR'
                        ]).sum(axis=1,
                                skipna=False).to_frame('z_value')   ┄┄┄ ❸
data_bind = data_bind.merge(z_value, how='left', on=['종목코드', 'SEC_NM_KOR'])   ┄┄┄ ❹

data_bind.round(4).head()
```

	종목코드	종목명	SEC_NM_KOR	ROE	GPA	CFO	DY	PBR	PCR	PER	PSR	12M	K_ratio	z_quality	z_value
0	000020	동화약품	건강관리	0.0139	0.3510	0.0972	0.0170	0.8314	6.7597	14.9532	0.9660	-0.2848	-28.4226	-2.4348	-4.8296
1	000040	KR모터스	경기관련소비재	-0.0646	0.1048	-0.0498	NaN	1.3430	NaN	NaN	0.4828	-0.4251	-64.8486	3.5057	NaN
2	000050	경방	경기관련소비재	0.0101	0.1126	0.0281	0.0097	0.4666	9.8130	11.5126	0.8860	-0.0469	2.5016	0.4161	0.5420
3	000060	메리츠화재	금융	0.0839	NaN	0.0408	0.0172	1.9039	3.8105	5.6745	NaN	0.3996	28.5851	NaN	NaN
4	000070	삼양홀딩스	필수소비재	0.0246	0.1599	0.0459	0.0414	0.2568	3.0723	2.6045	0.1923	-0.3411	-72.7210	-0.7954	-7.1297

❶ 밸류 지표에 해당하는 PBR, PCR, PER, PSR 열을 선택한 후, col_clean( ) 함수를 적용한다. 또한, 인자에 True를 입력해 오름차순으로 순위를 구한다.

❷ DY(배당수익률)의 경우 내림차순으로 순위를 계산해야 하므로 col_clean( ) 함수에 False를 입력한다.

❸ 위의 두 결과에서 나온 합쳐 Z-Score의 합을 구한 후, 데이터프레임 형태로 변경한다.

❹ data_bind 테이블과 합치며, z_value 열에는 밸류 지표의 Z-Score가 표시된다.

마지막으로, 모멘텀 지표의 Z-Score를 계산해 보자.

```
z_momentum = data_bind_group[[
    '12M', 'K_ratio'  ┄┄┄ ❶
]].apply(lambda x: col_clean(x, 0.01, False)).sum(  ┄┄┄ ❶
    axis=1, skipna=False).to_frame('z_momentum')
data_bind = data_bind.merge(z_momentum, how='left', on=['종목코드', 'SEC_NM_KOR'])  ┄┄┄ ❷

data_bind.round(4).head()
```

	종목코드	종목명	SEC_NM_KOR	ROE	GPA	CFO	DY	PBR	PCR	PER	PSR	12M	K_ratio	z_quality	z_value	z_momentum
0	000020	동화약품	건강관리	0.0139	0.3510	0.0972	0.0170	0.8314	6.7597	14.9532	0.9660	-0.2848	-28.4226	-2.4348	-4.8296	-0.8383
1	000040	KR모터스	경기관련소비재	-0.0646	0.1048	-0.0498	NaN	1.3430	NaN	NaN	0.4828	-0.4251	-64.8486	3.5057	NaN	2.5239
2	000050	경방	경기관련소비재	0.0101	0.1126	0.0281	0.0097	0.4666	9.8130	11.5126	0.8860	-0.0469	2.5016	0.4161	0.5420	-2.6062
3	000060	메리츠화재	금융	0.0839	NaN	0.0408	0.0172	1.9039	3.8105	5.6745	NaN	0.3996	28.5851	NaN	NaN	NaN
4	000070	삼양홀딩스	필수소비재	0.0246	0.1599	0.0459	0.0414	0.2568	3.0723	2.6045	0.1923	-0.3411	-72.7210	-0.7954	-7.1297	2.9044

❶ 모멘텀 지표에 해당하는 12M, K_ratio 열을 선택한 후 col_clean( ) 함수를 적용한다.

❷ data_bind 테이블과 합치며, z_momentum 열에는 모멘텀 지표의 Z-Score가 표시된다.

각 팩터의 분포를 시각화해 보자.

```
data_z = data_bind[['z_quality', 'z_value', 'z_momentum']].copy()

plt.rc('axes', unicode_minus=False)
fig, axes = plt.subplots(3, 1, figsize=(10, 6), sharex=True, sharey=True)
for n, ax in enumerate(axes.flatten()):
    ax.hist(data_z.iloc[:, n])
    ax.set_title(data_z.columns[n], size=12)
```

```
fig.tight_layout()
plt.show()
```

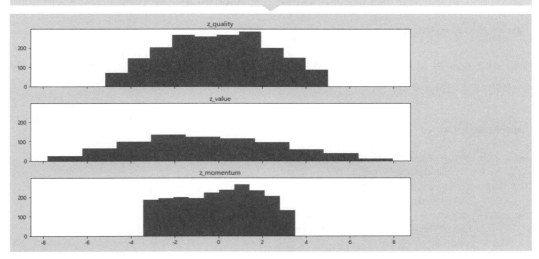

각각 퀄리티 지표는 3개, 밸류 지표는 5개, 모멘텀 지표는 2개 기준을 이용해 계산했다. 그림에서 알 수
있듯이 기준을 많이 사용할 수록 Z-Score가 넓게 퍼져 있는 모습을 보이며, 각 팩터별 분포가 동일하지
않다. 따라서 다시 Z-Score를 계산해 분포의 넓이를 비슷하게 맞춰 주도록 한다.

```
data_bind_final = data_bind[['종목코드', 'z_quality', 'z_value', 'z_momentum'
                            ]].set_index('종목코드').apply(zscore,        ①②
                                                         nan_policy='omit')
data_bind_final.columns = ['quality', 'value', 'momentum']        ③

plt.rc('axes', unicode_minus=False)
fig, axes = plt.subplots(3, 1, figsize=(10, 6), sharex=True, sharey=True)
for n, ax in enumerate(axes.flatten()):
    ax.hist(data_bind_final.iloc[:, n])
    ax.set_title(data_bind_final.columns[n], size=12)
fig.tight_layout()
plt.show()
```

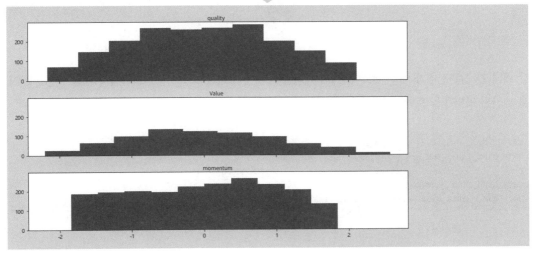

❶ 종목코드와 각 팩터의 Z-Score만 선택한 후, 종목코드를 인덱스로 설정한다.

❷ apply( ) 함수를 통해 팩터별로 다시 한번 Z-Score를 계산한다.

❸ 열 이름을 설정한다.

재계산된 Z-Score의 분포의 넓이를 살펴보면 이전에 비해 훨씬 비슷해진 것을 알 수 있다. 각 팩터 간의 상관관계를 살펴보자.

```python
import seaborn as sns

mask = np.triu(data_bind_final.corr())
fig, ax = plt.subplots(figsize=(10, 6))
sns.heatmap(data_bind_final.corr(),
            annot=True,
            mask=mask,
            annot_kws={"size": 16},
            vmin=0,
            vmax=1,
            center=0.5,
            cmap='coolwarm',
            square=True)
ax.invert_yaxis()
plt.show()
```

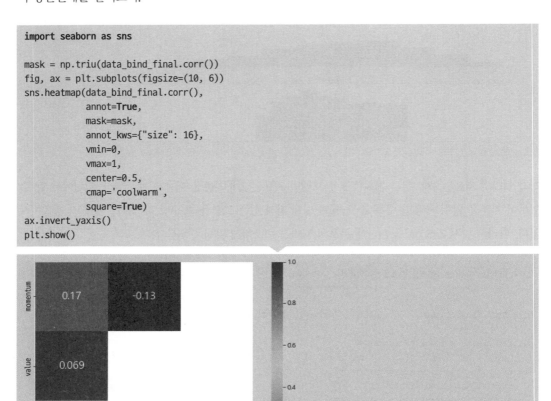

각 팩터 간 상관관계가 매우 낮으며, 여러 팩터를 동시에 고려함으로써 분산효과를 기대할 수 있다. 이제 계산된 팩터들을 토대로 최종 포트폴리오를 구성해 보자.

```python
wts = [0.3, 0.3, 0.3] ········ ❶
data_bind_final_sum = (data_bind_final * wts).sum(axis=1,
                                        skipna=False).to_frame()
data_bind_final_sum.columns = ['qvm'] ········ ❷
port_qvm = data_bind.merge(data_bind_final_sum, on='종목코드') ········ ❸
```

```python
port_qvm['invest'] = np.where(port_qvm['qvm'].rank() <= 20, 'Y', 'N')  ········ ④

port_qvm[port_qvm['invest'] == 'Y'].round(4)
```

	종목코드	종목명	SEC_NM_KOR	ROE	GPA	CFO	DY	PBR	PCR	PER	PSR	12M	K_ratio	z_quality	z_value	z_momentum	qvm	invest
53	001120	LX인터내셔널	산업재	0.0731	0.2199	0.0259	0.0693	0.5649	7.2011	1.9333	0.0718	0.0958	6.6767	-3.1798	-6.2262	-2.6703	-1.3436	Y
173	003650	미창석유	에너지	0.0289	0.1596	0.0883	0.0312	0.4679	4.5631	4.0458	0.3330	-0.0110	-5.7317	-3.0456	-4.8518	-2.3105	-1.1444	Y
348	009160	SIMPAC	산업재	0.0563	0.2345	0.1310	0.0313	0.7893	3.5643	3.5075	0.5871	-0.0761	2.8338	-4.4539	-3.6875	-2.1445	-1.1898	Y
375	009970	영원무역홀딩스	경기관련소비재	0.0413	0.3200	0.0763	0.0418	0.2135	2.0210	1.2914	0.1869	0.0116	11.3452	-3.3705	-7.5194	-2.9475	-1.5293	Y
418	011560	세보엠이씨	산업재	0.0257	0.0929	0.1443	0.0299	0.5543	2.0762	5.4007	0.1619	0.1597	3.6865	-2.0427	-5.3830	-2.6599	-1.1219	Y
492	016090	대현	경기관련소비재	0.0242	0.6271	0.1227	0.0403	0.4583	2.9991	4.7355	0.3339	-0.2060	-18.8925	-3.8282	-5.4449	-1.3758	-1.1479	Y
654	030200	KT	커뮤니케이션서비스	0.0245	0.6964	0.1450	0.0510	0.6025	1.8681	6.1567	0.3889	0.1362	7.6727	-3.1111	-7.4692	-2.6944	-1.4517	Y
920	049070	인탑스	IT	0.0453	0.2402	0.1069	0.0139	0.9154	6.4500	5.0483	0.4915	0.0485	2.8074	-2.9180	-4.3659	-2.5420	-1.1210	Y
991	053690	한미글로벌	산업재	0.0293	0.3556	0.1123	0.0398	0.8796	4.1690	7.5042	0.4262	0.0131	8.7991	-4.0432	-3.5614	-2.5981	-1.1989	Y
1008	054670	대한뉴팜	건강관리	0.0740	0.5644	0.1065	0.0074	1.9790	9.5553	6.6846	0.9013	-0.0439	-2.0056	-4.3248	-2.3941	-2.7861	-1.1583	Y
1012	054930	유신	산업재	0.0397	0.1765	0.1208	0.0297	0.8234	2.9360	5.1884	0.2864	0.0183	-12.8661	-3.8958	-4.0741	-1.8661	-1.1101	Y
1104	065510	휴비츠	건강관리	0.0332	0.2584	0.1424	0.0193	1.2960	5.4180	9.7610	1.2537	0.0913	6.0157	-3.0928	-4.7633	-3.0820	-1.2653	Y
1230	078930	GS	에너지	0.0334	0.1916	0.0530	0.0490	0.2853	2.3694	2.1344	0.1654	-0.0657	-6.5697	-3.6757	-7.1367	-1.9954	-1.3812	Y
1355	091700	파트론	IT	0.0413	0.2419	0.1983	0.0399	1.1223	3.8319	6.7887	0.3861	-0.1678	-1.3931	-3.4350	-5.6186	-1.8823	-1.1949	Y
1373	093050	LF	경기관련소비재	0.0296	0.4546	0.1277	0.0359	0.3278	1.5438	2.7666	0.2646	-0.0813	-10.5897	-3.7762	-6.6659	-2.2025	-1.3841	Y
1380	093520	매커스	IT	0.0890	0.2390	0.1519	0.0131	1.9477	5.4313	5.4715	0.9855	0.3328	27.5779	-3.7840	-2.1529	-3.2462	-1.1416	Y
1550	122310	제노레이	건강관리	0.0490	0.3431	0.1679	0.0189	1.7335	8.0765	8.8405	1.6646	-0.1252	-12.8514	-4.0421	-3.7297	-2.3546	-1.1752	Y
1617	137310	에스디바이오센서	건강관리	0.1312	0.5600	0.3779	0.0321	1.9437	3.6953	3.7047	1.2961	-0.3155	-20.3552	-5.0043	-5.2194	-0.9246	-1.2038	Y
1781	200880	서연이화	경기관련소비재	0.0180	0.1719	0.0961	0.0162	0.3572	1.4140	4.9659	0.1108	0.1669	-5.7124	-2.1014	-5.4161	-2.8012	-1.1548	Y
1875	225220	제놀루션	건강관리	0.1050	0.5523	0.2622	0.0296	1.5446	4.9044	3.6783	1.6903	-0.2297	-39.7945	-4.8996	-5.1147	-0.6287	-1.1339	Y

❶ 각 팩터별 비중을 리스트로 만들며, 0.3으로 동일한 비중을 입력한다. 비중을 [0.2, 0.4, 0.4]와 같이 팩터별로 다르게 줄 수도 있으며, 이는 어떠한 팩터를 더욱 중요하게 생각하는지 또는 더욱 좋게 보는지에 따라 조정할 수 있다.

❷ 팩터별 Z-Score와 비중의 곱을 구한 후 이를 합하며, 데이터프레임(data_bind_final_sum) 형태로 변경한다.

❸ 기존 테이블(data_bind)과 합친다.

❹ 최종 Z-Score의 합(qvm) 기준 순위가 1~20인 경우는 투자 종목에 해당하므로 'Y', 그렇지 않으면 'N'으로 표시한다.

최종 선택된 종목들을 보면 전반적으로 퀄리티가 높고, 밸류에이션이 낮으며, 최근 수익률이 높다. 물론, 특정 팩터(예: 모멘텀)가 좋지 않아도 다른 팩터(예: 밸류)가 지나치게 좋아 선택되는 경우도 있다. 이제 선택된 종목들과 그렇지 않은 종목들 간의 특성을 그림으로 표현해 보겠다.

```python
import seaborn as sns

def plot_rank(df):
```

```
ax = sns.relplot(data=hist_quality,
                 x='rank',
                 y=1,
                 col='variable',
                 hue='invest',
                 size='size',
                 sizes=(10, 100),
                 style='invest',
                 markers={'Y': 'X','N': 'o'},
                 palette={'Y': 'red','N': 'grey'},
                 kind='scatter')
ax.set(xlabel=None)
ax.set(ylabel=None)

plt.show()
```

위 함수는 산점도를 표현하며 x축은 종목들의 순위, y축은 1, 색깔은 투자 여부인 invest에 따라 다르게 나타낸다. 해당 함수를 적용하기 위해 데이터프레임의 형태를 가공하도록 한다.

```
data_melt = port_qvm.melt(id_vars='invest',
                          value_vars=[
                              'ROE', 'GPA', 'CFO', 'PER', 'PBR', 'PCR', 'PSR',
                              'DY', '12M', 'K_ratio'
                          ])

data_melt['size'] = data_melt['invest'].map({'Y': 100, 'N': 10})
data_melt.head()
```

	invest	variable	value	size
0	N	ROE	0.07482	100
1	N	ROE	-0.9137	10
2	N	ROE	-0.0134	10
3	N	ROE	0.08665	10
4	N	ROE	0.01531	10

data_bind에서 최종 선택 여부와 팩터별 값을 melt( ) 함수를 통해 세로로 긴 형태로 변경한다. 먼저, 퀄리티 지표의 차이를 그림으로 살펴보자.

```
hist_quality = data_melt[data_melt['variable'].isin(['ROE', 'GPA',
                                                     'CFO'])].copy() ········ ❶
hist_quality['rank'] = hist_quality.groupby('variable')['value'].rank( ········ ❷
    ascending=False)
plot_rank(hist_quality) ········ ❸
```

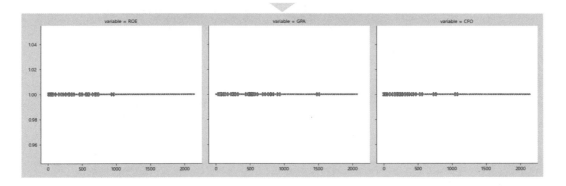

❶ 퀄리티 지표가 포함된 데이터를 선택한다.

❷ 각 지표variable별 그룹을 묶은 후 순위를 계산한다.

❸ plot_rank( ) 함수를 통해 그림으로 나타낸다.

붉은색 X 마크는 투자하는 종목, 회색 O 마크는 투자하지 않는 종목에 해당한다. 전반적으로 멀티팩터 기준으로 선정된 종목들의 퀄리티 순위가 높음을 알 수 있다.

이번에는 동일한 방법으로 밸류 지표의 차이를 살펴보자.

```
hist_value = data_melt[data_melt['variable'].isin(
    ['PER', 'PBR', 'PCR', 'PSR', 'DY'])].copy()
hist_value['value'] = np.where(hist_value['variable'] == 'DY',
                                1 / hist_value['value'], hist_value['value'])
hist_value['rank'] = hist_value.groupby('variable')['value'].rank()
plot_rank(hist_value)
```

밸류 지표 역시 멀티팩터 기준으로 선정된 종목들의 순위가 높다. 그러나 사용되는 지표가 많은 만큼 일부 지표에서는 순위가 낮은 종목들이 선정되기도 한다.

이번에는 모멘텀 지표의 차이를 살펴보자.

```
hist_momentum = data_melt[data_melt['variable'].isin(['12M', 'K_ratio'])].copy()
hist_momentum['rank'] = hist_momentum.groupby('variable')['value'].rank(ascending = False)
plot_rank(hist_momentum)
```

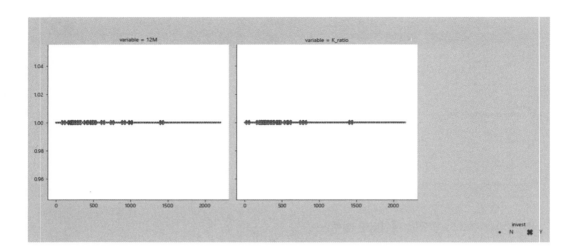

모멘텀 지표 역시 멀티팩터 기준으로 선정된 종목들의 순위가 높다.

이처럼 멀티팩터 기준으로 종목을 선정할 경우, 각 팩터가 골고루 좋은 종목을 선택할 수 있다. 이 외에도 팩터를 만들 수 있는 기본 데이터가 모두 있으므로 최근 적자기업 제외, 매출 증가 등 다양한 전략을 추가할 수도 있다.

```
port_qvm[port_qvm['invest'] == 'Y']['종목코드'].to_excel('model.xlsx', index=False)
```

마지막으로, 모델 포트폴리오에 해당하는 종목들의 종목코드를 엑셀 파일로 저장한다.

14

포트폴리오 구성 전략

어떠한 종목에 투자할지 선택하는 것도 중요하지만, 비중을 어떻게 배분하느냐에 따라 성과가 달라지므로 포트폴리오 구성 전략 역시 중요하다. 물론, 가장 간편한 형태인 동일 비중, 즉 모든 종목에 동일한 비중으로 투자를 할 수도 있다. 그러나 최적의 포트폴리오를 구성한다면 훨씬 안정적인 성과를 거둘수 있으며, 파이썬에서는 riskfolio-lib 패키지를 이용하면 매우 간단하게 최적 포트폴리오를 구성할 수도 있다.

NOTE riskfolio-lib 패키지가 버전업이 되면서 C++와 관련하여 문제가 발생할 수 있다. 패키지 설치에 오류가 있는 경우 하위 버전으로 설치한 후 실습하기를 추천하며, 프롬프트에서 다음과 같이 입력하면 3.3.0 버전으로 설치가 된다.

pip install riskfolio-lib==3.3.0

이번 장에서는 일반적으로 많이 사용되는 최대샤프지수 포트폴리오, 최소분산 포트폴리오, 위험균형 포트폴리오를 구현해 보겠다. 먼저, 포트폴리오 구성을 위해 글로벌 자산을 대표하는 ETF 데이터를 다운로드한 후 DB에 저장한다.

```
import pandas as pd
import yfinance as yf
import pymysql
from sqlalchemy import create_engine

tickers = [ ──────── ❶
    'SPY', # 미국 주식
    'IEV', # 유럽 주식
    'EWJ', # 일본 주식
    'EEM', # 이머징 주식
    'TLT', # 미국 장기채
    'IEF', # 미국 중기채
    'IYR', # 미국 리츠
```

```
        'RWX', # 글로벌 리츠
        'GLD', # 금
        'DBC', # 상품
]

all_data = {}
for ticker in tickers:
    all_data[ticker] = yf.download(ticker, start='1993-01-22') ········ ❷

prices = pd.DataFrame( ········ ❸
    {tic: data['Adj Close']
     for tic, data in all_data.items()})

engine = create_engine('mysql+pymysql://root:1234@127.0.0.1:3306/stock_db')
prices.to_sql(name='sample_etf', con=engine, index=True, if_exists='replace') ········ ❹
engine.dispose()
```

❶ 글로벌 대표 자산 ETF의 티커를 입력한다.

❷ download( ) 함수를 이용해 야후 파이낸스에서 데이터를 받으며, 기간은 1993년 1월 22일부터
한다.

❸ 수정주가에 해당하는 부분만 선택하여 데이터프레임으로 만든다.

❹ DB의 sample_etf 테이블에 해당 데이터를 저장한다.

14.1 수익률 계산 및 상관관계 확인하기

먼저, 수익률을 계산한다.

```
rets = prices.pct_change(1).dropna() ········ ❶

rets.tail().round(4)
```

Date	SPY	IEV	EWJ	EEM	TLT	IEF	IYR	RWX	GLD	DBC
2022-07-29	0.0146	0.0152	0.0093	-0.0047	-0.0027	0.0004	0.0058	0.0149	0.0028	0.0046
2022-08-01	-0.0030	-0.0013	0.0128	-0.0085	0.0241	0.0058	-0.0084	0.0007	0.0057	-0.0203
2022-08-02	-0.0066	-0.0148	-0.0190	-0.0048	-0.0212	-0.0138	-0.0129	-0.0173	-0.0059	-0.0051
2022-08-03	0.0157	0.0084	-0.0022	0.0079	0.0157	0.0041	0.0032	0.0054	0.0024	-0.0086
2022-08-04	-0.0007	0.0077	-0.0004	0.0070	-0.0003	0.0051	-0.0005	0.0040	0.0165	-0.0107

❶ pct_change( ) 함수를 통해 수익률을 계산하며, dropna( ) 함수를 통해 결측치를 제거한다.

이번에는 각 ETF의 수익률 간 상관관계를 살펴보자.

```
import matplotlib.pyplot as plt
import seaborn as sns

plt.figure(figsize=(12, 10))
sns.heatmap(rets.corr().round(2), annot = True, annot_kws = {"size" : 16}, cmap='coolwarm')
plt.show()
```

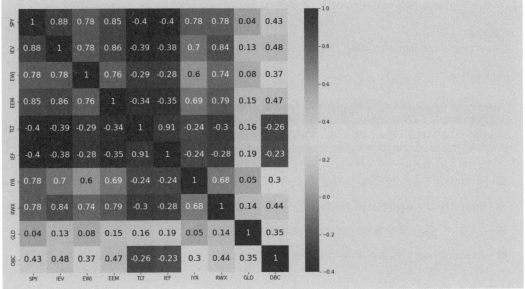

같은 자산군 내에서는 강한 상관관계를 보이며, 주식과 채권 간에는 매우 낮은 상관관계를 보인다. 또한, 주식과 리츠 간에도 꽤 높은 상관관계를 보인다.

14.2 최대샤프지수 포트폴리오

최대샤프지수 포트폴리오Maximum Sharpe Ratio Portfolio, MSRP란 샤프지수가 최대가 되도록 하는 포트폴리오를 구성하는 것이다. 샤프지수는 $\frac{R_p - R_f}{\sigma_p}$, 즉 포트폴리오의 수익을 변동성으로 나눈 값이며, 위험 대비 수익률이라고도 볼 수 있다. 따라서 샤프지수가 최대가 되는 포트폴리오는 위험은 낮으면서 수익은 높은 지점이다. riskfolio-lib 패키지의 함수를 이용해 해당 포트폴리오를 구성하기 위한 자산별 투자 비중을 구해 보자.

```
import riskfolio as rp

# 포트폴리오 객체 생성
port = rp.Portfolio(returns=rets) ········· ❶

# 입력값 계산
method_mu = 'hist' # 역사적 데이터를 바탕으로 기대 수익률 추정
method_cov = 'hist' # 역사적 데이터를 바탕으로 분산-공분산 행렬 추정

# 객체에 수익률 및 분산-공분산 입력
```

```
port.assets_stats(method_mu=method_mu, method_cov=method_cov)  ········ ❷

model = 'Classic' # 모델 입력. Classic(역사적 데이터), BL(블랙-리터만), FM(팩터 모형)  ········ ❸
rm = 'MV' # 위험 측정 방법. MV는 표준편차를 의미
obj = 'Sharpe' # 목적함수. MinRisk(최소분산), MaxRet(최대수익률), Utility(효용) or Sharpe(샤프지수)
hist = True # 역사적 데이터 사용
rf = 0 # 무위험 수익률
l = 0 # 위험 회피 계수, obj가 'Utility'일 때만 사용

# 최적화
w = port.optimization(model=model, rm=rm, obj=obj, rf=rf, l=l, hist=hist)  ········ ❹

round(w.T, 4)
```

	SPY	IEV	EWJ	EEM	TLT	IEF	IYR	RWX	GLD	DBC
weights	0.2274	0.0	0.0	0.0	0.0	0.7018	0.0	0.0	0.0708	0.0

❶ Portfolio( ) 함수를 통해 포트폴리오 객체를 생성하며, returns에는 수익률 데이터를 입력한다.

❷ 'mu(수익률)'과 'cov(분산-공분산 행렬)'을 구한 후 assets_stats( ) 함수에 이를 입력한다.

❸ 구하고자 하는 목적에 맞게 각종 파라미터를 입력한다.

❹ optimization( ) 함수를 통해 최대샤프지수를 만족하는 포트폴리오의 해를 구한다.

이처럼 패키지를 사용할 경우 최적의 포트폴리오에 대한 수학적 지식이 부족하거나 복잡한 계산을 하지 않고도, 얼마든지 이를 만족하는 해를 구할 수 있다. 이번에는 효율적 투자선을 구성해 보자. 효율적 투자선이란 각 포트폴리오의 기대수익률과 위험 수준을 바탕으로, 구성할 수 있는 모든 포트폴리오를 나타낸 것이다.

```
points = 50  # 효율적 투자선을 구성하는 샘플 개수  ········ ❶
frontier = port.efficient_frontier(model=model,  ········ ❷
                                   rm=rm,
                                   points=points,
                                   rf=rf,
                                   hist=hist)

frontier.T.head().round(4)
```

	SPY	IEV	EWJ	EEM	TLT	IEF	IYR	RWX	GLD	DBC
0	0.1348	0.0	0.0051	0.0	0.0000	0.7911	0.0	0.0	0.0000	0.069
1	0.2158	0.0	0.0000	0.0	0.0000	0.7238	0.0	0.0	0.0604	0.000
2	0.2463	0.0	0.0000	0.0	0.0000	0.6661	0.0	0.0	0.0876	0.000
3	0.2658	0.0	0.0000	0.0	0.0260	0.6069	0.0	0.0	0.1013	0.000
4	0.2821	0.0	0.0000	0.0	0.0674	0.5405	0.0	0.0	0.1100	0.000

❶ 몇 개의 점으로 효율적 투자선을 구성할지 정한다.

❷ efficient_frontier( ) 함수를 이용해 효율적 투자선을 이루는 포트폴리오들의 비중을 계산한다.

결과에 나오는 비중들을 통해 효율적 투자선을 구성할 수 있다. 이번엔 그림으로 나타내 보자.

```
label = 'Max Risk Adjusted Return Portfolio'
mu = port.mu  # 기대 수익률
cov = port.cov  # 분산-공분산 행렬
returns = port.returns  # 자산별 수익률

ax = rp.plot_frontier(w_frontier=frontier,
                      mu=mu,
                      cov=cov,
                      returns=returns,
                      rm=rm,
                      rf=rf,
                      alpha=0.05,
                      cmap='viridis',
                      w=w,
                      label=label,
                      marker='*',
                      s=16,
                      c='r',
                      height=6,
                      width=10,
                      ax=None)
```

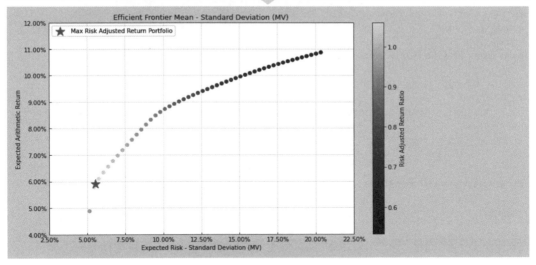

❶ 라벨, 기대 수익률, 분산-공분산 행렬, 자산별 수익률 값을 입력한다.

❷ plot_frontier( ) 함수를 통해 효율적 투자선을 시각화한다. 각종 파라미터를 수정하여 그래프를 꾸밀 수도 있다.

각 점의 색은 샤프지수를 의미하며, 별 모양은 샤프지수가 최대가 되는 점을 의미한다.

14.3 최소분산 포트폴리오

효율적 투자선과 무위험 수익률의 접점에 해당하는 최대샤프지수 포트폴리오는 이론적으로 많이 사용되는 포트폴리오 구성 방법이지만, 실무에서는 잘 사용되지 않는다. 그 이유는 크게 다음과 같다.

1. 변동성 및 상관관계는 시간이 지나도 어느 정도 유지되는 경향이 있다.

2. 기대 수익률을 추정하는 것은 매우 어렵다. 이론에서는 과거 수익률을 미래 수익률의 예측치로 사용하지만 실제 투자에서 사용하기는 무리가 있는 가정이다.

3. 위 결과를 살펴보면 10개 자산 중 일부 자산으로만 포트폴리오가 구성된다. 즉 상관관계가 높은 자산이 있으면 하나에만 투자하는 결과를 낳는다. 그러나 현실에서는 상관관계가 높은 자산에도 투자해야 하는 경우가 많다.

따라서 실무에서는 1번과 2번의 이유로 인해 기대 수익률에 대한 추정이 필요하지 않은 '최소분산 포트폴리오'를 사용하는 경우가 많으며, 3번의 이유로 인해 각종 제약조건을 추가하기도 한다. '최소분산 포트폴리오Minimum Variance Portfolio, MVP'는 변동성이 최소인 포트폴리오이며, 이 역시 패키지를 이용하면 손쉽게 계산할 수 있다.

```python
import riskfolio as rp

port = rp.Portfolio(returns=rets)
method_mu = 'hist'
method_cov = 'hist'
port.assets_stats(method_mu=method_mu, method_cov=method_cov)

model = 'Classic'
rm = 'MV'
obj = 'MinRisk'  # 목적함수. MinRisk(최소분산), MaxRet(최대수익률), Utility(효용) or Sharpe(샤프지수)
hist = True
rf = 0
l = 0

w = port.optimization(model=model, rm=rm, obj=obj, rf=rf, l=l, hist=hist)

round(w.T, 4)
```

	SPY	IEV	EWJ	EEM	TLT	IEF	IYR	RWX	GLD	DBC
weights	0.1348	0.0	0.0051	0.0	0.0	0.7911	0.0	0.0	0.0	0.069

최대샤프지수 포트폴리오를 계산하는 코드에서 obj 부분만 최소분산에 해당하는 'MinRisk'로 변경하였다. 즉 포트폴리오의 변동성을 최소화하기 위해서는 각 자산별로 해당 비중만큼 투자하면 된다. 이번에는 한눈에 확인하기 쉽게 시각화를 해보자.

```python
ax = rp.plot_bar(w=w, title='Portfolio', kind='h', ax=None)
```

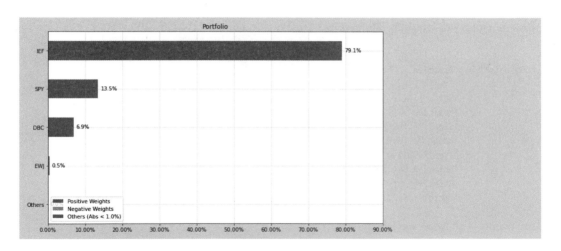

plot_bar( ) 함수를 이용하면 비중을 막대 그래프로 나타낼 수 있다. 그림을 살펴보면 채권 ETF가 대부분의 비중을 구성하므로, 이를 이용해 그대로 투자하기는 문제가 있다. 반면 일부 자산은 투자비중이 0%, 즉 전혀 투자하지 않기도 한다. 이처럼 변동성이 가장 낮은 종목에 대부분의 비중이 투자되는 구석해corner solution 문제를 해결하기 위해 각종 제약조건을 추가해 줘야 한다.

14.3.1 최소 및 최대 투자비중 제약조건

모든 자산에 최소 투자비중 5%, 최대 투자비중 20%의 제약조건을 설정하도록 하겠다. 먼저, 아래와 같이 유니버스에 해당하는 ETF명과 해당 ETF의 자산군을 데이터프레임 형태로 만든다.

```python
asset_classes = {
    'Asset':
    ['SPY', 'IEV', 'EWJ', 'EEM', 'TLT', 'IEF', 'IYR', 'RWX', 'GLD', 'DBC'],
    'Class': [
        'stock', 'stock', 'stock', 'stock', 'bond', 'bond', 'alternative',
        'alternative', 'alternative', 'alternative'
    ]
}

asset_classes = pd.DataFrame(asset_classes)
asset_classes
```

	Asset	Class
0	SPY	stock
1	IEV	stock
2	EWJ	stock
3	EEM	stock
4	TLT	bond
5	IEF	bond
6	IYR	alternative
7	RWX	alternative
8	GLD	alternative
9	DBC	alternative

이번에는 제약조건에 해당하는 데이터프레임을 만든다.

```
constraints = {'Disabled': [False, False],        ┄┄┄ ①
               'Type': ['All Assets', 'All Assets'],        ┄┄┄ ②
               'Set': ['', ''],        ┄┄┄ ③
               'Position': ['', ''],        ┄┄┄ ④
               'Sign': ['>=', '<='],        ┄┄┄ ⑤
               'Weight': [0.05, 0.2],        ┄┄┄ ⑥
               'Type Relative': ['', ''],        ┄┄┄ ⑦
               'Relative Set': ['', ''],        ┄┄┄ ⑦
               'Relative': ['', ''],        ┄┄┄ ⑦
               'Factor': ['', '']}        ┄┄┄ ⑦

constraints = pd.DataFrame(constraints)
constraints
```

	Disabled	Type	Set	Position	Sign	Weight	Type Relative	Relative Set	Relative	Factor
0	False	All Assets			>=	0.05				
1	False	All Assets			<=	0.20				

❶ Disabled: 제약조건의 사용 여부이며, 제약조건 개수만큼 False를 입력한다.

❷ Type: 'All Assets'은 모든 자산(종목)에 적용되는 조건을 의미한다. 각 자산에 조건을 적용할 때는 Assets, 하부 항목에 조건을 적용할 때는 Classes를 입력한다.

❸ Set: 위에서 입력한 유니버스 중 제약조건에 해당하는 열을 의미하며, All Assets의 경우 빈칸으로 둔다.

❹ Position: 유니버스 중 제약조건에 해당하는 값을 의미하며, All Assets의 경우 빈칸으로 둔다.

❺ Sign: 제약조건의 부호를 의미한다.

❻ Weight: 제약조건의 값을 의미한다.

❼ Type Relative, Relative Set, Relative, Factor: 상대적 제약조건에 해당하며, 빈칸으로 둔다.

총 7가지 제약식에 맞게 입력한 후 데이터프레임 형태로 변경한다. 즉 개별 투자비중이 5% 이상, 20% 이하인 조건이 만들어졌다. 이제 해당 제약조건을 만족하는 최적의 해를 구해 보자.

```
A, B = rp.assets_constraints(constraints, asset_classes)        ┄┄┄ ❶

port.ainequality = A        ┄┄┄ ❷
port.binequality = B        ┄┄┄ ❷

w = port.optimization(model=model, rm=rm, obj=obj, rf=rf, l=l, hist=hist)        ┄┄┄ ❸

w.T
```

	SPY	IEV	EWJ	EEM	TLT	IEF	IYR	RWX	GLD	DBC
weights	0.05	0.05	0.05	0.05	0.2	0.2	0.05	0.05	0.2	0.1

❶ assets_constraints( ) 함수를 통해 제약조건을 행렬 형태로 변경한다(제약조건은 $Aw \geq B$ 형태로 입력된다).

❷ ainequality와 binequality, 즉 제약조건 부분에 위에서 구한 행렬을 입력한다.

❸ optimization( ) 함수를 통해 최소분산 포트폴리오를 만족하는 해를 구한다.

결과를 살펴보면 각 자산에 적어도 5%가 투자되었으며, 최대 비중이 20%를 넘지 않는다. 이로써 구석해 문제가 다소 해결되었다. 비중을 그래프로 나타내 보자.

```
ax = rp.plot_bar(w=w, title='Portfolio', kind='h', ax=None)
```

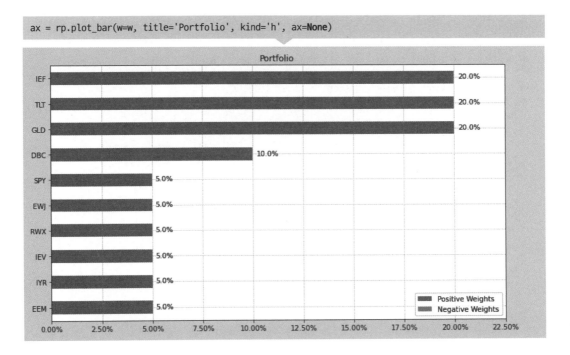

14.3.2 각 종목별 제약조건

위에서 추가한 제약조건만으로도 충분히 훌륭한 포트폴리오가 구성되지만, 투자 규모가 커지면 추가적인 제약조건들을 고려해야 할 경우가 생긴다. 벤치마크 비중과의 괴리로 인한 추적오차(tracking error)를 고려해야 할 수도 있고, 투자 대상별 거래량을 고려한 제약조건을 추가해야 할 때도 있다.

기존 제약조건에는 모든 자산에 동일한 최소 및 최대 투자비중 제약조건을 다루었지만, 자산별로 제약조건을 각각 다르게 설정해야 할 때도 있다. 이번에는 표 14.1과 같이 자산별로 최소 및 최대 투자비중이 다른 제약조건을 만족하는 포트폴리오를 구성해 보겠다.

표 14.1 각 자산별 최소 및 최대 제약조건

제약	SPY	IEV	EWJ	EEM	TLT	IEF	IYR	RWX	GLD	DBC
최소	0.10	0.10	0.05	0.05	0.10	0.10	0.05	0.05	0.03	0.03
최대	0.25	0.25	0.20	0.20	0.20	0.20	0.10	0.10	0.08	0.08

```python
constraints = {
    'Disabled': [
        False, False, False, False, False, False, False, False, False, False,
        False, False, False, False, False, False, False, False, False, False  ┈┈┈ ❶
    ],
    'Type': [
        'Assets', 'Assets', 'Assets', 'Assets', 'Assets', 'Assets', 'Assets',
        'Assets', 'Assets', 'Assets', 'Assets', 'Assets', 'Assets', 'Assets',
        'Assets', 'Assets', 'Assets', 'Assets', 'Assets', 'Assets'  ┈┈┈ ❷
    ],
    'Set': [
        'Asset', 'Asset', 'Asset', 'Asset', 'Asset', 'Asset', 'Asset', 'Asset',
        'Asset', 'Asset', 'Asset', 'Asset', 'Asset', 'Asset', 'Asset', 'Asset',
        'Asset', 'Asset', 'Asset', 'Asset'  ┈┈┈ ❸
    ],
    'Position': [
        'SPY', 'IEV', 'EWJ', 'EEM', 'TLT', 'IEF', 'IYR', 'RWX', 'GLD', 'DBC',
        'SPY', 'IEV', 'EWJ', 'EEM', 'TLT', 'IEF', 'IYR', 'RWX', 'GLD', 'DBC'  ┈┈┈ ❹
    ],
    'Sign': [
        '>=', '>=', '>=', '>=', '>=', '>=', '>=', '>=', '>=', '>=', '<=', '<=',
        '<=', '<=', '<=', '<=', '<=', '<=', '<=', '<='  ┈┈┈ ❺
    ],
    'Weight': [
        0.10, 0.10, 0.05, 0.05, 0.10, 0.10, 0.05, 0.05, 0.03, 0.03, 0.25, 0.25,
        0.20, 0.20, 0.20, 0.20, 0.10, 0.10, 0.08, 0.08  ┈┈┈ ❻
    ],
    'Type Relative': [
        '', '', '', '', '', '', '', '', '', '', '', '', '', '', '', '', '', '',
        '', ''  ┈┈┈ ❼
    ],
    'Relative Set': [
        '', '', '', '', '', '', '', '', '', '', '', '', '', '', '', '', '', '',
        '', ''
    ],
    'Relative': [
        '', '', '', '', '', '', '', '', '', '', '', '', '', '', '', '', '', '',
        '', ''
    ],
    'Factor': [
        '', '', '', '', '', '', '', '', '', '', '', '', '', '', '', '', '', '',
        '', ''
    ]
}
```

```
constraints = pd.DataFrame(constraints)

display(constraints)
```

	Disabled	Type	Set	Position	Sign	Weight	Type Relative	Relative Set	Relative	Factor
0	False	Assets	Asset	SPY	>=	0.10				
1	False	Assets	Asset	IEV	>=	0.10				
2	False	Assets	Asset	EWJ	>=	0.05				
3	False	Assets	Asset	EEM	>=	0.05				
4	False	Assets	Asset	TLT	>=	0.10				
5	False	Assets	Asset	IEF	>=	0.10				
6	False	Assets	Asset	IYR	>=	0.05				
7	False	Assets	Asset	RWX	>=	0.05				
8	False	Assets	Asset	GLD	>=	0.03				
9	False	Assets	Asset	DBC	>=	0.03				
10	False	Assets	Asset	SPY	<=	0.25				
11	False	Assets	Asset	IEV	<=	0.25				
12	False	Assets	Asset	EWJ	<=	0.20				
13	False	Assets	Asset	EEM	<=	0.20				
14	False	Assets	Asset	TLT	<=	0.20				
15	False	Assets	Asset	IEF	<=	0.20				
16	False	Assets	Asset	IYR	<=	0.10				
17	False	Assets	Asset	RWX	<=	0.10				
18	False	Assets	Asset	GLD	<=	0.08				
19	False	Assets	Asset	DBC	<=	0.08				

❶ Disabled: 제약조건이 총 20개이므로 False를 20번 입력한다.

❷ Type: 제약조건을 각 자산에 적용하므로 Assets를 입력한다.

❸ Set: 유니버스 중 티커에 해당하는 Asset을 입력한다.

❹ Position: 유니버스 중 티커명을 입력한다.

❺ Sign: 제약조건의 부호를 의미한다.

❻ Weight: 제약조건의 값을 의미한다.

❼ Type Relative, Relative Set, Relative, Factor: 상대적 제약조건에 해당하며, 빈칸으로 둔다.

각 종목(티커)별 최소 및 최대 투자비중을 각기 다르게 입력했다. 이를 만족하는 포트폴리오를 계산해 본다.

```
A, B = rp.assets_constraints(constraints, asset_classes)

port.ainequality = A
port.binequality = B

w = port.optimization(model=model, rm=rm, obj=obj, rf=rf, l=l, hist=hist)

w.T
```

	SPY	IEV	EWJ	EEM	TLT	IEF	IYR	RWX	GLD	DBC
weights	0.1	0.1	0.09	0.05	0.2	0.2	0.05	0.05	0.08	0.08

결과를 살펴보면 표 14.1에서 설정한 최소 및 최대 투자비중의 범위 내에 해가 위치함을 확인할 수 있다.

```
ax = rp.plot_bar(w=w, title='Portfolio', kind='h', ax=None)
```

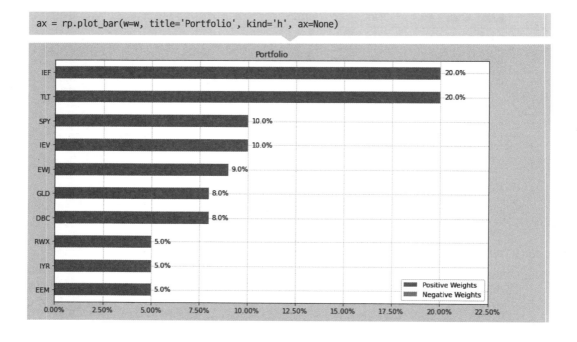

14.3.3 자산군별 비중

마지막으로, 개별 자산이 아닌 자산군별로 제약조건을 다르게 주도록 한다. 즉 표 14.2와 같이 주식
ETF에 투자하는 비중은 최소 40%, 최대 70%이어야 한다. 또한, 자산군 내에서 한 종목에 투자비중이
쏠리는 것을 방지하기 위해 개별 자산의 투자비중은 최소 3%, 최대 20%로 한다.

표 14.2 각 자산별 최소 및 최대 제약조건

제약	개별	주식	채권	대체자산
최소	0.03	0.4	0.3	0.1
최대	0.20	0.7	0.5	0.2

```
constraints = {
    'Disabled': [False, False, False, False, False, False, False, False],  ·········· ❶
    'Type': [
        'All Assets', 'All Assets', 'Classes', 'Classes', 'Classes', 'Classes',
        'Classes', 'Classes'   ·········· ❷
    ],
    'Set': ['', '', 'Class', 'Class', 'Class', 'Class', 'Class', 'Class'],  ·········· ❸
    'Position':
    ['', '', 'stock', 'bond', 'alternative', 'stock', 'bond', 'alternative'],  ·········· ❹
    'Sign': ['>=', '<=', '>=', '>=', '>=', '<=', '<=', '<='],  ·········· ❺
    'Weight': [0.03, 0.20, 0.40, 0.30, 0.10, 0.70, 0.50, 0.20],  ·········· ❻
    'Type Relative': ['', '', '', '', '', '', '', ''],  ·········· ❼
    'Relative Set': ['', '', '', '', '', '', '', ''],  ·········· ❼
    'Relative': ['', '', '', '', '', '', '', ''],  ·········· ❼
    'Factor': ['', '', '', '', '', '', '', '']   ·········· ❼
}

constraints = pd.DataFrame(constraints)

display(constraints)
```

	Disabled	Type	Set	Position	Sign	Weight	Type Relative	Relative Set	Relative	Factor
0	False	All Assets			>=	0.03				
1	False	All Assets			<=	0.20				
2	False	Classes	Class	stock	>=	0.40				
3	False	Classes	Class	bond	>=	0.30				
4	False	Classes	Class	alternative	>=	0.10				
5	False	Classes	Class	stock	<=	0.70				
6	False	Classes	Class	bond	<=	0.50				
7	False	Classes	Class	alternative	<=	0.20				

❶ Disabled: 개별 자산의 제약 조건 2개, 자산군별 제약 조건이 6개이므로 False를 8개 입력한다.

❷ Type: 모든 자산(종목)에 적용되는 조건은 'All Assets'을, 자산군에 적용되는 조건은 'Classes'를 입력한다.

❸ Set: 모든 자산(종목)에 적용되는 조건에는 공백을, 자산군에 적용되는 조건은 열 이름인 'Class'를 입력한다.

❹ Position: 공백 및 자산군을 입력한다.

❺ Sign: 제약조건의 부호를 의미한다.

❻ Weight: 제약조건의 값을 의미한다.

❼ Type Relative, Relative Set, Relative, Factor: 상대적 제약조건에 해당하며, 빈칸으로 둔다.

```
A, B = rp.assets_constraints(constraints, asset_classes)

port.ainequality = A
port.binequality = B

w = port.optimization(model=model, rm=rm, obj=obj, rf=rf, l=l, hist=hist)

w.T
```

	SPY	IEV	EWJ	EEM	TLT	IEF	IYR	RWX	GLD	DBC
weights	0.2	0.03	0.14	0.03	0.2	0.2	0.03	0.03	0.11	0.03

위 제약조건을 만족하는 해를 구하였다. 자산군별 제약조건이 제대로 적용되었는지 확인해 보자.

```
w_concat = pd.concat([asset_classes.set_index('Asset'), w], axis=1)
w_concat.groupby(['Class']).sum().sort_values(['weights'], ascending=False)
```

Class	weights
stock	0.4
bond	0.4
alternative	0.2

자산군별 그룹을 묶어 비중을 더해 보면 표 14.2에서 설정한 최소 및 최대 투자비중의 범위 내에 해가 위치함을 확인할 수 있다. 이처럼 패키지 내의 함수를 이용하면 복잡한 제약조건도 매우 손쉽게 적용할 수 있다.

14.4 위험균형 포트폴리오

포트폴리오를 구성하는 자산들과 전체 위험의 관계를 이해하기 위해서는, 먼저 한계 위험기여도_{Marginal} _{Risk Contribution, MRC}와 위험기여도_{Risk Contribution, RC}에 대해 알아야 한다. 한계 위험기여도는 특정 자산의 비중을 한 단위 증가시켰을 때 전체 포트폴리오 위험의 증가를 나타내는 단위로서, 수학의 편미분과 같은 개념이다. i번째 자산의 한계 위험기여도는 아래와 같이 나타낼 수 있다.

$$MRC_i = \frac{\partial \sigma_p}{\partial w_i}$$

$\sqrt{f'(x)} = \frac{f'(x)}{2\sqrt{f(x)}}$인 사실을 이용하면, 한계 위험기여도는 다음과 같이 풀 수 있다. 결과적으로 분자는 분산-공분산 행렬과 각 자산의 비중의 곱, 분모는 포트폴리오의 표준편차 형태로 나타난다.

$$\frac{\partial \sigma_p}{\partial w} = \frac{\partial \left(\sqrt{w'\Omega w} \right)}{\partial w}$$

$$= \frac{\partial \left(w'\Omega w \right)}{\partial w} \times \frac{1}{2\sqrt{w'\Omega w}}$$

$$= \frac{2\Omega w}{2\sqrt{w'\Omega w}}$$

$$= \frac{\Omega w}{\sqrt{w'\Omega w}}$$

위험기여도는 특정 자산이 포트폴리오 내에서 차지하는 위험의 비중이다. 한계 위험기여도가 큰 자산도 포트폴리오 내에서 비중이 작다면, 포트폴리오 내에서 차지하는 위험의 비중은 작을 것이다. 반면에 한계 위험기여도가 작은 자산일지라도 비중이 압도적으로 많다면, 포트폴리오 내에서 차지하는 위험의 비중은 클 것이다. 결과적으로 i번째 자산의 위험기여도는, i번째 자산의 한계 위험기여도와 포트폴리오 내 비중의 곱으로 이루어진다.

$$RC_i = \frac{\partial \sigma_p}{\partial w_i} \times w_i$$

특정 자산이 포트폴리오의 위험을 대부분 차지하는 문제를 막고, 모든 자산이 동일한 위험기여도를 가지는 포트폴리오가 위험균형 포트폴리오Risk Parity Portfolio, RPP 또는 동일 위험기여도 포트폴리오Equal Risk Contribution Portfolio, ERCP다. 이를 수식으로 쓰면 다음과 같다.

$$RC_1 = RC_2 = \cdots = RC_n$$

$$\frac{\partial \sigma_p}{\partial w_1} \times w_1 = \frac{\partial \sigma_p}{\partial w_2} \times w_2 = \cdots = \frac{\partial \sigma_p}{\partial w_n} \times w_n = \frac{1}{n}$$

다행인 점은 위험균형 포트폴리오를 구하기 위해 위의 수식을 알 필요가 없다는 점이다. riskfolio-lib 패키지의 함수를 이용하면 이 역시 손쉽게 계산할 수 있다.

```
import riskfolio as rp

port = rp.Portfolio(returns=rets)
method_mu = 'hist'
method_cov = 'hist'
port.assets_stats(method_mu=method_mu, method_cov=method_cov)

model = 'Classic'
rm = 'MV'
hist = True
rf = 0
```

```
b = None  # 위험기여도 제약조건

w_rp = port.rp_optimization(model=model, rm=rm, rf=rf, b=b, hist=hist)

w_rp.T
```

	SPY	IEV	EWJ	EEM	TLT	IEF	IYR	RWX	GLD	DBC
weights	0.060684	0.048189	0.058278	0.038824	0.171977	0.359779	0.041175	0.052708	0.090155	0.078231

최대샤프지수 및 최소분산 포트폴리오와 거의 비슷하게 값을 입력하며, obj 대신 위험기여도 제약조건
에 해당하는 b인자를 입력한다. rp_optimization( ) 함수를 이용하면 위험균형 포트폴리오를 만족하는
해가 계산된다. 해당 비중으로 포트폴리오를 구성하면 모든 자산이 동일한 위험기여도를 가지는지 확
인해 보자.

```
ax = rp.plot_risk_con(w_rp,
                      cov=port.cov,
                      returns=port.returns,
                      rm=rm,
                      rf=0,
                      alpha=0.01,
                      color="tab:blue",
                      height=6,
                      width=10,
                      ax=None)
```

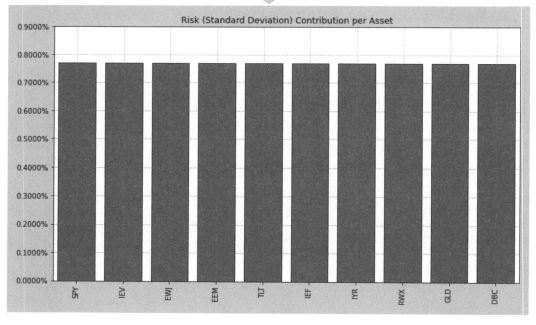

plot_risk_con( ) 함수를 이용하면 투자비중에 따른 자산들의 위험기여도를 알 수 있으며, 모든 자산이 동일한 위험기여도를 가진다는 것이 확인된다.

14.4.1 위험예산 포트폴리오

모든 자산의 위험기여도가 동일한 값이 아닌, 자산별로 다른 위험기여도를 가지는 포트폴리오를 구성해야 할 경우도 있다. 이러한 포트폴리오를 위험예산 포트폴리오Risk Budget Portfolio, RBP라고 한다. 위험균형 포트폴리오는 각 자산의 위험예산이 $\frac{1}{n}$로 동일한 특수 형태다.

먼저, 각 자산별 위험예산을 표 14.3과 같이 정한다. 즉 1~4번 자산(주식)은 각각 15%씩, 5~6번 자산(채권)은 각각 10%씩, 7~10번 자산(대체자산)은 각각 5%씩 위험예산을 부여한다.

표 14.3 위험예산 포트폴리오 예시

제약	SPY	IEV	EWJ	EEM	TLT	IEF	IYR	RWX	GLD	DBC
예산	0.15	0.15	0.15	0.15	0.10	0.10	0.05	0.05	0.05	0.05

```
b = [0.15, 0.15, 0.15, 0.15, 0.10, 0.10, 0.05, 0.05, 0.05, 0.05]
w_rp = port.rp_optimization(model=model, rm=rm, rf=rf, b=b, hist=hist)

w_rp.T
```

	SPY	IEV	EWJ	EEM	TLT	IEF	IYR	RWX	GLD	DBC
weights	0.085431	0.068835	0.080791	0.05544	0.179636	0.380988	0.020609	0.026179	0.056458	0.045634

위험균형 포트폴리오를 구하는 코드에서, 위험기여도에 해당하는 b 부분만 변경한다. 즉 해당 부분에 위험예산을 입력한다. 해당 비중으로 포트폴리오를 구성하면 우리가 원한 위험예산 포트폴리오를 만족하는지 확인해 본다.

```
ax = rp.plot_risk_con(w_rp,
                cov=port.cov,
                returns=port.returns,
                rm=rm,
                rf=0,
                alpha=0.01,
                color="tab:blue",
                height=6,
                width=10,
                ax=None)
```

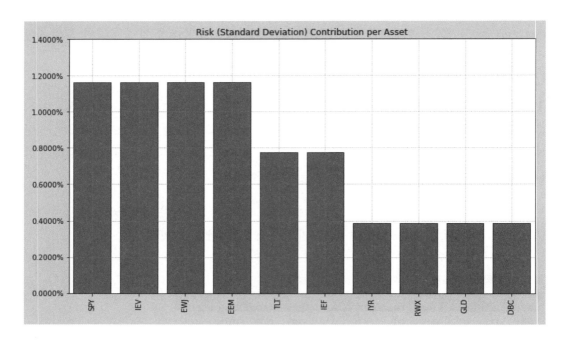

각 자산의 위험기여도가 표 14.3에서 설정한 목표치와 동일함이 확인된다.

NOTE   이 외에도 Riskfolio 패키지의 자세한 사용법은 공식 홈페이지를 참조하기 바란다.

https://riskfolio-lib.readthedocs.io/en/latest/index.html

트레이딩을 위한 기술적 지표

이번 장에서는 트레이딩 전략에 대해 알아보자. 앞서 종목을 선정하는 데 사용되었던 분석이 '기본적 분석'이라면, 트레이딩은 과거 주가의 움직임이나 패턴을 통해 주식이 오를지 또는 내릴지를 판단하는 '기술적 분석'에 의존하는 경우가 많으며, 이러한 판단을 위해 사용되는 것이 기술적 지표다. 기술적 지표는 추세의 방향이나 강도, 또는 가격의 움직임의 속도와 정도를 측정한다. 이러한 기술적 지표를 이용한 트레이딩 전략은 크게 '추세추종 전략'과 '평균회귀 전략'으로 나눌 수 있다.

1. 추세추종 전략: 주가가 동일한 방향으로 지속될 것이라는 데 베팅하며, 이동평균 등의 지표가 사용된다.
2. 평균회귀 전략: 주가가 평균으로 다시 회귀하는 데 베팅하며, RSI, 볼린저 밴드 등의 지표가 사용된다.

이번 장에서는 대표적으로 유명한 지표들을 계산하는 방법에 대해 알아보도록 한다.

15.1 pandas-ta 패키지 설치하기

각각의 기술적 지표를 계산하는 수식이 존재하기에 이를 이용해 계산할 수도 있지만, 패키지를 이용하면 매우 손쉽게 계산할 수 있다. 기존에는 'TA-Lib' 패키지를 많이 사용했으나 이는 설치가 번거로운 문제가 있었다. 이에 반해 pandas-ta 패키지는 설치도 간단할 뿐만 아니라 TA-Lib 패키지와 동일하게 기술적 지표를 계산할 수 있다. 해당 패키지에 대한 자세한 내용은 공식 깃허브를 참조하기 바란다.

```
https://github.com/twopirllc/pandas-ta
```

15.2 이동평균

트렌드 지표 중 가장 대표적인 이동평균을 계산하는 법에 대해 알아보겠다. 이동평균은 정해진 기간 주식의 평균 가격이다. 예를 들어, 10일간의 이동평균은 최근 10일간 가격의 평균을 의미한다. 이 기간이 길수록 장기간의 추세를 나타내며, 짧을수록 단기간의 추세를 나타낸다. 이동평균은 현재의 추세나 추세 역전, 또는 저항 수준을 확인할 때 사용된다. 흔히 이동평균이 상승하는 상황에서 주가가 그보다 위에 있다면 상승 신호로 여겨진다. 반대로 이동평균이 하락하는 상황에서 주가가 그보다 아래에 있다면 하락 신호로 여겨진다.

골든크로스golden cross와 데드크로스dead cross라는 말을 많이 들어보았을 것이다. 골든크로스란 단기 이동평균선이 중장기 이동평균선을 아래에서 위로 뚫고 올라가는 현상으로써 강세 신호를 나타내며, 반대로 데드크로스는 단기 이동평균선이 중장기 이동평균선을 위에서 아래로 뚫고 내려가는 현상으로써 약세 신호를 나타낸다.

그림 15.1 골든크로스와 데드크로스

이동평균을 계산하는 방법은 가격 데이터에 가중치를 얼마나 두느냐에 따라 여러 가지 방법이 존재하지만, 크게 단순 이동평균과 지수 이동평균이 사용된다.

- 단순 이동평균Simple Moving Average, SMA: 이동평균을 계산할 때 사용되는 가장 일반적인 방법으로써, 단순히 주어진 기간의 종가의 평균을 구한다.

$$SMA_n = (P_1 + P_2 + \cdots P_n)/n$$

- 지수 이동평균Exponential Moving Average, EMA: 최근 데이터가 더욱 중요할 수 있으며, 지수 이동평균은 이를 반영하여 각 데이터에 가중치를 다르게 부여한 후 평균을 구한다.

$$SMA_n = P_n \times 승수 + 이전\ EMA \times (1-승수)$$
$$승수 = 2/(n+1)$$

pandas-ta 패키지를 이용해 단순 이동평균과 지수 이동평균을 구해 보겠다. 먼저, 단순 이동평균을 계산해 보자.

```
import yfinance as yf

stock_data = yf.download('^GSPC')
stock_data = stock_data.tail(500)
```

S&P 500 지수(^GSPC) 데이터를 다운로드받은 후, 최근 500일 데이터만 선택한다.

```
import pandas_ta as ta
import matplotlib.pyplot as plt

stock_data['SMA_20'] = ta.sma(stock_data['Close'],          ──── ❶
                              length=20)  # 20일 단순 이동평균   ──── ❷
stock_data['SMA_60'] = ta.sma(stock_data['Close'],          ──── ❶
                              length=60)  # 60일 단순 이동평균   ──── ❷
stock_data[['Close', 'SMA_20', 'SMA_60']].plot(figsize=(10, 6))
plt.show()
```

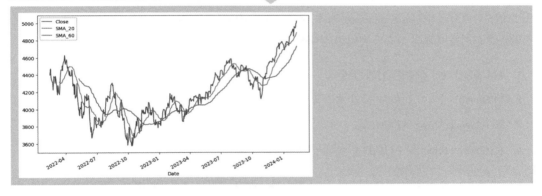

❶ 패키지의 sma( ) 함수를 이용하면 손쉽게 단순 이동평균을 계산할 수 있다. 주가에 해당하는 열을 입력한 후, length에는 얼마의 기간에 해당하는 평균을 계산할지 입력한다.

❷ 종가, 20일 이동평균, 60일 이동평균에 해당하는 값을 그래프로 나타낸다.

이번에는 지수 이동평균을 계산해 보자.

```
stock_data['EMA_60'] = ta.ema(stock_data['Close'], 60)  # 60일 지수 이동평균
stock_data[['Close', 'SMA_60', 'EMA_60']].plot(figsize=(10, 6))
plt.show()
```

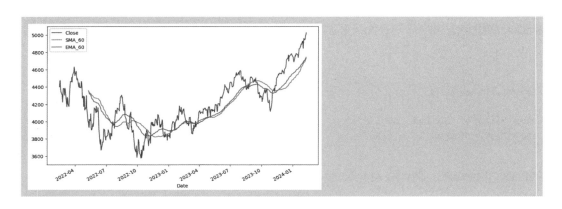

지수 이동평균 역시 ema( ) 함수를 통해 쉽게 계산할 수 있다. 60일 이동평균을 출력해 보면, 지수 이동평균이 최근 데이터에 더 많은 가중치를 부여하기에, 단순 이동평균보다 주가의 움직임에 따라 더욱 민감하게 반응하는 것을 알 수 있다.

15.3 상대강도지수

이번에는 상대강도지수Relative Strength Index, RSI에 대해 알아보겠다. RSI는 일정 기간 주가의 상승폭과 하락폭의 크기를 비교해 상승과 하락의 상대적인 강도를 나타낸 지표로, 다음과 같이 계산된다.

1. U(Up): 가격이 상승한 날의 상승폭
2. D(Down): 가격이 하락한 날의 하락폭
3. AU(Average Up)와 AD(Average Down): U값과 D값의 평균을 각각 구함
4. RS(Relative Strenth): AU/AD를 통해 상대강도를 구함

RS 값이 크다는 것은 일정 기간 상승한 폭이 하락한 폭보다 크다는 것을 의미하며, RSI는 0에서 100 범위 내에서 움직인다. 일반적으로 RSI가 70 이상일 경우 과매수 구간으로서 매도할 때로 여겨지고, 30 이하일 경우 과매도 구간으로서 매수해야 할 때로 여겨진다. 즉 지나친 상승 뒤에는 하락할 것을, 지나친 하락 뒤에는 상승할 것을 기대한다.

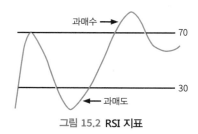

그림 15.2 RSI 지표

S&P 500 지수의 RSI를 계산해 보자.

```python
from matplotlib import gridspec

stock_data['RSI_14'] = ta.rsi(stock_data['Close'], length=14)        ──── ❶
stock_data.loc[:, 'RSI_14'] = stock_data['RSI_14'].fillna(0)        ──── ❷
fig = plt.subplots(figsize=(10, 6), sharex=True)
gs = gridspec.GridSpec(nrows=2, ncols=1, height_ratios=[2, 1])      ──── ❸

# 주가 나타내기  ──── ❹
ax1 = plt.subplot(gs[0])
ax1 = stock_data['Close'].plot()
ax1.set_xlabel('')
ax1.axes.xaxis.set_ticks([])

# RSI 나타내기  ──── ❺
ax2 = plt.subplot(gs[1])
ax2 = stock_data['RSI_14'].plot(color='black', ylim=[0, 100])
ax2.axhline(y=70, color='r', linestyle='-')
ax2.axhline(y=30, color='r', linestyle='-')
ax2.set_xlabel
plt.subplots_adjust(wspace=0, hspace=0)        ──── ❻

plt.show()
```

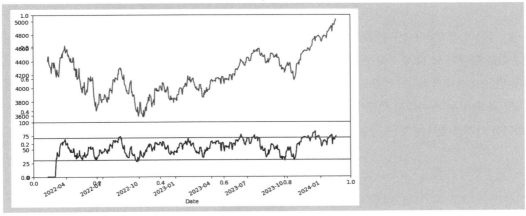

❶ rsi( ) 함수를 이용해 RSI를 계산할 수 있으며, length는 기간을 의미한다.

❷ fillna( ) 메서드를 통해 NA를 0으로 채워 준다.

❸ GridSpec( ) 함수를 통해 그림을 두 구간으로 나누어 준다.

❹ 상단에는 주가를 그려 준다.

❺ 하단에는 RSI 및 과매수와 과매도를 의미하는 70과 30 부분에 수평선을 그려 준다.

❻ 두 그림 간에 빈 칸을 0으로 설정한다.

15.4 볼린저 밴드

볼린저 밴드Bolinger band는 이동평균선을 중심으로 일정 표준편차를 상한선과 하한선으로 설정한 밴드다.

- 중심 밴드: n 기간의 이동평균
- 상단 밴드: 중심 밴드 기준 k 표준편차 위
- 하단 밴드: 중심 밴드 기준 k 표준편차 아래

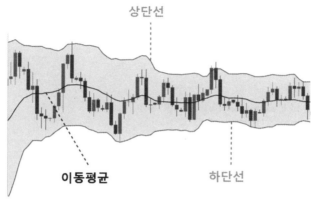

그림 15.3 **볼린저 밴드**

이는 주가의 움직임이 정규분포를 따른다는 가정에 기초한다. 정규분포에서는 데이터가 1 표준편차 내에 있을 확률이 약 68%, 2 표준편차 내에 있을 확률이 약 95%, 3 표준편차 내에 있을 확률이 약 99%다. 만일 주가의 움직임이 정규분포를 따른다면, 주가는 상한선과 하한선으로 구성된 밴드 내에서만 움직일 확률이 높다. 따라서 주가가 상한선 위에 있다는 것은 과매수 상태이므로 하락할 가능성이 높고, 하단선 아래에 있다는 것은 과매도 상태이므로 상승할 가능성이 높다.

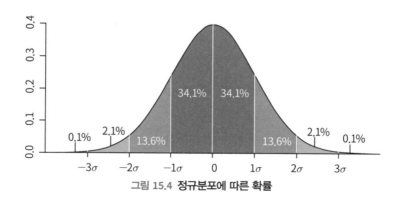

그림 15.4 **정규분포에 따른 확률**

S&P 500 지수의 볼린저 밴드를 계산해 보자.

```
import pandas as pd

band = ta.bbands(stock_data["Close"], length=20, std=2)  ········ ❶

bb = pd.concat([band[['BBL_20_2.0', 'BBM_20_2.0', 'BBU_20_2.0']], stock_data['Close']], axis = 1) ❷
bb.columns = ['Lower Band', 'Mid Band', 'Upper Band', 'Close']
bb.plot(figsize=(10, 6),  ········ ❸
        color={
            'Upper Band': 'red',
            'Lower Band': 'blue',
            'Mid Band': 'green',
            'Close': 'black'
        })
plt.show()
```

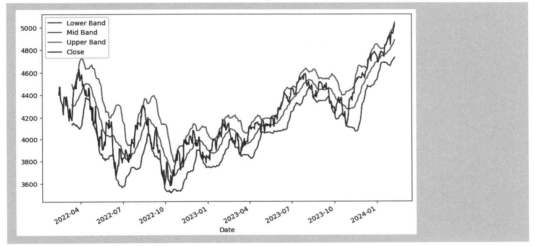

❶ bbands( ) 함수를 이용해 볼린저 밴드의 상, 중, 하단 값을 계산한다 length는 이동평균에 계산 되는 최근 일수이며, std는 상단과 하단 밴드를 몇 표준편차 기준으로 계산할지를 의미한다.

❷ 볼린저 밴드 값과 종가를 concat( ) 함수를 이용해 하나의 데이터프레임으로 합친다.

❸ 그래프로 나타내며, 각각의 색을 지정한다.

주가가 크게 움직이지 않는 한, 2 표준편차로 계산된 밴드 내에서 주가가 움직이는 것이 확인된다.

백테스트backtest란 현재 생각하는 전략을 과거부터 실행했을 때 어떠한 성과가 발생하는지 테스트해 보는 과정이다. 과거의 데이터를 기반으로 전략을 실행하는 퀀트 투자에 있어서 이는 핵심 단계다. 백 테스트 결과를 통해 해당 전략의 손익뿐만 아니라 각종 위험을 대략적으로 판단할 수 있으며, 어떤 구 간에서 전략이 좋았는지 또는 나빴는지에 대한 이해도 키울 수 있다. 이러한 이해를 바탕으로 퀀트 투 자를 지속한다면 단기적으로 수익이 나쁜 구간에서도 그 이유에 대한 객관적인 안목을 키울 수 있으 며, 확신을 가지고 전략을 지속할 수 있다.

그러나 백테스트를 아무리 보수적으로 또는 엄밀하게 진행하더라도 이미 일어난 결과를 대상으로 한다는 사실은 변하지 않는다. 백테스트 수익률만을 보고 투자에 대해 판단하거나, 또는 동일한 수익률이 미래에 도 반복될 것이라고 믿는다면 이는 백미러만 보고 운전하는 것처럼 매우 위험한 결과를 초래할 수도 있다.

파이썬에는 백테스트를 위한 수많은 패키지가 존재하며 대표적인 패키지는 다음과 같다.

- backtesting: 각종 트레이딩 전략에 최적화된 인터페이스를 제공한다.

  https://kernc.github.io/backtesting.py/

- Backtrader: 구글에서 파이썬 관련 백테스트를 검색하면 가장 많이 검색되는 패키지일 만큼 사 용법에 대한 매뉴얼이 잘 구성되어 있다.

  https://www.backtrader.com/

- **bt**: 앞의 패키지들과는 다르게 트레이딩 전략뿐만 아니라 포트폴리오 기반의 퀀트를 백테스트를 하는 데도 매우 유용한 기능들을 제공한다.

https://pmorissette.github.io/bt/

모든 패키지에는 장단점이 있기 마련이기에, 모두 사용해 보고 본인에게 맞는 것을 선택하는 것이 최고의 방법이다. 이 책에서는 포트폴리오 전략과 트레이딩 전략을 동시에 다루기에 bt 패키지를 사용해 백테스트를 하겠다. 해당 패키지에는 이 책에서 다루는 내용 외에도 백테스트 및 결과 평가에 대한 수많은 함수가 존재하기에, 공식 페이지와 github의 코드를 모두 살펴보는 것도 재밌는 작업이다.

또한, bt 패키지의 함수는 대부분 ffn 패키지를 기초로 만들어져 있으므로 이 역시 찾아보는 것을 추천한다.

http://pmorissette.github.io/ffn/

16.1 bt 패키지

bt 패키지에서는 백테스트의 과정을 다음과 같이 정의한다.

1. 데이터의 수집
2. 전략의 정의
3. 데이터를 이용한 전략의 백테스트
4. 결과에 대한 평가

16.1.1 데이터의 수집

백테스트를 위해서는 먼저 데이터를 준비해야 한다. 우리는 이미 받은 글로벌 자산을 대표하는 ETF 데이터를 DB에 저장했기에 이를 불러와 사용하겠다.

```python
from sqlalchemy import create_engine
import pandas as pd

engine = create_engine('mysql+pymysql://root:1234@127.0.0.1:3306/stock_db')
price = pd.read_sql('select * from sample_etf;', con=engine)
price = price.set_index(['Date'])
engine.dispose()

price.tail()
```

	SPY	IEV	EWJ	EEM	TLT	IEF	IYR	RWX	GLD	DBC
Date										
2022-07-29	411.989990	44.740002	56.150002	39.959999	117.217003	104.985992	100.129997	29.99	164.100006	26.110001
2022-08-01	410.769989	44.680000	56.869999	39.619999	120.040001	105.599998	99.290001	30.01	165.029999	25.580000
2022-08-02	408.059998	44.020000	55.790001	39.430000	117.500000	104.139999	98.010002	29.49	164.050003	25.450001
2022-08-03	414.450012	44.389999	55.669998	39.740002	119.349998	104.570000	98.320000	29.65	164.449997	25.230000
2022-08-04	414.170013	44.730000	55.650002	40.020000	119.309998	105.099998	98.269997	29.77	167.169998	24.959999

16.1.2 전략의 정의

두 번째로 시뮬레이션하고자 하는 백테스트가 어떤 것인지를 정의해야 한다. 10개 자산을 동일 비중으로 투자하며, 매월 말 리밸런싱rebalancing하는 전략을 정의해 보겠다. Strategy( ) 함수 내에 algos 모듈을 이용해 백테스트하고자 하는 내용을 입력한다.

```
import bt

# 전체 자산 동일비중, 매월 말 리밸런싱
strategy = bt.Strategy("Asset_EW", [          ──── ❶
    bt.algos.SelectAll(),          ──── ❷
    bt.algos.WeighEqually(),          ──── ❸
    bt.algos.RunMonthly(),          ──── ❹
    bt.algos.Rebalance()          ──── ❺
])
```

❶ 먼저, 전략의 이름(Asset_EW)을 입력한다.

❷ bt.algos.SelectAll( ) 함수를 통해 모든 데이터를 사용함을 정의한다.

❸ bt.algos.WeighEqually( ) 함수를 통해 동일 비중으로 투자할 것을 정의한다.

❹ bt.algos.RunMonthly( ) 함수를 통해 매 월말 리밸런싱함을 정의한다.

❺ bt.algos.Rebalance( ) 함수를 통해 계산된 비중에 따라 리밸런싱함을 정의한다.

이 외에 algos 모듈을 통해 다양한 백테스트 로직을 정의할 수 있으며, 자세한 내용은 아래 사이트에서 확인할 수 있다.

https://pmorissette.github.io/bt/bt.html#module-bt.algos

16.1.3 전략의 백테스트

앞에서 정의된 내용을 바탕으로 백테스트를 실행한다.

```
data = price.dropna()  ------- ❶

# 백테스트 생성
backtest = bt.Backtest(strategy, data)  ------- ❷

# 백테스트 실행
result = bt.run(backtest)  ------- ❸
```

❶ 가격 데이터 중 ETF의 시작 시점이 모두 다르므로, dropna( ) 함수를 통해 NA를 모두 제거하여 시작 시점을 동일하게 만든다.

❷ Backtest( ) 함수를 통해 백테스트를 생성할 수 있으며, 앞에서 정의한 백테스트 정의strategy와 가격 데이터data를 입력한다.

❸ run( ) 함수를 통해 백테스트를 실행하며, 앞에서 생성된 백테스트backtest를 입력한다.

16.1.4 결과에 대한 평가

위에서 시뮬레이션된 백테스트의 결과를 살펴보자.

```
result.prices
```

	Asset_EW
2006-12-18	100.000000
2006-12-19	100.000000
2006-12-20	100.208568
2006-12-21	100.077630
2006-12-22	100.038768
...	...
2022-07-29	207.550546
2022-08-01	207.717215
2022-08-02	205.196467
2022-08-03	206.261713
2022-08-04	206.837936

3934 rows × 1 columns

백테스트 결과에서 prices를 입력하면 누적 수익률이 데이터프레임 형태로 나타나며, 시작 시점을 100으로 환산하여 계산된다.

```
result.prices.to_returns()
```

	Asset_EW
2006-12-18	NaN
2006-12-19	0.000000
2006-12-20	0.002086
2006-12-21	−0.001307
2006-12-22	−0.000388
...	...
2022-07-29	0.006136
2022-08-01	0.000803
2022-08-02	−0.012135
2022-08-03	0.005191
2022-08-04	0.002794

3934 rows × 1 columns

prices에 추가로 to_returns( )를 입력하면, 수익률이 계산된다.

```python
import matplotlib.pyplot as plt
%matplotlib inline

result.plot(figsize=(10, 6), legend=False)
plt.show()
```

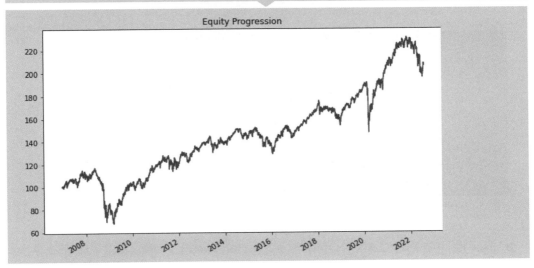

plot( ) 메서드를 통해 누적 수익률을 그래프로 나타낼 수 있다.

```python
result.get_security_weights().head()
```

	SPY	IEV	EWJ	EEM	TLT	IEF	IYR	RWX	GLD	DBC
2006-12-18	0.000000	0.000000	0.000000	0.000000	0.000000	0.000000	0.000000	0.000000	0.000000	0.000000
2006-12-19	0.099997	0.099990	0.099992	0.099982	0.099996	0.099965	0.099981	0.099993	0.099992	0.099978
2006-12-20	0.099733	0.099202	0.100495	0.100878	0.099777	0.099733	0.100603	0.099982	0.099494	0.099971
2006-12-21	0.099498	0.099382	0.101201	0.100829	0.100409	0.100224	0.099766	0.100228	0.099236	0.099094
2006-12-22	0.098925	0.098781	0.101600	0.101230	0.099679	0.099807	0.099029	0.101207	0.099711	0.099899

get_security_weights( ) 메서드를 통해 각 종목별 투자비중을 확인할 수도 있다. 이를 그림으로 나타내 보자.

```python
from matplotlib import cm

ax = result.get_security_weights().plot.area(figsize=(10, 6),      ⸺ ❶
                                             ylim=[0, 1],
                                             legend=False,
                                             colormap=cm.jet)
handles, labels = ax.get_legend_handles_labels()      ⸺ ❷
plt.margins(0, 0)      ⸺ ❸
plt.legend(reversed(handles),
           reversed(labels),
           loc='lower right',
           bbox_to_anchor=(1.15, 0))      ⸺ ❹
plt.show()      ⸺ ❺
```

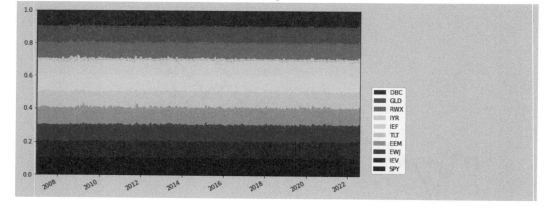

❶ area( )를 통해 면적 그래프를 나타내며, y축의 범위는 0에서 1, 범례legend는 제외, 색 구분은 cm.jet을 이용한다.

❷ get_legend_handles_labels( )를 통해 범례를 받아 온다.

❸ 좌우 마진을 0으로 둔다.

❹ legend( ) 함수를 통해 범례를 나타내며, 그래프와 색 순서를 맞추기 위해 reversed( )를 통해 순서를 바꾼다. 또한, 위치는 오른쪽 아래lower right의 (1.15, 0) 지점으로 한다.

❺ 그림으로 나타낸다.

매 월말 리밸런싱을 하므로, 대부분의 구간에서 모든 자산에 10%씩 균등하게 투자된다. 이번에는 각종 성과지표를 확인해 보자.

```
result.display()
```

```
Stat                  Asset_EW
--------------------  ----------
Start                 2006-12-18
End                   2022-08-04
Risk-free rate        0.00%

Total Return          106.84%
Daily Sharpe          0.41
Daily Sortino         0.63
CAGR                  4.76%
Max Drawdown          -42.36%
Calmar Ratio          0.11

MTD                   -0.34%
3m                    -3.99%
6m                    -7.30%
YTD                   -9.96%
1Y                    -8.11%
3Y (ann.)             6.24%
5Y (ann.)             5.27%
10Y (ann.)            4.71%
Since Incep. (ann.)   4.76%

Daily Sharpe          0.41
Daily Sortino         0.63
Daily Mean (ann.)     5.60%
Daily Vol (ann.)      13.70%
Daily Skew            -0.27
Daily Kurt            10.63
Best Day              7.81%
Worst Day             -6.77%

Monthly Sharpe        0.45
Monthly Sortino       0.71
Monthly Mean (ann.)   5.28%
Monthly Vol (ann.)    11.73%
Monthly Skew          -1.00
Monthly Kurt          4.65
Best Month            8.67%
Worst Month           -17.98%

Yearly Sharpe         0.43
Yearly Sortino        0.83
Yearly Mean           5.29%
Yearly Vol            12.17%
Yearly Skew           -0.88
Yearly Kurt           0.59
Best Year             20.67%
Worst Year            -23.82%
```

```
Avg. Drawdown         -2.02%
Avg. Drawdown Days    36.95
Avg. Up Month         2.54%
Avg. Down Month       -2.40%
Win Year %            75.00%
Win 12m %             76.97%
```

display( ) 메서드를 통해 각종 성과 측정치를 구할 수 있다. 각 지표가 의미하는 바는 다음과 같다.

- Start: 시작일
- End: 종료일
- Risk-free rate: 무위험 수익률
- Total Return: 총 수익률
- Sharpe: 샤프지수(평균 수익률/변동성)
- Sortino: 소티노지수(평균 수익률/마이너스 수익률의 변동성)
- CAGR: 연평균 수익률
- Max drawdown: 최대 손실률(MDD, Maximum DrawDown)
- Calmar Ratio: 칼마지수(수익률/MDD)
- MTD / 3m / 6m / YTD: 금월, 3개월, 6개월, 올해 수익률
- 1Y / 3Y (ann.) / 5Y (ann.) / 10Y (ann.): 1년 / 3년 / 5년 / 10년 기준 연율화 수익률
- Since Incep. (ann): 시작 이후 연율화 수익률
- Mean (ann.): 연평균 수익률
- Vol (ann.): 연평균 변동성
- Skew: 왜도
- Kurt: 첨도
- Best: 최고 수익률
- Worst: 최저 수익률
- Avg. Drawdown: 손실(Drawdown)의 평균
- Avg. Drawdown Days: 손실(Drawdown) 발생 후 회복까지 평균 일수
- Avg. Up Month: 상승한 달의 평균 수익률
- Avg. Down Month: 하락한 달의 평균 수익률
- Win Year %: 연도별 양의 수익률을 기록할 확률
- Win 12m %: 12개월 투자했을 시 양의 수익률을 기록할 확률

16.2 정적 자산배분: 올웨더 포트폴리오

자산배분은 포트폴리오 내에 다양한 자산에 분산 투자하여 위험을 줄이고 일정 수준의 수익률 달성하고자 하는 방법이다. 이러한 자산 배분은 크게 '정적 자산배분'과 '동적 자산배분'으로 나뉜다.

정적 자산배분은 주식과 채권 등 자산에 대한 비중을 어떠한 시장 상황에서도 6:4 또는 8:2로 배분하고 유지하는 전략이다. 대표적인 정적 자산배분 전략은 레이 달리오Ray Dalio가 운용하는 기법으로 유명해진 올웨더 포트폴리오All-weather Portfolio가 있다. 레이 달리오는 세계 최대 헤지펀드인 브리지워터 Bridgewater Associate의 설립자다. 그는 시시각각 변화는 경제 상황 속에서 어떠한 경제환경이 와도 견딜 수 있는 포트폴리오를 구상하였으며, 이것이 올웨더 포트폴리오다. 경제 환경은 크게 경제 성장률과 물가 상승률로 나눌 수 있으며, 각 국면마다 우수한 성과를 보이는 자산은 다르다.

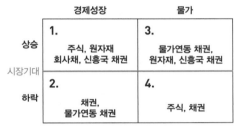

그림 16.1 경제 환경의 구분

1. 경제 성장률이 높은 구간에서는 위험 자산의 성과가 우수하다.
2. 경제 성장률이 낮은 구간에서는 채권의 성과가 우수하다.
3. 물가 상승률이 높은 구간에서는 원자재나 신흥국 채권의 성과가 우수하다.
4. 물가 상승률이 낮은 구간에서는 주식과 채권의 성과가 우수하다.

올웨더 포트폴리오는 네 가지 상황 중 하나를 예측하기보다는, 각각의 상황에 맞는 자산을 모두 포트폴리오에 담아 미리 대비한다. 또한, 각 상황이 올 확률이 25%씩 같다고 가정할 경우, 자산별 투자비중은 그림 16.2와 같다.

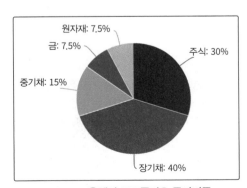

그림 16.2 올웨더 포트폴리오 투자비중

올웨더 포트폴리오의 투자비중을 이용해 백테스트를 해보겠다.

```
import bt
import matplotlib.pyplot as plt
%matplotlib inline

data = price[['SPY', 'TLT', 'IEF', 'GLD', 'DBC']].dropna()  ┈┈┈ ❶

aw = bt.Strategy('All Weather', [
    bt.algos.SelectAll(),
    bt.algos.WeighSpecified(SPY=0.3, TLT=0.4, IEF=0.15, GLD=0.075, DBC=0.075),  ┈┈┈ ❷
    bt.algos.RunQuarterly(),  ┈┈┈ ❷
    bt.algos.Rebalance()
])
aw_backtest = bt.Backtest(aw, data)
aw_result = bt.run(aw_backtest)  ┈┈┈ ❸

aw_result.plot(figsize=(10, 6), title='All Weather', legend=False)
plt.show()
```

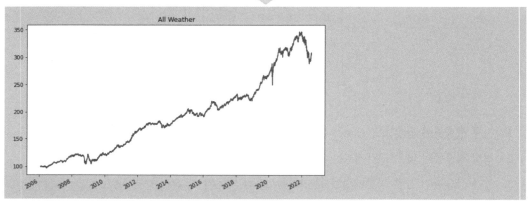

❶ price 데이터 중 주식(SPY), 장기채(TLT), 중기채(IEF), 금(GLD), 원자재(DBC)에 해당하는 데이터 만 선택한다.

❷ 전략을 정의해 주며, bt.algos.WeighSpecified( )에 각 자산별 비중을 직접 입력한다. 또한, bt.algos.RunQuarterly( )를 통해 분기별 리밸런싱을 정의한다.

❸ 백테스트를 생성 및 실행한다.

이번에는 비중을 살펴보자.

```
from matplotlib import cm

ax = aw_result.get_security_weights().plot.area(figsize=(10, 6),
                                                ylim=[0, 1],
                                                legend=False,
                                                colormap=cm.jet)
handles, labels = ax.get_legend_handles_labels()
plt.margins(0, 0)
```

```
plt.legend(reversed(handles),
           reversed(labels),
           loc='lower right',
           bbox_to_anchor=(1.15, 0))
plt.show()
```

분기별로 리밸런싱이 이루어짐에 따라, 각 자산별 투자비중이 일정하게 유지된다. 마지막으로, 성과 중 주요 지표를 확인해 보자.

```
aw_result.stats.loc[[
    'total_return', 'cagr', 'daily_vol', 'max_drawdown', 'calmar', 'daily_sharpe'
]]
```

	All Weather
total_return	2.079547
cagr	0.070578
daily_vol	0.07681
max_drawdown	−0.168124
calmar	0.419796
daily_sharpe	0.927125

수많은 성과지표 중 중요한 지표만 선택하여 확인할 수 있다.

16.3 동적 자산배분

정적 자산배분이 자산별 일정 비중을 유지하는 전략이라면, 동적 자산배분은 시장 상황에 따라 투자하는 대상과 비중을 계속해서 변경하는 전략이다. 여러 경제 상황에서 상대적으로 유리한 자산은 좋은 성과를 보일 것이며, 경제 국면은 장기간 지속되는 추세가 있으므로 모멘텀이 있는 자산에 투자하는 것이 현명한 방법일 수 있다. 모멘텀을 이용한 동적 자산배분 포트폴리오의 예시는 다음과 같다.

1. 글로벌 10개 자산 중 과거 12개월 수익률이 높은 5개 자산을 선택한다.

2. 위험균형 포트폴리오를 구성한다.

3. 매 월말 리밸런싱을 실시한다.

10개 자산에서 과거 수익률 기준 5개 자산만 선택하는 이유는 모멘텀 효과를 얻기 위해서다. 그림 16.3은 글로벌 10개 자산의 과거 6개월 수익률을 기준으로 순위를 매기고, 각 순위별로 다음 월의 수익률이 상위 50%가 될 확률을 구한 값이다. 수익률이 높은 1~5위까지의 자산은 다음 월에도 수익률이 높을 확률이 50%가 넘지만, 수익률이 낮은 6~10위까지의 자산은 다음 월에 수익률이 높을 확률이 50%가 되지 않는다. 따라서 자산군 간에도 모멘텀 효과가 존재하며, 이를 활용하기 위해 모멘텀 상위 자산만을 선택해 투자한다.

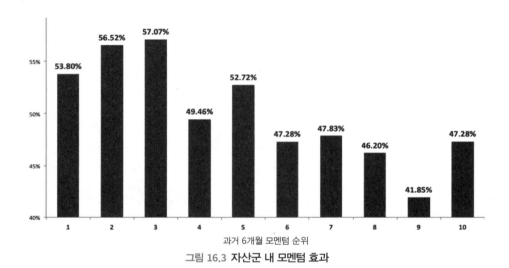

그림 16.3 **자산군 내 모멘텀 효과**

또한, 위험균형 포트폴리오를 이용해 변동성이 지나치게 큰 자산에 의해 포트폴리오의 수익률이 크게 영향받는 일을 줄이고, 최대한 안정적인 포트폴리오를 구성한다. 동적 자산배분의 로직이 다소 복잡해 보이지만, bt 패키지에 내장된 함수를 이용할 경우 역시나 매우 손쉽게 백테스트할 수 있다.

```
import bt
import matplotlib.pyplot as plt

data = price.dropna()

gdaa = bt.Strategy('GDAA', [  ⋯⋯ ❶
    bt.algos.SelectAll(),
    bt.algos.SelectMomentum(n=5, lookback=pd.DateOffset(years=1)),
    bt.algos.WeighERC(lookback=pd.DateOffset(years=1)),
    bt.algos.RunMonthly(),
    bt.algos.Rebalance()
])
```

```
gdaa_backtest = bt.Backtest(gdaa, data)
gdaa_result = bt.run(gdaa_backtest)  ········ ❷

gdaa_result.plot(figsize=(10, 6),
                 title='Global Dynamic Asset Allocation',
                 legend=False)
plt.show()
```

❶ bt.Strategy( ) 내에 전략을 정의해 준다.

- bt.algos.SelectAll( ): 전체 데이터를 선택한다.

- bt.algos.SelectMomentum(n=5, lookback=pd.DateOffset(years=1)): 모멘텀 상위 종목을 선택하며 개수는 5개, 모멘텀 관측 기간은 과거 1년으로 한다.

- bt.algos.WeighERC(lookback = pd.DateOffset(years=1)): ERC, 즉 위험균형 포트폴리오를 구성하며, 분산-공분산 계산을 위한 수익률은 과거 1년 데이터를 이용한다.

- bt.algos.RunMonthly( ): 매월 리밸런싱을 실시한다.

- bt.algos.Rebalance( ): 리밸런싱을 정의한다.

❷ 백테스트를 생성 및 실행한다.

이처럼 algos 모듈 내의 각종 함수를 이용하면 다양한 전략을 손쉽게 정의 및 백테스트할 수 있다.

[NOTE] 그래프를 살펴보면 처음 1년간은 수익률에 변화가 없으며, 이는 모멘텀 관측을 위한 1년간은 투자를 할 수 없기 때문이다. 성과를 평가할 때는 이처럼 투자가 이루어지지 않는 기간을 제외하고 실제 투자가 이루어진 부분부터 평가해야 한다.

16.3.1 거래 비용 고려하기

정적 자산배분과는 달리 동적 자산배분은 매 시점 투자하는 대상 및 투자비중이 변한다. 비중을 확인해 보자.

```
from matplotlib import cm

wt = gdaa_result.get_security_weights().reindex(columns=price.columns)
ax = wt.plot.area(figsize=(10, 6), ylim=[0, 1], legend=False, colormap=cm.jet)
handles, labels = ax.get_legend_handles_labels()
plt.margins(0, 0)
plt.legend(reversed(handles),
           reversed(labels),
           loc='lower right',
           bbox_to_anchor=(1.15, 0))
plt.show()
```

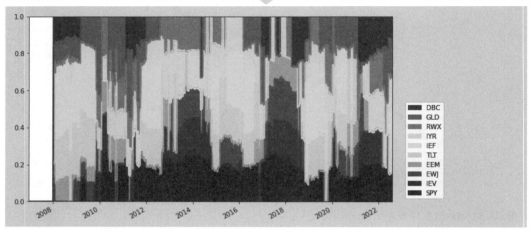

기존 정적 자산배분보다 투자비중의 변화가 상당히 심한 것을 확인할 수 있다. 이는 수익률 상위 5개에 해당하는 자산이 매 월말 바뀌며, 위험균형 포트폴리오를 구성하는 비중이 계속해서 바뀌기 때문이다. 모델 포트폴리오의 경우 이러한 점을 신경 쓰지 않지만, 실제 투자에서는 잦은 턴오버turn over로 인한 매매비용, 세금, 기타비용 등이 매우 중요해진다. 해당 전략의 턴오버를 살펴보자.

```
gdaa_backtest.turnover.plot(figsize=(10, 6), legend=False)
plt.show()
```

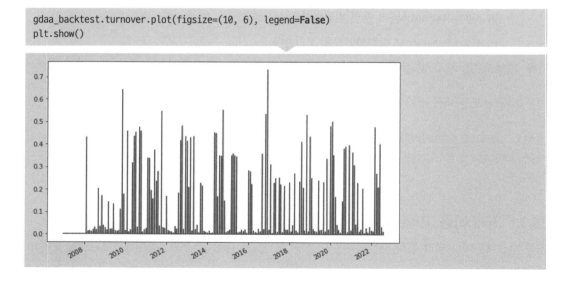

생성된 백테스트에서 turnover 메서드를 통해 턴오버를 구할 수 있다. 매월 상당한 턴오버가 발생하므로, 이를 고려한 수익률을 추가로 살펴봐야 한다. 매수 또는 매도당 발생하는 세금, 수수료, 시장충격 등 총 비용을 0.2%로 가정하여 백테스트를 실행한다.

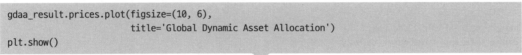

```
gdaa_backtest_net = bt.Backtest(gdaa,
                                data,
                                name='GDAA_net',
                                commissions=lambda q, p: abs(q) * p * 0.002)
gdaa_result = bt.run(gdaa_backtest, gdaa_backtest_net)
```

❶ bt.Backtest( ) 함수 내에 기존에 정의된 백테스트인 gdaa를 그대로 사용하며, commissions 부분에 수수료를 계산하는 부분을 입력한다. q는 quantity(주수), p는 price(주가)를 의미하며, 즉 총 거래 가격에서 0.2%가 수수료로 나간다고 가정한다.

❷ bt.run( ) 내에 기존에 생성된 백테스트 내용(gdaa_backtest)과 새롭게 생성된 백테스트 내용 (gdaa_backtest_net)을 동시에 입력하면, 2개의 백테스트가 한 번에 실행된다.

```
gdaa_result.prices.plot(figsize=(10, 6),
                        title='Global Dynamic Asset Allocation')
plt.show()
```

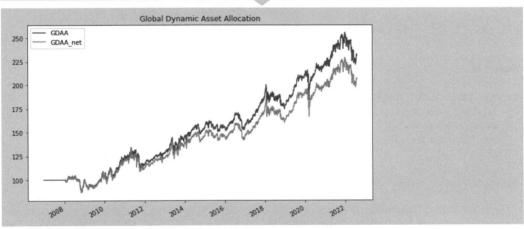

기존의 비용을 고려하지 않은 포트폴리오(GDAA)에 비해, 비용을 차감한 포트폴리오(GDAA_net)의 수익률이 시간이 지남에 따라 서서히 감소한다. 모델 포트폴리오와 실제 포트폴리오 수익률 간의 차이는 매매 시 비용이 크거나 턴오버가 높을수록 더욱 벌어지므로, 실제 매매에서는 비용과 턴오버를 줄이는 것이 매우 중요하다.

16.4 추세추종 전략 백테스트

추세추종이란 주가가 동일한 방향으로 지속될 것이라는 데 베팅하는 것이다. 추세추종, 또는 모멘텀 전략은 월스트리트에서 가장 오래된 투자전략 중 하나로, 무려 1838년에 출간된 책에도 설명될 만큼 역사가 길고, 현재에도 가장 많이 사용되는 전략 중 하나다.

16.4.1 마켓 타이밍 전략

대표적인 추세추종 전략인 이동평균선을 이용한 트레이딩의 백테스트를 진행해 보겠다. 메브 파버_{Meb} Faber는 본인의 논문을 통해, 시점 선택_{market timing} 전략을 사용할 경우 단순히 매수 후 보유하는 것 대비 극심한 하락장에서 낙폭을 줄일 수 있으며, 이로 인해 위험 대비 수익률을 올릴 수 있다고 설명하였다. 논문에서 말하는 시점 선택의 투자 규칙은 다음과 같다.

주가 > 10개월 이동평균 ➡ 매수

주가 < 10개월 이동평균 ➡ 매도 및 현금보유

즉 주가가 10개월 이동평균보다 위에 있다는 것은 상승추세를 의미하므로 매수 포지션을, 10개월 이동평균보다 아래에 있다는 것을 하락추세를 의미하므로 현금 보유를 통해 하락 방어를 하고자 한다. 해당 규칙을 미국 S&P 500를 추종하는 SPY ETF에 적용하는 예제를 살펴보겠다.

```python
# SMA
import pandas_ta as ta

data = price[['SPY']].dropna()
sma = data.apply(lambda x: ta.sma(x, 200))
```

먼저, apply( ) 함수 내부에 sma( )를 이용해 200일(10개월) 이동평균을 구한다.

```python
import bt

bt_sma = bt.Strategy('Timing', [
    bt.algos.SelectWhere(data > sma),
    bt.algos.WeighEqually(),
    bt.algos.Rebalance()
])

bt_sma_backtest = bt.Backtest(bt_sma, data)
```

bt.algos.SelectWhere( )는 입력값이 True일 때만 투자를 하도록 정의한다. 즉 ETF 가격에 해당하는 data가 이동평균에 해당하는 sma보다 클 때에만 투자를 한다. 나머지는 위에서 살펴본 것들과 동일하다.

```python
def buy_and_hold(data, name):  ········· ❶

    # 벤치마크 전략 생성
    bt_strategy = bt.Strategy(name, [
        bt.algos.SelectAll(),
        bt.algos.WeighEqually(),
        bt.algos.RunOnce(),
        bt.algos.Rebalance()
    ])
```

```
    # Return the backtest
    return bt.Backtest(bt_strategy, data)

# 벤치마크 전략 백테스트
stock = buy_and_hold(data[['SPY']], name='stock') ········ ❷

# 2개 백테스트 동시에 실행
bt_sma_result = bt.run(bt_sma_backtest, stock) ········ ❸
```

❶ buy_and_hold( ) 함수를 통해 단순 매수 후 보유의 경우를 정의한다. bt.algos.RunOnce( )는 리밸런싱이 없이 처음 상태가 그대로 유지되는 것이다.

❷ SPY의 매수 후 보유 전략을 생성한다.

❸ 앞에서 생성된 추세추종 전략과, 매수 후 보유의 백테스트를 동시에 실행한다.

```python
import matplotlib.pyplot as plt

bt_sma_result.prices.iloc[201:, ].rebase().plot(figsize=(10, 6))
plt.show()
```

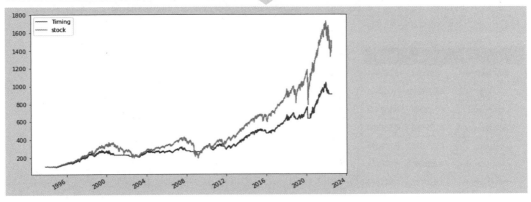

추세추종 전략의 경우 이동평균 계산을 위해 처음 200일간은 투자가 되지 않으므로 매수 후 보유 전략과 시작 시점이 일치하지 않는다. 따라서 200일이 지난 후부터의 데이터를 선택한다. 그 후 rebase( ) 함수를 이용해 데이터의 시작 시점을 다시 100으로 만든다.

추세추종 전략을 사용할 경우 2000년 IT 버블이나 2008년 금융위기 시 하락폭이 제한된다. 즉 하락추세가 시작되면 주식을 모두 매도하여, 추가적인 하락을 방어한다.

```python
bt_sma_result.prices.iloc[201:, ].rebase().to_drawdown_series().plot(
    figsize=(10, 6))
plt.show()
```

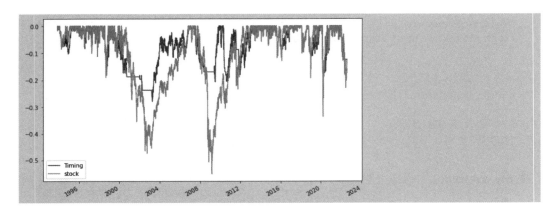

to_drawdown_series( ) 함수는 낙폭drawdown을 계산한다. 앞서 언급한 것처럼 추세추종 전략을 사용할 경우 하락 방어가 우수하다. 반면, 코로나19 사태 직후인 2020년 3월의 경우 추세추종 전략은 추세가 깨져 투자를 하지 않지만, 주식 시장이 급반등함에 따라 매수 후 보유 전략의 상승분을 따라가지 못하기도 하였다.

```
bt_sma_result.stats.loc[[
    'total_return', 'cagr', 'daily_vol', 'max_drawdown', 'calmar', 'daily_sharpe', 'daily_sortino'
]]
```

	Timing	stock
total_return	8.101313	15.281441
cagr	0.077697	0.099145
daily_vol	0.12063	0.188478
max_drawdown	-0.279955	-0.551894
calmar	0.277533	0.179644
daily_sharpe	0.681243	0.596282
daily_sortino	1.030437	0.942343

수익률 자체는 단순 보유전략(stock)이 높지만 변동성이나 MDD와 같은 위험지표는 마켓 타이밍(Timing) 전략이 훨씬 낮다. 결과적으로 위험을 고려한 성과 지표는 마켓 타이밍 전략이 더 우수하다.

16.4.2 파라미터 최적화

과연 200일(10개월) 이동평균을 사용하는 것이 최적일까? 또는 다른 값을 사용했을 때 수익률이 더 좋을 수 있지 않을까? 이러한 질문은 트레이더들이 항상 하는 질문이다. '200일'과 같이 우리가 임의로 정하는 변수를 파라미터parameter라 하며, 성과가 최대화되는 파라미터를 찾는 것을 파라미터 최적화라고 한다. 트레이딩에서 이러한 파라미터 최적화는 매우 중요한 작업이다. 앞선 마켓 타이밍 전략에서 이동평균을 계산할 때 사용하는 일수를 변경해 가며 수익률을 확인해 보자.

```
import bt
import pandas_ta as ta

data = price[['SPY']].dropna()

def timing(price, n):    ········ ❶

    sma = price.apply(lambda x: ta.sma(x, n))
    stragety = bt.Strategy(n, [
        bt.algos.SelectWhere(price > sma),
        bt.algos.WeighEqually(),
        bt.algos.Rebalance()
    ])

    backtest = bt.Backtest(stragety, price)

    return (backtest)

n_20 = timing(data, 20)
n_60 = timing(data, 60)
n_100 = timing(data, 100)
n_150 = timing(data, 150)
n_200 = timing(data, 200)
n_250 = timing(data, 250)    ········ ❷

result = bt.run(n_20, n_60, n_100, n_150, n_200, n_250)    ········ ❸
```

❶ 이동평균을 계산한 후, 백테스트를 생성하는 부분을 timing( ) 함수로 작성한다.

❷ 20일부터 250일까지 이동평균을 이용한 마켓 타이밍 모델의 백테스트를 생성한다.

❸ 모든 백테스트를 한 번에 실행한다.

```
from matplotlib import cm

result.prices[250:].rebase().plot(figsize=(10, 6), colormap=cm.jet)
plt.show()
```

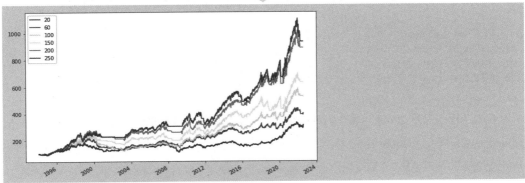

누적 수익률을 확인해 보면 단기보다는 장기 이동평균을 사용할수록 우수한 성과를 기록한다. 그러나
예를 들어, 250일 이동평균이 최고의 수익률을 기록한다고 이것이 최적의 파라미터라고 말하기는 힘

들다. 장기 이동평균을 사용하는 것이 단기 이동평균을 사용하는 것보다 성과가 좋은 이유는, 장기 이동평균이 장기적인 추세를 더 잘 반영하기 때문일 수 있다. 그러나 같은 장기 이동평균에서도 250일이 200일보다 우수한 것은 단순히 우연의 결과일 수 있으며, 백테스트 기간을 다르게 하면 전혀 다른 결과가 나타날 수도 있다.

백테스트 기간에서 최적화된 파라미터가 향후에도 최고의 수익률을 기록할 것이라는 생각은 위험하다. 백테스트에서는 엄청나게 우수한 성과를 보였던 전략을 찾아 용기 있게 실제 투자에 나섰다가 과최적화의 저주에 빠져 실망스러운 수익률로 이어지는 경우도 종종 목격한다. 따라서 모델에 사용되는 파라미터의 개수는 최대한 작게, 그리고 인 샘플in-sample뿐만 아니라 아웃 오브 샘플out-of-sample 테스트에서도 뛰어난 성과를 보이는 파라미터를 택하는 것이 좋다.

16.4.3 롱 숏 전략

지금까지는 주가가 이동평균선 위에 있을 때 매수하며, 그렇지 않으면 현금을 보유하는 '롱 온리long-only' 전략에 대한 백테스트를 실시했다. 그러나 추세추종 전략은 상승추세에 대한 베팅뿐만 아니라 공매도, 인버스 ETF 또는 선물매도 포지션을 통해 하락추세에도 베팅할 수 있다.

흔히 단기 이동평균선이 중장기 이동평균선을 뚫고 올라가는 골든크로스의 경우 상승추세에 대한 신호를, 반대로 뚫고 내려가는 데드크로스의 경우 하락추세에 대한 신호를 나타낸다. 과연 이러한 신호를 이용해 트레이딩했을 때 성과가 어떤지 살펴보자.

```python
import pandas_ta as ta

data = price[['SPY']]
SMA_200 = data.apply(lambda x: ta.sma(x, 200))
SMA_60 = data.apply(lambda x: ta.sma(x, 60))
```

먼저, 장기추세에 해당하는 200일 지수 이동평균과 단기추세에 해당하는 60일 지수 이동평균을 구한다.

```python
signal = SMA_200.copy()
signal[SMA_60 >= SMA_200] = 1
signal[SMA_60 < SMA_200] = -1
signal[signal.isnull()] = 0
```

만일 60일 이동평균이 200일 이동평균보다 위에 있을 경우(골든크로스) 100% 투자, 즉 매수를 하며, 반대의 경우(데드크로스) -100% 투자, 즉 매도를 한다. 이동평균을 계산하기 위한 처음 200일 부분은 데이터가 없으므로 포지션을 0으로 둔다.

```python
import matplotlib.pyplot as plt
```

```
bind = pd.concat([data, SMA_200, SMA_60, signal], axis=1)
bind.columns = ['SPY', 'SMA 200', 'SMA 60', 'signal']
bind.loc['2018':].plot(figsize=(10, 6), secondary_y=['signal'])
plt.show()
```

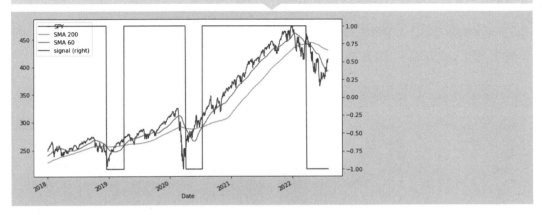

2018년 이후부터 주가와 각 이동평균선, 신호를 그림으로 나타내 보면 단기 이동평균선(SMA 60)이 장기 이동평균선(SMA 200) 위에 있을 경우에는 매수(1), 그렇지 않을 때는 매도(-1)를 하는 것이 확인된다. 이제 해당 전략의 백테스트를 실행해 보자.

```
import bt

strategy = bt.Strategy(
    'SMA_crossover',
    [bt.algos.SelectAll(),
     bt.algos.WeighTarget(signal),
     bt.algos.Rebalance()])
backtest = bt.Backtest(strategy, data)
result = bt.run(backtest)

result.plot(figsize=(10, 6))
plt.show()
```

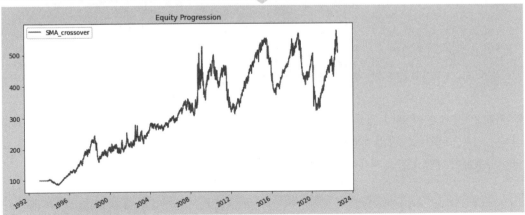

bt.algos.WeighTarget( ) 함수 내에 각 시점별 비중을 입력하면, 해당 시점과 비중에 맞춰 리밸런싱이 실시된다. 이를 통해 해당 패키지에서 함수 형태로 제공하지 않는 매우 복잡한 전략의 백테스트도 시기별 비중을 직접 계산해 얼마든지 실행할 수 있다.

결과를 살펴보면 장기간 우상향을 하지만 2011년, 2015~16년, 2020년 등에는 엄청난 낙폭을 기록하기도 했다. 월별 및 연도별 수익률을 확인해 보자.

```
result.display_monthly_returns()
```

Year	Jan	Feb	Mar	Apr	May	Jun	Jul	Aug	Sep	Oct	Nov	Dec	YTD
1993	0	0	0	0	0	0	0	0	0	0	-0.07	1.23	1.16
1994	3.49	-2.92	-4.19	1.12	-4.8	2.21	-3.16	-3.73	-1.04	2.84	-3.98	0.73	-13.08
1995	3.36	4.08	2.78	2.96	3.97	2.02	3.22	0.45	4.24	-0.29	4.45	1.57	38.05
1996	3.56	0.32	1.72	1.09	2.27	0.88	-4.49	1.93	5.59	3.23	7.3	-2.38	22.5
1997	6.18	0.96	-4.41	6.26	6.32	4.11	7.93	-5.18	4.81	-2.45	3.87	1.91	33.48
1998	1.29	6.93	4.88	1.28	-2.08	4.26	-1.35	-14.12	6.36	-17.03	-5.51	4.58	-13.23
1999	3.52	-3.21	4.15	3.8	-2.29	5.54	-3.1	-0.52	-2.23	6.41	1.67	5.71	20.39
2000	-4.98	-1.52	9.69	-3.51	-1.57	1.97	-1.57	6.53	-5.49	-0.47	-3.07	-0.14	-5.09
2001	-4.7	10.18	5.09	-8.52	0.35	2.3	0.73	6.02	8.09	-1.62	-7.49	-0.77	8.03
2002	0.73	1.52	-3.4	5.91	-5.38	7.51	6.87	-1.56	11.01	-8.8	-6.22	5.65	12.32
2003	2.06	1.12	-0.79	-8.09	3.66	1.07	1.8	2.06	-1.09	5.35	1.09	5.03	13.34
2004	1.98	1.36	-1.32	-1.89	1.71	1.85	-3.22	0.24	1.59	-1.41	-2.73	3.01	0.93
2005	-2.24	2.09	-1.83	-1.87	3.22	0.15	3.83	-0.94	0.8	-2.37	4.4	-0.19	4.83
2006	2.4	0.57	1.65	1.26	-3.01	0.26	0.45	-1.63	3.25	3.15	1.99	1.34	12.12
2007	1.5	-1.96	1.16	4.43	3.39	-1.46	-3.13	1.28	3.87	1.36	-3.87	-1.13	5.15
2008	-4.24	2.4	0.31	-4.81	-1.67	8.77	0.5	-1.82	8.35	11.5	3.66	-2.7	20.41
2009	7.69	11.02	-9.47	-9.7	-6.08	-0.53	7.46	3.69	3.55	-1.92	6.16	1.91	11.79
2010	-3.63	3.12	6.09	1.55	-7.95	-5.17	1.03	4.43	-8.43	-2.44	0	6.69	-6.04
2011	2.33	3.47	0.01	2.9	-1.12	-1.69	-2	-19.94	6.72	-10.49	-0.34	-1.31	-21.91
2012	-4.91	4.34	3.22	-0.67	-6.01	4.06	1.18	2.51	2.54	-1.82	0.57	0.89	5.41
2013	5.12	1.28	3.8	1.92	2.36	-1.33	5.17	-3	3.16	4.63	2.96	2.59	32.31
2014	-3.52	4.55	0.83	0.7	2.32	2.06	-1.34	3.95	-1.38	2.36	2.75	-0.25	13.46
2015	-2.96	5.62	-1.57	0.98	1.29	-2.03	2.26	-6.1	0.56	-7.99	-0.47	-0.27	-10.85
2016	-11.89	-0.18	-6.42	-1.54	1.7	0.35	3.65	0.12	0.01	-1.73	3.68	2.03	-10.79
2017	1.79	3.93	0.13	0.99	1.41	0.64	2.06	0.29	2.01	2.36	3.06	1.21	21.7
2018	5.64	-3.64	-2.74	0.52	2.43	0.58	3.7	3.19	0.59	-6.91	1.85	-9.26	-5.05
2019	-7.68	-3.19	-1.89	1.23	-6.38	6.96	1.51	-1.67	1.95	2.21	3.62	2.91	-1.43
2020	-0.04	-7.92	-12.49	-6.91	-4.92	-2.42	-1.09	6.98	-3.74	-2.49	10.88	3.7	-20.55
2021	-1.02	2.78	4.54	5.29	0.66	2.24	2.44	2.98	-4.66	7.02	-0.8	4.62	28.73
2022	-5.27	-2.95	5.68	9.07	-1	8.19	-8.72	-0.56	0	0	0	0	3.02

display_monthly_returns( ) 메서드를 통해 월 단위 및 연 단위 수익률을 확인할 수 있다. 2020년에는 코로나 이후 주가가 급등했음에도 롱 숏long short 전략은 -20.55%의 큰 손실을 기록하였다. 왜 이런 결과가 나왔는지 해당 구간을 자세히 살펴보자.

```
pd.concat([bind, result.prices],
          axis=1).loc['2020'].plot(figsize=(10, 6),
                                    secondary_y=['signal'],
```

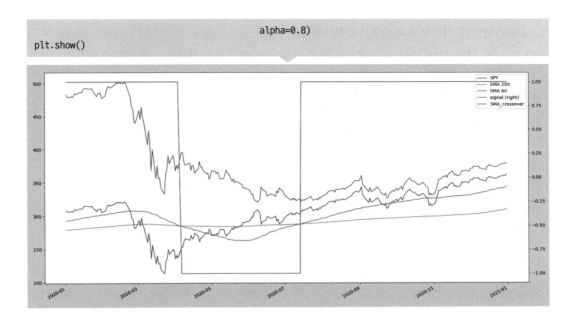

```
                                                    alpha=0.8)
plt.show()
```

코로나 사태로 인해 2020년 3월부터 미국 주식SPY은 급격하게 하락하기 시작했으며, 3월 중순에는 60일 이동평균선이 200일 이동평균선을 하회함에 따라 숏 신호가 발생하였다. 그러나 공교롭게도 해당 시점부터 시장은 바닥을 다지고 엄청난 상승을 보였으며, 전략SMA_crossover에서는 숏 포지션을 취하고 있는 만큼 손실이 발생하기 시작한다. 6월이 되어서야 다시 골든크로스가 발생하여 롱 포지션으로 전환하였지만, 불과 3개월 동안 복구할 수 없을 정도의 손실을 입게 되었다. 실제로 추세추종 전략을 사용하는 많은 펀드가 2020년 3월부터 6월까지 막대한 손실을 입었다. 2020년 1~3월에는 롱 포지션에서 손실을 입고, 3월부터는 숏 포지션에서 손실을 입어 양방향에서 모두 손실을 입은 것이다.

만일, 롱 온리 전략을 택했다면 3월부터 6월까지 단순히 수익을 얻지 못한 것에 그쳤겠지만, 숏 포지션으로 인해 손실이 배가된 것이다. 이처럼 숏 베팅은 하락 시장에서도 돈을 벌 수 있게 해주지만, 예상치 못한 급반등이 나올 경우 손실을 입히는 양날의 검이 되기도 한다. 이를 방지하기 위해 트레이딩에서는 다양한 신호의 결합, 손실제한(스톱로스stop loss, 로스컷loss cut) 등을 추가하기도 한다.

16.5 평균회귀 전략 백테스트

추세추종 전략은 주가가 동일한 방향으로 지속된다고 보는 반면, 평균회귀 전략은 주가가 평균으로 회귀한다고 보며 이에 베팅한다. 주가가 무한정 한방향으로 지속될 수는 없기에 추세추종 전략과 평균회귀 전략을 잘 조합해야 한다.

16.5.1 RSI를 이용한 전략

RSIRelative Strength Index는 일정 기간 주가의 상승폭과 하락폭의 크기를 비교해 상승과 하락의 상대적인 강도를 나타낸 지표로서 일반적으로 RSI가 70 이상일 경우 과매수 구간으로서 매도할 때를, 30 이하일 경우 과매도 구간으로서 매수해야 할 때로 여겨진다. 이에 대한 백테스트를 실행해 보자.

```python
import pandas_ta as ta

data = price[['SPY']]
spy_rsi = data.apply(lambda x: ta.rsi(x, 14))

signal = spy_rsi.copy()
signal[spy_rsi > 70] = -1
signal[spy_rsi < 30] = 1
signal[(spy_rsi <= 70) & (spy_rsi >= 30)] = 0
signal[signal.isnull()] = 0
```

먼저, apply( ) 함수 내부에 rsi( )를 이용해 14일 기준 RSI를 구한다. 그 후 RSI가 70을 초과하면 -1(숏 포지션), 30 미만이면 1(롱 포지션), 30과 70 사이이면 0(뉴트럴)인 신호를 만든다.

```python
from matplotlib import gridspec

fig = plt.subplots(figsize=(10, 6), sharex=True)
gs = gridspec.GridSpec(nrows=2, ncols=1, height_ratios=[2, 1])

ax1 = plt.subplot(gs[0])
ax1 = data['SPY'].plot()
ax1.set_xlabel('')
ax1.axes.xaxis.set_ticks([])

ax2 = plt.subplot(gs[1])
ax2 = spy_rsi['SPY'].plot(color='black', ylim=[0, 100])
ax2 = plt.axhline(y=30, color='red', linestyle='-')
ax2 = plt.axhline(y=70, color='red', linestyle='-')

plt.subplots_adjust(wspace=0, hspace=0)
plt.show()
```

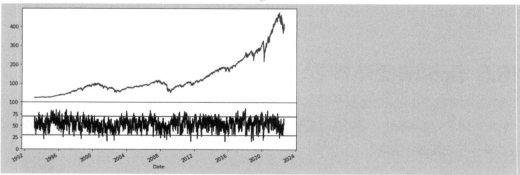

위쪽의 그래프는 주가를 나타내며, 아래쪽의 그래프는 RSI를 나타낸다. 이제 만들어진 신호를 바탕으로 백테스트를 실행해 보자.

```
strategy = bt.Strategy('RSI_MeanReversion',
                       [bt.algos.WeighTarget(signal),
                        bt.algos.Rebalance()])
backtest = bt.Backtest(strategy, data)
result = bt.run(backtest)

result.plot(figsize=(10, 6))
plt.show()
```

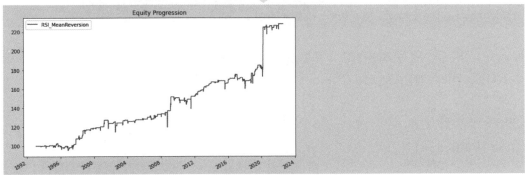

RSI를 이용하여 트레이딩을 할 경우 장기간으로 큰 손실 없이 잘 작동하지만, 과매수 또는 과매도로 인한 투자 신호가 나타나는 경우가 드물어 누적 수익률 자체도 그렇게 높지 않다. 반면, 2020년의 경우 추세추종 전략과는 반대로 3월 급락장에서 과매도 신호로 인해 매수를 함으로써, 반등으로 인해 상당한 수익을 거두기도 한다. 이처럼 추세추종과 평균회귀는 서로 상반되는 특징이 있으므로, 이를 잘 조합하면 훨씬 안정적인 수익을 거둘 수 있는 트레이딩 전략을 개발할 수도 있다.

성과 중 주요 지표를 확인해 보자.

```
result.stats.loc[['total_return', 'cagr', 'daily_vol', 'max_drawdown', 'calmar', 'daily_sharpe']]
```

	RSI_MeanReversion
total_return	1.282694
cagr	0.02836
daily_vol	0.063721
max_drawdown	−0.11526
calmar	0.246049
daily_sharpe	0.470196

16.5.2 볼린저 밴드를 이용한 전략

이번에는 볼린저 밴드를 이용한 평균회귀 전략을 백테스트해 보겠다. 볼린저 밴드는 이동평균선을 중심으로 일정 표준편차를 상한선과 하한선으로 설정한 밴드다. 주가의 움직임이 정규분포를 따른다면 주가는 상한선과 하한선으로 구성된 밴드 내에서만 움직일 확률이 높다. 따라서 주가가 상한선 위에 있다는 것은 과매수 상태이므로 하락할 가능성이 높으므로 숏 포지션을, 하한선 아래에 있다는 것은 과매도 상태로서 상승할 가능성이 높으므로 롱 포지션을 취한다.

```python
band = ta.bbands(data['SPY'], length=20, std=2)

bb = pd.concat([band[['BBL_20_2.0', 'BBM_20_2.0', 'BBU_20_2.0']], data['SPY']], axis=1)
bb.columns = ['Upper Band', 'Mid Band', 'Lower Band', 'SPY']
```

bbands() 함수를 이용해 20일 기준 2 표준편차에 해당하는 볼린저 밴드의 상, 중, 하단 값을 계산한 후 하나의 데이터프레임으로 묶어 준다.

```python
import numpy as np

signal = data.copy()
signal['SPY'] = np.nan

signal[bb['SPY'] > bb['Upper Band']] = -1
signal[bb['SPY'] < bb['Lower Band']] = 1
signal[signal.isnull()] = 0
```

주가가 상한선 위에 있을 경우 -1(숏 포지션), 주가가 하한선 아래에 있을 경우 1(롱 포지션), 그 외의 경우 0(뉴트럴)의 신호를 만든다. 해당 신호를 바탕으로 백테스트를 실행해 보자.

```python
strategy = bt.Strategy('BB',
                       [bt.algos.WeighTarget(signal),
                        bt.algos.Rebalance()])
backtest = bt.Backtest(strategy, data)
result = bt.run(backtest)

result.plot(figsize=(10, 6))
plt.show()
```

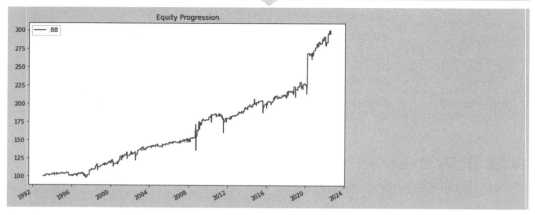

RSI와 마찬가지로 볼린저 밴드를 이용한 평균회귀 트레이딩을 할 경우에도 장기간으로 큰 손실 없이 잘 작동한다. 주요 성과 지표는 다음과 같다.

```
result.stats.loc[['total_return', 'cagr', 'daily_vol', 'max_drawdown', 'calmar', 'daily_sharpe']]
```

	BB
total_return	1.961631
cagr	0.037472
daily_vol	0.075467
max_drawdown	-0.208756
calmar	0.179503
daily_sharpe	0.52501

16.6 bt 패키지의 함수

마지막으로, bt 패키지의 함수들을 정리해 보겠다.

- 유니버스 선택
  - bt.algos.SelectAll( ): 모든 종목 선택
  - bt.algos.SelectHasData( ): 일정 개수 이상의 데이터가 있는 종목 선택
  - bt.algos.SelectMomentum( ): 모멘텀 상위 종목 선택, bt.algos.SelectAll( )을 먼저 불러와야 함
  - bt.algos.SelectWhere( ): 입력값이 True일 때만 투자

- 비중 선택
  - bt.algos.WeighEqually( ): 동일 비중
  - bt.algos.WeighSpecified( ): 비중 직접 입력. 리밸런싱마다 동일한 값 적용.
  - bt.algos.WeighTarget(signal): 비중 직접 입력. 리밸런싱마다 입력한 값 적용.
  - bt.algos.WeighERC( ): 위험균형 전략
  - bt.algos.WeighInvVol( ): 역변동성 전략
  - bt.algos.WeighMeanVar( ): 최대샤프지수 전략

- 리밸런싱 시점
  - bt.algos.RunOnce( ): 처음 한 번만 리밸런싱
  - bt.algos.RunDaily( ): 매일 리밸런싱

- bt.algos.RunMonthly( ): 매월 리밸런싱

- bt.algos.RunQuarterly( ): 매분기 리밸런싱

- bt.algos.RunWeekly( ): 매주 리밸런싱

- bt.algos.RunYearly( ): 매년 리밸런싱

- 리밸런싱 방법

  - bt.algos.Rebalance( ): 선택한 시점과 비중에 따라 리밸런싱

  - bt.algos.RebalanceOverTime( ): n일에 걸쳐 리밸런싱

- 기타 함수들

  - plot_weights( ): 투자비중 출력

  - get_security_weights( ): 투자비중을 데이터프레임 형태로 반환

  - prices( ): 누적 수익률을 데이터프레임 형태로 구하기

  - prices.rebase( ): 특정 시점부터 다시 100으로 환산

  - prices.to_returns( ): 수익률 계산

  - display( ): 성과 측정치

  - display_monthly_returns( ): 월간 수익률 구하기

  - turnover( ): 회전율 구하기

NOTE 앞에서 백테스트한 추세추종과 평균회귀 전략의 경우 신호가 발생하면 해당일 종가에 포지션을 취한다고 가정했다. 그러나 현실에서는 종가 직전까지 발생한 신호를 바탕으로 종가에 매매를 하거나 종가로 계산된 신호를 바탕으로 다음 날 시가에 매매를 해야 하므로, 백테스트의 수익률과 실제 수익률은 상당히 차이가 있을 수 있다. 또한, 매매수수료와 시장충격으로 인해 백테스트의 수익률과 실제 수익률 간 차이가 발생할 수도 있다.

17

증권사 API 연결과 매매하기

조건에 맞는 포트폴리오를 계산했으면, 실제로 매매하는 일이 남았다. 종목이 몇 개 되지 않고 리밸런싱 주기가 길다면(예: 월간 또는 분기별), 매번 HTS를 통해 직접 매매하는 것도 나쁘지는 않다. 그러나 증권사에서 제공하는 API를 이용할 경우 리밸런싱 작업 역시 자동으로 할 수 있다.

기존 국내 증권사들이 제공하던 API는 HTS에 로그인을 한 후 COM 방식을 연결해야 하는 매우 불편한 방식이었다. 반면 2022년 한국투자증권에서 Rest API와 웹소켓websocket 방식을 제공함에 따라 HTS에 로그인을 하지 않고 API Key만을 이용한 트레이딩이 가능해졌다. 또한, 국내뿐만 아니라 해외 주식에 대한 조회/주문 기능도 제공하고 있다.

표 17.1 증권사 API 비교

항목	오픈 API	기존 API
사용 가능 환경(OS)	제한 없음	윈도우만 가능
구동 방식	Rest API, websocket	Com, ocx, dll
인증 방식	대체 인증 토큰(Oauth 2.0)	HTS 접속 인증

이번 장에는 한국투자증권의 오픈 API를 이용해 매매 및 리밸런싱을 하는 법에 대해 알아보겠다. 오픈 API는 모의투자 계좌와 실제 계좌에서 사용할 수 있으므로, 모의투자 계좌를 대상으로 충분히 테스트를 거친 후 실제 계좌에 적용하는 것이 안전하다. 또한, API 사용법은 KIS Developers 홈페이지에 자세히 나와 있으니 참조하기 바란다.

https://apiportal.koreainvestment.com/

API를 신청하기 위해서는 계좌가 있어야 한다. 한국투자증권 계좌는 앱을 통해 비대면으로도 개설할 수 있다. 또한, API 서비스가 제대로 작동하고 있는지 HTS를 통해 확인해야 하므로, 이 역시 미리 다운로드받는다. 먼저, 한국투자증권 홈페이지에 접속하여 [이용안내 ➡ 온라인 이용안내 ➡ 온라인 거래시스템]를 선택한다.

그림 17.1 **온라인 거래 시스템**

여러 PC 전용 프로그램(HTS) 중 가장 일반적인 'eFriend Plus'를 다운로드받는다.

그림 17.2 **HTS 다운로드**

17.1 모의투자 및 API 서비스 신청하기

모의투자 계좌에서 API 서비스를 테스트해 보기 위해 모의계좌를 신청한다. 한국투자증권 홈페이지에 접속하여 로그인을 한 후 [트레이딩 ➡ 모의투자 ➡ 주식/선물옵션 모의투자 ➡ 모의투자안내]를 선택하여 계좌를 개설한다.

그림 17.3 **모의투자 신청하기**

[신청/재도전] 탭을 클릭한 후 리그 구분에서 국내주식, 금액은 최대인 5억 원을 선택한다. 그 후 이메일 및 휴대폰 번호를 입력하고 하단의 [신청]을 클릭한다.

그림 17.4 **모의투자 정보 입력**

신청을 완료하면 다음과 같은 화면이 뜬다. 모의계좌번호는 API 신청 시 필요하므로 기억해 두거나 적어 두기 바란다.

그림 17.5 **모의투자 신청 결과**

이제 API 서비스를 신청하도록 한다. 한국투자증권 홈페이지에서 [트레이딩 ➡ Open API ➡ KIS Developers ➡ KIS Developers 서비스 신청하기]를 선택한다.

그림 17.6 **API 서비스 신청하기(1)**

먼저, 휴대폰 번호 인증을 한다.

그림 17.7 **API 서비스 신청하기(2)**

다음으로 유의사항 확인 화면에서 [동의]를 누른 후 [다음]을 클릭한다.

그림 17.8 **API 서비스 신청하기(3)**

신청정보 화면에서 [종합계좌]와 [모의계좌] 모두 선택한다. 이후 [다음] 버튼을 클릭하면 인증 화면으로 넘어간다.

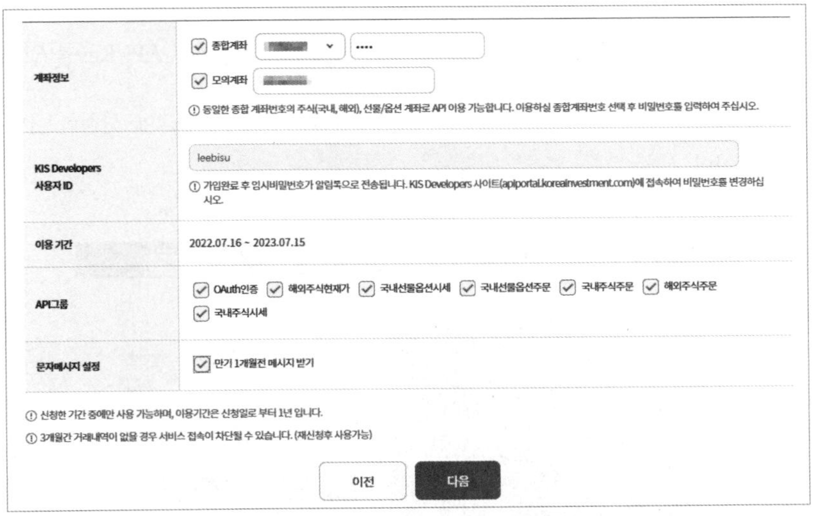

그림 17.9 **API 서비스 신청하기(4)**

인증을 마치면 종합계좌와 모의계좌에 각각 APP Key와 APP Secret이 생성된다. 해당 key를 통해 계좌 내에서 매매가 가능하므로 유출되지 않도록 조심한다.

그림 17.10 **API 서비스 신청하기(5)**

발급받은 API Key를 keyring 패키지를 이용해 저장한다.

```python
import keyring

# 종합계좌
keyring.set_password('real_app_key', 'User Name', 'APP Key')
keyring.set_password('real_app_secret', 'User Name', 'APP Secret')

# 모의계좌
keyring.set_password('mock_app_key', 'User Name', 'APP Key')
keyring.set_password('mock_app_secret', 'User Name', 'APP Secret')
```

'User Name'에는 본인의 이름, 'APP Key'와 'APP Secret'에는 각각 발급받은 API Key를 입력한다.

HTS에서 [eFriend 모의투자] 탭을 선택해 모의투자 계좌에 로그인하면, 잔고에 신청한 금액인 5억이 있는 것을 확인할 수 있다.

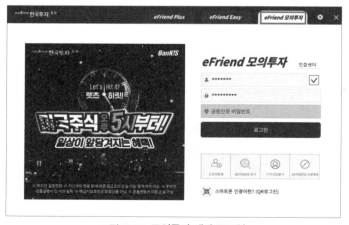

그림 17.11 **모의투자 계좌 로그인**

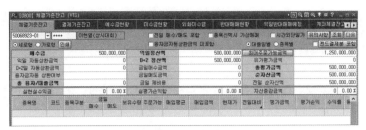

그림 17.12 **모의투자 계좌잔고**

17.2 접근 토큰 및 해시키 발급받기

API를 이용해 조회 및 주문을 하기 위해서는 접근 토큰access token과 해시키hashkey가 추가적으로 필요하다.

17.2.1 접근 토큰 발급받기

앞서 발급받은 App Key와 App Secret을 이용해 접근 토큰을 받을 수 있으며, 접근 토큰을 통해 계좌에 접근할 수 있다. 접근 토큰을 발급받는 법은 KIS Developers의 'API 문서' 페이지에 상세히 나와 있다.

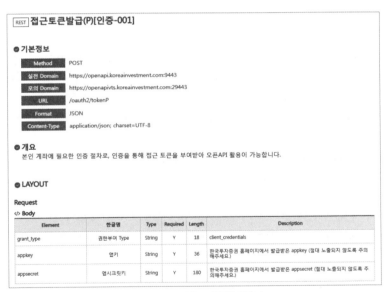

그림 17.13 **접근 토큰 발급받기**

기본 정보 및 LAYOUT의 항목에 맞춰 코드를 작성해 보자.

```python
import requests
import json
import keyring
```

```
# key
app_key = keyring.get_password('mock_app_key', 'Henry')
app_secret = keyring.get_password('mock_app_secret', 'Henry')  ········ ❶

# base url
url_base = "https://openapivts.koreainvestment.com:29443" # 모의투자  ········ ❷

# information
headers = {"content-type": "application/json"}  ········ ❸
path = "oauth2/tokenP"  ········ ❹
body = {  ········ ❺
    "grant_type": "client_credentials",
    "appkey": app_key,
    "appsecret": app_secret
}

url = f"{url_base}/{path}"  ········ ❻
print(url)
```

https://openapivts.koreainvestment.com:29443/oauth2/tokenP

❶ 'APP Key'와 'APP Secret'을 불러온다.

❷ 모의투자 Domain은 '29443'이다(실전투자 Domain은 '9443'이다).

❸ 헤더 정보를 입력한다.

❹ 접근 토큰 발급에 해당하는 url path를 입력한다.

❺ LAYOUT의 Request 중 Body 부분을 참조하여 딕셔너리 형태로 작성한다.

❻ Domain과 path를 합쳐 URL을 만든다.

이제 해당 URL에 body를 전송하면 접근 토큰을 발급받을 수 있다.

```
res = requests.post(url, headers=headers, data=json.dumps(body))
access_token = res.json()['access_token']
```

POST( ) 함수를 통해 URL에 headers와 body를 보내며, dumps( ) 함수를 통해 딕셔너리를 JSON 문자열로 변환하여 전송한다. 그 후 결과물에서 'access_token'에 해당하는 부분을 찾아 저장한다.

17.2.2 해시키 발급받기

조회가 아닌 주문이나 정정, 취소 등을 할 때는 추가적으로 해시키가 필요하다. 해시키는 보안을 위한 요소로 사용자가 보낸 요청 값을 중간에 탈취하여 변조하지 못하도록 하는 데 사용된다. 해시키는 요청하는 데이터마다 변하므로, 아래와 같이 함수로 만드는 것이 편리하다.

```
def hashkey(datas):
    path = "uapi/hashkey"  ········ ❶
    url = f"{url_base}/{path}"
```

```
    headers = {  ──── ❷
        'content-Type': 'application/json',
        'appKey': app_key,
        'appSecret': app_secret,
    }
    res = requests.post(url, headers=headers, data=json.dumps(datas))  ──── ❸
    hashkey = res.json()["HASH"]

    return hashkey  ──── ❹
```

❶ 해시키를 만드는 URL을 입력한다.

❷ headers 부분을 입력한다.

❸ post( ) 함수의 data 부분에는 함수의 입력값으로 받은 'datas'를 사용한다.

❹ 해시키에 해당하는 부분만 선택한 후 반환한다.

해시키의 구체적인 사용법은 주문 부분에서 자세히 살펴보도록 한다.

17.3 주식 현재가 시세 조회하기

발급받은 Key와 토큰을 통해 본격적으로 API를 사용해 보자. 먼저, 삼성전자의 현재가를 조회해 보겠다. 매뉴얼의 기본 정보 및 LAYOUT에 따라 코드를 작성한다.

```
path = "uapi/domestic-stock/v1/quotations/inquire-price"  ──── ❶
url = f"{url_base}/{path}"

headers = {  ──── ❷
    "Content-Type": "application/json",
    "authorization": f"Bearer {access_token}",
    "appKey": app_key,
    "appSecret": app_secret,
    "tr_id": "FHKST01010100"
}

params = {"fid_cond_mrkt_div_code": "J", "fid_input_iscd": "005930"}  ──── ❸

res = requests.get(url, headers=headers, params=params)
res.json()['output']['stck_prpr']
```

```
'61500'
```

❶ URL을 만든다.

❷ headers 부분에 해당하는 값들을 입력한다. 토큰과 키를 입력하며, 'tr_id'는 거래ID에 해당하는 부분으로서 주식현재가 시세에 해당하는 'FHKST01010100'를 입력한다.

❸ params 부분에서 'fid_cond_mrkt_div_code'는 시장 분류 코드를 의미하며, 주식에 해당하는 'J'를 입력한다. 'fid_input_iscd'는 종목코드에 해당하며 삼성전자의 티커를 입력한다.

작성된 내용을 바탕으로 get( ) 요청을 하여 결과를 받아 온다. 종목과 관련된 수많은 정보를 받을 수 있으며 이에 대한 자세한 설명은 홈페이지에서 확인할 수 있다. 이 중 '주식 현재가'에 해당하는 'stck_prpr' 부분을 통해 현재가를 확인할 수 있다.

이 외에도 홈페이지의 API 문서를 참조한 후 'headers'와 'params' 부분만 수정하면 여러 정보에 대해 조회할 수도 있다.

17.4 주식 주문하기

이번에는 주식 주문을 넣는 방법들에 대해 알아본 후, API를 이용해 주문하는 법에 대해 알아보겠다.

17.4.1 주식 주문 방법

A라는 주식을 사고 싶어도 파는 사람이 없다면 체결을 할 수가 없거나, 현재 가격보다 훨씬 비싼 가격을 제시해야 체결을 할 수 있다. 이처럼 좋은 주식을 선택하는 것 못지않게 실제로 어떻게 체결을 시키는지는 성과에 큰 영향을 미친다. 너무 급하게 체결을 시키기 위해서는 불리한 가격에 거래를 해야 하지만, 너무 유리한 가격에만 거래를 하려다가는 체결이 되지 않을 수도 있다. 따라서 주식을 주문하는 방법에 대해 알고, 상황에 맞는 방법을 선택해야 한다. 먼저, **그림 17.14**와 같이 시장에서 매수-매도 호가가 형성되어 있는 경우를 생각해 보자. 현재 가격은 61,400원이며, 팔고자 하는 사람들은 이보다 비싼 가격에, 사고자 하는 사람들은 이보다 싼 가격에 거래하기를 원한다.

그림 17.14 매수-매도 호가

지정가 주문

가장 많이 사용되는 '지정가 주문'은 투자자가 종목을 얼마에 몇 주 사거나 팔겠다고 명확하게 명시하여 주문을 내는 방법이다. 만일 61,400원에 100,000주 매수 주문을 내면, 기존 매도호가에 있는 70,180주를 매수하며, 나머지 29,820주는 다시 누군가가 61,400원에 팔 때까지 매수 물량에 쌓인다. 반면, 현재 가격보다 낮은 61,300원에 주문을 낼 경우 주가가 하락하지 않는 경우에는 체결이 되지 않을 수도 있다.

시장가 주문

가격에 상관없이 지금 당장 모든 주문을 체결해야 할 때 주문을 내는 방법이며, 대부분이 즉시 체결된다. 만일 시장가로 100,000주 매수 주문을 내면 61,400원에 있는 70,180주를 매수하고, 이보다 비싼 61,500원에 나머지 29,820주를 매수한다. 매물이 많은 종목이며 주문을 내는 물량이 얼마 되지 않는다면 보통 1~2호가 내에서 체결이 된다. 그러나 매물이 없고, 나와 있는 물량에 비해 본인의 주문이 지나치게 많다면 모든 호가를 잡아먹어 굉장히 불리한 가격에 체결을 할 수도 있다.

조건부 지정가

지정가 주문과 시장가 주문을 합쳐 놓은 형태로서 지정가 주문으로 낸 주문이 종가 단일가 매매 개시 시점인 3시 20분까지 체결되지 않을 시, 시장가 주문으로 전환되어 단일가 매매를 통해 종가로 거래가 체결된다.

최유리 지정가

지정가 주문과 비슷하게 종목과 수량을 지정하지만, 매수 주문은 해당 주문 접수 시점에 가장 낮은 매도 가격을, 매도 주문은 가장 높은 매수 가격을 지정한다. 즉 지금 바로 거래할 수 있는 첫 가격으로 주문이 나간다. 만일 최유리 지정가로 100,000주 매수 주문을 내면 자동으로 61,400원에 70,180주가 체결되며, 나머지 29,820주는 61,400원 매수 호가에 쌓이게 된다. 이는 시장가 주문과 큰 차이가 없는 듯 보이지만 매수/매도 1호가에만 주문이 나가기 때문에 호가를 잡아먹는 사태는 방지할 수 있다. 반면 장이 끝날 때까지 61,400원에 파는 사람이 없으면 나머지 29,820주는 체결이 되지 않는다.

최우선 지정가

이 역시 지정가 주문과 비슷하게 종목과 수량을 지정하며, 매수 주문의 경우 해당 주문 접수 시점에 가장 높은 매수 가격을, 매도 주문은 가장 낮은 매도 가격을 지정한다. 즉 바로 사거나 팔기 직전의 가격으로 모든 주문이 나간다. 만일 최우선 지정가로 100,000주 매수 주문을 내면 매수 1호가인 61,300원에 주문이 쌓인다. 이는 최유리 지정가보다 조금이라도 더 유리한 가격으로 체결을 시킬 수 있지만, 자신에게 유리한 방향으로 호가가 움직이지 않으면 체결이 되지 않을 수도 있다.

이 외에도 시간외 단일가, IOC 지정가, FOK 지정가 등의 복잡한 주문 형태도 있다.

17.4.2 매수 주문

API를 이용해 실제로 주문을 내보도록 하며, 모의투자의 경우 신용 주문이 되지 않아 현금 주문에 대해 테스트해 보겠다.

```python
path = "/uapi/domestic-stock/v1/trading/order-cash"
url = f"{url_base}/{path}"

data = {
    "CANO": "50068923", # 계좌번호 앞 8자리
    "ACNT_PRDT_CD": "01", # 계좌번호 뒤 2자리
    "PDNO": "005930", # 종목코드
    "ORD_DVSN": "01", # 주문 방법
    "ORD_QTY": "10", # 주문 수량
    "ORD_UNPR": "0", # 주문 단가 (시장가의 경우 0)
}

headers = {
    "Content-Type": "application/json",
    "authorization": f"Bearer {access_token}",
    "appKey": app_key,
```

```
    "appSecret": app_secret,
    "tr_id": "VTTC0802U",
    "custtype": "P",
    "hashkey": hashkey(data)
}

res = requests.post(url, headers=headers, data=json.dumps(data))
res.json()
```

```
{'rt_cd': '0',
 'msg_cd': '40600000',
 'msg1': '모의투자 매수주문이 완료 되었습니다.',
 'output': {'KRX_FWDG_ORD_ORGNO': '00950', 'ODNO': '287', 'ORD_TMD': '090036'}}
```

❶ URL을 만든다.

❷ data 부분에 LAYOUT에서 Body에 해당하는 값을 입력한다. 'ORD_DVSN'는 주문 방법이며 '01'은 시장가 주문에 해당하는 코드다. 'ORD_UNPR'는 주문 단가로서 시장가 주문의 경우에는 0을 입력한다(주문 방법별 코드는 **표 17.2**를 참고하기 바람).

❸ headers 부분도 채워 주도록 한다. 모의투자의 '주식 현금 매수 주문'에 해당하는 tr_id는 'VTTC0802U'이다(현금 매수/매도별 td_id는 **표 17.3**을 참고하기 바람). 또한, 주문의 경우 보안이 필요한 사항이므로, 위에서 입력한 data를 바탕으로 해시키를 발급받아 'hashkey' 부분에 입력한다. 이는 위에서 만들어 둔 hashkey( ) 함수를 사용하면 쉽게 적용할 수 있다.

❹ post( ) 함수를 통해 요청을 하면 주문이 전송된다.

표 17.2 주문 방법별 코드

코드	방법	코드	방법
00	지정가	09	자기주식S-Option
01	시장가	10	자기주식금전신탁
02	조건부 지정가	11	IOC지정가(즉시체결, 잔량취소)
03	최유리 지정가	12	FOK지정가(즉시체결, 전량취소)
04	최우선 지정가	13	IOC시장가(즉시체결, 잔량취소)
05	장전 시간외	14	FOK시장가(즉시체결, 전량취소)
06	장후 시간외	15	IOC최유리(즉시체결, 잔량취소)
07	시간외 단일	16	FOK최유리(즉시체결, 전량취소)
08	자기주식		

표 17.3 현금 매수/매도별 td_id

실전/모의 구분	매수/매도	td_id	실전/모의 구분	매수/매도	td_id
실전	현금 매수	TTTC0802U	모의	현금 매수	VTTC0802U
실전	현금 매도	TTTC0801U	모의	현금 매도	VTTC0801U

HTS를 확인해 보면 삼성전자 10주가 매수되어 있다.

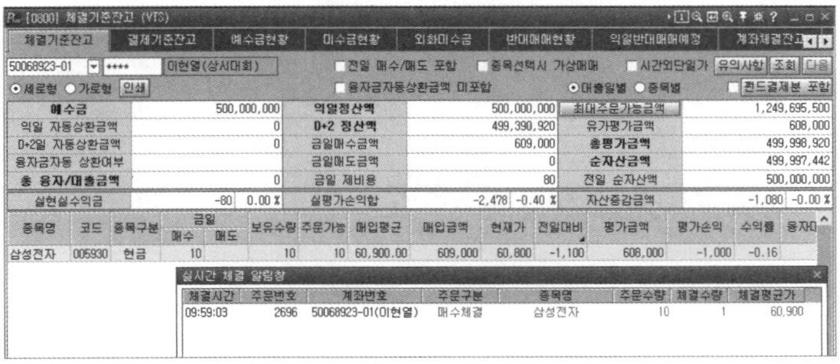

그림 17.15 매수 주문 체결

17.4.3 정정 주문

먼저, 거래가 체결되지 않을 만한 낮은 가격에 지정가 매수 주문을 내보자.

```
path = "/uapi/domestic-stock/v1/trading/order-cash"
url = f"{url_base}/{path}"

data = {
    "CANO": "50068923", # 계좌번호 앞 8자리
    "ACNT_PRDT_CD": "01", # 계좌번호 뒤 2자리
    "PDNO": "005930", # 종목코드
    "ORD_DVSN": "00", # 주문 방법
    "ORD_QTY": "10", # 주문 수량
    "ORD_UNPR": "50000", # 주문 단가 (시장가의 경우 0)
}

headers = {
    "Content-Type": "application/json",
    "authorization": f"Bearer {access_token}",
    "appKey": app_key,
    "appSecret": app_secret,
    "tr_id": "VTTC0802U",
    "custtype": "P",
    "hashkey": hashkey(data)
}

res = requests.post(url, headers=headers, data=json.dumps(data))
res.json()
```

```
{'rt_cd': '0',
 'msg_cd': '40600000',
 'msg1': '모의투자 매수주문이 완료 되었습니다.',
 'output': {'KRX_FWDG_ORD_ORGNO': '00950', 'ODNO': '336', 'ORD_TMD': '090147'}}
```

주문 방법(ORD_DVSN) 코드에 '지정가 주문'에 해당하는 '00'을 입력하며, 주문 단가(ORD_UNPR)에는 거래가 되지 않을 만한 낮은 가격을 입력한다. 결과를 확인해 보면 체결이 되지 않은 채 남아 있다.

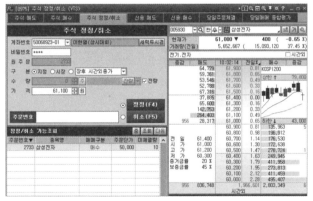

그림 17.16 **미체결 주문**

미체결된 주문을 정정하기 위해서는 '한국거래소전송주문조직번호'와 '주문번호' 정보를 알아야 하며,
이는 위의 결과에서 구할 수 있다.

```python
KRX_FWDG_ORD_ORGNO = res.json()["output"][
    "KRX_FWDG_ORD_ORGNO"]  # 한국거래소전송주문조직번호
ODNO = res.json()["output"]["ODNO"]  # 주문번호

print(KRX_FWDG_ORD_ORGNO, ODNO)
```

이제 해당 정보를 이용해 미체결된 주문을 '최유리 지정가'로 변경하여 정정 주문을 내도록 하자.

```python
path = "/uapi/domestic-stock/v1/trading/order-rvsecncl"  ········ ①
url = f"{url_base}/{path}"

data = {  ········ ②
    "CANO": "50068923", # 계좌번호 앞 8자리
    "ACNT_PRDT_CD": "01", #  계좌번호 뒤 2자리
    "KRX_FWDG_ORD_ORGNO": KRX_FWDG_ORD_ORGNO, # 한국거래소전송주문조직번호
    "ORGN_ODNO": ODNO, # 주문번호
    "ORD_DVSN": "03", # 주문 방법
    "RVSE_CNCL_DVSN_CD": "01", # 정정 (취소는 02)
    "ORD_QTY": "10", # 주문 수량
    "ORD_UNPR": "0", # 주문 단가 (시장가의 경우 0)
    "QTY_ALL_ORD_YN": "Y", # 잔량 전부 (잔량 일부는 N)
}

headers = {  ········ ③
    "Content-Type": "application/json",
    "authorization": f"Bearer {access_token}",
    "appKey": app_key,
    "appSecret": app_secret,
    "tr_id": "VTTC0803U",
    "custtype": "P",
    "hashkey": hashkey(data)
}
```

```
res = requests.post(url, headers=headers, data=json.dumps(data)) ········ ❹
res.json()
```

```
{'rt_cd': '0',
 'msg_cd': '40620000',
 'msg1': '모의투자 정정주문이 완료 되었습니다.',
 'output': {'KRX_FWDG_ORD_ORGNO': '00950', 'ODNO': '397', 'ORD_TMD': '090300'}}
```

❶ URL을 만든다.

❷ data 부분에는 Body에 해당하는 값을 입력한다. 정정 주문에 필요한 값이 추가된다.

❸ headers 부분도 채워 주도록 한다. tr_id를 모의투자의 '주식 정정 취소 주문'에 해당하는 'VTTC0803U'로 변경하며 나머지는 동일하다.

❹ post( ) 함수를 통해 요청을 하면 정정 주문이 전송된다.

HTS를 확인해 보면 미체결 주문이 정정되어 체결된 것을 확인할 수 있다.

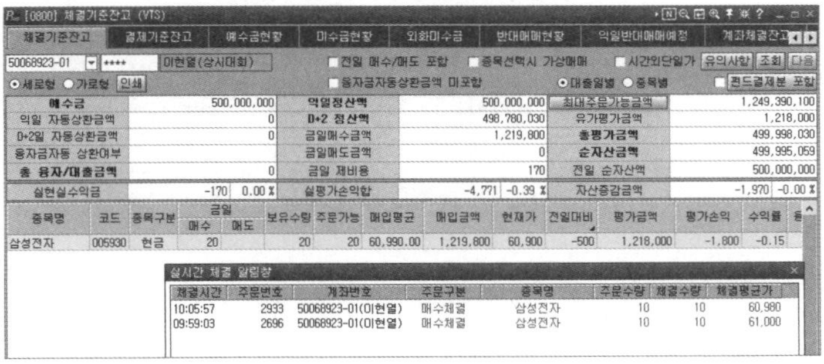

그림 17.17 **정정 주문 체결**

17.4.4 매도 주문

매도 주문의 경우 매수 주문과 거의 동일하며, 'tr_id' 부분만 변경해 주면 된다. 삼성전자 10주를 시장
가로 매도해 보자.

```
path = "/uapi/domestic-stock/v1/trading/order-cash"
url = f"{url_base}/{path}"

data = {
    "CANO": "50068923", # 계좌번호 앞 8자리
    "ACNT_PRDT_CD": "01", # 계좌번호 뒤 2자리
    "PDNO": "005930", # 종목코드
    "ORD_DVSN": "01", # 주문 방법
    "ORD_QTY": "10", # 주문 수량
    "ORD_UNPR": "0", # 주문 단가 (시장가의 경우 0)
}

headers = {
    "Content-Type": "application/json",
```

```
        "authorization": f"Bearer {access_token}",
        "appKey": app_key,
        "appSecret": app_secret,
        "tr_id": "VTTC0801U",
        "custtype": "P",
        "hashkey": hashkey(data)
}

res = requests.post(url, headers=headers, data=json.dumps(data))
```

'tr_id'만 모의투자의 현금 매도에 해당하는 'VTTC0801U'로 변경하였으며, 나머지는 현금 매수와 동일
하다.

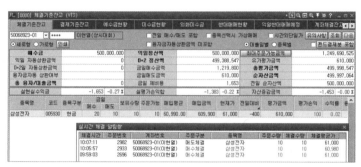

그림 17.18 **매도 주문 체결**

17.5 주식 잔고조회

주식 및 계좌잔고를 조회해 보자.

```
path = "/uapi/domestic-stock/v1/trading/inquire-balance"  ······· ①
url = f"{url_base}/{path}"

headers = {  ······· ②
    "Content-Type": "application/json",
    "authorization": f"Bearer {access_token}",
    "appKey": app_key,
    "appSecret": app_secret,
    "tr_id": "VTTC8434R"
}

params = {  ······· ②
    "CANO": "50068923", # 계좌번호 앞 8자리
    "ACNT_PRDT_CD": "01", # 계좌번호 뒤 2자리
    "AFHR_FLPR_YN": "N", # 시간외 단일가 여부
    "OFL_YN": "", # 공란
    "INQR_DVSN": "01", # 조회구분
    "UNPR_DVSN": "01", # 단가구분
    "FUND_STTL_ICLD_YN": "N", # 펀드 결제분 포함 여부
    "FNCG_AMT_AUTO_RDPT_YN": "N", # 융자금액 자동상환 여부
    "PRCS_DVSN": "00", # 처리구분(00: 전일매매포함)
```

```
    "CTX_AREA_FK100": "",  # 연속조회 검색조건
    "CTX_AREA_NK100": "",  # 연속조회키
}

res = requests.get(url, headers=headers, params=params) ------- ❸
```

❶ URL을 만든다.

❷ headers와 params 부분에 해당하는 값을 채운다.

❸ get( ) 함수를 통해 데이터를 요청한다.

결과를 살펴보면 ['output1']에는 보유 종목에 대한 정보가 들어 있고, ['output2']에는 계좌잔고 정보가 들어 있다. 먼저, 보유 종목 정보를 살펴보자.

```
res.json()['output1']
```

```
[{'dnca_tot_amt': '500000000',
  'nxdy_excc_amt': '500000000',
  'prvs_rcdl_excc_amt': '499383343',
  'cma_evlu_amt': '0',
  'bfdy_buy_amt': '0',
  'thdt_buy_amt': '1227000',
  'nxdy_auto_rdpt_amt': '0',
  'bfdy_sll_amt': '0',
  'thdt_sll_amt': '612000',
  'd2_auto_rdpt_amt': '0',
  'bfdy_tlex_amt': '0',
  'thdt_tlex_amt': '1657',
  'tot_loan_amt': '0',
  'scts_evlu_amt': '612000',
  'tot_evlu_amt': '499995343',
  'nass_amt': '499993856',
  'fncg_gld_auto_rdpt_yn': '',
  'pchs_amt_smtl_amt': '613500',
  'evlu_amt_smtl_amt': '612000',
  'evlu_pfls_smtl_amt': '-1500',
  'tot_stln_slng_chgs': '0',
  'bfdy_tot_asst_evlu_amt': '500000000',
  'asst_icdc_amt': '-4657',
  'asst_icdc_erng_rt': '-0.00093140'}]
```

티커 및 종목명, 보유수량, 매입평균가격 등이 상세하게 적혀 있다. 이를 데이터프레임 형태로 변경하자.

```
import pandas as pd

ap = pd.DataFrame.from_records(res.json()['output1'])
ap
```

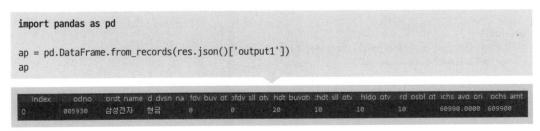

index	pdno	prdt_name	d_dvsn_na	fdv_buy_qty	bfdy_sll_qty	hdt_buvqty	thdt_sll_qty	hlda_qty	rd_psbl_qty	pchs_avg_pri	pchs_amt
0	005930	삼성전자	현금	0	0	20	10	10	10	60990.0000	609900

from_records( ) 함수를 이용하면 JSON 형태를 데이터프레임 형태로 변경할 수 있다. 모의투자에서 잔고조회 API는 한 번에 20종목까지 조회할 수 있으며, 이후의 값은 연속조회를 통해 확인할 수 있다. 이에 대해서는 나중에 다시 살펴보자.

이번에는 계좌잔고를 확인해 보자.

```
res.json()['output2']
```

```
[{'dnca_tot_amt': '500000000',
  'nxdy_excc_amt': '500000000',
  'prvs_rcdl_excc_amt': '499383343',
  'cma_evlu_amt': '0',
  'bfdy_buy_amt': '0',
  'thdt_buy_amt': '1227000',
  'nxdy_auto_rdpt_amt': '0',
  'bfdy_sll_amt': '0',
  'thdt_sll_amt': '612000',
  'd2_auto_rdpt_amt': '0',
  'bfdy_tlex_amt': '0',
  'thdt_tlex_amt': '1657',
  'tot_loan_amt': '0',
  'scts_evlu_amt': '612000',
  'tot_evlu_amt': '499995343',
  'nass_amt': '499993856',
  'fncg_gld_auto_rdpt_yn': '',
  'pchs_amt_smtl_amt': '613500',
  'evlu_amt_smtl_amt': '612000',
  'evlu_pfls_smtl_amt': '-1500',
  'tot_stln_slng_chgs': '0',
  'bfdy_tot_asst_evlu_amt': '500000000',
  'asst_icdc_amt': '-4657',
  'asst_icdc_erng_rt': '-0.00093140'}]
```

예수금총금액, 전일/금일 매수금액, 전일/금일 매도금액 등 잔고에 대한 정보가 들어 있다.

17.6 스케줄링

포트폴리오를 교체하는 리밸런싱 작업은 몇 시간 또는 며칠에 걸쳐 나누어 해야, 시장에 충격을 주지 않으면서 자신이 원하는 만큼 매매할 수 있다. 이를 위해서는 정해진 시간에 정해진 수량을 매수 또는 매도하도록 계획을 짠 뒤 실행하는 '스케줄링scheduling'에 대해 알아야 한다. 스케줄링이란 정해진 시간에 파이썬 스크립트를 자동으로 실행하게 해주며, 일반적으로 'schedule' 패키지를 이용한다. 먼저, 간단한 예제를 살펴보자.

```
import datetime

def job():
    print(datetime.datetime.now().strftime('%H:%M:%S'))
    print("====================")
```

위의 job( ) 함수는 현재 시간을 출력해 준다. 이제 schedule 패키지를 이용해 위의 함수가 3초마다 실행되게 지정하자.

```
import schedule

schedule.every(3).seconds.do(job)
```

```
Every 3 seconds do job() (last run: [never], next run: 2022-08-05 18:18:12)
```

every( ) 안에는 반복 주기를 입력하고, seconds는 초를 의미하며, do( ) 안에는 실행할 함수를 입력한다. 즉 3초마다 job 함수를 실행하도록 지정했다. seconds가 아닌 minutes, hour, day, monday 등 실행 시점을 자유롭게 조절할 수도 있다. 등록된 스케줄을 확인하는 법은 다음과 같다.

```
schedule.get_jobs()
```

```
[Every 3 seconds do job() (last run: [never], next run: 2022-08-05 18:18:12)]
```

schedule.get_jobs( )를 입력하면 현재 등록된 스케줄을 모두 출력한다. 이제 해당 함수를 실행해 보자.

```
while True:
    schedule.run_pending()
```

schedule.run_pending( )을 실행하면 스케줄에 등록된 작업이 실행되며, while 문을 통해 해당 코드가 계속 실행되게 한다. 즉 3초마다 현재 시간을 출력하는 job( ) 함수가 실행되어 결과가 출력된다. 작업을 멈추기 위해서는 오른쪽 상단의 붉은색 네모를 클릭하면 된다.

현재 등록된 스케줄을 삭제하는 법은 다음과 같다.

- schedule.clear_job(job): 특정 스케줄 삭제
- schedule.clear( ): 모든 스케줄 삭제

17.6.1 시간 지정하기

이번에는 작업이 실행될 시간과 종료할 시간을 직접 지정해 보자.

```
import pandas as pd
from datetime import timedelta

schedule.clear()  ········ ①
```

```
startDt = datetime.datetime.now() + timedelta(seconds=60) ········· ❷
endDt = datetime.datetime.now() + timedelta(seconds=80) ········· ❸
time_list = pd.date_range(startDt, endDt, periods=5) ········· ❹

print(time_list)
```

```
DatetimeIndex(['2022-08-05 18:19:10.340281', '2022-08-05 18:19:15.340281',
               '2022-08-05 18:19:20.340281', '2022-08-05 18:19:25.340281',
               '2022-08-05 18:19:30.340281'],
              dtype='datetime64[ns]', freq=None)
```

❶ schedule.clear( ) 함수를 통해 기존에 저장된 스케줄을 삭제한다.

❷ startDt에는 현재 시간에서 60초를 더한다.

❸ endDt에는 현재 시간에서 90초를 더한다.

❹ date_range 함수를 통해 startDt와 endDt를 10개 구간으로 나눈다.

위 결과를 스케줄러 등록에 필요한 '시:분:초' 형태로 변형하자.

```
time_list_sec = [i.strftime('%H:%M:%S') for i in time_list]

time_list_sec
```

```
['18:19:10', '18:19:15', '18:19:20', '18:19:25', '18:19:30']
```

이제 위의 시간에 job( ) 함수를 수행하도록 스케줄을 등록하자.

```
[schedule.every().day.at(i).do(job) for i in time_list_sec]
```

```
[Every 1 day at 18:19:10 do job() (last run: [never], next run: 2022-08-05 18:19:10),
 Every 1 day at 18:19:15 do job() (last run: [never], next run: 2022-08-05 18:19:15),
 Every 1 day at 18:19:20 do job() (last run: [never], next run: 2022-08-05 18:19:20),
 Every 1 day at 18:19:25 do job() (last run: [never], next run: 2022-08-05 18:19:25),
 Every 1 day at 18:19:30 do job() (last run: [never], next run: 2022-08-05 18:19:30)]
```

schedule.every( ).day.at(i).do(job) 형태처럼 at 내에 특정 시점을 입력하면 해당 시점에 함수가 실행된다. 이제 결과를 살펴보자.

```
while True:
    schedule.run_pending() ········· ❶
    if datetime.datetime.now() > endDt: ········· ❷
        print('End')
        schedule.clear()
        break
```

```
18:19:10
====================
```

```
18:19:15
===================
18:19:20
===================
18:19:25
===================
18:19:30
===================
End
```

❶ 스케줄에 입력된 시간에 현재 시간을 출력하는 함수가 실행된다.

❷ 만일, 현재 시간이 'endDt'를 넘어가면 'End'를 출력하고 등록된 모든 스케줄을 삭제한다. 그 후 break를 통해 while문이 멈춘다.

이러한 스케줄링을 활용하면 정해진 시간에 정해진 주식을 자동으로 매매할 수도 있다. schedule 패키지의 자세한 사용법은 공식 웹 페이지에서 확인할 수 있다.

https://schedule.readthedocs.io/en/stable/examples.html

17.7 포트폴리오 리밸런싱

앞서 배웠던 내용들을 응용해, 포트폴리오를 구성한 뒤 이를 매수하거나 다른 포트폴리오로 리밸런싱하는 작업을 해보자. 거래하는 종목이나 금액이 얼마 되지 않을 때는 지정가 주문 또는 시장가 주문으로도 체결할 수 있다. 그러나 종목수가 많고 금액이 커진다면 이러한 방법으로는 체결이 힘들다. 큰 금액을 한 번에 시장가로 주문하면 불리한 가격에 체결될 수 있고, 지정가로 주문하면 체결이 안 될 가능성이 크기 때문이다. 그렇다고 하루 종일 수십 종목에 대해 계속해서 정정 주문을 내는 것도 현실적으로 불가능하다.

따라서 전문투자자들은 리밸런싱 작업을 할 때 종종 시분할 매매Time Weighted Average Price, TWAP를 사용한다. 국내에서는 흔히 CDCareful Discretion 주문이라고도 한다. 즉 1,000주를 매수해야 하면 주문 시간을 여러 개로 나누어 조금씩 매수를 하는 것이다. 물량이 너무 많을 경우 며칠에 걸쳐 나누어 주문을 체결을 하기도 한다. 이를 통해 한 번에 주문을 냄으로써 발생할 수 있는 시장충격을 최소화할 수 있으며, 미체결될 확률도 줄일 수 있다.

이 책에서는 시간을 나누어 1주 단위로 최유리 지정가 주문으로 내는 방법에 대해 실습해 보겠다. 주문이 계속해서 1주 단위로 나가므로 대부분 체결이 가능하며, 시장에 미치는 영향도 거의 없다. 또한, 매매시간은 9시 10분부터 3시까지 하도록 한다. 9시부터 초반 10분간은 기관투자자들의 프로그램 매매로 인해 가격 변동성이 크고 물량도 잘 없어, 불리한 가격에 체결될 확률이 높기 때문이다. 또한, 3시에는 주문을 마감해야 남은 시간에 미체결 물량 및 T+2 예수금 상황 등을 고려해 정리 작업을 할 수 있다.

17.7.1 포트폴리오 매수

먼저, 모의계좌에서 국내 대형주 10개로 구성된 포트폴리오를 시분할로 매수해 보자.

```python
import requests
import json
import keyring
import pandas as pd
import time
import numpy as np
import datetime
from datetime import timedelta
import schedule

# API Key ········ ❶
app_key = keyring.get_password('mock_app_key', 'Henry')
app_secret = keyring.get_password('mock_app_secret', 'Henry')

# 접근 토큰 발급 ········ ❷
url_base = "https://openapivts.koreainvestment.com:29443"  # 모의투자

headers = {"content-type": "application/json"}
path = "oauth2/tokenP"
body = {
    "grant_type": "client_credentials",
    "appkey": app_key,
    "appsecret": app_secret
}

url = f"{url_base}/{path}"
res = requests.post(url, headers=headers, data=json.dumps(body))
access_token = res.json()['access_token']

# 해시키 발급 ········ ❸
def hashkey(datas):
    path = "uapi/hashkey"
    url = f"{url_base}/{path}"
    headers = {
        'content-Type': 'application/json',
        'appKey': app_key,
        'appSecret': app_secret,
    }
    res = requests.post(url, headers=headers, data=json.dumps(datas))
    hashkey = res.json()["HASH"]

    return hashkey
```

❶ 모의투자에 해당하는 API Key를 불러온다.

❷ 접근 토큰을 발급받는다.

❸ 해시키를 발급받는 함수를 만든다.

다음으로 각종 조회 및 체결 함수를 만들도록 하자.

```
# 현재가 구하기
def get_price(ticker):
    path = "uapi/domestic-stock/v1/quotations/inquire-price"
    url = f"{url_base}/{path}"

    headers = {
        "Content-Type": "application/json",
        "authorization": f"Bearer {access_token}",
        "appKey": app_key,
        "appSecret": app_secret,
        "tr_id": "FHKST01010100"
    }

    params = {"fid_cond_mrkt_div_code": "J", "fid_input_iscd": ticker}

    res = requests.get(url, headers=headers, params=params)
    price = res.json()['output']['stck_prpr']
    price = int(price)
    time.sleep(0.1)

    return price
```

종목코드에 해당하는 ticker를 입력하면 현재가를 출력하는 함수를 만든다. 또한, API는 초당 10건까지 요청할 수 있으므로, 연속조회를 위해 0.1초의 정지를 준다.

```
# 주문
def trading(ticker, tr_id):

    path = "/uapi/domestic-stock/v1/trading/order-cash"
    url = f"{url_base}/{path}"

    data = {
        "CANO": "50068923", # 계좌번호 앞 8자리
        "ACNT_PRDT_CD": "01",
        "PDNO": ticker,
        "ORD_DVSN": "03",
        "ORD_QTY": "1",
        "ORD_UNPR": "0",
    }

    headers = {
        "Content-Type": "application/json",
        "authorization": f"Bearer {access_token}",
        "appKey": app_key,
        "appSecret": app_secret,
        "tr_id": tr_id,
        "custtype": "P",
        "hashkey": hashkey(data)
    }

    res = requests.post(url, headers=headers, data=json.dumps(data))
```

주문을 내는 함수를 만든다. 종목코드에 해당하는 ticker와 매수/매도 구분에 해당하는 **tr_id**를 입력하면, 해당 종목을 최유리 지정가(ORD_DVSN)로 한 주씩(ORD_QTY) 주문을 낸다.

```python
# 계좌 잔고 조회
def check_account():

    output1 = []
    output2 = []
    CTX_AREA_NK100 = ''

    while True:

        path = "/uapi/domestic-stock/v1/trading/inquire-balance"
        url = f"{url_base}/{path}"

        headers = {
            "Content-Type": "application/json",
            "authorization": f"Bearer {access_token}",
            "appKey": app_key,
            "appSecret": app_secret,
            "tr_id": "VTTC8434R"
        }

        params = {
            "CANO": "50068923", # 계좌번호 앞 8자리
            "ACNT_PRDT_CD": "01",
            "AFHR_FLPR_YN": "N",
            "UNPR_DVSN": "01",
            "FUND_STTL_ICLD_YN": "N",
            "FNCG_AMT_AUTO_RDPT_YN": "N",
            "OFL_YN": "",
            "INQR_DVSN": "01",
            "PRCS_DVSN": "00",
            "CTX_AREA_FK100": '',
            "CTX_AREA_NK100": CTX_AREA_NK100
        }

        res = requests.get(url, headers=headers, params=params)
        output1.append(pd.DataFrame.from_records(res.json()['output1']))

        CTX_AREA_NK100 = res.json()['ctx_area_nk100'].strip()

        if CTX_AREA_NK100 == '':
            output2.append(res.json()['output2'][0])
            break

    if not output1[0].empty:
        res1 = pd.concat(output1)[['pdno',
                                   'hldg_qty']].rename(columns={
                                       'pdno': '종목코드',
                                       'hldg_qty': '보유수량'
                                   }).reset_index(drop=True)
    else:
        res1 = pd.DataFrame(columns=['종목코드', '보유수량'])
```

```
        res2 = output2[0]

        return [res1, res2]
```

계좌의 보유종목 및 계좌잔고 항목을 조회하는 함수를 만든다. 이전에 설명했듯이 잔고조회 API는 모의투자에서는 한 번에 20종목까지, 실제 계좌에서는 50종목까지 조회할 수 있다. 따라서 종목수가 이보다 더 많을 경우에는 연속조회를 통해 확인해야 한다. 연속조회 값이 없을 경우 res.json( )['ctx_area_nk100'] 값은 ''이지만, 그 이상일 경우에는 연속조회를 시작해야 하는 티커가 반환된다. 이를 이용해 해당 값이 ''가 나올 때까지 while문을 이용해 연속조회를 한다. 또한, 보유종목에서는 '종목코드'와 '보유수량' 열만 선택하며, 만일 보유종목이 없는 경우에는 빈 데이터프레임을 입력한다. res2에는 계좌잔고를 입력한다.

```
ap, account = check_account()
```

위 코드를 실행하면 보유종목에 해당하는 res1은 ap 변수에, 계좌잔고에 해당하는 res2는 account 변수에 각각 입력된다. 이제 각 종목당 몇 주를 사야 하는지 수량을 계산하자.

```
# 모델 포트폴리오
mp = pd.DataFrame({        ········ ❶
    '종목코드': [
        '005930', # 삼성전자
        '373220', # LG에너지솔루션
        '000660', # SK하이닉스
        '207940', # 삼성바이오로직스
        '051910', # LG화학
        '035420', # NAVER
        '005380', # 현대차
        '006400', # 삼성SDI
        '035720', # 카카오
        '105560', # KB금융
    ]
})

# 보유 종목과 aum 불러오기
ap, account = check_account()

# 주당 투자 금액        ········ ❷
invest_per_stock = int(account['tot_evlu_amt']) * 0.98 / len(mp)

# 매매 구성
target = mp.merge(ap, on='종목코드', how='outer')        ········ ❸
target['보유수량'] = target['보유수량'].fillna(0).apply(pd.to_numeric)        ········ ❹

# 현재가 확인
target['현재가'] = target.apply(lambda x: get_price(x.종목코드), axis=1)        ········ ❺

# 목표수량 및 투자수량 입력
target['목표수량'] = np.where(target['종목코드'].isin(mp['종목코드'].tolist()),        ········ ❻
```

```
                      round(invest_per_stock / target['현재가']), 0)
target['투자수량'] = target['목표수량'] - target['보유수량']  ········ ❼
```

❶ 먼저, 국내 대형주 10종목(모델 포트폴리오)의 티커를 데이터프레임(mp) 형태로 만든 후, 보유 종목과 aum을 불러온다.

❷ 주당 투자 금액을 계산한다. 계좌잔고에서 총평가금액 항목을 가져온 후 int( ) 함수를 통해 숫자형태로 변경한다. 만일, 총평가금액을 100% 투자할 경우, 리밸런싱 과정에서 주가의 등락에 의해 주문금액이 보유금액을 초과하는 일이 벌어질 수도 있으므로 1~5% 정도의 현금은 보유하는 것이 좋다. 즉 총평가금액의 98%만 투자에 이용하며, 이를 모델 포트폴리오의 종목수로 나누어 종목당 투자 금액을 계산한다.

❸ 투자하고자 하는 포트폴리오(mp)와 현재 포트폴리오(ap)를 merge( ) 함수를 통해 합치며, 모든 종목이 들어가야 하므로 outer 방식으로 합친다.

❹ mp 중 현재 보유하고 있지 않은 종목은 NA로 표시되므로, 이를 0으로 바꾼다. 그 후 '보유수량' 열의 값을 to_numeric( ) 함수를 이용해 숫자 형태로 변경한다.

❺ 앞서 만든 현재가를 확인하는 get_price( ) 함수를 이용해 모든 종목의 현재가를 확인한다.

❻ 종목코드가 투자하고자 하는 대상, 즉 모델 포트폴리오에 있는 경우는 '종목당 투자 금액/현재가'를 통해 종목당 목표수량이 얼마인지 계산한다. 그렇지 않을 경우, 즉 모델 포트폴리오에 존재하지 않아 전량 매도해야 하는 종목은 목표수량에 0을 입력한다.

❼ 목표수량에서 보유수량을 빼 실제로 몇 주를 투자해야 하는지 계산한다.

만들어진 데이터프레임을 확인해 보자.

| target | | | | | |
Index	종목코드	보유수량	현재가	목표수량	투자수량
0	005930	10	61000	803	793
1	373220	0	424500	115	115
2	000660	0	97100	505	505
3	207940	0	867000	57	57
4	051910	0	618000	79	79
5	035420	0	258500	190	190
6	005380	0	196500	249	249
7	006400	0	580000	84	84
8	035720	0	74500	658	658
9	105560	0	47950	1022	1022

- 종목코드: 투자하고자 하는 종목 및 보유 종목의 티커
- 보유수량: 각 종목의 현재 보유수량

- 현재가: 각 종목의 현재가
- 목표수량: 총평가금액 기준으로 계산된 각 종목의 목표수량
- 투자수량: 목표수량에서 보유수량이 빼서 계산된 실제 투자해야 되는 수량

이제 각 종목별로 시분할 주문을 스케줄에 입력한다.

```python
# 시간 분할
startDt1 = datetime.datetime.now() + timedelta(minutes=1)
startDt2 = datetime.datetime.now().replace(hour=9,minute=10,second=0,microsecond=0)
startDt = max(startDt1, startDt2)  ┈┈┈ ❶
endDt = datetime.datetime.now().replace(hour=15,minute=0,second=0,microsecond=0)  ┈┈┈ ❷

# 스케줄 초기화
schedule.clear()  ┈┈┈ ❸

# 스케줄 등록
for t in range(target.shape[0]) :  ┈┈┈ ❹

    n = target.loc[t, '투자수량']
    position = 'VTTC0802U' if n > 0 else 'VTTC0801U'  ┈┈┈ ❹
    ticker = target.loc[t, '종목코드']

    time_list = pd.date_range(startDt, endDt, periods = abs(n))
    time_list = time_list.round(freq = 's').tolist()
    time_list_sec = [s.strftime('%H:%M:%S') for s in time_list]  ┈┈┈ ❺

    for i in time_list_sec:
        schedule.every().day.at(i).do(trading, ticker, position)  ┈┈┈ ❻
```

❶ 시작시간(startDt)은 현재보다 1분 뒤와 9시 10분 중 큰 값을 선택한다. 즉 9시 10분 이전에 코드를 실행하면 9시 10분부터 주문이 나가지만, 장이 시작하고 코드를 실행하면 1분 뒤부터 주문이 나가도록 한다.

❷ 종료시간(endDt)은 오후 3시를 입력한다.

❸ schedule.clear( )를 통해 기존 등록된 스케줄을 모두 삭제한다.

❹ for문을 통해 전 종목의 시분할 주문을 만든다. 포지션의 경우 만일 투자수량(n)이 0보다 클 경우 매수를 해야 하므로 이에 해당하는 tr_id인 'VTTC0802U'을, 매도의 경우에는 'VTTC0801U'를 입력한다.

❺ 시작시간부터 종료시간까지 투자수량의 절댓값에 해당하는 만큼 기간을 나눈다. 이 후 '시:분:초'의 형태로 만든다.

❻ 스케줄러에 등록될 함수에 인자가 들어가는 경우는 do(함수명, 인자1, 인자2, ...) 형태로 입력하면 된다.

schedule.get_jobs( )를 통해 확인해 보면 모든 종목이 한 주씩 시분할 주문이 나가도록 스케줄이 등록되어 있다. 이제 매매를 시작해 보자.

```
# 스케줄 실행
while True:
    schedule.run_pending()  ········· ❶
    if datetime.datetime.now() > endDt :
        print('거래가 완료되었습니다.')
        schedule.clear()
        break  ········· ❷
```

❶ schedule.run_pending( ) 함수를 통해 스케줄에 등록된 작업을 실행한다.

❷ 만일, 현재 시간이 3시(endDt) 이후일 경우에는 스케줄을 모두 지우고 break를 통해 작업을 정지한다.

매매가 실행되는 동안 파이썬 프로그램은 계속 켜 두어야 하며, HTS를 확인해 보면 한 주씩 주문이 나가는 것을 확인할 수 있다.

그림 17.19 **포트폴리오 매수 진행**

3시가 지난 후 계좌를 확인해 보면, 포트폴리오 매수가 제대로 진행되었다.

그림 17.20 **포트폴리오 매수 결과**

17.7.2 포트폴리오 리밸런싱

이번에는 매수와 매도를 동시에 하는 리밸런싱 작업을 해보겠다. 모델 포트폴리오는 '멀티팩터 포트폴리오' 구성을 통해 나온 결과를 사용하겠으며, 나머지 코드는 위와 동일하다.

```
# 모델 포트폴리오
mp = pd.read_excel('C:/Users/leebi/Dropbox/My Book/quant_py/model.xlsx', dtype=str)
ap, account = check_account()
```

모델 포트폴리오를 토대로 매매수량을 계산해 보자.

Index	종목코드	보유수량	현재가	목표수량	투자수량
0	001120	0	33200	738	738
1	003380	0	8420	2908	2908
2	003650	0	80500	304	304
3	009160	0	6480	3779	3779
4	009970	0	48250	508	508
5	011560	0	8390	2919	2919
6	026040	0	3095	7912	7912
7	030200	0	38350	639	639
8	049070	0	33800	724	724
9	053690	0	11450	2139	2139
10	054670	0	10700	2289	2289
11	065510	0	10450	2343	2343
12	078930	0	40850	599	599
13	091700	0	8600	2847	2847
14	093050	0	17050	1436	1436
15	093520	0	8630	2837	2837
16	122310	0	8890	2754	2754
17	137310	0	39700	617	617
18	194370	0	17550	1395	1395
19	200880	0	8840	2770	2770
20	000660	501	97100	0	-501
21	005380	249	196000	0	-249
22	005930	797	61300	0	-797
23	006400	85	583000	0	-85
24	035420	189	259000	0	-189
25	035720	656	74000	0	-656
26	051910	79	613000	0	-79
27	105560	1016	47950	0	-1016
28	207940	56	878000	0	-56
29	373220	115	419500	0	-115

그림 17.21 **리밸런싱 매매수량 계산**

새롭게 투자해야 할 종목은 보유수량이 0이며, 총평가금액을 이용해 목표수량과 투자수량이 계산된다. 반면 제외되는 종목은 목표수량이 0이며, 투자수량만큼 매도를 한다. 이를 토대로 시분할 주문을 스케줄에 입력한다. 9시 10분이 되면 스케줄에 따라 매수와 매도가 동시에 일어나며 리밸런싱 작업이 진행된다.

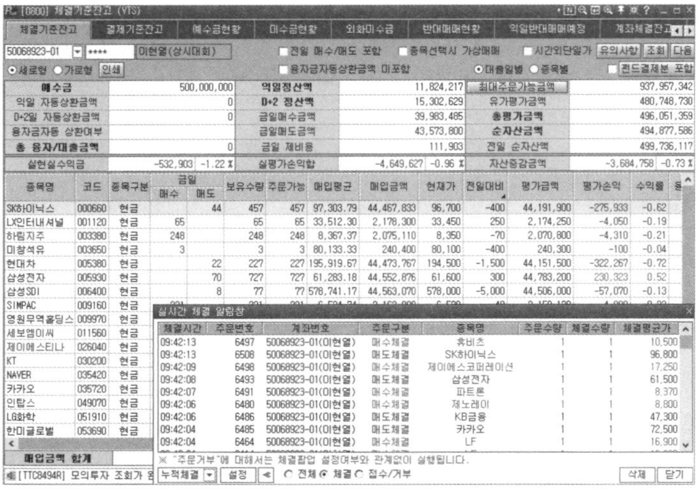

그림 17.22 **리밸런싱 진행**

이번에도 3시가 지난 후 계좌를 확인해 보면, 포트폴리오 리밸런싱 작업이 진행되어 기존 종목은 모두 매도되고 모델 포트폴리오에 해당하는 종목은 매수가 되었다.

그림 17.23 **리밸런싱 결과**

마지막으로, 목표수량과 실제수량이 차이가 없는지 확인해 보자.

```
ap_after, account_after = check_account()  ──── ❶
ap_after.columns  = ['종목코드', '매매후수량']  ──── ❷
ap_after['매매후수량'] = ap_after['매매후수량'].apply(pd.to_numeric)  ──── ❸

target_after = target.merge(ap_after)  ──── ❹
target_after['차이'] = target_after['목표수량'] - target_after['매매후수량']  ──── ❺

target_after
```

index	종목코드	보유수량	현재가	목표수량	투자수량	매매후수량	차이
0	001120	0	33200	738	738	737	1
1	003380	0	8420	2908	2908	2907	1
2	003650	0	80500	304	304	303	1
3	009160	0	6480	3779	3779	3778	1
4	009970	0	48250	508	508	507	1
5	011560	0	8390	2919	2919	2919	0
6	026040	0	3095	7912	7912	7912	0
7	030200	0	38350	639	639	639	0
8	049070	0	33800	724	724	724	0
9	053690	0	11450	2139	2139	2139	0
10	054670	0	10700	2289	2289	2289	0
11	065510	0	10450	2343	2343	2343	0
12	078930	0	40850	599	599	599	0
13	091700	0	8600	2847	2847	2847	0
14	093050	0	17050	1436	1436	1436	0
15	093520	0	8630	2837	2837	2837	0
16	122310	0	8890	2754	2754	2754	0
17	137310	0	39700	617	617	617	0
18	194370	0	17550	1395	1395	1395	0
19	200880	0	8840	2770	2770	2770	0

❶ 계좌정보를 확인하는 check_account( ) 함수를 통해 보유종목과 계좌잔고를 불러온다.

❷ 보유종목 데이터프레임의 열 이름을 바꾼다.

❸ '매매후수량' 열을 숫자 형태로 바꾼다.

❹ 기존 데이터프레임과 합친다.

❺ '목표수량'과 '매매후수량'의 차이를 구한다.

목표와 실제 간의 차이가 거의 없는 것을 확인할 수 있다.

17.7.3 실제 계좌 매매하기

모의계좌에서 충분히 테스트가 끝났다면 실제 계좌에서도 포트폴리오 매매를 진행해 보자. 전체적인 방법은 모의계좌와 동일하며, URL 및 파라미터가 약간씩 바뀐다. 실제 계좌에서도 처음에는 소액으로 거래를 해본 후 이상이 없다고 판단하면 점차 금액을 늘려 나갈 것을 추천한다.

먼저, 대형주 5주 및 '멀티팩터 포트폴리오' 구성을 통해 나온 종목들 중 5종목을 매수해 보자.

```python
import requests
import json
import keyring
```

```python
import pandas as pd
import time
import numpy as np
import datetime
from datetime import timedelta
import schedule

# API Key
app_key = keyring.get_password('real_app_key', 'Henry')
app_secret = keyring.get_password('real_app_secret', 'Henry')

# 접근 토큰 발급
url_base = "https://openapi.koreainvestment.com:9443"  # 실전투자

headers = {"content-type": "application/json"}
path = "oauth2/tokenP"
body = {
    "grant_type": "client_credentials",
    "appkey": app_key,
    "appsecret": app_secret
}

url = f"{url_base}/{path}"
res = requests.post(url, headers=headers, data=json.dumps(body))
access_token = res.json()['access_token']

# 해시키 발급
def hashkey(datas):
    path = "uapi/hashkey"
    url = f"{url_base}/{path}"
    headers = {
        'content-Type': 'application/json',
        'appKey': app_key,
        'appSecret': app_secret,
    }
    res = requests.post(url, headers=headers, data=json.dumps(datas))
    hashkey = res.json()["HASH"]

    return hashkey
```

접근 토큰을 발급받기 위한 URL을 모의투자용 주소에서 실전투자용 주소로 변경하며, 나머지는 동일하다. 실전투자에서는 접근 토큰을 발급받으면 안내 메시지가 온다.

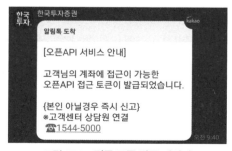

그림 17.24 접근 토큰 발급 메시지

```python
# 현재가 구하기
def get_price(ticker):
    path = "uapi/domestic-stock/v1/quotations/inquire-price"
    url = f"{url_base}/{path}"

    headers = {
        "Content-Type": "application/json",
        "authorization": f"Bearer {access_token}",
        "appKey": app_key,
        "appSecret": app_secret,
        "tr_id": "FHKST01010100"
    }

    params = {"fid_cond_mrkt_div_code": "J", "fid_input_iscd": ticker}

    res = requests.get(url, headers=headers, params=params)
    price = res.json()['output']['stck_prpr']
    price = int(price)
    time.sleep(0.1)

    return price

# 주문
def trading(ticker, tr_id):

    path = "/uapi/domestic-stock/v1/trading/order-cash"
    url = f"{url_base}/{path}"

    data = {
        "CANO": "실계좌번호",
        "ACNT_PRDT_CD": "01",
        "PDNO": ticker,
        "ORD_DVSN": "03",
        "ORD_QTY": "1",
        "ORD_UNPR": "0",
    }

    headers = {
        "Content-Type": "application/json",
        "authorization": f"Bearer {access_token}",
        "appKey": app_key,
        "appSecret": app_secret,
        "tr_id": tr_id,
        "custtype": "P",
        "hashkey": hashkey(data)
    }

    res = requests.post(url, headers=headers, data=json.dumps(data))

# 계좌 잔고 조회
def check_account():

    output1 = []
    output2 = []
    CTX_AREA_NK100 = ''
```

```python
    while True:

        path = "/uapi/domestic-stock/v1/trading/inquire-balance"
        url = f"{url_base}/{path}"

        headers = {
            "Content-Type": "application/json",
            "authorization": f"Bearer {access_token}",
            "appKey": app_key,
            "appSecret": app_secret,
            "tr_id": "TTTC8434R" # 실전투자 tr_id
        }

        params = {
            "CANO": "실계좌번호",
            "ACNT_PRDT_CD": "01",
            "AFHR_FLPR_YN": "N",
            "UNPR_DVSN": "01",
            "FUND_STTL_ICLD_YN": "N",
            "FNCG_AMT_AUTO_RDPT_YN": "N",
            "OFL_YN": "",
            "INQR_DVSN": "01",
            "PRCS_DVSN": "00",
            "CTX_AREA_FK100": '',
            "CTX_AREA_NK100": CTX_AREA_NK100
        }

        res = requests.get(url, headers=headers, params=params)
        output1.append(pd.DataFrame.from_records(res.json()['output1']))

        CTX_AREA_NK100 = res.json()['ctx_area_nk100'].strip()

        if CTX_AREA_NK100 == '':
            output2.append(res.json()['output2'][0])
            break

    if not output1[0].empty:
        res1 = pd.concat(output1)[['pdno',
                                  'hldg_qty']].rename(columns={
                                      'pdno': '종목코드',
                                      'hldg_qty': '보유수량'
                                  }).reset_index(drop=True)
    else:
        res1 = pd.DataFrame(columns=['종목코드', '보유수량'])

    res2 = output2[0]

    return [res1, res2]
```

현재가 구하기, 주문, 계좌 잔고 조회를 위한 함수를 만들어 준다. 계좌번호에 해당하는 'CANO'에는 실제 종합계좌번호를 입력해 주며, 'tr_id'와 같은 파라미터 역시 개발 가이드를 참고해 실전투자용 값을 입력한다.

```python
# 모델 포트폴리오
mp = pd.DataFrame({'종목코드': [
    '005930', # 삼성전자
    '000660', # SK하이닉스
    '005380', # 현대차
    '035720', # 카카오
    '105560', # KB금융,
    '001120', # LX인터내셔널
    '003380', # 하림지주
    '003650', # 미창석유
    '009160', # SIMPAC
    '009970' # 영원무역홀딩스
    ]})

# 보유 종목과 aum 불러오기
ap, account = check_account()

# 주당 투자 금액
invest_per_stock = int(account['tot_evlu_amt']) * 0.98 / len(mp)

# 매매 구성
target = mp.merge(ap, on='종목코드', how='outer')
target['보유수량'] = target['보유수량'].fillna(0).apply(pd.to_numeric)

# 현재가 확인
target['현재가'] = target.apply(lambda x: get_price(x.종목코드), axis=1)

# 목표수량 및 투자수량 입력
target['목표수량'] = np.where(target['종목코드'].isin(mp['종목코드'].tolist()),
                    round(invest_per_stock / target['현재가']), 0)
target['투자수량'] = target['목표수량'] - target['보유수량']

target
```

Index	종목코드	보유수량	현재가	목표수량	투자수량
0	005930	0	61500	5	5
1	000660	0	97700	3	3
2	005380	0	195500	2	2
3	035720	0	79200	4	4
4	105560	0	47700	6	6
5	001120	0	32700	9	9
6	003380	0	8420	35	35
7	003650	0	79900	4	4
8	009160	0	6430	46	46
9	009970	0	47550	6	6

대형주와 팩터 포트폴리오 중 일부 종목을 합쳐, 모델 포트폴리오로 구성한 후 투자수량을 계산한다. 5억 원이었던 모의투자에 비해 투자금액이 훨씬 작으므로, 종목별 투자수량도 매우 작다. 만일, 특정 종목의 주가가 너무 비쌀 경우 목표수량이 0주가 되는 경우도 발생할 수 있다.

이제 모의투자에서와 동일하게 스케줄링을 입력한 후 매매를 실행한다.

```
# 시간 분할
startDt1 = datetime.datetime.now() + timedelta(minutes=1)
startDt2 = datetime.datetime.now().replace(hour=9,minute=10,second=0,microsecond=0)
startDt = max(startDt1, startDt2)
endDt = datetime.datetime.now().replace(hour=15,minute=0,second=0,microsecond=0)

# 스케줄 초기화
schedule.clear()

# 스케줄 등록
for t in range(target.shape[0]) :

    n = target.loc[t, '투자수량']
    position = 'TTTC0802U' if n > 0 else 'TTTC0801U' # 실전투자 tr_id
    ticker = target.loc[t, '종목코드']

    time_list = pd.date_range(startDt, endDt, periods = abs(n))
    time_list = time_list.round(freq = 's').tolist()
    time_list_sec = [s.strftime('%H:%M:%S') for s in time_list]

    for i in time_list_sec:
        schedule.every().day.at(i).do(trading, ticker, position)

# 스케줄 실행
while True:
    schedule.run_pending()
    if datetime.datetime.now() > endDt :
        print('거래가 완료되었습니다.')
        schedule.clear()
        break
```

9시 10분부터 3시까지 스케줄에 따라 매매가 진행된다.

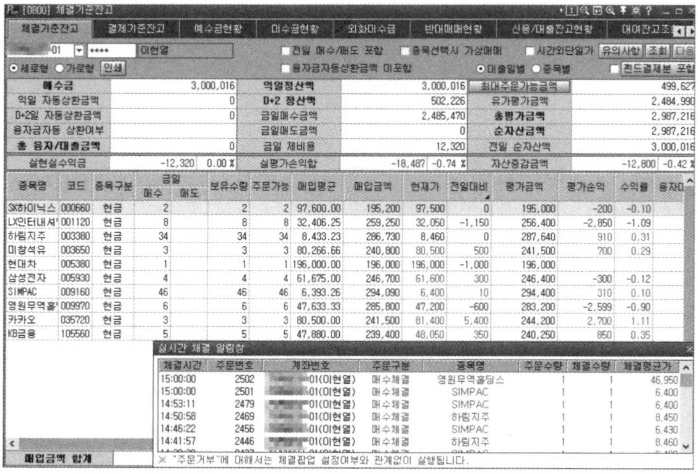

그림 17.25 실계좌 포트폴리오 매수 진행

거래가 마감된 후 계좌를 살펴보면 각 종목당 목표주수에 맞게 체결되었다. 그러나 300만 원으로 10개 종목에 투자하므로 종목당 30만 원이 투자되어야 하지만, 일부 종목은 매입금액이 20만 원밖에 되지 않는다. 현대차를 예로 살펴보면, 해당 종목에 30만 원이 투자되어야 하며 종목당 가격이 20만 원이기에 이론적인 목표주수는 1.5주다. 그러나 주식은 한 주 단위로 거래가 가능하므로 한 주만 매수할 수밖에 없다. 이처럼 투자금액이 작으면 이론적으로 생각했던 투자비중과 실제 투자비중이 상당히 차이가 날 수도 있다. 이러한 문제는 투자금액을 늘리면 해결할 수 있으며, 또한 향후 소수점 거래가 활성화되면 자연스럽게 해결될 수 있을 것이다.

이번에는 '멀티팩터 포트폴리오'로 리밸런싱을 진행해 보자. 모의투자 때와 동일하게 엑셀파일을 불러온 후 수량을 계산한다. 계산되는 종목은 크게 세 가지로 구분할 수 있다.

1. 모델 포트폴리오 종목 중 현재 보유하고 있는 종목으로, 추가매수 또는 일부매도를 한다.
2. 모델 포트폴리오 종목 중 현재 보유하고 있지 않은 종목으로, 목표수량에 맞게 매수를 한다.
3. 현재 보유종목 중 모델 포트폴리오에 없는 종목으로, 전량매도를 한다.

Index		종목코드	보유수량	현재가	목표수량	투자수량
0	①	001120	8	32050	5	-3
1		003380	34	8480	17	-17
2		003650	3	80800	2	-1
3		009160	46	6420	23	-23
4		009970	6	47050	3	-3
5		011560	0	8270	18	18
6	②	026040	0	3065	48	48
7		030200	0	37600	4	4
8		049070	0	32500	5	5
9		053690	0	11350	13	13
10		054670	0	10900	13	13
11		065510	0	10300	14	14
12		078930	0	40400	4	4
13		091700	0	8790	17	17
14		093050	0	17050	9	9
15		093520	0	9260	16	16
16		122310	0	8930	16	16
17		137310	0	39000	4	4
18		194370	0	17700	8	8
19		200880	0	9410	16	16
20		000660	2	97500	0	-2
21	③	005380	1	196500	0	-1
22		005930	4	61500	0	-4
23		035720	3	81700	0	-3
24		105560	5	48100	0	-5

그림 17.26 실계좌 리밸런싱 매매수량 계산

이제 목표에 맞게 리밸런싱을 진행한다.

그림 17.27 **실계좌 리밸런싱 결과**

스케줄에 따라 매수와 매도가 번갈아 이루어지며 실계좌에서도 리밸런싱이 원활하게 이루어지는 것을 확인할 수 있다. 마지막으로, 목표수량과 실제수량의 차이를 확인해 보자.

index	종목코드	보유수량	현재가	목표수량	투자수량	매매호수량	차이
0	001120	8	32050	5	-3	6	-1
1	003380	34	8480	17	-17	17	0
2	003650	3	80880	2	-1	2	0
3	009160	46	6420	23	-23	23	0
4	009970	6	47050	3	-3	3	0
5	011560	0	8270	18	18	16	2
6	026040	0	3065	48	48	48	0
7	030200	0	37600	4	4	4	0
8	049070	0	32500	5	5	4	1
9	053690	0	11350	13	13	12	1
10	054670	0	10900	13	13	11	2
11	065510	0	10300	14	14	11	3
12	078930	0	40400	4	4	3	1
13	091700	0	8790	17	17	16	1
14	093050	0	17050	9	9	7	2
15	093520	0	9260	16	16	13	3
16	122310	0	8930	16	16	13	3
17	137310	0	39000	4	4	4	0
18	194370	0	17700	8	8	6	2
19	200880	0	9410	16	16	13	3
20	000660	0	97500	0	-2	0	0
21	005380	1	196500	0	-1	0	0
22	005930	4	61500	0	-4	0	0
23	035720	3	81700	0	-3	0	0
24	105560	0	44100	0			

그림 17.28 **목표수량과 실제수량의 차이**

일부 종목은 목표수량 대비 1~3주가 덜 매수된 것을 확인할 수 있다. 이는 3시 직전 또는 3시에 매수 주문을 하면 주문가능금액이 부족해 발생하는 문제다. 즉 이론적으로는 매도로 인해 늘어난 주문가능금액을 매수에 사용하여 완벽하게 리밸런싱할 수 있지만, 마지막 매도가 3시에 이루어진 후 주문가능금액이 늘어나니 매도 직전 또는 매도와 동시에 발생하는 매수 주문은 주문가능금액이 부족하여 주문이 들어가지 않는 것이다. 실제로 목표 현금액은 총평가금액의 2%였던 반면, **그림 17.27**을 보면 D+2 정산액은 총평가금액의 약 10% 가까이 된다. 이는 매수는 이루어지지 않고, 매도만 이루어졌기 때문이다. 이를 해결할 수 있는 방법은 여러 가지가 있다.

1. 매수되지 않은 수량을 3시 이후에 매수하는 알고리즘을 추가한다.
2. 매도의 경우는 종료시간을 3시보다 더 앞당긴다.
3. 투자목표를 총평가금액의 98%가 아닌 95% 정도로 하여 현금 버퍼를 충분히 확보한다.

이 중 자신에게 맞는 조건을 추가한다면, 좀 더 완벽한 리밸런싱 작업을 수행할 수 있다.

APPENDIX

파이썬 다운로드 및 설치하기

파이썬 프로그램은 공식 홈페이지(https://www.python.org/)에서 직접 다운로드하여 설치할 수 있다. 그러나 아나콘다Anaconda를 설치하면 파이썬뿐만 아니라 IDE, 각종 패키지를 함께 설치할 수 있으므로 훨씬 편리하다.

아나콘다 설치하기

아나콘다를 설치하기 위해서는 먼저 구글에서 [아나콘다 다운로드]를 검색하거나, 홈페이지(https://www.anaconda.com/products/distribution)에 접속한다. 그 후 자신의 운영체제에 맞는 파일을 다운로드한다.

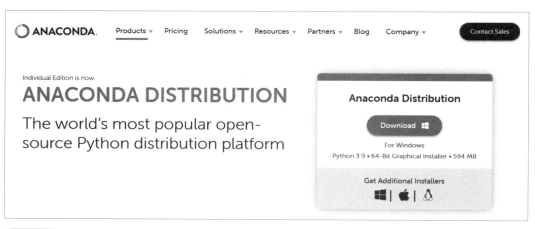

Download ⊞ 를 클릭한다.

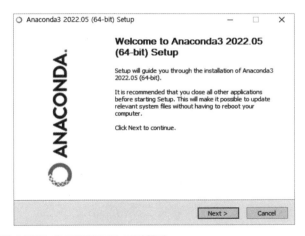

다운로드한 설치 파일을 실행한 후 Next > 를 클릭한다.

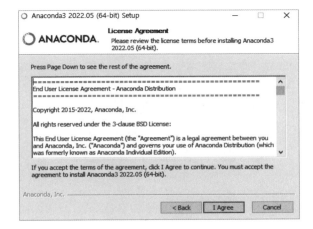

I Agree 를 클릭한다.

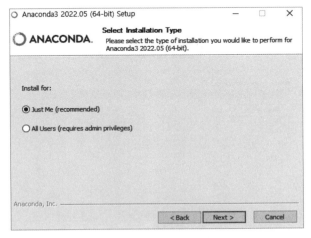

Just Me 를 선택한 후 Next > 를 클릭한다.

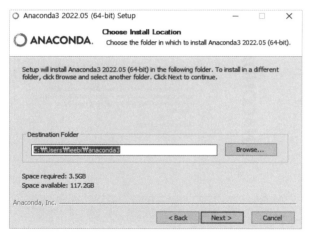

저장경로를 선택한 후 Next > 를 클릭한다.

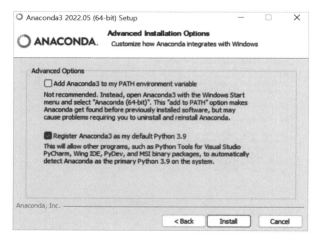

아래의 Register Anaconda3 as my default Python 3.9 를 체크한 후 Install 을 클릭한다.

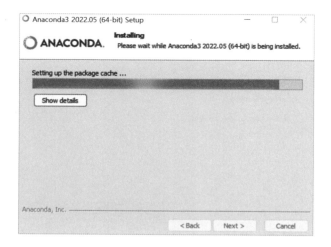

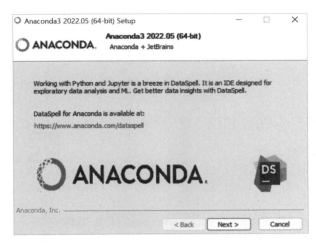

설치가 완료되면 Next > 를 클릭한다.

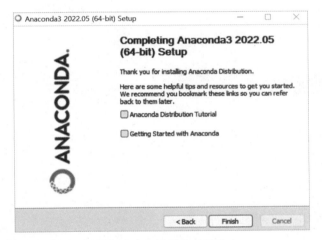

두 부분 모두 체크를 해제한 후 Finish 를 클릭해 설치를 마감한다.

스파이더 사용하기

아나콘다에는 파이썬을 쉽게 사용할 수 있게 하기 위해 여러 IDE가 함께 설치된다. 그중 이 책에서는 스파이더Spyder를 사용한다.

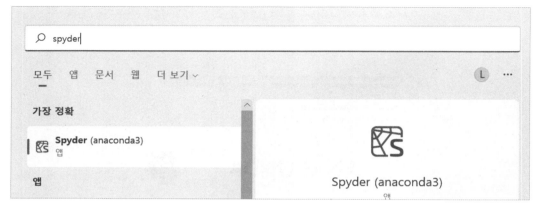

먼저, 검색 창에서 [spyder]를 검색하여 'Spyder (anaconda3)' 프로그램을 연다.

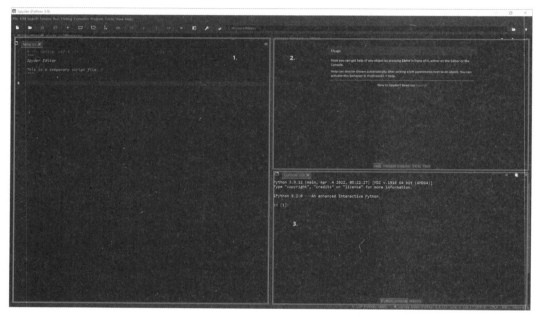

스파이더는 크게 3개의 화면으로 구성되어 있다.

1. **Editor 창**: 파이썬 코드를 작성하는 곳으로서, 이곳에서 작성된 스크립트는 F9나 Ctrl+Enter 등을 사용해 명시적으로 실행을 시켜야만 실행이 된다. 보통 이곳에서 코드를 작성한 후 파일로 저장한다.

2. **Variable Explorer**: 현재 입력된 변수 및 값이 무엇인지 확인할 수 있으며, 그 외에도 Plot이나 File 등을 확인할 수 있는 탭도 있다.

3. **IPython 콘솔**: 에디터 창에서 입력한 코드를 실행하면 이 부분에 결과가 출력되며, 파이썬 명령을 직접 입력하여 결과를 확인할 수도 있다.

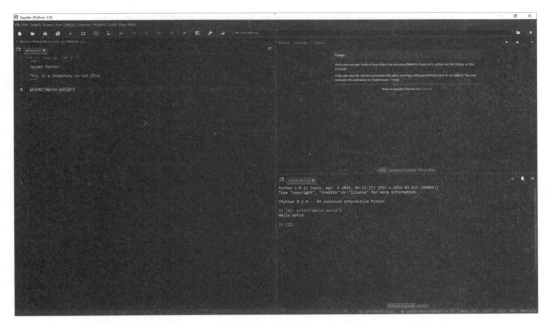

스크립트 창에 코드를 입력해 보자. 그 후 실행하고자 하는 부분을 드래그해 F9 키를 누르면 해당 부분이 콘솔 창에 입력되면서 print('Hello World')에 해당하는 코드가 실행된다.

```
Console 1/A ✕
Python 3.9.12 (main, Apr  4 2022, 05:22:27) [MSC v.1916 64 bit (AMD64)]
Type "copyright", "credits" or "license" for more information.

IPython 8.2.0 -- An enhanced Interactive Python.

In [1]: print('Hello World')
Hello World

In [2]: 1+2
Out[2]: 3

In [3]:
```

콘솔 창에서 바로 코드를 입력할 수도 있다. 1+2를 입력하면 결괏값인 3이 출력된다.

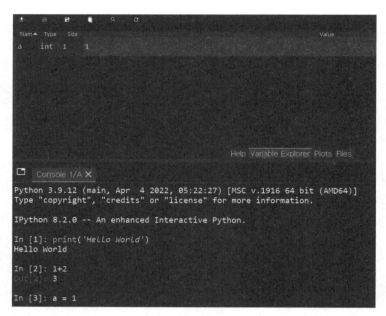

코드를 통해 변수를 입력해 보자. a = 1을 입력한 후 오른쪽 상단의 'Variable Explorer'를 확인해 보면
a라는 변수에 1이라는 값이 입력된 것을 확인할 수 있다.

B

SQL 다운로드 및 설치하기

먼저, 구글에서 'mysql download installer'를 검색하거나 또는 바로 아래 사이트에 접속한다.

https://dev.mysql.com/downloads/mysql/

⊕ MySQL Community Downloads

‹ MySQL Installer

| General Availability (GA) Releases | Archives | ⊕ |

MySQL Installer 8.0.30

Select Operating System:

Microsoft Windows ∨

Looking for previous GA versions?

Windows (x86, 32-bit), MSI Installer	8.0.30	5.5M	Download
(mysql-installer-web-community-8.0.30.0.msi)		MD5: c095cf221e6023fd8391f81eadce65fb	Signature
Windows (x86, 32-bit), MSI Installer	8.0.30	448.3M	Download
(mysql-installer-community-8.0.30.0.msi)		MD5: c9cbd5d788f45605dae914392a1dfeea	Signature

⚠ We suggest that you use the MD5 checksums and GnuPG signatures to verify the integrity of the packages you download.

[Select Operating System] 부분에서 자신의 운영체제를 선택한 후, 용량이 큰 인스톨 파일을 다운로드한다. 윈도우의 경우 '32-bit'를 설치하면 '64-bit'가 함께 설치된다.

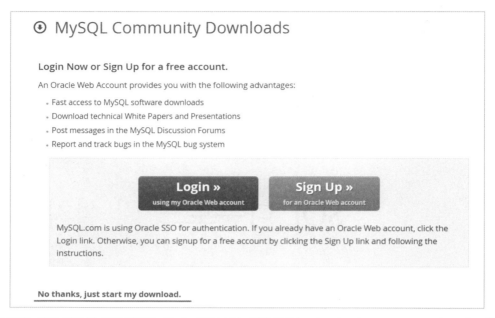

로그인을 하지 않아도 다운로드를 할 수 있으므로, 하단의 [No thanks, just start my download.]를 클릭한다.

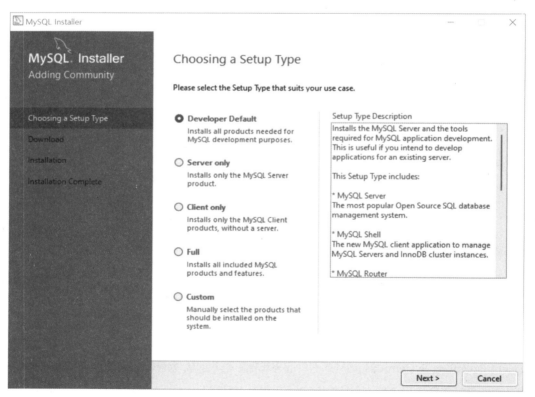

다운로드한 설치 파일을 실행해 설치를 시작한다. 가장 상단의 Developer Default 를 선택한 후 Next > 를 클릭한다.

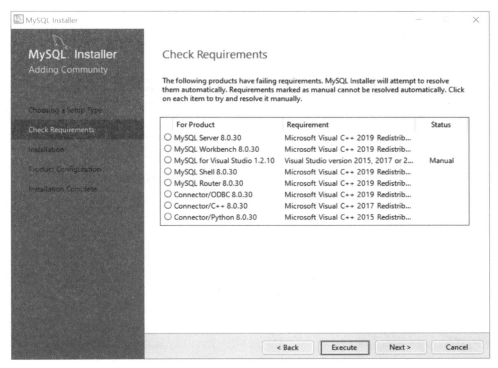

추가로 설치해야 되는 항목을 보여 준다. 하단의 [Execute]를 클릭하면 자동으로 설치된다.

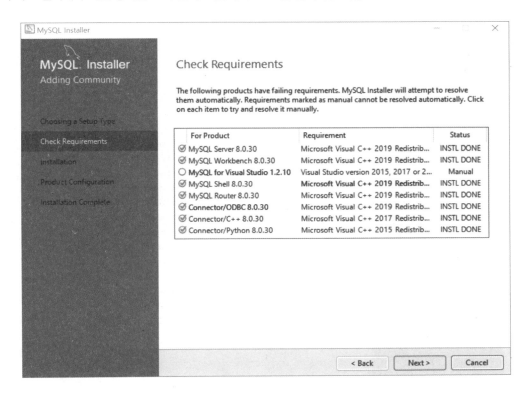

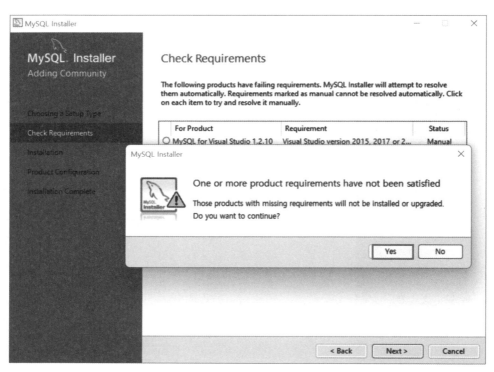

설치가 완료되면 Next > 를 클릭한다. Requirements 중 설치가 되지 않은 항목이 있다는 팝업이 뜰 경우 Yes 를 클릭한다.

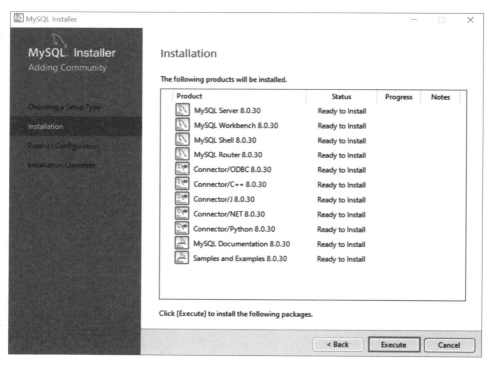

설치할 항목들을 보여 주며, Execute 를 클릭한다.

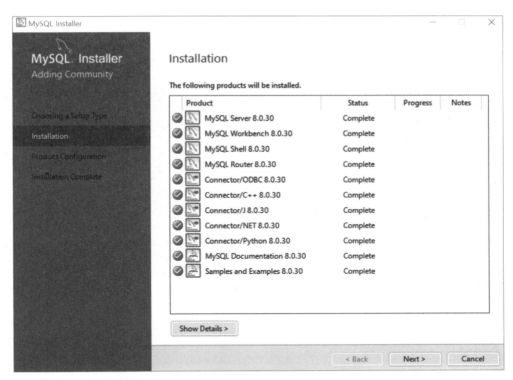

설치가 완료되면 Next >를 클릭한다.

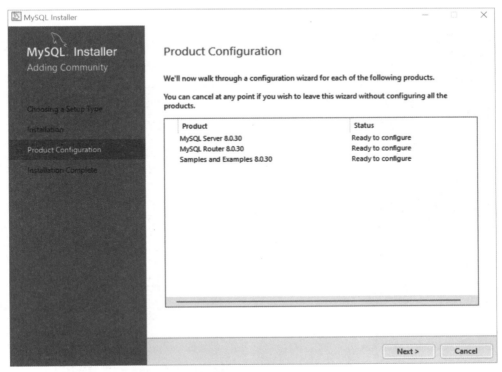

Product Configuration 역시 Next >를 클릭한다.

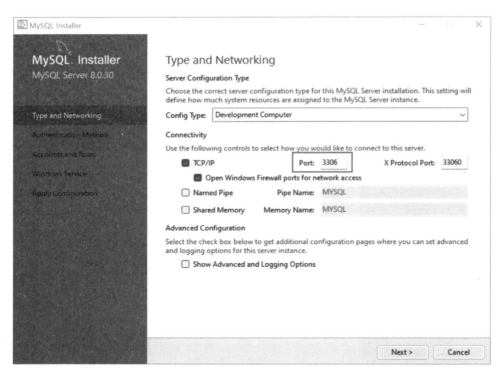

MySQL은 일반적으로 포트번호를 3306으로 지정한다. 이를 확인한 후 <u>Next ></u> 를 클릭한다.

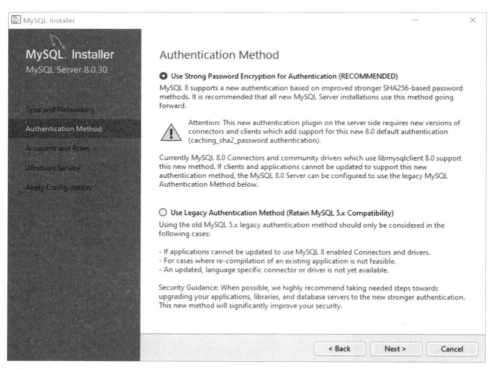

상단의 Use Strong Password Encryption for Authentication (RECOMMENDED) 부분을 선택한 후 Next > 를 클릭한다.

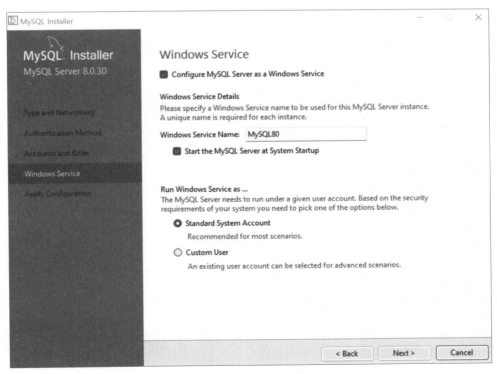

비밀번호를 설정하는 부분이며, 이 책에서는 간단하게 '1234'로 지정하였다. 입력이 끝났으면 Next > 를 클릭한다.

기본 설정을 그대로 유지한 후 Next > 를 클릭한다.

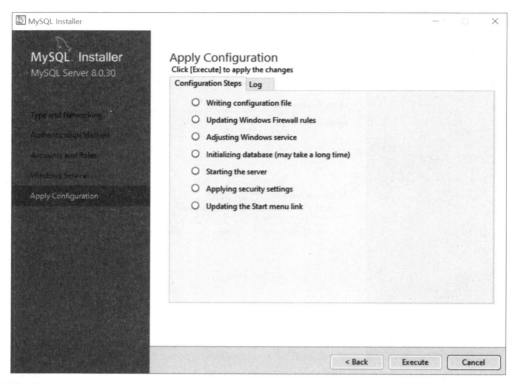

Execute 를 클릭한다.

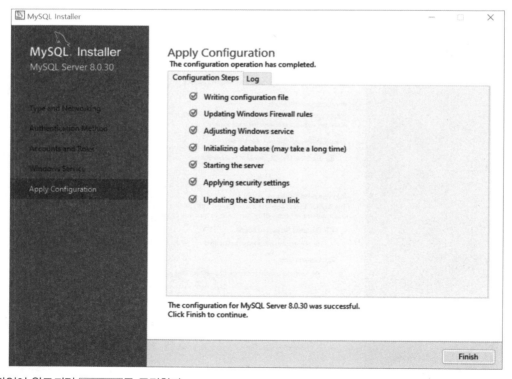

작업이 완료되면 Finish 를 클릭한다.

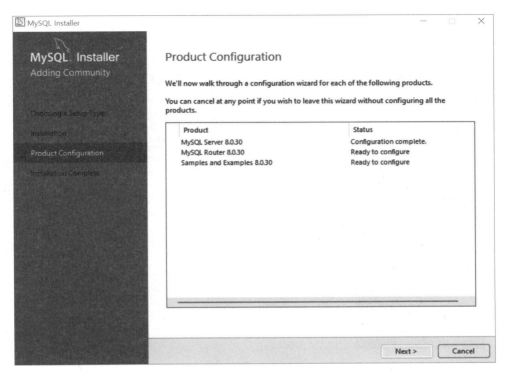

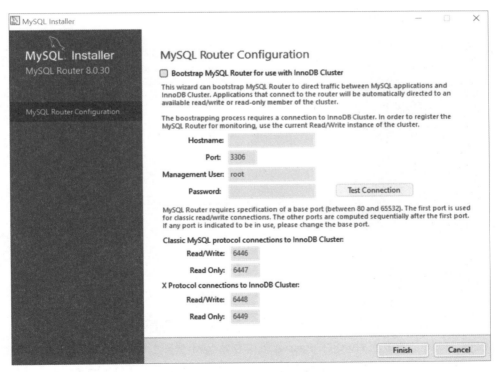

Finish 를 클릭한다.

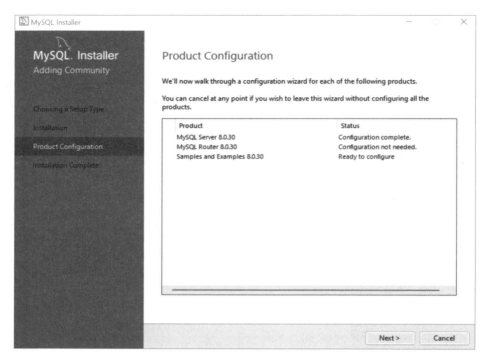

Next > 를 클릭한다.

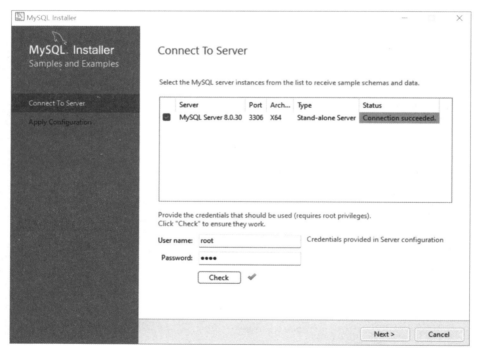

MySQL에 서버에 접속하는 과정이다. Password 부분에 앞서 설정한 비밀번호(예: 1234)를 입력한 후
Check 를 클릭하면, Status 부분에 Connection succeeded. 라는 문구가 뜨며 접속이 된다. 그 후 Next > 를 클릭
한다.

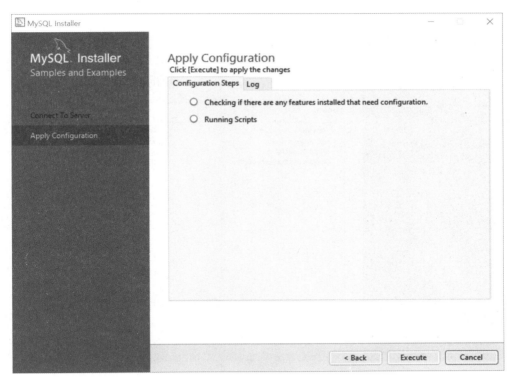

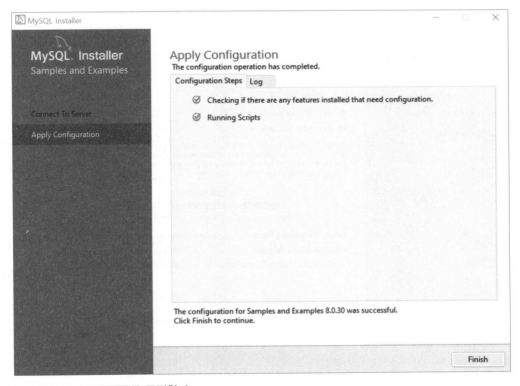

Execute 를 클릭한다.

작업이 완료되면 Finish 를 클릭한다.

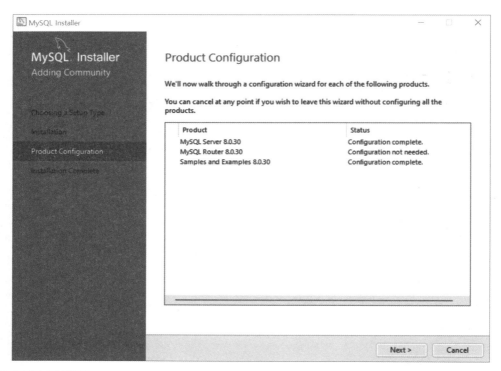

Next > 를 클릭한다.

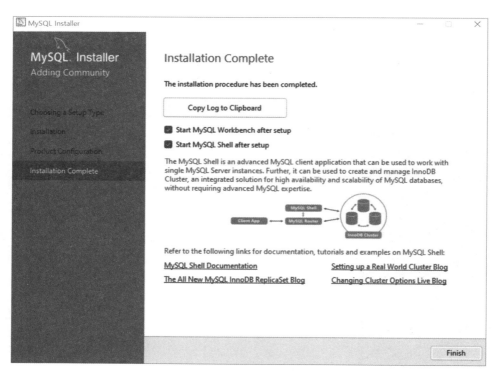

Finish 를 클릭해 모든 설치를 마감한다.

설치가 마감되면 MySQL Shell 및 MySQL Workbench가 열린다. MySQL Workbench를 이용하면 DB 관리 및 SQL 쿼리를 매우 쉽게 작성할 수 있다.

MySQL Connections의 [Local instance MySQL80] 부분을 클릭한다.

설치 시 작성했던 비밀번호를 입력하며, 하단의 [Save password in vault]를 클릭해 비밀번호를 저장한다.

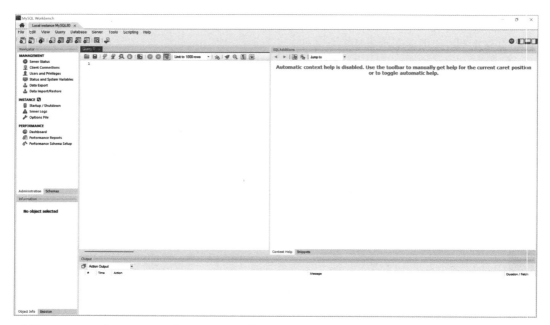

이제 MySQL Workbench를 사용할 수 있으며, [Query 1]으로 표시된 부분에 쿼리를 작성하면 된다.

찾아보기

기호

?	218
.	217
[ ]	217
{ }	218
*	218
+	218

A

abs 함수	145
access token	431
agg( ) 메서드	99
aggfunc	90
All-weather Portfolio	405
American Standard Code for Information Interchange	173
Anaconda Prompt	42
and 연산자	137
apply	96
apply( ) 메서드	93
Argument	40
ASCII	173
a 태그	181
avg 함수	138

B

backtest	4, 397
Benjamin Graham	335

C

Beta	312
Bolinger band	395
Book Value	317
Boolean	23
Boolean indexing	74
bt 패키지	398, 423

Capital Asset Pricing Model	313
CAPM	313
Careful Discretion	445
Cascading Style Sheets	176
case 식	151
CD	445
Columns	90
Combine	96
concat 함수	80, 146
constant	8
corner solution	377
count 함수	137
CP949	174
Crawling	4
create view 문	142
CSS	176, 183
CSV	60

D

DART	292

E

DataBase	6
DataBase Management System	6
data cleansing	4
dataframe	48
Data Manipulation Language	163
DB	6
DBMS	6
dead cross	391
decoding	173
dictionary	20
div 태그	182
DML	163
Dot	217
drop view 뷰 이름 문	142

earnings yield	346
element	207
else 구문	151
EMA	392
Encoding	173
Equal Risk Contribution Portfolio	385
ERCP	385
EUC-KR	174
EXCEL	60
Exponential Moving Average	392

F

Factor	312
False	23
Fama-French 3Factor	316
Fear & Greed Index	305
Federal Reserve Economic Data	
	301
Floating-point	9
for문	34
formatting	12
FRED	301
from 구	139
f-string 포매팅	12

G

GET 방식	188
golden cross	391
Gotham Capital	345
group by 구	139
groupby( ) 메서드	97

H

Hashkey	431
having 구	140
HTML	176
HTTP	175
HTTP 오류 403	176
HTTP 오류 404	176
HTTP 요청 방식	176
HTTP request method	176
h 태그	178
HyperText Markup Language	
	176
HyperText Transfer Protocol	
	175

I

if문	30
img 태그	181
index	89
indexing	13
inner join	84, 154
in-sample	416
insert	165
Integer	9
isin( ) 메서드	74
iterator object	221

J

Joel Greenblatt	337
join( ) 메서드	87

K

Kenneth French	312
Key	20
K-Ratio	328

L

Lambda	41
left join	85
list	14
list comprehension	36
long-only	412
loss cut	415
lower 함수	146

M

Magic Formula	337
Marginal Risk Contribution	
	380
market timing	408
Market Value	313
matplotlib 패키지	111
Maximum Sharpe Ratio Portfolio	
	369
Meb Faber	408
melt( ) 함수	89
merge( ) 함수	83, 87
meta characters	216

Minimum Variance Portfolio

	376
mod 함수	145
MRC	384
MSRP	373
Multifactor	341
MVP	376

N

NaN	67
Not a Number	67
Number	9
NumPy 패키지	79

O

Object Relational Mapping	
	164
ol 태그	179
or 연산자	137
ORM	164
outer join	86, 155
outlier	353
out-of-sample	416

P

package	41
pagination	196
pandas	48
pandas 패키지	117
pandas-ta	389
parameter	414
parser tree	274
pivot_table( ) 함수	89
POST 방식	189
primary key	130
pymysql 패키지	161
Python	5
p 태그	178

Q

quality factor	441
quant	3

R

rank 함수	157
Ray Dalio	405
RBP	387
RC	384
Re	218
rebalancing	399
referrer	227
regex	216
regular expression	216, 218
relational database	6
Relative Strength Index	
	393, 419
replace 함수	147
request	175
response	175
right join	85
Risk Budget Portfolio	387
Risk Contribution	384
Risk Parity Portfolio	385
round 함수	145
RPP	385
RSI	393, 419

S

scheduling	442
seaborn 패키지	121
selector	183
series	48
set	22
Simple Moving Average	391
slicing	13
SMA	391
split	96
SQL 쿼리	128
stack( ) 메서드	91

stateful API(state-based)	114
stateless API(objected-based)	
	114
stop loss	419
string	11
sum 함수	138

T

table 태그	179
term premium	301
ticker_list	255
Tiingo	265
time series data	103
Time Weighted Average Price	445
tracking error	379
Trailing Twelve Months	256
trim	355
True	23
try-except문	37
TTM	256
tuple	19
turn over	410
TWAP	445

U

ul 태그	179
union 구문	151
update	165
upsert 기능	169
UTF-8	174

V

value	20
value factor	341
values	90
variable	8

W

Warren Buffett	335
web scraping	4
where 구	140
where( ) 함수	79
while문	32
winsorizing	355

ㄱ

가치주	316
값	20
거짓	23
검색 버튼	209
검색어 박스	209
결측치	67
결합	96
고담 캐피털	345
고밀도 산점도 그래프	118
고밸류에이션	316
고윗값	65
골든크로스	391
공포와 탐욕 지수	305
관계형 데이터베이스	6
교집합	23, 84
구석해	377
그룹 연산	96
그룹화	139
극단치	351
기본적 분석	389
기본 키	130
기술적 분석	389

ㄴ

내림차순	74
내부 결합	154
논리 연산자	137
누락값	67
누적평균	159
누적합계	158

ㄷ

단기 모멘텀	326
단순 수익률	319
단순 이동평균	392
대괄호	217
데드크로스	391
데이터베이스	6
데이터베이스 관리 시스템	6
데이터 시각화	110
데이터 재구조화	88
데이터 클렌징	4
데이터프레임	48
동일 위험기여도 포트폴리오	
	385
동적 데이터	204
동적 자산배분	405, 407
디코딩	173
딕셔너리	20

ㄹ

람다	41
레이 달리오	405
로그 수익률	319
로스컷	419
롱 온리	416
리밸런싱	399
리스트	14
리스트 내포	36
리퍼러	227

ㅁ

마법 공식	341
마법 공식 포트폴리오	346
멀티팩터	341
멀티팩터 포트폴리오	359
메브 파버	412
메서드	46
메타 문자	216, 218
면적 그래프	117
모멘텀	326

문자열	11
문자열 함수	146

ㅂ

박스 플롯	117
반복 가능한 객체	221
반복문	32
백테스트	4, 397
밸류 팩터	341
베타	312
벤저민 그레이엄	335
변수	8
볼린저 밴드	395
부분 일치를 검색	148
분할	96
불리언	23
불리언 인덱싱	74
뷰	141
비교 연산자	136

ㅅ

사칙 연산	51
산술 연산자	136
산술평균	66, 138
산술 함수	144
산점도 그래프	118
상대강도지수	393
상수	8
서브쿼리	143
선 그래프	117
성장주	316
섹터 중립 포트폴리오	352
셀(값)	128
셀레늄	205
셀렉터	183
수정주가	240
수직 막대 그래프	117
수평 막대 그래프	117
숫자형	9
스칼라 서브쿼리	143

스케줄링	442
스톱로스	419
슬라이싱	13
시계열 데이터	103
시리즈	48
시분할 매매	445
시장가 주문	434
시장가치	317
시점 선택	412
실수형	9

ㅇ

아나콘다	42
아나콘다 프롬프트	390
아스키	173
아웃 오브 샘플	416
엘리먼트	207
열(칼럼)	128
오름차순	73
올웨더 포트폴리오	405
요소	207
요청	175
우량성 관련 지표	336
워런 버핏	335
원소	50
웹 스크래핑	4
위험균형 포트폴리오	385
위험기여도	384
위험예산 포트폴리오	387
윈도우 함수	157
윈저라이징	355
응답	175
이동평균	159, 391
이상치	353
이익수익률	346
인덱스	72
인덱싱	13
인 샘플	416
인수	40
인자	40
인코딩	173

ㅈ

자산가격결정모형 313
장기 모멘텀 326
장부가치 317
저밸류에이션 316
적용 96
전방 일치 148
접근 토큰 431
정규식 216
정규 표현식 216
정렬 139
정성적 투자 3
정수형 9
정적 데이터 204
정적 자산배분 405
제어문 30
조건문 30
조건부 지정가 435
조엘 그린블라트 341
중간 일치 148
중기 모멘텀 326
중위수 66
지수 이동평균 392
지정가 주문 434
집약 함수 137
집합 22

ㅊ

차집합 23
참 23

최대샤프지수 포트폴리오 373
최댓값 66
최소분산 포트폴리오 376
최솟값 66
최우선 지정가 435
최유리 지정가 435
추세추종 411
추세추종 전략 389
추적오차 379

ㅋ

커널 밀도 그래프 117
케네스 프렌치 316
퀀트 3
퀀트 투자 3
퀄리티 팩터 341
크롤링 4, 190
키 20

ㅌ

태그 177
턴오버 410
통곗값 66
투하자본 수익률 346
튜플 19
트레이딩 전략 311
트림 355
티커 리스트 255
팅고 265

ㅍ

파라미터 414
파라미터 최적화 414
파마-프렌치 3팩터 316
파서 트리 274
파이 그래프 118
파이썬 5
파이썬 표준 시각화 도구 111
패키지 41
팩터 312
페이지네이션 196
평균회귀 전략 389
포트폴리오 운용 전략 311
프리미엄 301
필터링 74

ㅎ

한계 위험기여도 384
함수 46
합집합 22, 86
해시키 431
행(레코드) 128
회귀분석모형 313
후방 일치 148
히스토그램 117
히트맵 122